普通高等学校"十四五"规划旅游管理类课程思政版精品教材

总主编 ◎ 邓爱民

中国旅游文化

(课程思政版)

ZHONGGUO LÜYOU WENHUA
(KECHENG SIZHENG BAN)

主　编 ◎ 王子超　邓爱民
参　编 ◎ 王　霞　宋思旭　禹经理　司曼婷

华中科技大学出版社
http://press.hust.edu.cn
中国·武汉

内 容 提 要

文化为旅游活动注入了灵魂，旅游的起源、演变和发展无不充盈着文化的力量。发展和研究旅游文化，是我们国家坚定文化自信、实现文化自强的重要路径。本书以习近平新时代中国特色社会主义思想为指导，以编者长期从事旅游文化教育和研究工作的经验，对中国的旅游文化进行了梳理、归纳和解读。主要包括中国旅游文化的界定、思政视野下的旅游文化、山岳旅游文化、河流水乡旅游文化、城市与建筑旅游文化、乡村旅游文化、红色旅游文化、研学旅游文化、"一带一路"与中国旅游文化等内容。

图书在版编目(CIP)数据

中国旅游文化：课程思政版/王子超，邓爱民主编．—武汉：华中科技大学出版社，2023.6（2025.7重印）

ISBN 978-7-5680-9559-4

Ⅰ.①中… Ⅱ.①王… ②邓… Ⅲ.①旅游文化—中国—教材 Ⅳ.①F592

中国国家版本馆CIP数据核字(2023)第096956号

中国旅游文化（课程思政版） 　　　　　　　　　　　　　　　　　王子超　邓爱民　主编
Zhongguo Lüyou Wenhua（Kecheng Sizheng Ban）

策划编辑：李　欢　王　乾
责任编辑：洪美员
封面设计：原色设计
责任校对：阮　敏
责任监印：周治超
出版发行：华中科技大学出版社（中国•武汉）　　电话：(027)81321913
　　　　　武汉市东湖新技术开发区华工科技园　　邮编：430223
录　　排：孙雅丽
印　　刷：武汉邮科印务有限公司
开　　本：787mm×1092mm　1/16
印　　张：14.75
字　　数：343千字
版　　次：2025年7月第1版第2次印刷
定　　价：49.80元

本书若有印装质量问题，请向出版社营销中心调换
全国免费服务热线：400-6679-118　　竭诚为您服务
版权所有　侵权必究

总序
Introduction

2014年5月,习近平总书记在北京大学师生座谈会上的讲话中指出,全国高等院校要走在教育改革前列,紧紧围绕立德树人的根本任务,加快构建充满活力、富有效率、更加开放、有利于学校科学发展的体制机制,当好教育改革排头兵。为了实现立德树人的根本任务,中央和国家有关部门出台了多项文件政策。2019年,中共中央办公厅、国务院办公厅印发了《关于深化新时代学校思想政治理论课改革创新的若干意见》,强调要整体推进高校课程思政建设,使各类课程与思政课同向同行,形成协同效应。2020年,教育部印发《高等学校课程思政建设指导纲要》,强调课程思政是高校落实立德树人根本任务的战略举措。因此,高校落实立德树人根本任务,不仅要突出思政课程的地位,更要强化专业课程的思政建设,共同构筑良好的育人课程体系,引导学生塑造正确的世界观、人生观、价值观。

教材建设是课程思政建设的重要内容,对于落实立德树人的根本任务具有重要意义。以往的教材编写,主要侧重于专业知识的讲解,忽略了思政育人作用。即使有较好的育人素材,也没有进行很好的挖掘。基于此,为落实立德树人根本任务,进一步强化国家级一流本科专业(旅游管理)建设,中南财经政法大学旅游管理系筹划了旅游管理专业课程思政系列教材的编写。本系列教材由教育部高等学校旅游管理类专业教学指导委员会委员、湖北名师邓爱民教授担任总主编和总策划。本系列教材从结构到内容,均实现了较大的创新和突破,具有以下特点。

一、突出课程思政主题

本系列教材在编写过程中注重将习近平新时代中国特色社会主义思想"基因式"地融入,推进专业教育和思政教育的有机结合,用"双轮驱动"打破思政教育与专业教育相互隔绝的"孤岛效应",将价值塑造、知识传授和能力培养三者融为一体,培养学生的家国情怀、职业责任和科学精神。

二、结构新颖

为落实立德树人根本任务,突出课程思政教材的主题,本系列教材在结构安排上实现了创新。例如,在每个章节前面列出了本章的"思政元素",在章节正文部分,无论是案例引用,还是内容介绍,都有机融入了课程思政元素。在每章结束部分,单列了"本章思政总结",对本章涉及的思政元素进行总结、提炼和升华,强化对学生的思政教育。

三、配套全面

本系列教材案例丰富,内容翔实,不仅有利于教师授课,也方便学生自主学习。为适应新时代高校教育模式改革,本系列教材将不断丰富配套资源,建设网络资源平台,方便旅游管理课程思政教学与经验交流。

在编写和出版过程中,本系列教材得到了华中科技大学出版社的大力支持,得到了全国旅游学界和旅游业界的大力帮助,在此一并表示感谢。希望本系列教材能够丰富课程思政教材建设,促进高素质旅游人才培养。

总主编　邓爱民

2021年9月3日

前言
Preface

2022年10月,习近平总书记在中国共产党第二十次全国代表大会报告中指出,"新时代党的创新理论深入人心,社会主义核心价值观广泛传播,中华优秀传统文化得到创造性转化",肯定了文化在推进社会主义建设中的积极作用。他曾在全国高校思想政治工作会议上强调,教育强则国家强。实现中华民族伟大复兴,教育的地位和作用不可忽视。各门课都要守好一段渠、种好责任田,使各类课程与思想政治理论课同向同行,形成协同效应。以文化人、以文育人是新时代高校思想政治教育的基本要求,而"中国旅游文化"是承载着重要的道德塑造功能的一门专业课程,旅游文化中蕴藏着丰富的思想政治教育资源,对于提高思想政治教育的实效性有重要的现实价值。

本书以弘扬中国优秀传统及当代文化精神为主旨,对中国山水旅游活动中的文化审美、中国城市与建筑的空间精神、中国非物质文化遗产的价值与传承、中国的绿色乡村振兴道路、红色旅游文化内涵、研学旅游与校外教育、"一带一路"倡议下中国旅游文化的国际交流等进行了分门别类的讲解。本书共分为九章,除第一章"绪论",其余每一章节都结合了当前最新的实事新闻、科研动态与热门旅游案例,包括学习目标、思政元素、章前引例、思政案例、本章思政总结、复习思考题等模块。

本书在编写过程中,编者研读了大量国家政策、思政类新闻报道、旅游规划文件、行业规范和学术界出版的书籍、论文、报刊等研究成果,进行了规范引用。在此我们向本书所引用文献的作者们表示衷心的感谢!本书的完成还充分依托了编者长期从事"旅游文化""世界遗产在中国""旅游资源与规划"等课程的教学案例,以及在香港、湖北、贵州、四川、江西等地进行建筑文化、民俗文化、茶文化、昆曲文化田野调查的经验。

本书由王子超、邓爱民主编,王霞、宋思旭、禹经理和司曼婷参编。具体分工为:第一章(绪论)、第二章、第三章和第四章由王子超、邓爱民编写,第五章由王霞编写,第六章由禹经理编写,第七章由宋思旭编写,第八章由王子超、宋思旭编写,第九章由司曼婷编写。由于编者水平有限,书中难免存在不足之处,敬请读者批评指正。

编 者

2023 年 3 月 28 日

目录 Contents

第一章　绪论　/001

一、旅游文化的界定　/001
二、思政视野下的旅游文化　/003
三、学习旅游文化的意义　/006

第二章　山岳旅游文化　/008

第一节　山岳旅游的文化精神与政治功能　/008
一、缘起与概念　/010
二、文化精神　/012
三、政治功能　/014

第二节　山岳旅游资源　/015
一、山水兼备的自然景观　/016
二、气象季节高质量环境形成的自然景观　/019
三、名胜古迹、工程、建筑组成的人文景观　/020
四、体育休闲、民俗文化旅游景观　/021

第三节　山岳旅游审美文化　/022
一、山岳旅游的哲学与艺术审美原理　/022
二、通用山岳资源旅游审美视角　/024
三、中国古代典型山岳审美思想　/026

第三章　河流水乡旅游文化　/037

第一节　河流水乡概述　/038
一、定义与特征　/038

二、水文化概说　　/042
　　三、水与旅游活动　　/044
第二节　河流水乡旅游资源的特征与功能　　/046
　　一、河流旅游资源主要案例及功能　　/046
　　二、水乡旅游资源主要案例　　/049
　　三、环水景观、河畔与湿地主要案例的旅游文化　　/052
第三节　河流水乡旅游审美文化　　/054
　　一、水的审美哲学　　/054
　　二、有关水的旅游审美文化　　/055

第四章　城市与建筑旅游文化　　/063

第一节　城市旅游文化　　/064
　　一、城市旅游形象　　/064
　　二、城市文脉　　/065
　　三、城市文化地标　　/067
第二节　建筑旅游文化　　/069
　　一、中国建筑文化的哲学思想　　/069
　　二、中国传统建筑的文化精神　　/073
　　三、中西建筑文化的对比　　/078

第五章　非物质文化遗产与旅游文化　　/088

第一节　非物质文化遗产与旅游　　/089
　　一、非物质文化遗产概要　　/089
　　二、非物质文化遗产与旅游的关系　　/092
第二节　非物质文化遗产里的中国元素和中国故事　　/096
　　一、口头传承类非遗案例及其旅游文化　　/096
　　二、节庆类非遗案例里的中国元素与中国文化　　/098
第三节　瓷器文化、昆曲艺术与旅游　　/101
　　一、瓷器文化与景德镇旅游　　/101
　　二、昆曲艺术发展与旅游　　/104
第四节　歌舞、绘画的旅游文化　　/108
　　一、歌舞类非遗的旅游文化　　/108
　　二、绘画类非遗的旅游文化　　/110

第六章 乡村旅游文化 /114

第一节 乡村旅游文化概述 /115
一、乡村文化 /115
二、乡村旅游 /115

第二节 乡村旅游文化的特质 /117
一、自然性和质朴性 /117
二、渗透性和产业性 /117
三、原真性和乡土性 /117
四、脆弱性与合一性 /118
五、体验性和参与性 /118

第三节 乡村旅游文化的现状与开发思路 /119
一、乡村旅游文化的现状 /119
二、乡村旅游文化的传承思路 /120
三、乡村旅游文化的开发路径 /120

第四节 中国的乡村旅游文化典型案例 /125
一、西递、宏村乡村旅游 /125
二、婺源乡村旅游 /126
三、甲居藏寨文化旅游发展案例 /129

第七章 红色旅游文化 /138

第一节 红色旅游文化的概念与功能 /139
一、红色旅游文化的概念与缘起 /139
二、红色旅游文化的特质 /142

第二节 红色旅游文化的开发、保护与传承 /144
一、红色文化的旅游开发模式 /144
二、红色文化在旅游中的开发原则 /148
三、红色文化在旅游发展中的保护与传承 /149

第三节 红色旅游文化典型案例——延安 /152
一、延安红色旅游资源概况 /152
二、延安红色旅游文化开发和保护现状 /152
三、延安红色旅游文化的价值 /154
四、延安红色旅游文化开发、保护与传承的现实意义 /155

第八章 研学旅行文化 /161

第一节 研学旅行概述 /162
  一、研学旅行的定义及相关概念 /162
  二、我国研学旅行的发展历程 /163
  三、研学旅行的属性 /165
  四、研学旅行的文化特质及意义 /166
  五、发展研学旅行的原则和方法 /168

第二节 城市、故居、红色基地研学旅行文化 /172
  一、名人故里的研学旅行文化 /172
  二、红色基地的研学旅行文化 /174
  三、博物馆、工作坊的研学旅行文化 /175
  四、工业实践基地的研究旅游文化 /179

第三节 乡村与田野研学文化 /180
  一、自然资源的研学旅行文化 /180
  二、农田、茶园的研学旅行文化 /182
  三、考古基地的研学旅行文化 /184

第九章 "一带一路"与中国旅游文化 /190

第一节 "一带一路"倡议与旅游文化概述 /191
  一、"一带一路"倡议的起源、意义与动态 /191
  二、旅游与文明互鉴 /195
  三、中国与"一带一路"沿线国家的国际旅游合作模式 /199

第二节 中国旅游文化与"一带一路" /202
  一、中国文化的特质与对外交流路径 /202
  二、中国沿线省市的旅游文化与"一带一路" /206

参考文献 /220

第一章
绪　论

一、旅游文化的界定

（一）旅游

要了解什么是旅游文化，首先就要理解什么是"旅游"，以及什么是"文化"，并且对二者之间的密切关联有所认知。《孟子·梁惠王上》中提到"行旅皆欲出于王之涂"[①]，这里"旅"为出门在外的人。经过长期的演变，今天的"旅"是指离开日常所居的场所，为实现某个目的而在空间上到另一个地方的行进过程。"游"的本义，为水中浮行。《诗经·谷风》有"就其浅矣，泳之游之"，《尔雅义疏》有"潜行为泳"[②]。"游"可以引申为自由自在地遨游，具体来说有行走、游动、逍遥的意思，是以游览、观光、娱乐、康体为目的的行为。"旅"和"游"合在一起，表示为了满足各种各样的愿望和需求而暂时离开自己的住地的行为。南朝梁代的沈约在他的《悲哉行》一诗中率先使用了"旅游"一词：

旅游媚年春，年春媚游人。徐光旦垂彩，和露晓凝津。时嘤起稚叶，蕙气动初苹。一朝阻旧国，万里隔良辰。[③]

这是迄今为止汉语"旅游"较早的出处。对于中国古人来说，"旅游"是涉及交游天下、经商差旅、探索异域的一个概念，在不同的发展阶段意味着出门在外可能面临的各种艰辛与风险，如"羁旅""逆旅"，也意味着发自内心的逍遥之游与精神之游，如"适性而游""神游"。从中华民族的始祖之一黄帝的率部迁徙和问道求业，到战国时期的周穆王姬满西游、秦汉时期的帝王巡游、魏晋南北朝时期文人士大夫的玄游、仙游，到隋唐时期的龙舟游、宗教之旅，宋代文人放下名利优游于天地之间、明清的帝王下江南和才子的适性而游，旅游文化呈现出博大精深和异彩纷呈的面貌。

---

① 孟子[M].赵清文，译注.北京：华夏出版社，2017.
② 十三经注疏[M].（清）阮元，校刻.北京：中华书局，1980.
③ （南朝梁）沈约.沈约集校笺[M].陈庆元，校笺.杭州：浙江古籍出版社，1995.

对于当代中国人来说，旅游则有拓宽视野、猎奇探险、挑战自我、重塑价值观等诸多内涵，并新增了非真实空间移动的旅游方式，如"虚拟旅游""云旅游"。

从国际视野来看，西方对旅游的定义更注重产业因素，认为旅游的本质与产业化有关；而中国对旅游的定义更注重文化与审美因素[①]。

（二）文化

什么是文化？在我国，"文"的最初含义是指相互交错的纹理，例如《说文解字》"文，错画也，象交文"，由此引申出文物典籍、礼乐制度、文德教化等含义。"化"为化育、造化之意，可以理解为前人创造的文化对后代的教化和影响。在西方，文化（culture）最早源于拉丁文"cultura"，有耕种和居住之意，进而引申为人类为了摆脱自然状态而特有的各种思想与活动。总的来说，文化是人类的智力成果的表现，也是一定范围内群体的习俗与生活方式。文化可以分为物质文化与精神文化，前者包括建筑、园林、雕塑、艺术品等，后者包括文学、音乐、舞蹈、传说等。

文化是旅游的灵魂。中国古代的旅游活动，蕴含有丰富的文化因子，无论是帝王出巡、使节出访还是文人宦游，都呈现出多样的文化内涵。旅游文化是旅游者追求人性的自由和解放、塑造民族旅游性格及实现回归自然的过程，有助于推进社会的发展。在旅游的过程中，人们对自然山川景物产生了一定的看法和见解。大自然使人的精神更加充实，使人的内心与外界更加和谐，使人获得平日社会政治生活无法领略的美好感受。异域的文化风情与习俗，使得人们学到新的知识、开阔视野和增加对多样文化的理解。旅游产生的文化效用，可以从多个角度反映出来，如哲学、政治、艺术、宗教、道德上的思索与感怀。

（三）旅游文化

综上，我们可以对旅游文化的内涵做出界定。从广义上来说，旅游文化是人类社会历史实践中创造的所有物质财富和精神财富。从狭义上来说，旅游文化包括旅游景观、旅游产品和服务体现的文化内涵，以及人们在旅行过程中和在旅游目的地产生的文化认知，具体包括建筑、文学、艺术、哲学、历史、道德等方面。任何有意、无意被旅游所利用的文化都应当属于旅游文化的范畴，无论是旅游目的地的民族文化、客源地文化，还是旅游主体、客体、介体在旅游活动过程中交往碰撞产生的文化，都是旅游文化[②]。对旅游文化的理解，还需要具体从下面几个方面进一步理解。

第一，旅游文化离不开旅游活动。无论是传统的从甲地到乙地的旅游行为，还是新式的虚拟旅游、VR体验，都与旅游者发生的旅游行为有关，因为它是因旅游活动而产生的一种新的文化，例如山川、河流、古建筑、古遗址、非物质文化节庆等为了满足旅游者的需要而展示或设计的文化内涵与面貌。

第二，旅游文化包括旅游者与旅游目的地的互动。旅游者抵达目的地后，不可避免地要与当地的旅游资源、服务者或居民产生关联。例如，欣赏、体验旅游景观或产

---

① 高璟,吴必虎,李咪咪.比较视野下旅游定义及其内涵的再思考[J].地域研究与开发,2018(1).
② 任冠文.文化旅游相关概念辨析[J].旅游论坛,2009(2).

品,因对当地的文化感兴趣而拍照留念或购买旅游产品,通过感受旅游服务而对当地产生好的印象,与当地人交谈而获得更生动的目的地印象,等等。

第三,旅游者的文化认知是在其个人价值观基础之上在旅游地的社会背景影响下综合形成的。旅游的一个重要目的是获得更丰富和更深刻的文化认知,而这与旅游者的个人价值观和旅游目的地的社会文化情况密切相关。寻求自然与人文景观之美,通过在奇山异水中探险挑战自我,在新鲜的空气中获得心情放松与解压,改变孤独和封闭的自我,去看看外面更大的世界从而确立新的奋斗目标等,都与旅游者当前所处的社会价值观、心理需求和知识需求等有关。

第四,旅游文化有助于塑造文化自信。所谓文化自信,是指一个国家、民族对自身文化内涵与价值的充分肯定,对自身文化生命力的坚定信念。① 对于旅游目的地来说,结合中国传统优秀文化和新时代的文化精神,打造与自然环境相融合的旅游景观和设施,并提供高水准、象征着高度文明程度的旅游服务,是提升文化自信的重要方式。对于旅游者来说,在旅行的过程中,广泛了解我国各地具有持续魅力的古代文化艺术成就、当代城镇乡村的经济与文化成果,从欣赏的过程中获得文化的共识和感召力,有助于培养对国家和民族的文化自信,以及提升自身的文化自信。

二、思政视野下的旅游文化

中国传统的山水旅游体现出人的道德修养的一种方式,蕴含着真善美。人们在进行旅游活动时,会受到旅游资源所承载的文化启发和熏陶,从而追求人性的锤炼和自我完善。旅游文化蕴含着各种积极向上的价值观和文化观,游客在旅游过程中体验山水之美、受到美的感召,领略祖国大好河山、丰富内心世界,欣赏多样民俗、增加文化认同。

具体来说,在思政视野下,我们可以从以下几个方面来理解旅游文化。

第一,旅游文化包含了充满真善美和仁义的"中国故事"。

习近平在中国文联十一大、中国作协十大开幕式上讲:要立足中国大地,讲好中国故事,塑造更多为世界所认知的中华文化形象,努力展示一个生动立体的中国,为推动构建人类命运共同体谱写新篇章。② 博大精深的中华文明是中华民族独特的精神标识,以文化人,更能凝结心灵;以艺通心,更易沟通世界。讲好中国故事、传播好中国声音,向世界展现一个真实、立体、全面的中国,是我们提升中国文化软实力和中华文化世界影响力的必然要求,也是世界在共享中国发展机遇中的共同诉求。旅游文化的一个重要任务就是要向世界讲好中华五千年文明史的故事,讲好中国共产党百年伟大成就的故事,讲好新时代中国特色社会主义建设的伟大实践故事。③

"中国故事"的根是中国悠久灿烂的人文历史文化,既包括古代中国,也包括当代

---

① 曹诗图.试论我国旅游科学研究的文化 自觉、自信与自强[J].北京第二外国语学院学报,2013(11).

② 习近平:在中国文联十一大、中国作协十大开幕式上的讲话[EB/OL].(2021-12-14). http://www.news.cn/politics/leaders/2021-12/14/c_1128163690.htm.

③ 张端.每日一习话　立足中国大地　讲好中国故事实践[EB/OL].(2022-01-07). http://news.cnr.cn/dj/20220107/t20220107_525708966.shtml.

中国的故事,不仅包括人文历史,也包括科技经济。① 讲好中国故事,既要从历史渊源和文化基因的角度,阐明今天的中国从何处来、中国有哪些成功的经验,也要讲述未来的中国向何处去、有哪些展望与目标;既有中国人民奋斗圆梦的故事,也有中国坚持和平发展合作共赢的故事,既有中国智慧,也有中国方案。中国的旅游资源,例如革命圣地、山水园林景观、古代宫殿与民居建筑、科技工程奇迹、历史典籍、口头传说、生产习俗,都包含着丰富的、积极向上的中国故事。

第二,旅游文化体现了中国人的生态审美与尊重自然的情怀。

在中国古代思想体系中,"天人合一"的基本内涵就是人与自然的和谐共生。习近平总书记指出,我们中华文明传承五千多年,积淀了丰富的生态智慧。"天人合一""道法自然"的哲理思想,"劝君莫打三春鸟,儿在巢中望母归"的经典诗句,"一粥一饭,当思来处不易;半丝半缕,恒念物力维艰"的治家格言,这些质朴睿智的自然观,至今仍给人以深刻警示和启迪。② 这就是从中国古代哲学中顺应自然的观念中提升出来的举措。我国坚持以人民为中心的发展思想,坚持创新、协调、绿色、开放、共享发展。例如,结合青海优势和资源,加快建设世界级盐湖产业基地,打造国家清洁能源产业高地、国际生态旅游目的地,构建绿色低碳循环发展经济体系。③ 又如,我国还加快建设世界级盐湖产业基地,打造国际生态旅游目的地、绿色有机农畜产品输出地。加强雪山冰川、江源流域、湖泊湿地、草原草甸、沙地荒漠等生态治理修复。④ 这些都是国家支持发展绿色生态旅游的政策背景。

中国的世界遗产中,黄(渤)海候鸟栖息地、可可西里、梵净山、神农架、九寨沟等地,是环境保护完好的生态区,也是著名的观光或科考目的地,这与国家的生态保护政策密不可分。除此之外,我国还有大量的国家级生态旅游示范区、国家重点风景名胜区、国家自然保护区、国家地质公园,是休闲旅游和避暑度假的胜地。在几千年的中国旅游史中,人们留下了大量研究这些自然景观的美学价值、科学价值及保护历程的文献,构成了旅游文化的重要内容。

第三,旅游文化是理解非物质文化遗产价值的核心。

2019年8月19日,习近平总书记在敦煌研究院座谈时指出:要加强对国粹传承和非物质文化遗产保护的支持和扶持,加强对少数民族历史文化的研究。⑤ 例如,古典民族史诗《格萨(斯)尔》起源于中国蒙古族和藏族民间,流传于蒙古族、藏族等民族聚居区,与《江格尔》《玛纳斯》并称中国少数民族"三大英雄史诗",也是世界级的非物质文

---

① 雷小红.多媒体时代高校思政课如何讲好中国故事——评《讲好中国故事视域下的思政课教学理论与实践》[J].科技管理研究,2021(15).

② 习近平讲解绵延五千多年的中华生态文化[EB/OL].(2018-05-23). http://news.cnr.cn/native/gd/20180523/t20180523_524243506.shtml

③ 习近平在参加青海代表团审议时强调坚定不移走高质量发展之路 坚定不移增进民生福祉[EB/OL].(2021-03-08).http://china.cnr.cn/news/20210308/t20210308_525430236.shtml.

④ 习近平在青海考察时强调 坚持以人民为中心深化改革开放 深入推进青藏高原生态保护和高质量发展[EB/OL].(2021-06-09).http://www.qstheory.cn/yaowen/2021-06/09/c_1127546695.htm.

⑤ 习近平总书记的非遗情结[EB/OL].(2021-09-20).http://news.youth.cn/sz/202109/t20210920_13229067.htm.

化遗产。中华民族是多民族不断交流交往交融而形成的,我们"要重视少数民族文化保护和传承,支持和扶持《格萨(斯)尔》等非物质文化遗产",培养好传承人,一代一代接下来、传下去。① 又如,赫哲族伊玛堪说唱是中国东北地区赫哲族一种特有的口头传统表达形式。伊玛堪的演述人在没有乐器伴奏的情形下即兴叙事,并运用不同的唱腔和曲调刻画不同的人物和情节。② 这样的非遗体现了赫哲族悠久的历史和丰富的文化。

民间文学、传统音乐、传统舞蹈、传统戏剧、曲艺、传统体育/游艺/杂技、传统美术、传统技艺、传统医药、民俗是我国非物质文化遗产的主要分类。由各种社会实践、观念表达、知识与技能及其相关的手工艺品及场所构成的非遗,是我国各族人民世代相传的各种传统文化的表现形式,是中华民族历史文化成就的重要标志。非物质文化遗产凝聚着一个国家、一个民族世代相传的文化精神、价值观念、聪明智慧、科技思想、人与自然相处的经验,蕴含着丰富的文化内涵,体现了文化的多样性和人类创造力的力量。

第四,旅游文化是旅游扶贫的核心内容。

旅游扶贫,是传统扶贫方式的有机补充,是指通过开发贫困地区有特色的富旅游资源,深挖民俗等文化,以政府为主导、以市场为主导兴办旅游经济企业,实现贫困地区的脱贫致富。作为世界性的难题,贫困在不同的地区、长时间伴随着人类社会的发展。旅游扶贫的主要目标,包括使贫困地区的人口获得持续的、有效的收益和发展机会,促进该地区的社会、经济、文化即环境的和谐发展。

党的十八大以来,全国文化和旅游部门通过创作扶贫题材艺术作品,丰富贫困群众文化活动等方式,有效激发贫困群众内生动力。依托特色文化和旅游资源,充分挖掘贫困地区文化潜力,开创了"非遗+扶贫""旅游+扶贫"模式,着力推动贫困地区文化产业、旅游业和农业生产、加工制造等领域融合发展,有效促进基层群众脱贫增收,实现了富民效益。③ 文化是旅游扶贫的核心内容,正是通过发掘文化的多样呈现、独特的价值传递,结合旅游方面的技能培训,才能使贫困群众找到发展旅游经济的"动能",结合文化素质的提升,通过"文化造血",从根本上阻断贫困代际传递,确保脱贫效果持续稳定。

具体来说,通过"文化传承""以文为魂",挖掘农村传统建筑、农耕器具、民间技艺、民俗礼仪、风土人情,以活态化方式进行传承和创新,可以塑造富有文化魅力的乡村形象。通过对村庄、田园进行改造,结合生态文化与传统文化,可以打造以乡愁为灵魂的文化旅游产品。通过贫困地区的口述传说、文学典故,打造有田野、武侠风的民宿与山居,可以营造文化活化致富的典型。在国家旅游扶贫政策的支持下,很多曾经的贫困地区生产出了特色的文化和旅游产品,实现增收致富,促进了地区的产业兴旺和可持续发展。正如文化和旅游部总结全国100个村旅游扶贫成果"示范案例"时谈到的,"以

---

① 习近平总书记的非遗情结[EB/OL].(2021-09-20). http://news.youth.cn/sz/202109/t20210920_13229067.htm.

② 习近平总书记的非遗情结[EB/OL].(2021-09-20). http://news.youth.cn/sz/202109/t20210920_13229067.htm.

③ 国务院扶贫政策法规司[EB/OL]. 全国扶贫宣传教育中心 脱贫攻坚网络展. http://fpzg.cpad.gov.cn/429463/430986/431002/index.html.

文化创意、科技创新为引领,发展乡村创意产品、特色民宿、科技农业"①,旅游文化正是实现乡村振兴的关键与核心内容。

第五,旅游文化是"一带一路"中交流互鉴的重要对象。

"一带一路"倡议是"丝绸之路经济带"和"21世纪海上丝绸之路"的简称。2013年9月和10月,中国国家主席习近平在出访中亚和东南亚国家期间,先后提出共建"丝绸之路经济带"和"21世纪海上丝绸之路"的重大倡议,得到国际社会高度关注。"一带一路"倡议贯穿欧亚大陆,东边连接亚太经济圈,西边进入欧洲经济圈。"丝绸之路经济带"重点畅通中国经中亚、俄罗斯至欧洲(波罗的海);中国经中亚、西亚至波斯湾、地中海;中国至东南亚、南亚、印度洋。"21世纪海上丝绸之路"重点方向是从中国沿海港口过南海到印度洋,延伸至欧洲;从中国沿海港口过南海到南太平洋。"一带一路"倡议的实施将使得沿线国家的人文交流更加广泛深入,不同的文明互鉴共荣,各国人民相知相交、和平友好。

旅游文化是"一带一路"文明交流互鉴的重要对象。旅游是"一带一路"交流合作的重要领域。旅游交流有助于增进国与国之间的亲近感,可以传播文明、交流文化、增进友谊。中国一直以来是"一带一路"沿线国家游客热衷的旅游目的地。其中,俄罗斯、缅甸、越南、蒙古国、马来西亚、菲律宾、新加坡等国家是中国入境游的主要客源国。近年来,中国与沿线国家合作举办了多个丝绸之路旅游与文化类博览会(如旅游路线、饮食文化、瓷器、茶文化、其他非物质文化遗产)、青年文化论坛、国际交流高峰论坛等,文化是"一带一路"国际交流的重要内容,文化尊重更是国际交流的重要原则。例如,"举办'一带一路'·长城国际民间文化艺术节,有利于弘扬丝绸之路与万里长城世界文化遗产价值,为各国民间文化艺术提供舞台,为各国人民交流对话搭建桥梁,为不同文明交流互鉴织就纽带。"②中国广袤的自然与文化旅游景观、珍贵的非物质文化遗产,是吸引"一带一路"沿线国家游客来华的重要吸引物,文化推动中国和沿线各国旅游业的深度融合和共同发展,构建多元互动的大家庭。正如习近平主席所说,文明因交流而多彩,因互鉴而发展。我们要建立多元互动的人文交流大格局,加快互设文化中心,积极开展文化遗产对话。③旅游文化领域的合作就是这种文明交流的体现之一。

三、学习旅游文化的意义

学习旅游资源中的文化内涵和历代以来中国人的旅游观念演变,能有助于我们体会中国传统文化的精妙,提升道德素养,增强文化自觉和自信。通过学习旅游文化资源中蕴含的中国故事,可以传播中国声音,凝聚民族力量,传播中国价值观念。习近平主席说,讲好中国故事,有助于向世界展现可信、可爱、可敬的中国形象。中国人民历

---

① 文旅部:全国100个"示范案例"展示乡村旅游扶贫成果[EB/OL].(2021-11-17).http://m.cnr.cn/chanjing/travel/20211117/t20211117_525662904.html.

② 习近平向2021"一带一路"·长城国际民间文化艺术节致贺信[EB/OL].(2021-09-16). http://china.cnr.cn/news/20210916/t20210916_525603481.shtml.

③ 习近平在中国同中亚五国建交30周年视频峰会上的讲话[EB/OL].(2022-01-25). http://www.qstheory.cn/yaowen/2022-01-25/c_1128300112.htm.

来具有深厚的天下情怀,应该在艺术创造中"彰显中国审美旨趣、传播当代中国价值观念"①。例如古城西安,作为千年一座城,"记得起历史沧桑,看得见岁月留痕,留得住文化根脉!"对于中华民族和中华文明重要发祥地之一陕西,应该加大文物保护力度,弘扬中华优秀传统文化、革命文化、社会主义先进文化,培育社会主义核心价值观,加强公共文化产品和服务供给,更好满足人民群众精神文化生活需要。②

红色景观,是传承红色基因、把红色江山世世代代传下去的旅游资源。习近平说,重庆是一块英雄的土地,有着光荣的革命传统。毛泽东同志在这里进行了决定中国前途命运的重庆谈判,周恩来同志领导中共中央南方局在这里同反动势力展开了坚决斗争,邓小平同志在这里领导中共中央西南局进行了大量开创性工作。重庆涌现了大批大义凛然、高风亮节的共产党人,凝结成"红岩精神"③。红岩精神是坚如磐石的共产主义信念,是和衷共济的爱国情怀,也是百折不挠的浩然正气。它是中国共产党人和中华民族的宝贵精神财富,更是凝聚中华民族伟大复兴的磅礴力量。

非物质文化遗产是中华文化的瑰宝。加强对非物质文化遗产中少数民族历史文化、民间艺术的研究,有助于铸牢中华民族共同体意识,对延续历史文脉、建设社会主义文化强国具有重要意义。我们要引导人们树立正确的历史观、国家观、民族观、文化观,不断巩固各族人民对伟大祖国的认同、对中华民族的认同、对中国特色社会主义道路的认同④。例如,旅游目的地设计濒临消失的非物质文化遗产的传承和展示活动,有助于提升本民族的文化自信,培养青少年保护与传承传统文化的责任感和使命感。

中国旅游减贫的理念是"绿水青山就是金山银山"。旅游让世界和生活变得更美好,在我国旅游业已经成为推动贫困地区减贫的关键力量。发展文化旅游不仅成为多地实现产业兴旺、人民生活富裕的重要途径,提升了人们的文化素质,还改善了农村环境、助推打造生态宜居空间。依托文化,才能有效推动贫困地区旅游业实现创新驱动,提升乡村旅游产品附加值,激发贫困地区发展新的活力。对旅游文化的正确把握,有助于增强贫困地区内生发展活力和动力,实现生态保护和扶贫脱贫一个战场、两场战役的双赢。

---

① 习近平.在中国文联十一大、中国作协十大开幕式上的讲话[EB/OL].(2021-12-14). http://www.news.cn/politics/leaders/2021-12/14/c_1128163690.htm.
② 直与天地争春回——记习近平总书记在陕西考察[N].陕西日报,2020-04-26.
③ 习近平.用好红色资源,传承好红色基因 把红色江山世世代代传下去[J].求是,2021(10).
④ 习近平总书记的非遗情结[EB/OL].(2021-09-20).http://news.youth.cn/sz/202109/t20210920_13229067.htm.

第二章
山岳旅游文化

学习目标

（1）了解山岳旅游的文化精神与政治功能，学习山岳信仰的缘起、山岳旅游活动的含义及社会影响。

（2）对山岳旅游资源的特征与功能、审美方法与原理有深刻的理解。

思政元素

山岳崇拜、国家疆域、爱国精神、中国古代的自然观。

章前引例

古代山岳崇拜与五岳信仰[①]

古代中国人对山岳有一种神秘感，《说文解字》解释"山"字说："山，宣也。宣气散生万物，有石而高。"有研究表明，世界上几乎所有民族都存在对山岳的崇拜。人类社会早期崇拜山岳的主要原因有两个。一是山岳的自然条件。很多山岳高大雄伟、深山险阻，又有奇禽异兽栖息于内，具有人难以接近的神秘性。这样的山峰，常会被古人看作具有神力或为神灵居所，或是通往上天的通路而受到崇拜。二是由山峰奇特的形状和山中特殊的物产等自然条件引发人们对山岳的联想，幻想山岳是某种神灵的化身，或者是有某种神灵在守护、管理着山中的奇珍异宝。总体而言，是山岳本身奇特的自然条件吸引着古人对山岳产生崇拜，进而祭祀山岳。

古代中国人很早便对山岳进行祭祀，由于山岳是古代中国人得到生活资料之处，人们便把山岳视作能产出万物的地方，是生命的原动力，具有灵性。中国人谈及山岳风光，必称"三山五岳"。其中，"三山"乃是上古传说中神仙居住的地方，"五岳"则是中华大地五座名山的总称，即东岳泰山、西岳华山、北岳恒山、中岳嵩山、南岳衡山。

---

① 刘云军.古代山岳崇拜与五岳信仰[N].光明日报，2010-11-03.

除引人入胜的优美自然风光，五岳还承载着丰厚的文化内涵。在古代中国，五岳是国家疆域的象征，是帝王举行受命于天、拥有天下象征的封禅圣地。自然风光与人文内涵的相得益彰，使得五岳成为中国人膜拜的圣山。

五岳信仰来源于古代中国的山岳信仰，据《礼记·王制》记载，上古舜帝时天子已经对五岳进行祭祀："天子五年一巡守。岁二月，东巡守，至于岱宗。柴而望，祀山川……五月南巡守，至于南岳，如东巡守之礼。八月西巡守，至于西岳，如南巡守之礼。十有一月北巡守，至于北岳，如西巡守之礼。"考虑到当时的交通情况，这极可能是后人根据西周之后天子祭祀山神情况创造出来的传说，不可信以为真，但表明对五岳的尊崇由来已久。

五岳原本只是中国众多名山大川中的几座著名山岳，在经历了漫长的演变过程后，最终成为中国人心目中的山岳崇拜代表。

据考古资料显示，殷人卜辞中已经出现了华山、嵩山的记载。春秋战国时期，各诸侯国都遵循"祭不越望"的原则，只祭祀本国境内的山川神祇，此时的五岳诸山作为区域性名山受到所在地人们的祭祀，影响也仅限于当地。秦始皇统一六国后，对境内山川祭祀进行了一番整理，将五岳等众多山岳一并作为"名山川"纳入官方祭祀行列，此举标志着五岳由区域性名山转变为全国性名山。

西汉宣帝神爵元年（公元前61年），诏曰："东岳泰山于博，中岳泰室于嵩高，南岳潜山于用灊，西岳华山于华阴，北岳常山于上曲阳"，"皆使者持节侍祠。唯泰山与河岁五祠，江水四，余皆一祷而三祠云。"至此，五岳从众多名山川中脱颖而出，以山岳代表身份享受国家高规格的祭祀待遇。需要说明的是，此时的南岳并非今日的衡山，而是霍山（即安徽天柱山），北岳并非今日的恒山，而是河北曲阳的大茂山。

隋文帝开皇九年（公元589年），"诏定衡山为南岳，而废霍山为名山"，意思是衡山正式取代霍山，成为新的南岳。从西汉宣帝神爵元年至元代的漫长岁月里，北岳均指河北曲阳的大茂山。明朝、清朝均建都于北京，从地理位置上看，大茂山在京城之南，与北岳名称不符。而位于山西浑源的恒山主峰天峰岭，恰在京城之北。因此，明代改浑源恒山为北岳，但因路途遥远，祭祀仍在河北曲阳的大茂山。直到清朝顺治十七年（公元1660年），才将北岳祭祀地改到山西浑源，恒山成为真正意义上的北岳。

在民间，各地流传着很多关于五岳的神话传说，有关五岳神的来历、故事更是众说纷纭。东岳号称五岳之首，中国古人很早便认为泰山是人死后灵魂的归宿地，泰山神是阴间鬼魂的最高主宰。东岳大帝的来历，一云姓圆名常龙，一云金虹氏。南岳大帝的来历，一云姓丹名灵峙，一云姓崇，一云即伯益。明代小说《封神演义》中崇黑虎被封为南岳衡山司天昭圣大帝。西岳大帝的来历，一云姓羌，一云姓善，一云姓诰名郁狩等。北岳大帝的来历，一云颛顼氏，一云君伏通萌。中岳大帝的来历，一云姓石名玄，一云嵩山君角昔生。总而言之，时代各异、身份各异、地域各异之人，对五岳诸神的来历均有不同说法。

古代民众早期的五岳信仰，基本上不脱离传统山岳崇拜的范畴。随着佛教、道教的兴起，人们有意识地将中国古人传统的五岳崇拜纳入宗教信仰领域，五岳信仰逐渐增添了新的内容。如道教认为五岳均有一位岳神掌管，各自率领数万仙宫玉女治理其地。五岳之神拥有无边的神力，且各有分工：泰山乃天地之孙，群灵之府，为五岳祖，主掌人间生死贵贱修短；衡岳主掌星象分野、水族鱼龙；嵩岳主掌土地山川、牛羊食嚼；华岳主掌金银铜铁、飞走蠢动；恒岳主掌江河淮济、四足负荷等事。

岳诸神原本只是作为山川之神为人们所崇拜、祭祀，随着时间推移，人们赋予其越来越多的情感因素，不同阶层的人们出于不同的需要对其进行加工、修饰，五岳诸神神谱日益庞大，其职能也日益增多。正是因为这种变化，五岳诸神信仰才适应了社会不同阶层人们的心理需要，一直影响至今。

第一节 山岳旅游的文化精神与政治功能

一、缘起与概念

中国人对山岳的崇拜起源于自然崇拜。中国国土70%以上为山地丘陵，人们对山岳有着一种特殊的感情，形成了强大的民族意识和精神凝聚力。山岳是中国远古文明的诞生地，山川森林茂密、物产丰富的地理环境是原始先民得以生存之地。山岳的高峻雄伟、幽静深远、悬崖绝壁和怪石嶙峋，给人一种神秘和神圣的感觉。山中云雾缭绕，仿佛与天地相通，似乎具有超自然的力量；而气象变幻莫测，好像是威力无穷，使人感到无助与恐惧。因此，山神崇拜产生了，它是先民在山岳幻想下的产物。古人认为，"山灵是外万物的主宰"，将万物"恩赐于人"，因此对山神产生了感激和敬畏的心理观念。① 原始人在关于自然与生命的概念中，深深地相信有一种基本的不可磨灭的生命一体化沟通了多种形形色色的个别生命形式，图腾崇拜的信念是原始文化最典型的特征。② 在人类社会的初期，人们对大自然的规律还不了解，因而将大自然视为一种神秘的力量，这种情况在世界各民族的原始时期大抵都存在着。神话的出现和仪式感，使得原始人坚信某种神灵能够让他们抵制和破除对死亡的畏惧，山岳崇拜正是如此满足了人们内心的这种愿望。

随着社会的发展，山岳信仰逐渐产生了社会崇拜的特点。在山岳与国家之间形成了一种密不可分的关系，也就是山岳文化模式。《国语·周语上》记载："幽王二年，西周三川皆震。伯阳父曰：'夫国必依山川，山崩川竭，亡之征也。川竭，山必崩。若国亡不过十年，数之纪也。夫天之所弃，不过其纪也。'"③ 说明了山川对于国家而言的重要性，建议国家都城要依山傍水而建，祭祀山川祈求山神保佑，这样才能确保人民生活的物资来源。因此，君王会去祭祀山川。

在我国，最早的山岳崇拜的信史资料见于殷墟出土的殷代卜辞，在龟甲、牛骨上，已经出现了"二山""五山"等称谓。周代，山岳崇拜之风尤为盛行，这与当时人们的地

---

① 何平立.崇山理念与中国文化[M].济南：齐鲁书社，2001.
② [德]恩斯特·卡西尔.人论[M].甘阳，译.北京：西苑出版社，2003.
③ （战国）左丘明.（三国吴）国语·卷一·周语上[M].韦昭，注.胡文波，校点.上海：上海古籍出版社，2015.

理知识逐渐丰富、地理视野逐渐拓展有直接关系。战国时期的《山海经》,对全国范围内的山脉进行了地理上的宏观描述,尤其是与祭祀有关的山峰,这可能就是后来"名山"的雏形。先秦儒家的"君子比德"思想,认为大自然山川对人们来说具有美感,是因为它们能表现出与人的高尚品德相类似的特征,因此将二者联系起来。例如,孔子说的"知者乐水,仁者乐山。知者动,仁者静。"①意思就是水的清澈象征人的聪明智慧,水的流动则代表着智者的探索,而山的稳重与仁者的敦厚相似。周代天神崇拜的天就是山岳崇拜,他们以为天神就居住在山岳之上,故称之为"天室山"。周代天神是周族的部族神,认为他们的祖先神死后都升到天上,实即天室山上。周人的天神崇拜实际上就是嵩岳崇拜。周人把自己所崇拜的处于中土的嵩山称作崇、岳、天室或太室,也单称为"天",认为天神都居住在这些高山峻岭之中。②

战国以来,周室及中原国家衰落,代之而兴的是东方的泰山与西方的昆仑山崇拜。且秦汉时期的神仙思想继续得到发展,人们对现实不满而希望逃避到世外。例如,东海仙山和昆仑山是非常神奇的山,成为我国两大神话系统的渊源。③《山海经》中,多次提到昆仑。例如:"西南四百里,曰昆仑之丘,是实惟帝之下都,神陆吾司之。其神状虎身而九尾,人面而虎爪;是神也,司天之九部及帝之囿时。"(《西山经》)"昆仑虚在其东,虚四方。一曰在岐舌东,为虚四方。"(《海外南经》)昆仑山原本只是神话地理学中的一座神山,却被人们反复讨论其在现实地理中的方位。并且在《山海经》中,昆仑的位置就是变动不居的。④可以将昆仑山理解为人们内心崇拜的一座位于西方的神山,它高大、神秘,难以接近,是神仙居住的地方。

魏晋南北朝时期,是中国历史上政权更迭频繁的时期,由于长期的封建割据和连绵不断的战争,天下出现了将近300年的动乱与分裂,导致儒学地位下降,道、佛、玄诸家崛起,出现了许多外来的思潮与学说。这一时期,文士们不再留恋朝堂之争与建功立业,而是倾向于到自然山水中去赏山玩水、隐逸悠游,尽情地释放情怀,秉持着出世的情怀,寄情山水。这一时期的山水旅游思想得到了极大的发展,摆脱了以前"山水比德"的束缚,山水画也随之得到了真正的出现并蓬勃发展,这都体现了人们不理世俗之事、崇尚自然、返璞归真的审美情怀。

唐代中国国势强大,整个社会呈现出朝气蓬勃的面貌。宋代城市商业和手工业繁荣,科技成就显著,佛教和道教迎来了鼎盛发展时期。在这样的背景下,山岳旅游得到了极大的发展。加上禅林经济的成熟,禅寺在山岳风景地带大量修建,这种势头一直保持到了宋代。有关佛教的山岳文化在宋代也达到了登峰造极的境地。⑤在宋代,佛寺是主流的旅游去处,当时的文献记录这样描述:有山就有寺,有人就有僧。⑥明清时期,程朱理学逐渐衰微,新兴的心学,倡导主体性的凸显和生命价值的实现,强调心与万物相通。在这种背景下,倡导回归人的自然天性、强调怡情怡性的山水旅游观念应

---

① 论语·雍也[M].冯国超,译注.北京:华夏出版社,2017.
② 王晖.论周代天神性质与山岳崇拜[J].北京师范大学学报(社会科学版),1999(1).
③ 周维权.中国名山风景区[M].北京:清华大学出版社,1996.
④ 刘宗迪.昆仑原型考——《山海经》研究之五[J].民族艺术,2013(3).
⑤ 周维权.中国名山风景区[M].北京:清华大学出版社,1996.
⑥ (宋)潜说友.咸淳临安志·宋元方志丛刊[M].北京:中华书局,1990.

运而生,为明清的旅游活动带来了一股清新之风。这种于山水旅游中的本性释放,用"心"感悟山水风景之美,摆脱俗世的烦扰,从而回归人之自然属性的"怡情"之游,正是对自然人性的合理回归。①中国古代对天地万物的审美早就不限于其表面,圣人们通过推究天地的大美,而通达万物的道理,顺其自然,不妄自造作。这种思想在明清山岳旅游思想中亦得到了一定的体现。随着张扬人的个性和主体性的心学思潮的兴起,倡导去山林中悠游回归人的自然天性、强调怡情悦性的观念日益浓厚。

在今南岳崇山中庙内,有一块著名的石碑,上面刻画的是神秘的五岳真形图,其上有写:岱岳者,主于世界人民官职及定生死之期,兼注贵贱之分、长短之事也。西岳者,主世界金银铜铁,兼羽翼飞禽之事也。北岳者,主世界江河淮济,兼四足负荷之类,管此事也。意思就是,中国的五岳之神,是掌管世间万物的,包括山川土地,甚至人的生死与财富。五岳真形图与五岳在形状上十分相似,代表着古代先民对大地山川、五岳的信仰和崇拜,象征着中华民族东、西、南、北、中大一统的意义。在《史记·封禅书》中,就详细记载了舜帝驯狩五岳的过程。

自古以来,人们对山岳的崇拜,激发出山地名胜风景区的演变和成熟。山岳,是指陆地上由明显的山顶、山坡和山麓共同组成的隆起高地。山岳型景区是以资源基础为标准进行分类的一种景区类型,其空间分布主要依托地质地貌运动形成。②山岳旅游,是以山岳休闲为主的旅游活动,包括在具有独特构景要素和具有美感的山区地区进行登山、观光、探险、文化古迹赏览、生态体验和认知等。我国的名山风景区,除了五岳,还有五台山、峨眉山、普陀山、九华山等佛教名山和武当山、武夷山、青城山、崂山、龙虎山等道教名山,以及庐山、天台山、雁荡山、丹霞山、天柱山、梵净山等其他名山。名山风景区是历经千百年的筛选,最终为社会所公认而保留下来的山岳,其内生态环境良好,充满了美的自然物和自然现象,诸如岩石、土壤、水体、植物、动物、云雾、雨雪及阴晴、明晦、季相等。③在中国的殷商、周、秦汉时期,名山风景区基于原始宗教、祭祀、封禅、山水审美观念的萌芽和佛道的出现,而开始有了最初的发展。

二、文化精神

山岳旅游的文化精神首先表现出追求"天人合一"。具体来说,包括崇尚自然、人与自然相通。天人合一是中国传统哲学和文化的基本精神之一,无论是儒家、道教,都讲求"天人合一"。儒家思想主要建立在道德心性论基础之上,重情理或情性,强调"天人和谐",表达了一种人文精神与道德的终极关怀。儒家认为,人是天地有机结合者,从而要求人类以一种内在的态度来对待自然,并将之视为一种道德责任,人们应该按照自然规律办事。儒家还认为,人是天地间的物,人要尽在于天地之间应尽的职责,效法天地,而引出立人之道。道家认为,"人法地,地法天,天法道,道法自然"④。"道"是世

---

① 王子超.明清时期山水怡性旅游的自然回归[J].南都学坛,2013(1).
② 田瑾,明庆忠,刘安乐.我国西南地区山岳型A级旅游景区空间分布及影响因素分析[J].湖南师范大学自然科学学报,2121(5).
③ 周维权.中国名山风景区[M].北京:清华大学出版社,1996.
④ (春秋)李聃.道德经[M].赵炜,编译.西安:三秦出版社,2018.

间最高的原则,天下万物都是由道而生之、由德而养之。人类应该顺应"道",顺乎自然,讲求自然之道、生命之道。人与自然万物具有同根性,宇宙是一个大的生命整体。①

上古社会对山岳崇拜的信仰,促进了"天人合一"的形成。山岳旅游审美观念的重要表现,就是欣赏自然、敬畏生命,在深邃的山林中探索,去感悟山川土石、瀑布溪流与草木禽兽对人类生存环境的积极作用,甚至是体验风霜雨雪、观日月星辰与云雾之变幻,感受生命与精神的灵动,也是充满了乐趣的。天地万物本就是一体,人与自然更需要亲密接触,山岳旅游能使人逃离城市的种种压力,获得身心的彻底放松。中国传统文化以天为价值本原,以孔子为代表的"山水比德"思想,体现了人们在欣赏自然山水时,希望在山川景物中发现可贵的"德"的需求,将人类美好的品德赋予有特别外形特征或精神气质的自然对象,从而在物我交融中培养人的道德情操。在山林中隐逸,以坚持和维护自己的气节,也是中国古代文士时常向往山林的一种信念。在自然山林中,古人们可以远离"平原城市"的"人口稠密"与"喧嚣吵闹",自由自在,也可以在天地造化中怡情、养性、畅神②。

古代"天人合一"哲学讲求用审美的眼光看待大自然中的一草一木、一山一石。老子言:"圣人处无为之事,行不言之教,万物作焉而不辞,生而不有,为而不恃,功成而弗居。"③在老子看来,生养而不占有是一种最崇高的德行。当今的人们往往只在人的范围内考虑问题,而忽视了人与自然的关系,与自然疏离,只懂得索取,而不懂得亲近自然和融入自然。人类要从大自然获得生命力,就应将自己的小生命融入大生命之中,天人和谐,与天地万物生共荣④。"生而不有,为而不恃"的价值观,具有强烈的环境教育功能,可以为当代游客基于了解大自然的生态旅游行为的价值观提供指引。

山岳旅游中,"天人合一"的观念还能让人感受到大自然的生机勃勃,并与身体本体会通。在山林中,人们能体验到旺盛的生机——顽强的生命力,并感悟出人在逆境中超越自然环境的生命本能,爆发出蕴藏在人的躯体之中的最大生存潜力。从这一点而言,无论是古人还是当代人,在山林探险中,都能发现这样的旅游动机。而人与天地相通,也象征着健康和生命的延续,存在着和谐与包容,也是不断产生创造力的机理。

山岳旅游的文化精神还表现为追求永恒与自由的生命意识。秦始皇一生向往的渤海或东海中的三座山神,名曰蓬莱、方丈和瀛洲。在神话传说中,那是神仙居住的地方。道教的三十六小洞天、七十二福地都是神山仙境。这样的神山信仰,反映了一种生命意识的觉醒和对永恒与自由的理想追求。⑤昆仑山是中华文明重要的源头之一,昆仑文化观念对中华文明观念的影响至深。昆仑仙乡使拥有世俗一切而唯独难以逃脱疾病和死亡的上层阶级十分向往,他们认为那里有可以获得长生的仙药仙方。

---

① 闫希军.天人合一的价值本原[M].北京:人民出版社,2017.
② 周维权.中国名山风景区[M].北京:清华大学出版社,1996.
③ (春秋)李聃.道德经[M].赵炜,编译.西安:三秦出版社,2018.
④ 闫希军.天人合一的价值本原[M].北京:人民出版社,2017.
⑤ 周维权.中国名山风景区[M].北京:清华大学出版社,1996.

三、政治功能

自从有了神的信仰,原始的祭祀也随之产生。《左传》称:"国之大事,在祀与戎。"[1]祭祀本来是沟通人与神的活动,其意图在于让神灵享用人们的贡品而赐福于人。山川是祭祀的对象之一。《史记·五帝本纪》记录了黄帝"登丸山,及岱宗,西至于空峒,登鸡头,南至于江"[2]。在三星堆遗址出土的一件玉璋上,正反两面共有四组八幅图案。其中,下面的一幅图案刻了两座山,山间有一钩状物,两山外侧各立一牙璋,山之上刻一平行线,线上刻三祭司并列呈跪状。上幅图案亦刻两座山,山间有一"祭台",两山外侧各有一手置于山腰;山之上亦刻一平行线,线上三祭司平列站立。玉璋上的图案内容,人们称之为"祭山图",这反映出古蜀王国祭祀大山的重要程度,祭祀大山在古蜀王国的宗教活动中有着很重要的位置[3]。这与过去古籍上曾记载古蜀人的祖先神灵居住在高山之中是相呼应的。敬奉山川之神的君王认为,自己能够像尧、舜、禹以及商汤、文王、武王一样"处上位"和被"立为天子",而怠慢山神的君王则会像夏桀、商纣、周幽王、周厉王一样被上天惩罚,以至于父子离散、国家灭亡、社稷丧失甚至自身不保。山川与天、神并称,隐隐成为一种符号,同君王的功业和国运紧密相连。[4]

统治者对大山的祭祀崇拜越来越明显,就逐渐形成了封禅制度。"封",表示地上祭祀,即筑坛祭天。"坛",是指以土、石营筑的高台。史前的祭坛有依山而建,也有面向河川的岗梁之上的,也有由纯粹的石块砌筑而成的多个圆形石碓或其他造型。方形的祭坛祭祀的对象为山川林泽、四方百物。祭坛筑于高台之上,缩短了人与天之间的距离,便于人与上天沟通,以达到祭祀自然神和祖先神的目的。禅祭是相对于坛祭而言的,"禅"就是郊外的野土,是清除一块地面用来祭祀的场所,与坛祭相比规格要低一些。史前祭祀的遗址发掘表明,禅祭遗迹有些是有意用石块摆成一个圈或台面,或者直接在地表上陈放物品进行祭祀。禅祭的目的是通过某些仪式表达天地相通、神人交感。[5]史前的山岳祭祀活动,为中国后来的帝王及百姓泰山崇拜与祭祀奠定了基础。

中国原始民族兴起于东方,东方尤以泰岱一带为其故土。泰山巍峨,是中华民族的精神象征。泰山是五岳之首,五岳的来历在很多学者看来正是起源于帝王的封禅活动。"五"是指方位,"岳"的意思是高峻的山,即古人所指的"极峻于天"。古代视"五岳"等高大名山为"天"的代表,是仁德和尊严的象征。中国的整个"山岳文化"就经历了从图腾崇拜到山形祭祀、山神祭祀,到封禅行典、五岳典礼的过程。这种换变具有政治色彩,还染上了儒家哲学的色彩。[6]

---

① (春秋)左丘明.左传·成公十三年[M].蒋冀骋,标点.长沙:岳麓书社,1988.
② (西汉)司马迁.史记·五帝本纪[M].哈尔滨:北方文艺出版社,2019.
③ 张肖马.三星堆古蜀王国的山崇拜[J].考古与文物,2020(5).
④ 姚路嘉.中国登山史研究[D].曲阜:曲阜师范大学,2020.
⑤ 井中伟.我国史前祭祀遗迹初探[J].北方文物,2002(2).
⑥ 汪德华.中国山水文化与城市规划[M].南京:东南大学出版社,2002.

泰山所在的海岱地区位于中国的东部,东临大海,西靠广阔的欧亚大陆腹地,岩石古老,所在区域极端天气少见,适宜人类生存,确保了早期居民的环境适应与生存。这里夏季雨量丰沛,保证了农林作物的生长,为人类种群提供了稳定的食源,有利于人口的繁衍。泰山虽不是中国最高的山,但是对比中国东、中、西部三大阶梯上的其他山地,泰山倾斜抬升带来的拔地通天气势,在相对海拔上就成为制胜高度。并且泰山整体山体宏大,底盘稳健,象征着国家政权的稳固。山顶通过风化形成的古夷平面较宽大平坦,被视为宝贵的天人对话空间,为在山顶举行仪式和活动提供了绝佳的场地。选择泰山作为祭祀封禅对象的过程也是漫长的人类发展过程决定的。从远古时期高度依赖林木茂密的泰山山区进行游牧渔猎并进行激烈的领地争夺,到农业时期利用泰山进行天人对话、祈福禳灾,对泰山的取用和崇拜历经远上古至秦汉,直至唐宋。总之,泰山是中华一统、江山永固、国泰民安的象征,是中华民族的精神家园、传统文化圣地。①

《史记·封禅书》中说:"此泰山上筑土为坛以祭天,报天之功,故曰封。此泰山下小山上除地,报地之功,故曰禅。"②秦始皇是中国历史上祭祀泰山的第一人,于公元前219年巡行东方,自定礼制,整修山道,自泰山之阳登山。在岱顶行登封礼,并立石颂德。自泰山之阴下山,行降禅礼于梁父山。秦始皇曾多次巡行四方,在许多名山中立碑赞颂自己巩固疆域、兴建道路等功绩。他在泰山仿效古代先王举行封禅仪式,是为了以这种方式表明自己的功劳超越了前代天子诸侯。同时,出于政治目的,祭祀也是为了表示他当上皇帝是受命于天,即"君权神授",并向天告太平,对佑护之功表示答谢。封禅的种种目的与象征,都包含着一层更为深潜的意识:沟通天人之际,协调天、地、神、人之间的关系,使之达到精神意志与外在行为的和谐统一。秦汉以来,一共有秦始皇、汉武帝、汉光武帝、唐高宗、唐玄宗和宋真宗等到过泰山封禅。在中国传统社会,封禅属于政治宣誓制度,其目的在于顺利实施社会整合,保证政治权力秩序的稳定。而通过实行此制度,社会政治权力秩序的合法性基础得以维系。③"封禅"是中国传统政治宣誓制度的表现形式,君主通过"祭天"的行为,报答上天的眷顾。同时,受民本思想的影响,"祭天"在客观上增强了政权的合法性。

第二节　山岳旅游资源

山岳旅游资源是以山地自然环境为主要载体,以山水实体、气象、动植物景观、社会生活习俗为主的旅游资源。我国是一个多山的国家,山地约占国土面积的2/3,包括极高山、高山、中山、低山、丘陵等。极高山和高山主要分布在中、西部地区,丘陵、低山和中山主要分布在东部地区。山地各类旅游资源丰富,是开展各种旅游活动的场所,

---

① 王雷亭.泰山:从自然山地到文化圣地[J].泰山学院学报,2021(3).
② (西汉)司马迁.史记·封禅书[M].哈尔滨:北方文艺出版社,2019.
③ 佘文博."封禅"与"登极":中国传统政治宣誓制度的"天道"视域[J].法律史评论,2021(1).

具有游览、观赏、攀登、避暑、疗养、垂钓、狩猎、滑雪、探险、科考、宗教朝圣等功能。具体来说,山岳旅游景观及其特点、功能可以从以下几个类别来分析。

一、山水兼备的自然景观

(一)一般山岳和冰川景观

1.山岳景观

我国山地大致可以划分为极高山、高山、中山、低山和丘陵五类。其中,极高山和高山以海拔高、地势崎岖为主要特点。全世界海拔8000米以上的高峰有数十座,其中以世界第一高峰珠穆朗玛峰(海拔8848.86米),以及世界第二高峰乔戈里峰(海拔8611米)最为险要。高山的自然垂直变化十分显著,例如,雅鲁藏布江大拐弯峡谷内,从海拔800米的河谷上升到7782米,自然景观迅速更替。高山地势高亢崎岖,空气稀薄,天气多变,气候严寒。我国许多传统名山多属中山,其中尤为著名的是"五岳",其他还有庐山、黄山、雁荡山等。中山山势挺拔、气候凉爽湿润,适合反季节避暑。低山丘陵的风景美主要在于秀丽,不少低山丘陵与江河湖海相配,山清水秀,风光奇异,适合大众游览。比如,杭州西湖北、西、南三侧为宝石山、北高峰、飞来峰、南高峰、玉皇山、吴山等群峰所环绕。①

山岳景观从地貌来说,还可以分为如下几种。

1)花岗岩地貌景观

花岗岩是大陆地壳中分布较广的岩浆岩,其质地坚硬岩性均一,垂直节理发育,是山岳、峡谷旅游资源构成的重要物质基础。我国广泛分布着此类地貌景观,如泰山、华山、黄山、太白山等。

2)火山及熔岩地貌景观

喷出地表的熔岩流动、冷凝、固结,会形成奇特的火山及熔岩地貌景观。我国著名的火山及熔岩地貌景观有黑龙江的五大连池、云南腾冲火山公园、长白山等。

3)变质岩地貌景观

变质岩由于变异程度不同,构成景观特色也不同。我国变质岩地貌景观资源有泰山、庐山、五台山、嵩山等。

4)丹霞地貌景观

丹霞地貌是指中生代至第三纪的水平或缓倾斜的厚层红色碎屑岩在构造运动及间歇抬升等作用下形成的奇特地貌景观。丹霞地貌可进一步划分为流水冲刷侵蚀型、侵蚀崩塌残余型、崩塌堆积型、溶蚀风化型等几类。我国著名的丹霞地貌景观有广东丹霞山、四川青城山、福建武夷山、甘肃麦积山等。

5)砂岩峰林地貌景观

砂岩峰林地貌形成区大多岩层岩相一致,厚度较大,产状平缓,节理发育。其在流水的侵蚀重力崩塌以及风化作用及生物作用下,形成了千姿百态的砂岩峰林地貌景观。

---

① 郝革宗.我国山地的旅游资源[J].山地研究,1985(2).

6)岩溶山地地貌景观

岩溶山地地貌是指以碳酸盐岩类为主的可溶性岩石在以水为主的内外营力作用下形成的山地地貌景观,主要有峰林、孤峰、岩溶嶂谷、石芽与溶沟等。我国著名的岩溶山地地貌景观多分布在广西、贵州、云南等地。著名的岩溶山地地貌景观有桂林阳朔、云南石林等。①

2.冰川景观

除了一般山岳,冰川也是重要的旅游资源。冰川是极地或高山地区地表上多年存在并具有沿地面运动状态的天然冰体。冰川也以其形态各异的山体景观、复杂多变的山地气象气候资源以及绚丽多彩的文化景观成为重要的旅游目的地。冰川按照成因可以划分为以下几种。

(1)冰蚀地貌型旅游资源:冰斗、冰蚀谷、刃脊、角峰、羊背石等。

(2)冰碛地貌型旅游资源:冰碛丘陵、终碛堤、鼓丘等。

(3)冰融地质景观:冰水扇、蛇形丘、热融湖塘等。

冰川旅游是以冰川资源作为吸引物和载体,开展冰川观光、探险、休闲度假、研学考察与康体健身等活动的一类旅游方式。冰川旅游资源以现代冰川或冰川遗迹资源为主体,包括各类现代冰川、冰川遗迹和冰川地区的自然与文化景观等。山岳类冰川旅游资源包括山谷冰川、山麓冰川、冰川遗迹等。我国冰川旅游资源禀赋丰裕,主要分布于西部省区。目前,我国云南玉龙雪山冰川公园、四川甘孜州海螺沟冰川森林公园、甘肃酒泉透明梦柯冰川景区等几处冰川旅游地发展较为成熟。②例如,珠穆朗玛峰位于中国和尼泊尔交界的喜马拉雅山脉之上,终年积雪,整个山体呈巨型金字塔状,威武雄壮,昂首天外,地形极端险峻,环境异常复杂。北坡的雪线高度为5800—6200米,南坡为5500—6100米。东北山脊、东南山脊和西山山脊中间夹着三大陡壁,在这些山脊和峭壁之间又分布着548条大陆型冰川,平均厚度达7260米。印度洋季风带两大降水带积雪变质形成冰川。珠穆朗玛峰山体呈金字塔状,山上冰川面积达1万平方千米,最长之冰川达26千米。山峰上部终年为冰雪覆盖,地形陡峭高峻,是世界登山运动瞩目和向往的地方。山间有孔雀、长臂猿、藏熊、雪豹、藏羚等珍禽奇兽及多种矿藏。

(二)森林植物景观

山岳中常生长着多种多样的奇花异木、珍禽异兽,使山色增辉,生机盎然。山地植物景观包括常绿林、古树奇木、林内或山坡小溪旁大面积的灌木和天然草坪。例如,张家界国家森林公园,内有木本植物、乔木树种达93科517种。其中,被列入《中国珍稀濒危保护植物名录》的一级保树种——珙桐,又叫鸽子花,被誉为人类的"活化石"。③张家界2000多座奇山异峰的胜景,都和森林分不开。世界上五大名科植物——菊科、兰科、豆科、蔷薇科、乔本科,这里应有尽有。每座山峰都有松林,这是张家界有别于祖国其他名山大川的主要标志之一。这些古松都长在悬崖绝壁上,苍劲挺拔。不管是望

---

① 郭威,丁华.论地质旅游资源[J].西安工程学院学报,2001(3).
② 明庆忠,陆保一.冰川旅游发展系统性策略研究[J].云南师范大学学报(哲学社会科学版),2019(2).
③ 湖南省张家界市史志办公室.走向世界的张家界[M].长沙:湖南文艺出版社,1997.

郎峰,还是金鞭溪附近,都能看到大片的竹林,翡翠墨绿,繁茂丰盛。张家界还有百花园,就像一个山花烂漫的世界。

又如,大兴安岭是中国东北地区重要的山脉,分布着以兴安落叶松为主的针叶林,与兴安白桦、山杨、黑桦、丛桦混生,其丰富的林业资源有"绿色宝库"之称。北京云蒙山国家森林公园,全部为天然次生林区,森林覆盖率达95%,主峰海拔1414米。云蒙山的气温一般比山下低6—7℃,高空负离子高于城市的6—12倍,是山岳避暑度假和开展森林生态旅游的首选胜地。北京八达岭国家公园主要景区有红叶岭风景区、青龙谷风景区、丁香谷风景区、石峡风景区。红叶辉映残长城和望龙系列景点是公园的最佳景观,其他还有杏花、梨花等高价值的独特景观资源。武夷山国家公园是全球生物多样性保护的关键地区。这里有红豆杉、银杏,以及鹅掌楸、香果树等国家级保护植物多种,堪称"天然植物园"。2021年,还发现武夷凤仙花、武夷山对叶兰、武夷孩儿参等新种,被中外生物学家誉为"世界生物模式标本产地"。① 山岳中,丰富的森林植物景观,是生态环境优越、色彩丰富、充满生命基调的游览地,空气负氧离子含量高,是进行观光旅游、休闲度假和康复保健的极好场所。高低错落的树林与灌木、草本植物形成了立体的空间,尤其适合游客开展休憩和露营。

(三) 山中水文景观

我国山地内有丰富的水色景观,包括河流、瀑布、泉水、溪流等类型,山与水常是相得益彰的。黄山的人字瀑和百丈瀑、泰山黑龙潭瀑布、峨眉山飞瀑、庐山的三叠泉瀑布以及天台山的石梁飞瀑等都是著名的山地瀑布。这些飞瀑与山地交相辉映,为山岳景区增添美色与灵动。例如,庐山的飞泉、瀑布以数量之多、规模之大、形态之美、气势之雄,呈现出流动之感。庐山的悬崖飞瀑,幽谷流泉,使之山光水色交相辉映,盛夏如春秋,凉爽宜人,是避暑胜地。长白山天池因为所处的位置高,水面海拔达2189米,所以被称为"天池"。天池呈椭圆形,平均水深204米。在天池周围环绕着数十座山峰,天池犹如镶嵌在群峰之中的一块碧玉。天池湖水深幽清澈,柔美的天池上空白云缭绕,群峰环抱的池面五彩斑斓,蔚为壮观。天池的特别之处和神奇之处在于,它只有出水而没有入水,却千年不绝地流淌着。古人说它的水来自海上,故又称"海眼"。② 山与水的结合往往能组成动人的风景。杭州西湖是山与水构成的绝佳景观。西湖的东面是城市,西面都是山体,即传统中的"三面云山一面城",而山体自湖岸向北、西、南三面逐渐升高,从视觉上可分为多个层次。给人的视觉感受就是西湖层层叠叠,景观变化十分丰富。桂林处处皆胜景,漓江山水堪称其中的典范。"桂林山水甲天下",桂林的群峰在水中的倒影,呈现出一种出神入化的美。

(四) 山岳动物景观

我国山岳地区野生动植物资源丰富。例如,喜马拉雅山有雪豹、羚羊、雪鸡等珍贵物种。峨眉山有琪桐、银杏、冷杉等名树和能与游客嬉戏的猴群。长白山有梅花鹿和

---

① 张志国.武夷山国家公园珍稀物种[J].绿色中国,2021(10).
② 佚名.长白山天池——我国最深的湖泊[J].河北水利,2021(2).

紫貂。秦岭山脉则栖居着大熊猫哺乳动物87种、鸟类233种,其丰富的动物种类标志着秦岭山地物种的多样性和良好的生态环境。作为从云贵高原向湘西丘陵过渡斜坡上的第一高峰,梵净山最高海拔2572米,野生动物种类有兽类、鸟类、昆虫等3000余种。其中,国家一级保护动物有黔金丝猴、白颈长尾雉等6种;国家二级保护动物有猕猴、藏酋猴等29种。[1] 武夷山国家公园有黑麂、黄腹角雉等国家一级保护野生动物18种,有白鹇、短尾猴等国家二级保护野生动物78种。近年来,新发现广义角蟾属新种雨神角蟾,被中外生物学家誉为"研究亚洲两栖爬行动物的钥匙"。

中国山岳地区拥有非常丰富的野生动物种群,形成了极具潜力的动物旅游资源。例如,成群结队的大象和广袤的草原栖息地为唤起旅游者的敬畏感提供了可能[2]。野生动物旅游是人们利用余暇在异地进行的以非驯养的野生动物(包括大自然生境中的野生动物和人工圈养的野生动物)及其栖息地为游览对象的一种休闲体验活动。近年来出现的野生动物旅游投资和观鸟热潮说明,中国野生动物旅游的潜在游客正在形成,游客市场将会扩大,野生动物旅游产业潜力巨大,但是,这也同时将给野生动物及其生存环境带来威胁。发展野生动物旅游可促进目的地社区的经济收入增加,增强目的地居民的环境保护意识,对维护生物多样性和区域社会发展具有明显的促进作用,是一种可持续的旅游发展模式。[3] 在山岳展开动物旅游,游客生态足迹、碳足迹不能对保护性物种和繁衍过程造成压力,要严格限量、限时、限地域开展相关活动。国家公园内的旅游活动是一种生态科普体验,具备环境教育导向,其主题要与国家公园的保护对象和价值观念紧密关联,让体验者在欣赏野生动植物的过程中对我国生态文明建设产生无尽的自豪感。[4] 在高山上攀登和探险时,追踪观察珍稀动物的活动,既能了解种类繁多的山地动物资源,也能激发人们对大自然的敬畏、对濒危野生动物的关注和尊重,让人们更多地思考人与野生动物在环境资源方面的冲突,激发人们生态环境保护的情感,思考人的旅游活动与自然和谐相处之道。

二、气象季节高质量环境形成的自然景观

我国夏季普遍高温而山地气候凉湿,这样的山地乃是避暑、度假的良好场所。

一些较高的山地,还可以观赏到许多奇特的大气现象,如日出、云海、晚霞和"佛光"等。山地景观在一年的不同季节具有不同的表现形式,可形成各具特色的四季山地景观,尤以气象气候风光和生物景观季节变化较为突出,如峨眉山的"洪椿晓雨"景观一般多出现在每年的夏季,而"雪映金顶"景观则主要以冬季出现较多,这种山地旅游景观在时间上的差异无疑会对游客具有特定的吸引力。

山地气象景观丰富多样,形成了别具特色的旅游资源。如庐山著名的自然奇观中,鄱湖烟云、瀑布云飞、梦幻云海、庐山烟云、雾鸣天籁、乱云飞渡、雾飘花香、玉树琼

---

[1] 黎启方.梵净山自然保护区野生动物保护现状及对策研究[J].吉林农业,2018(15).
[2] 张庆芳,徐红罡.野生动物观赏旅游者的敬畏感体验:基于斯里兰卡大象旅游的实证研究[J].中国生态旅游,2021(5).
[3] 高科.野生动物旅游:概念、类型与研究框架[J].生态经济,2012(6).
[4] 周梦爽.生态旅游兴起 人与野生动物该如何相处[N].光明日报,2022-01-16.

花、鄱湖日出、庐山佛光、海市蜃楼等,属于云雾、雪淞、日出、"佛光"、海市蜃楼等气象景观。这些气象奇观的形成无不与气象条件有密切的关系。庐山云雾是吸引游人的一大胜景,也最能充分展示庐山的朦胧之美。庐山相对湿度大,加上地形封闭,江湖水分蒸发不易扩散,往往凝结形成云雾。例如,鄱湖烟云、瀑布云飞都是与雨雾相关的景致。庐山五老峰、如琴湖曾出现海市蜃楼,更为奇绝。随着云雾升腾,五老峰上空又出现一座突兀云天的五老峰,峰峦左右摇摆,渐渐与真实山体融为一体。① 太白山有众多气象风景。"太白积雪六月天"被誉为"关中八景之一"。每年8月中下旬至翌年5月下旬,游客登临太白山,即可观赏白雪茫茫、冰山雪岭的自然冰雪景。云雾景主要指太白山云海,因为太白山层积云的云底高度变化很大,一般在海拔1500—3800米。当低层水汽充沛时,云底高度可出现在海拔1000米左右的低空,因此可看到不同高度的层积云云海。此外,还有因太阳光照射人物并在天空云雾中投影出的人物影像形成的"宝光景"、由球状水珠反射阳光形成太阳光散射而造成的"彩虹景"、因冷却的雾滴在温度很低的树枝等物体上冻结形成的雾淞景、变幻莫测的雨景,以及"松涛""山谷风"等"风"景。②

山区优良的气候环境有益于人体健康。山地因远离城市,人口稀少,林木众多,空气新鲜且气流活跃,紫外线强,无噪声,对于人的一些慢性病的治疗和人的身体康复具有良好的效果,是人们理想的疗养地。如山地的矿泉可满足人们的健康所需,强化人体对自由基的清除能力,改善肺功能。山区的山顶和半山腰处具有冬暖夏凉、气温整体稳定、空气清新等山地气候特征,使山地成为避寒、避暑度假和疗养的绝佳之地。相对于平原和盆地,人们在高山的新陈代谢增强,钙、磷代谢加快,且大气压和氧分压降低使人们呼吸加深、血压降低、肺活量增高,促进人们血液循环,可在一定程度上预防心血管系统疾病。③ 贵州山区众多,近年来,其山地气候型森林康养模式数量渐增。贵阳、安顺、毕节、六盘水及黔西南大部分的山地和丘陵区域(海拔800—1500米),森林资源丰富,区域小气候明显,常常"一山有四季,十里不同天"。最热的7月,平均气温不超过25℃,为典型的山地夏凉型气候。④ 高山景观雄伟,奇花异草丛生,鸟语花香,生机盎然,亦能给人以美的享受。山岳的气候景观,构成了奇特的山岳疗养环境,有助于人们的身心健康和养生。

三、名胜古迹、工程、建筑组成的人文景观

山地除本身风光外,还有林木、溪泉、瀑布、历史古迹、民族风情等多方面的观赏内容。许多山地还居住着少数民族,民族风情浓郁。

由于泰山雄伟多姿的壮丽景色和历史上皇帝多次封禅到访,历代文化名人纷至泰山进行诗文著述,留下了数以千计的诗文刻石。如孔子的《丘陵歌》、司马迁的《史记·

---

① 冯立梅,蒋晓伟,刘小英,等.庐山旅游气候资源评价及深度开发[J].江西师范大学学报(自然科学版),2003(2).
② 傅志军.太白山气象风景旅游资源的开发利用[J].陕西师范大学学报(自然科学版),1999(S1).
③ 周晓琴,明庆忠,陈建波.山地健康旅游产品体系研究[J].资源开发与市场,2017(6).
④ 姚建勇,张文凤.贵州大生态背景下森林康养模式与路径探索[J].林业资源管理,2021(5).

封禅书》、李白的《泰山吟》、杜甫的《望岳》等诗文,描述了泰山高大巍峨的气势和神奇秀丽的景色;天贶殿的宋代壁画是研究宋代壁画的珍贵资料,灵岩寺的宋代彩塑罗汉具有浓郁的世俗气息和现实生活情趣;泰山的石刻、碑碣,集中国书法艺术之大成,是中国历代书法及石刻艺术的博览馆。泰山还有古遗址和古建筑群多处,文化遗产极为丰富。泰山是黄河流域古代文化的发祥地之一,大汶口文化遗址、龙山文化遗存,以及更早的新泰人化石遗存、沂源人化石遗存。战国时期,始建的沿山脉直达黄海边的长城遗址犹存。还有孔子登临处、孔子小天下处、孔子庙、斗母宫、碧霞祠等。甘肃省麦积山风景名胜区名胜古迹众多,石窟艺术精湛,建筑风格别具。不少文人墨客,如庾信、杜甫等也写下了大量咏赋麦积山的诗文佳作。

四、体育休闲、民俗文化旅游景观

体育旅游资源最重要的载体是山地户外运动资源,指在对山地运动的认识及需求的基础上,人们有目的性地开发和利用部分山地资源,并开展一类特殊性体育项目,如登山、攀岩、丛林穿越、探险。部分山地是登山、攀岩、沙漠徒步、越野等户外体育赛事的绝佳场地。① 在纬度较高、降雪量丰富、坡度适宜的山地,可以开展冬季滑雪运动。我国东北的海拔1000—3500米的山岳,降雪量丰富,以林海雪原之冬景著称,可供游人赏雪,并可作为人们开展滑雪运动的理想场所。例如,吉林省通化、黑龙江省尚志、延寿等地山地滑雪场较多。珠穆朗玛峰终年不化的雪景吸引了专业登山团队以外的雪山爱好者,不少旅游团开设了至海拔5200米的珠峰大本营"仰望世界第一高峰"的登山旅游项目,包含羊湖、卡若拉冰川、扎什伦布寺等站,旅途中可以观赏冰河、冰塔、冰陡崖等景观。独特的气候条件造成长白山地区积雪日期一年长达250天,山地平均海拔高度为1640—1825米,冬季时间长,积雪厚,雪质好。其水源丰沛之地时常出现雾凇和冰挂,也为游人增添了观赏内容。以休闲体育旅游、民族传统体育文化为核心的山地旅游资源,可以满足游客寻求质朴、回归自然、洗涤心灵的需要。

山区往往与独具特色的民族文化密不可分。例如,在长白山漫长的历史发展过程中,产生了柳条边、围场等历史遗迹,也流传许多关于满族的神话传说、民间故事和生活习俗,并留下了许多抗联红色文化与抗联遗址。山脚下,除了汉族,还居住着满族、朝鲜族、蒙古族等少数民族。他们的服饰、饮食民俗,是长白山地区重要的民俗旅游资源。梵净山少数民族以小聚居的形式栖身于青山绿水之间,在漫长的生产和生活劳动中逐渐形成了独具特色的少数民族文化。又如,武陵山民族地区,包括湖北、湖南、贵州以及重庆三省一市部分地区,这里少数民族人口多,具有独特的民族文化和丰富的旅游资源,被国家列为"中国旅游第一走廊区"。其原生态的青山绿水孕育出了诸多秀丽风景和璀璨的历史文化。其中,有渝东南地区土家族、苗族的神话传说、历史传说、人物传说、民间劳动歌、仪式歌、情歌、生活歌、儿歌、民间故事等;节日文化,如土家族的舍巴日、族年、赶年;苗族的过苗年、七月七、羊马节等;表演艺术,主要有花灯戏、摆

---

① 张素婷,许军,张涛.中国西部山地户外运动资源开发现状探析[J].四川体育科学,2017(3).

手舞、土戏、傩戏、山歌、哭嫁歌、情歌、苗族芦笙舞等;富有民族与地方特色的饮食文化,主要有土家族糯米粑、火炕腊肉等以及以土家吊脚楼为代表的建筑工艺、以土家族西兰卡普和苗族蜡染为代表的民族手工艺等。① 绝大多数山区民俗旅游资源以高度原真性的文化习俗为审美和体验对象,具有区域差异性、质朴与神秘感,充满传统文化的氛围。例如,贵州黔东南的岜沙苗寨(见图2-1),处于云贵高原向广西山地丘陵过渡地带,其所在的月亮山海拔1497米,高峻巍峨,山岭连绵。具有充满农业特色的原生态苗族文化,包括树木崇拜、婚庆仪式、祭祀仪式、蜡染、镰刀剃头,呈现的是一种保留在高地的民族文化,由多个山中的小村寨组成。② 总的来说,山地民俗旅游资源具有奇特、神秘等特征,文化景观与自然景观相辅相成,可供游客进行求知、探险、观赏、体验、访古等旅游活动。

图2-1 贵州岜沙苗寨
(王子岚 摄)

第三节 山岳旅游审美文化

一、山岳旅游的哲学与艺术审美原理

旅游审美哲学是对旅游景观之美的哲学思考,是指导人们进行旅游活动的伦理与学问。旅游活动充满着审美,旅游是以去异地寻求审美享受为主要目的的一种短期生活方式,旅游的基本出发点就是获得精神的享受,这种享受就是通过审美获得的。旅游的一切以美为准则,旅游在净化人的心灵上有着巨大的作用。当人们外出旅游时,

---

① 杨胜华.加快武陵山区民族文化与旅游产业发展的思考[J].中国民族,2011(6).
② 王子超,王子岚,贾勤."边界"效应下的乡村旅游产业发展模式研究——以贵州岜沙苗寨为例[J].中南财经政法大学学报,2017(2).

面对青山绿水,会情不自禁地感悟大自然的纯净及人生的哲理。旅游的真正品质就是体现人的自由生命活动,而"美"是人的生命活动力的自由表现。① 山岳旅游的美学本质在于三种和谐:人与自然的和谐、人与人的和谐、人自身的和谐。例如,投身大自然,探寻深山幽壑,沐浴天光云影,欣赏奇花异木,感谢大自然的恩赐,并影响到人们的世界观的形成,或者从山水赏览中得到天人合一的感悟,标榜"回到大自然去"。在山岳中旅行,还能得到人与人的和谐,例如在寻幽访古中寻求与古人的默契,无论是古建筑还是题刻。旅游的终极审美是求得自己的愉悦,达到某种满足,而在气候环境优越的山地中攀登、漫步的旅行者,能获得最大限度的内心的净化和自由,实现自我的幸福,即达到自身的和谐。旅游活动从本质上来说也就是一种审美活动,是用超越实用功利的心态和眼光,使人在精神上进入一种自由的境域,获得一种美的享受。

旅游审美离不开观照。观照是通达旅游审美精神境界的一种途径。旅游审美观照,是主客体之间建立审美联系的一种特殊方式。山岳旅游正是给我们自己制造惊喜、释放自己,使得我们精神世界复苏的一种途径,它意味着康复,意味着新生。中国传统思维讲求主客一体、主客互融共通的旅游审美观照方式,而不仅仅是人处于强势的"凝视"景物。人们在欣赏山川风景时,与风景融为一体,即辛弃疾所感"我见青山多妩媚,料青山见我应如是",通过客体的互融共通,对客体的意向性的情感意识的自我评价与自我知觉,获得人和世界的价值意义,实现审美精神的自由与超越。②

人类总是试图通过各种途径超越自身的生物有限性,摆脱有限性带来的焦虑和恐惧,在"永恒的"状态中获得心灵的安宁。从柏拉图主张人类灵魂脱离肉体而回归理念世界,到康德发现人的自由受物理学时间的威胁;从狄尔泰论证时间存在与自由存在的统一,到海德格尔"源始时间"的觉醒,哲学一直面临着人类自身生物有限性与精神追求无限性之间的精神矛盾,一直在试图解决有限与无限之间的矛盾冲突。中国古代真正的山水旅游活动出现于魏晋南北朝,也是与当时知识阶层的玄学思潮有关。这一时期,由于玄学的出现,发生了"精神上的大解放,人格上思想上的大自由",晋人向外发现了自然,向内则发现了自己的深情。魏晋玄学所谓的"人的觉醒",本质是知识阶层对人的自由的追求,这种自由的思想恰恰是源于老庄哲学对生命有限的哲学反思和超越时空的精神追求。因此,"晋人"向内发现了自我,也就向外发现了自然。③ 于是,中国早期的山水旅游、山水诗画等随之产生。

自然审美是中国传统美学的普遍现象和核心内容。它主导了中国古代审美意识的发展方向。中国传统自然审美是一种前现代的审美实践,它的哲学根基可以溯源到中国古代特有的自然观。在这种自然观的基础上,人与自然所共在的世界显现出了自然之美。自然审美是中国传统美学中普遍存在的审美现象,古人的审美实践活动可以通过游山玩水来实现,即走进自然,视自然为可亲可感的存在,实现人与自然的审美对话。在古人看来,艺术的最高境界是没有伪饰和雕琢,越是"自然"的越被推崇。西方

---

① 曹诗图.旅游哲学引论[M].天津:南开大学出版社,2008.
② 吴海伦.旅游审美观照的哲学阐释[J].旅游学刊,2015(6).
③ 王中华.哲学视野与旅游活动之本质[J].宁夏大学学报(人文社会科学版),2011(7).

的古典美学代表黑格尔认为,自然美为其他的对象而美,在人类的审美经验中,它处于一个非常次要的地位。自然美植根于主体哲学,在一个主客二分、人与自然对立的世界中,自然是被动的、微不足道的审美客体。

而与此相反,中国传统自然审美经验则呈现出了另一种面貌。在传统自然审美中,自然不是死寂的客体,也不是人的对象化存在;相反它是有生命的存在,是与人和平共处的主体。自然的状态正是人要努力效法的理想状态。在中国传统的自然审美经验中,很少有对抗、挣扎和狂喜,有的只是和谐、恬淡和圆融。①

也要注意到一种现象,那就是当代人们所追求的美并不一定是美中"最美",而是与传统不一样的、"不常见"的、原生态的美。这种审美标准认为,旅游中的自然审美收获除了传统视觉审美愉悦以外,还与人的环境伦理立场、自然审美经验、情境、心理、欣赏途径等许多维度相关。例如,过去荒山野岭曾经被认为是可怕的、潜伏着危险的,是人们应该避免进入的地区,而今天可能被认为是值得赞美、充满乐趣的场所。新潮的旅游者们并非一味地游山玩水,而是在旅游中加入了更多不同寻常的"美"的元素,如力量美、技巧美等。对当代年轻人来说,可能在山岳旅游中增加追求刺激、新奇的感受,从而青睐攀岩、蹦极、探险等旅游方式。总之,丰富的社会差异及审美维度的多元化,造就了审美标准的模糊和不确定。②

二、通用山岳资源旅游审美视角

山岳审美通常以"雄""奇""险""秀"等为标准。

(一)雄

"雄",指雄伟、形象高大、气势磅礴。五岳之尊的泰山就以"天下雄"著称。从高度上看,泰山并不是全国最高的山,但是相对高度达1360米,在齐鲁大地上骤然突起,显得凌驾于其他山体与平原,具有通天拔地之势。无论是古代的封禅活动,还是历代诗人"会当凌绝顶,一览众山小"的评价,泰山雄伟壮观的审美形象都是影响深远的。

(二)奇

"奇",多指山的形态奇异多变、非同寻常。黄山山体主要是坚硬的花岗岩,一条条纵横分布的裂隙和断层,将大山切割成许多碎块,生成许多奇峰异石。以"奇"著称,它有灵幻奇巧的怪石,如"梦笔生花""松鼠跳天都""金鸡叫天门""猴子观海""飞来石""姜太公钓鱼"等,惟妙惟肖,是奇峰异岭的浓缩珍品。它还有姿态各异的奇松,如迎客松、凤凰松、蒲团松等,可谓千姿百态、神韵天成。黄山还有变幻莫测、瑰丽多姿的云海,与怪石、奇松构成了静中有动、动中有静的奇妙画卷,具有一种独特的神秘莫测之

---

① 王中华.哲学视野与旅游活动之本质[J].宁夏大学学报(人文社会科学版),2011(7).
② 苏北春.快乐哲学与休闲体验:消费时代的旅游审美文化[J].东北师大学报(哲学社会科学版),2008(4).

美。中国的奇山还有长白山,整个山脉奇峰异石数不胜数,还有玉龙雪山,山顶的冰川因阳光谷的折射而呈现出蓝绿色,被称为"绿雪奇峰",而其山形则如玉龙飞舞般奇妙。

(三)险

"险",即陡峭、险峻,山脊高而窄,坡度特别大。西岳华山(见图2-2)素有"奇险天下第一山"之称。华山绝壁丛生,奇峰耸立,山路险峻。东、西、南、北、中五座主峰雄浑耸立。例如,西峰因峰巅有巨石形状似莲花瓣,称为"莲花峰"。莲花峰南崖有山脊与南峰相连,脊长300余米,石色苍黛,形态似一条屈缩的巨龙,称为"屈岭",也称"小苍龙岭",是华山著名的险道之一。南峰海拔2154.9米,又名"落雁峰",乃华山最高主峰,亦为五岳最高峰。华山的千尺幢、百尺峡、擦耳崖、上天梯、华山下棋亭所在之处,令人望而生畏、不寒而栗,可谓险峻摄魄。以险为美的还有各大名山的主峰。①

图 2-2 华山
(王子超 摄)

(四)秀

"秀"的意思是山形秀丽,轮廓柔和,色彩葱茏,生机盎然,例如广西桂林群山、四川峨眉山等。峨眉山享有"天下秀"的美誉,远观其形如同鬓黛遥妆,如蠖首蛾眉细而长,极为秀美。峨眉山漫山遍野的植物为其"秀"增添了光彩,从亚热带次生植被、亚热带常绿阔叶林带,到亚高山常绿针叶林与落叶阔叶林混交林带,峨眉山到处青翠欲滴,郁郁葱葱,森林覆盖率达到98%。杜鹃花每年从春到夏开放,宛如绚丽的云彩。而韩愈写的"江作青罗带,山如碧玉簪"②,则反映了桂林山水的神秀俊美与姿态万千。桂林的山峦跌宕起伏、奇峰罗列,草木植被发育极好,形成了秀丽婉约的景观。

---

① 王柯平.旅游美学纲要[M].北京:旅游教育出版社,1997.
② 孙昌武.韩愈诗文选评·送桂州严大夫[M].上海:上海古籍出版社,2017.

三、中国古代典型山岳审美思想

南朝名士陶弘景曾写道:"山川之美,古来共谈。高峰入云,清流见底。两岸石壁,五色交辉。青林翠竹,四时俱备。晓雾将歇,猿鸟乱鸣;夕日欲颓,沉鳞竞跃。实是欲界之仙都,自康乐以来,未复有能与其奇者。"① 寥寥几十字,生动地描绘出高峰、清流、岸壁、林竹、晓雾、猿鸟、夕阳等自然景观的审美形态及其特征。作为山岳自然资源,美主要是形、色、光及各要素的组合而产生。山形表现为山的大小、高低、山势的陡缓等,或者是局部的山石、花草林木之美等;各种各样的自然色彩能给旅游者赏心悦目的感受,可以调动观赏者的审美情绪,给人以不同的美感;光的产生主要与天气和气候有关,它富于变化,虚无缥缈,给自然美景增添了别样的风味。人们在审美活动中,还会把周围其他景物联系在一起,进行观赏,从而产生妙趣横生的审美效果。山脉在不同人们的心中还会表现出一定的气韵和情感,让人们感到它或沉稳,或灵动,或威严,或妩媚,或磅礴,或急促,或悠远……山岳型自然景观的科学价值体现在地质构造、地貌、水文及稀有生物等方面的典型性和代表性,使之成为许多学科研究、科普教育的实验室和课堂;文化品位是资源本身的文化积淀使观赏者体现出来的修养和素质;人文价值则包括它的历史价值和文化价值,例如当地的民俗民风、民间故事、神话传说和名人事迹,等等。②

唐代的山岳旅游文化在中国历史上具有较强的代表性。唐代以前,已经形成了很多著名的山岳景观,如五岳、庐山、峨眉山、青城山、罗浮山、龙虎山、天台山,政治、经济和文化各方面都展现出蓬勃向上的面貌,极大地激发了知识分子的入世热情,他们漫游天下,希冀通过歌颂大好河山步入仕途。这就促使唐代很多文士投身于自然之中。唐代很多文人游玩于山林却仍胸怀救世理想、醉情山水,其理论依据就是儒家"独善"与"兼济"思想,如王维、杜甫、孟浩然、李白都属于此类情况。杜甫的"会当凌绝顶,一览众山小",营造了浓厚的儒学意味。③ 张九龄的《湖口望庐山瀑布泉》:"万丈红泉落,迢迢半紫氛。奔流下杂树,洒落出重云。日照虹霓似,天清风雨闻。灵山多秀色,空水共氤氲。"④ 反映了因自己的才华和德行终获皇帝肯定的心情,描述庐山水汽与烟云融为一体、气象万千的景色,壮志满怀。道教文化也深深影响了唐代文人的旅游观念,许多人的漫游名山大川经历都或多或少与道教信仰和求仙问道有关。例如,李白的《庐山谣寄卢侍御虚舟》:

"我本楚狂人,凤歌笑孔丘。

手持绿玉杖,朝别黄鹤楼。

---

① (南朝梁)陶弘景.陶弘景集校注[M].王京州,校注.上海:上海古籍出版社,2009.
② 刘颖,黄安民.浅谈山岳型旅游资源的审美标准——以川西贡嘎山为例[J].桂林旅游高等专科学校学报,2006(5).
③ 张玉成.唐代旅游研究[D].保定:河北大学,2009.
④ 岭南文库编辑委员会,广东中华民族文化促进会.张九龄诗文选[M].罗韬,选注.刘斯翰,审订.广州:广东人民出版社,1994.

五岳寻仙不辞远,一生好入名山游。
庐山秀出南斗傍,屏风九叠云锦张,影落明湖青黛光。
金阙前开二峰长,银河倒挂三石梁。
香炉瀑布遥相望,回崖沓嶂凌苍苍。
翠影红霞映朝日,鸟飞不到吴天长。
登高壮观天地间,大江茫茫去不还。
黄云万里动风色,白波九道流雪山。
好为庐山谣,兴因庐山发。
闲窥石镜清我心,谢公行处苍苔没。
早服还丹无世情,琴心三叠道初成。
遥见仙人彩云里,手把芙蓉朝玉京。
先期汗漫九垓上,愿接卢敖游太清。"①

这首诗体现了浓厚的道家情怀,生动地描绘了庐山秀丽雄奇的景色,表现了诗人狂放不羁的性格以及寄情山水的心境,流露出既想摆脱世俗羁绊进入缥缈虚幻的仙境,又留恋现实热爱人间美好风物的矛盾复杂的内心世界,富有强烈的浪漫主义色彩,在领悟山水壮美的同时体现了道家的洒脱与超然。

明中后期至清的山岳旅游思想,与之前历代相比,有了一定的思想变化。明清时期也有不少文士选择隐逸而游,但与以前有所不同。明中叶以后,随着商品经济的活跃和社会风气的开化,明代人的旅游观念,上至帝王,下至官员、商人和百姓,都在发生着"禁锢"后的"松动",反映了文化的"解构"。社会内部结构也发生了很大的变化。农业发展加快,农副产品商品化日益加深。民营手工业比起明初有了显著发展,各种农业、手工业产品开始出现在各地市场,流通性显著提高。明中叶后,整个社会的生产结构朝着更加蓬勃的方向发展。陈旧的经济生命的衰减,新的经济因素的诞生,不可避免地引发起新的文化因素在传统母胎内躁动,实行自我伸张。② 作为明代"心学"兴起和"性灵"文学发展之后的产物,发自内心追求"游"的本质成为明代士大夫旅游的主要目的之一,是中国社会文化转型的产物,表明中国式的重视人的价值和发挥人的个性的观念开始流行,反映了中国传统旅游的人文精神的高涨。③ 明清之际的一系列变革,再加上明末西学的东传,都促使了文化转型的发生,也相应地催生了新的旅游思想。人们对于"林泉生活"更加向往,个人价值实现的方式也有了新的方向,中华民族的旅游心态开始进一步解压。明末清初,文人内心根深蒂固的田园情怀、恋乡的文化传统,呈现出有所弱化的趋势。许多人远游之目的,是基于内心寻美探奇的需要,在"游"中广交朋友,来实现真正的人生价值。总的来说,明中期以来,随着社会结构、经济发展和心学的崛起,社会观念日新,文人的旅游充满"求变"与"由心"而"适性"的色彩。并且,这种"由心"和"适性",是解放明前期的思想桎梏,去追求"游"中骋怀、"游"中唤情

---

① 傅东华,选注.李白诗[M].王三山,校订.武汉:崇文书局,2014.
② 冯天瑜,何晓明,周积明.中华文化史[M].上海:上海人民出版社,1990.
③ 谢贵安.略论中国传统旅游的人文精神[J].人文论丛,1999(1).

的新动向。例如,明末唐甄强调在游中寻求适性之感,并强调要通过心灵来体会自然环境的美好。他说:"居山者,乐其有乔林幽谷乎,乐其有鸣鸟游鱼乎,乐其茅宇场圃之安乎?古之贤者,避世而入于深山之中,虽乐其有此,而所乐不在焉。"① 认为去而避之深山之中,是多么合宜的事情,要达到"不于动心者制心,亦便于自修也"。他讽刺不懂得欣赏山水之人,"若见山而后乐,见水而后乐,乐不在心而在外,则山与水虽远于俗,亦溺心之物耳"② 便俨然成为居山隐逸、寻求真乐的道理。

在山水中"放浪曲蘖",狂饮释怀,适性而游,使心性与自然之性相通。在自然山水生机勃发的感染下,文人们或醉,或笑,或骂,或歌,无所顾忌。明末王思任游浙江永嘉华盖山时说:"乳柑若火齐时,稻蟹膏流琥珀,吾当来住梦草堂,挂九节短筇,日日踏华盖顶门,歌呼笑骂,醉则遗溲而去。吾之愤愤于兹山者,庶有豸乎。"③ 他能游中有梦,梦中有醉,放声抒发郁结已久的情怀,全凭博大的山水造就。吴伟业更是至性,在旅途中,他不禁高叹:"平生侠游尚轻利,剧孟为兄灌夫弟。使酒骂坐人,探丸斫俗吏,流血都市中。"④ 挥刀奋斫、无不披靡的景象,跃然纸上。"性狂"不羁,主体意识凸显。在旅游这样鲜活的生命体验中,审美意象适得其所,找到了最佳的定位。谐谑狂放,流露真性情下的审美意象。明代徐霞客游黄山,经历了体验绝顶风景的奇妙之旅。从天都峰坳中北下二里,四周石壁嵯峨。一路沿着危壁而行,下了百步云梯,又登至莲花峰。峰顶围成如同石室,沿叠石而上,取梯至顶石,但见"其巅廓然,四望空碧,即天都亦俯首矣。盖是峰居黄山之中,独出诸峰上,四面岩壁环耸,遇朝阳霁色,鲜映层发,令人狂叫欲舞"⑤。经过这种奇诡的探险旅程,游者的心灵为大自然的美而感受到了前所未有的震撼,恨不能狂叫舞动起来。游者的内心在自然的呼唤下,得到了最大限度的释放。晚清的朱锡绶,在山光水色之前,发狂大笑:"奇山大水,笑之境也;霜晨月夕,笑之时也;浊酒清琴,笑之资也;闲僧侠客,笑之时侣也。"⑥ 这些都是可供游者谈笑论诗、随心意任性情的绝好旅游审美对象。或者,"抑郁磊落,笑之胸也;长歌中令,笑之宣也;鹍叫猿啼,笑之和也;棕鞋桐帽,笑之人也。"⑦ 这些,又是游者抒发胸臆、背离传统礼德束缚的自在、恬乐之审美情状。

徐霞客还重视和追寻"以性灵游"。他在游庐山时,观瀑布,觉得"澄映心目",⑧ 遂久坐于石头上观四山暝色,心灵在山瀑中得到涤荡和澄净,并神思甚久。他更追寻"以躯命游"。如登华山,从南峰北麓上峰顶,悬南崖而下,观僻静处。复上,"直跻峰绝顶",又"上东峰,悬南崖而下",再从旧径下,观白云峰、圣母殿。⑨ 游雁荡山时,冒雨循着溪流探奇,至绝高的响岩。而在飞瀑之后,有两个神秘的洞穴。若要进入,十分危

---

① (清)唐甄.潜书·居山[M].吴泽民,译.北京:中华书局,1954.
② (清)唐甄.潜书·居山[M].吴泽民,译.北京:中华书局,1954.
③ (明)王思任.王季重小品·华盖[M].李鸣,选注.文化艺术出版社,1996.
④ (明)吴伟业.吴梅村全集[M].上海:上海古籍出版社,1990.
⑤ (明)徐弘祖.徐霞客游记·游黄山日记后[M].北京:京华出版社,2000.
⑥ (清)张潮,朱锡绶,郑逸梅.幽梦三影[M].钱行,校注.武汉:湖北人民出版社,1992.
⑦ (清)张潮,朱锡绶,郑逸梅.幽梦三影[M].钱行,校注.武汉:湖北人民出版社,1992.
⑧ (明)徐洪祖.徐霞客游记·游庐山日记[M].北京:京华出版社,2000.
⑨ (明)徐弘祖.徐霞客游记·游太华山日记[M].北京:京华出版社,2000.

险,然而徐霞客"从榛荆棘莽中履险以登"①,终于见到了其内的景致。登武夷山时,见一岩尤为奇特:上下都是绝壁,壁间横坳仅一线,必须伏身蛇行,盘壁而度乃可进入。徐霞客遂"从壁坳行,已而渐低,壁渐危,则就而伛偻。愈低愈狭,则膝行蛇伏。至坳转处,上下仅悬七寸,阔止尺五,坳外壁深万仞。"他"匍匐以进,胸背相摩,盘旋久之,得度其险。"②这些探奇历险的过程,挑战了游者内心对于艰险环境忍耐和征服的极限,这些是许多安于城内生活的文人士大夫所欠缺的。

在林泉中休闲悠游一番,还能怡情养性、修养身心。明后期的袁中道在《答赠太史》中写道:"弟住玉泉两月,山水怡情,不觉旧病顿愈。"③清代的赵坦游浙江西湖南的烟霞岭,涤荡心神:"秀气磅礴,苍松蔚然;晨光夕曦,烟浮霞映,彩错斓斑,天成图画。"④这里太难攀登,因而游者罕至。有一日,赵坦和朋友们一起探幽,"行达平处,得小寺曰清修"。但见"独寺后危石一林,秀垒数仞,竹箭摇风,绿逸有致。遂乃藉草静对,觉襟怀若涤,神悦心清。"在心灵受到洗涤之后,顿觉轻松,遂往上曲折前进,其境益幽异,方知山愈深则景愈奇,"心一则境辟。人不精进,安有得耶?俯仰久之,啸歌而下。"⑤他在自然景色变幻深入的时候,悟出了人生应精进的真谛。

借游可骋怀,淡泊名利以修心,领悟人生的真谛以精进。明末曹学佺游武夷山:"夫山灵之不以此易彼,明矣。语云:'遗荣可以修真,是之谓夫?'"⑥在这里,他讽刺了求仙行为以及神仙的虚无,指出"山灵不以此易彼""遗荣可以修真"⑦。意思是,山不会改变山之本色,哪怕是帝王和神仙出现也无济于事。而入山水自然的情境之中,却能使人快乐如同神仙一样。只要抛弃荣华富贵,保持内心的高洁就可以了。

2022年,湖北黄冈大别山世界地质公园"大思政课"实践教学基地入选教育部办公厅、科学技术部办公厅联合设立的科学精神专题实践教学基地名单。

黄冈大别山世界地质公园位于湖北省东北部黄冈市境内、大别山南麓,长江中游北岸,总面积2625.54平方千米。作为中国中央山系地质—地理—生态—气候分界线的重要组成部分,黄冈大别山世界地质公园保留了自太古代以来地球演化所产生的多期变质变形作用,种类丰富的岩浆活动地质遗迹,具有全球对比意义;汇"峰、林、潭、瀑"于一地,集宗教文化、民俗风情、历史人文于一体,层峦叠翠、雾海流云、林海苍茫、鸟语花香,以大陆造山带结构——花岗岩山岳地貌为特征,兼具地质遗迹的典型性、完整性、系统性、稀有性和优美性,是地学研究的天然实验室和造山带研究基地,也是生

---

① (明)徐弘祖.徐霞客游记·游雁宕山日记后[M].北京:京华出版社2000.
② (明)徐弘祖.徐霞客游记·游武夷山日记[M].北京:京华出版社,2000.
③ (明)袁中道.珂雪斋集·卷九·答曾太史[M].明万历四十六年刻本.钱伯城,译.上海:上海古籍出版社,2007.
④ (清)赵坦.烟霞岭游记[C]//蒋松源.历代山水小品.武汉:湖北辞书出版社,1994.
⑤ (清)赵坦.烟霞岭游记[C]//蒋松源.历代山水小品.武汉:湖北辞书出版社,1994.
⑥ (清)董天工.武夷山志·卷二十[C]//(明)曹学佺.游武夷记.清乾隆刻本.北京:方志出版社出版,2007.
⑦ (清)董天工.武夷山志·卷二十[C]//(明)曹学佺.游武夷记.清乾隆刻本.北京:方志出版社出版,2007.

态环境优良、历史文化厚重、科普价值极高的自然保护地。①

山川秀美，人杰地灵的黄冈大别山，不仅走出了科学界的泰斗李四光先生，也是我国重要的红色革命圣地，有着丰富的红色革命资源。黄冈是鄂豫皖革命根据地中心，诞生了多位开国将帅，组建了4支红军主力部队，发生了黄麻起义等重大革命历史事件，44万黄冈儿女为建立中华人民共和国英勇捐躯，创造了大别山28年红旗不倒、22年武装斗争不断的历史奇迹，铸就了"万众一心、紧跟党走、朴诚勇毅、不胜不休"的老区精神。②

黄冈大别山地区不仅以花岗岩山岳地貌、森林景观和悠久的人类文化遗址景观享誉中外，而且还是大自然留给人类的一个天然的地质博物馆。自20世纪80年代以来，由于大别山含柯石英、微粒金刚石的榴辉岩为标志的超高压变质带的确立，大别山已成为国内外地质界关注的焦点，现已成为国际上著名的超高压变质带之一，在国内外享有很高的知名度。

目前，该公园已经推出了黄州—罗田—英山—麻城—红安—黄州环形地学旅游精品线、红安天台山—七里坪前寒武纪变质地层剖面科考线、麻城木子店镇—城关太古宇古陆核—构造应力科考线、罗田朱家河—英山陶家山高压—超高压榴辉岩科考线。③

我以泰山喻中华

——访著名美学家杨辛④

美学家杨辛在接受《中国文化报》记者采访时谈到：在自然美中有两种美的类型，一是壮美，一是优美，或称作"阳刚之美"和"阴柔之美"。泰山是阳刚之美，这种阳刚之美具有自然风貌的基础：泰山"拔地通天"，与周围平原丘陵形成强烈对比；泰山山势累叠，如大海巨澜，从一天门到中天门再到南天门，一浪高过一浪，气势磅礴，节奏鲜明，《诗经》中以"泰山岩岩"状之，实乃传神妙语；泰山是大自然鬼斧神工的巨大雕塑，基础宽阔，形体浑厚，沉雄稳重，可谓"泰山如坐"；泰山以坚硬的花岗岩为主要岩体，巨石交叠，形貌多姿，赫然矗立，动人心魄；泰山的苍松郁郁葱葱，虬枝峥嵘，占谷为林，顺风成韵，美不胜收；泰山的万壑烟霞呼吸天地，流动嬗变，清代叶燮形容是"天地之至文"。

---

① 黄冈大别山世界地质公园[EB/OL].http://www.globalgeopark.org.cn/parkintroduction/geoparks/china/12046.htm.

② 灵秀湖北 楚楚动人 | 大别山水，人文黄冈[EB/OL].(2022-10-29).https://m.thepaper.cn/baijiahao_20514998.

③ 黄冈大别山世界地质公园 地学游览路线推荐[EB/OL].http://www.dbsdzgy.com/#/pc/details/284/0.

④ 我以泰山喻中华——访著名美学家杨辛[N].中国文化报,2013-05-29.

泰山的壮美虽然以自然美为基础，但也离不开历史文化的凝结和丰富。泰山以"朝天"为中心的宏大构思，道路、溪水与山谷的妙合无垠，人文营构与自然景物的浑然一体，这一切一方面深化了泰山壮美的主体风格，另一方面增加了泰山娱人怡情的玄机和妙趣，使得泰山具有了天、地、人亲密无间，以及相互依仗、相互激发的空灵和博大的境界。"高而可登，雄而可亲，松石为骨，清泉为心，呼吸宇宙，吐纳风云，海天之怀，华夏之魂。"这是我对泰山最见性情的描写。这首诗被做成泰山的摩崖石刻，据说在当地已经广为流传。

泰山又称"东岳"，在五岳当中，海拔是第三位，它之所以获得"五岳独尊"的地位，主要是历史文化的缘由。中国人崇尚太阳，太阳温暖、光明，普照人间，滋养万物。泰山耸立于齐鲁平原，东临苍茫大海。海上日出，泰山之巅是想象中最先可以观瞻到的地方，因此人们很自然地把对太阳的崇拜转化为对泰山的尊崇。《史记集解》记载："天高不可及，于泰山上立封又禅而祭之，冀近神灵也。"这种尊崇，后来就导致帝王封禅，泰山成为政治文化的重要组成部分。据《史记》记载，在秦始皇之前就曾有72个君王在泰山祭祀。帝王的祭祀活动深刻影响了人们的泰山崇拜心理，一般学者认为，最迟在汉代，五岳之说、泰山之尊就确定了。泰山的文化内容包含丰富，意蕴深刻，至少有四个方面的人文价值可以探究。首先，从政治而言，泰山通天接地，是国家统一、天下安定的象征，是政治清明、国运昌盛的表现。其次，从哲学上讲，泰山构筑了天人交融的博大时空，体现了"天行健，君子以自强不息"的精神，是民族生命力的象征。再次，从伦理学上讲，泰山包容万物，厚德载物，体现了中华民族厚重、宽容的人格精神。最后，从美学上讲，泰山的自然和人文景观整体呈现了一种阳刚之美，具有宏伟远大的气魄。从这几方面考察，泰山都是我们民族精神的象征。泰山和黄河一样，象征着中国人民的伟大、质朴、刚健、进取、智慧和坚韧。

人们对泰山的审美方式存在历史的阶段性变迁。这种变迁经历了"自然崇拜""比德"和"畅神"三个阶段。远古时代，生产力低下，民智未开，自然神秘而庄严，人们对大山的伟岸、雄壮和气象万千产生深深的敬畏，人们希望从山的恩赐和保护中获得财富和力量，泰山因为结合了太阳崇拜，具有了更加崇高的地位，连汉武帝刘彻都对着泰山击节赞叹："高矣、极矣、大矣、特矣、壮矣、赫矣、骇矣、惑矣。""比德"作为一种观物方式，在春秋战国就较为普遍。《诗经》中的比兴，《楚辞》中的香草美人即是明证。孔子说："仁者乐山，智者乐水。"泰山的安稳厚重和仁者的敦厚相似，大山蕴藏万物，就好比仁者施惠于人。

本章思政总结 中国的"山岳文化"经历了从图腾崇拜到山形祭祀、山神祭祀，到封禅行典、五岳典礼的过程。这种换变"具有政治色彩，还染上了儒家哲学的色彩"。山的特点和人的精神世界互相映照，成为伦理秩序和文化力量的象征。

复习思考题

1. 我国的名山旅游文化有哪些分类和功能？
2. 旅游中如何进行山岳审美？有哪些哲学方面的思考？
3. 如何开发山地康养旅游？
4. 如何理解山岳崇拜与国土的关系？
5. 山岳审美思想对于当代旅游规划有什么启发？

延伸阅读

黄山旅游文化的审美价值[①]

1. 怪石文化的象征意蕴

黄山的奇峰怪石是大自然鬼斧神工的造化，而千百年来的人为介入活动，又为其沉淀了丰厚的文化内涵，这是黄山审美价值最本质的体现。可以说，不从文化的视角来审视，黄山的怪石便失去了那迷人心醉的光彩。

黄山奇峰怪石的命名，既有取材于自然物态，也有取材于社会生活事象、传说故事中的人物和事件，它们被赋予活灵活现的生命形态，表现出无奇不有、无怪不生。

取材于自然物态的以动物为多。有的直接以动物的形态来象征命名，如白云溪畔的巨石形似猛虎，昂首蹲伏，张口吞人，命名为"虎头岩"，逼真形象，观之令"行人畏不趋"。还有如青狮石、象鼻石、鸢石等，均有形象逼真的观赏效果。有的又赋予怪石的动态美感，如天都峰峭壁腰间的"金鸡叫天门"怪石，壮如雄鸡，头朝天门坎，振翅欲啼；其背后又有两块奇石组成"老鹰抓鸡"的动态。诸如此类的还有"孔雀戏莲花""鳌鱼驮金龟""喜雀登梅"等。尤为惊奇的是，命名者们还善于将众物组合成一个完整的意象，突显怪石的多姿形态，点缀风景，增添魅力。玉屏楼原为文殊院的旧址，其旁有狮、象两石构成"青狮白象守文殊"的意象，那狮、象严守的象征形态，令人感受到文殊院的尊严神圣。目观怪石，联想物象，确有身临野生动物园的奇趣。

取材于社会生活事象来命名的包括：玉屏楼后的"睡美人"（又称"玉屏卧佛"）及其两侧的"望夫石"；莲花峰右侧的"姐妹放羊"；天都峰腰的"五老上天都"等。这类怪石的命名虽不多，但它所产生的审美效果却独出一格，那就是贴近生活，给人以亲近感、真切感。如"五老上天都"的怪石命名，自然使人想到天都峰奇险的神秘魅力，连老道人都不遗余力地结伴而登攀，何况是慕名而来的游客呢！由此必然会增强攀登天都的信心和决心。

取材于传说故事中的人物和事件，包括：出自小说《西游记》中的"猪八戒吃西瓜"、《水浒传》中的"武松打虎"、《三国演义》中的"空城计""关公挡曹"，以及取用历史人物事件命名的如天都峰下的"姜太公钓鱼"，位于东海的"介子背母""苏武牧羊"，位于圣

[①] 章沧授. 黄山旅游文化的审美价值[J]. 黄山学院学报, 2003(8).

泉峰下的"试剑石"等。这类怪石的命名,能唤起游客遥思往古,感受奇妙。最令人神往的是以仙人命名的怪石星罗棋布。西海景区有"仙人打琴""仙女绣花""仙人踩高跷""仙人晒鞋""仙人晒靴",北海景区有"仙人下棋",后海区有"仙人铺路""仙人观榜",石笋矼上有"仙人飘海",始信峰与上升峰之间有"仙人背包",玉屏楼有"童子拜观音"。这些精彩的命名不仅显现出黄山峰石怪状的奇异特征,更为黄山的怪石增添了神奇的光彩,让游客在美妙的联想中体味黄山远离人间闹市而超脱世俗的幽静意境之美。

黄山怪石文化的审美价值。既有观赏的形象美感,又能引起人们不尽的联想,获得种种精神的启示,人生的体味。"松鼠跳天都"怪石,当游客看到松鼠拖着尾巴欲跳未跳之态,不禁联想沉思:"小松鼠呀,你怎么不跳?是怯弱,还是胆小?果敢地一跃就跳上天都峰。当时是什么使你发生了动摇?虽然总是片刻的犹豫,可是一切都成了徒劳!你探身翘立在耕云峰头,是不是倾诉着心头的懊恼?"不管小松鼠未果的原因如何,那成功要抓住机遇、办事要有决心的道理,自在联想体悟之中了。

最能表现怪石命名联想意义的是"仙人指路",有人对此石景联想到黄山风景迷人,需有仙人指点方可尽情领略,于是便附会这样的故事:从前有儒生、和尚、道士三人结伴游黄山。只见峰回路转,山穷水尽,三人迷失方向,无奈只好就地休息,梦中见有仙人手指前面的白鹅岭方向说:"由此登山,便可步步换景,渐入佳境了。"三人醒来方知同一梦境,于是按仙人指点的方向,登上始信峰,果然饱览黄山的绮丽风光,故有人作诗点破:"石乱云荒路不通,游人到此眼朦胧。仙人指出登山径,万众同声谢石翁。"亦有人体味出世事复杂,当局者迷,需有局外人指点,这正是:"世事多乖错,投足皆模糊。望君出山去,到处指迷途。"

2.奇松文化的精神蕴

黄山素有"无松不奇"之称,其松之奇特,破石而生,挺立峭壁,盘根危崖,遍布峰壑。这千姿百态的奇特,蕴藉着丰富的人文精神。

首先是黄山松的好客精神,这是黄山旅游文化的典型体现。从天都峰经玉屏楼,到莲花峰的一条路线上,巧妙地构成盼客、迎客、陪客、送客、望客的一组奇松,命名者以拟人的手法,完整地再现了黄山对游客热情真诚的好客精神。当游客登上天都新道时,便见一棵古松,粗壮挺拔,巨臂前伸,立于高位,其姿态展现出盼望客人的到来,这就是"盼客松"。它身居深山无人识,多么盼望外界客人的来临光顾!盼来了客人,接着便是欢迎客人。从天都峰到玉屏楼,立于青狮石旁的是"迎客松",树干中部伸出长7.6米的两大侧枝突展向前,恰似一位好客的主人,挥展双臂,欢迎四方来客。"迎客松"的文化内涵远远超过了当年命名者的意图,它已成为中国人民好客的象征。北京人民大会堂安徽厅挂有迎客松画,国家领导人经常在迎客松画前接见各国的友好使者,成为国家间友谊的象征。迎来客人之后,又是陪客。玉屏楼前文殊台上,有四棵古松,犹如仙女,款款玉立,秀丽多姿,东面两棵,西面亦两棵,长年累月在此陪伴游客观景。当游客离别时,又有"送客松"热情相送,玉屏峰像石前的一棵古松,盘虬苍翠,侧伸一枝,似作揖送客。黄山松的好客精神还表现在恋恋不舍的离别之情,在玉屏峰至莲花峰沟道中,有一棵名为"望客松",它独立于石缝之中,枝叶苍劲,姿态优美,恰似在眺望游人,目送客人,表现为"脉脉不得语"的留恋深情。这五处青松由翘首盼客—热情迎客—真诚陪客—深情送客—依恋望客，真可谓"此翁直久似通灵，与人相接颇有情。始信峰前手接引。天门路上恭送迎"(清万斯备《黄山怪松歌》)。

其次是黄山松的团结友善精神。黄山奇松有许多美妙的命名，蕴含了我们民族的又一传统美德，即团结友善、助人为乐、向往美好生活的精神。象征民族团结精神的是"团结松"。它位于北海前往西海的山道旁，古老苍劲，铁根盘结，枝丫共有56根，而我们中华民族也正好是由56个民族组成的大家庭。那树枝相拥，团结在一起，象征着民族众多而同源同根的大团结。又有"接引松"蕴含着助人为乐的美德。此松生长在始信峰东侧险要，始信峰三面临渊。只有东南侧与邻峰相隔4米。古时以断木为桥，以渡游人登上始信峰，桥下涧深莫测，而接引松枝条长达1.7米，枝横直抵南崖，游人扶枝渡桥顿时化险为夷。由于终年不知劳苦地引渡游人，接引松枝条已经枯死。但树干依旧苍劲，充满活力，这正是引渡众人身先死，人为乐神永存。还有"连理松"，生于始信峰道旁。此松一根两干，同根而生，双干并立，针叶葱绿，挺拔入云，最能让游人联想到永不分离的坚贞美德。它使游人浮想联翩，将它与"在天愿作比翼鸟，在地愿为连理枝"的唐玄宗与杨贵妃的爱情故事相连，杜撰出玄宗与贵妃死后相继来到黄山，化作这株连理松。观树遥思，自然会引起人们对美好爱情生活的向往和追忆。

最后是黄山松的坚韧挺拔、自强进取的时代精神。黄山松破石而生的自立精神，就在于它靠自身的根系分泌出有机酸物质，溶解岩石，把岩石里含钾的矿物盐分解出来，以供生长。它那挺立峭壁的坚韧精神，就在于它扎根石缝，敢于拼搏，不畏高寒。它那苍劲青翠的生命活力，就在于它迎风傲雪，四季常青，历久弥坚。这是黄山奇松的本质特征，体现出奇松文化的深厚内涵。这些特征已被人们概括出新时代的六大人文精神：顶风冒雪的自强精神，坚韧不拔的拼搏精神，众木成林的团结精神，百折不挠的进取精神，广迎四海的开放精神，全心全意的奉献精神。

3. 石刻文化的审美内涵

黄山石刻是一份不可多得的文化珍品，它是千百年来游人观赏黄山、赞美黄山的见证，又是展示黄山为天下奇观的丰碑，更是凝聚着游客对黄山的审美体验。黄山今存石刻200多处。作为黄山文化旅游资源的重要组成部分，黄山石刻正发挥着巨大的审美作用。具体说来表现在以下几个方面。

一是点景作用。黄山石刻最大的审美价值是它的点景作用。所谓点景，即用一词一语点出景物、景点的特征和意境，以增加风景的观赏魅力。"天下名泉"的明代题刻，既点明了黄山温泉此为精，又突出天下罕见的特点。"翡翠池"题刻名不虚传，松谷溪水飞流直下池底，池潭清澈见底，周围青山环绕，满目青翠，池水碧绿，色如翡翠。"鸣玄泉"更是揭示出泉水的本质特征。此石刻位于从回龙桥到汤岭关的路旁溪畔峭壁上。这里的几股泉水犹如几股琴弦，从高山倾泻而下，冲击着横架在岩间的一块状如古琴的长片石上，发出铿锵悦耳之声，相传为李白所书。鸣弦泉旁斜立巨石上又有明代镌刻的"醉石"二字，传说李白当年游黄山时，曾在此处饮酒、听泉、作赋，乐而忘返，醉卧石旁，其实是"醉翁之意不在酒，在乎山水之间也"。其如"虎头岩""试剑石""琴台""天上玉屏""梅屏""千僧灶""老龙潭""芙蓉涧""三叠泉""月岩读书处"，等等。点景品味，刻石标识，这是黄山石刻文化的审美价值之一。

二是导游揽胜的作用。黄山石刻表现了游人对黄山景观的赞颂和体验，这对后来游客来说,无不借以引导来领略山水胜境。这种审美的意义,明代汪玄锡在《黄山游记》中揭示说:"一僧浴汤泉,寿逾百岁。余作短,刻之石崖,俾后人遇赤泉出,尝当服之。"始信峰渡仙桥悬崖上的一段刻文也作了明白的表述。这石刻是1935年4月署名江安傅增湘所题刻:"黄山之胜甲宇内,幽秀灵奇聚后海,始信峰、清凉台尤为奇特。廿年节屐,踏遍千峰,若衡华台庐,亦号巨观。而难兼众美。登临极览,赞叹俱穷,聊举领要,以告来者。"诚然,这"以告来者"的石刻文字,无不引导游人到此驻步流连,览胜无穷。虎头岩下的龙潭雨后水涨,形如白龙飞舞,水声似白龙啸吟,溪壁上有庄文枢的题刻"且听龙吟"四字,启示游人过此止步,静心吟听泉水声的美妙。云谷山庄的"渐入佳境",告示游人进入此地的景色,越往前走就越美妙。另一处的"回首白云低"的石刻,又引导游人登高不忘回首云谷山庄绝妙之景。这里还有"妙从此始""醉吟""千古""通幽"等石刻,引人入胜、观览不穷。当你登上天都峰时,映入眼帘的是"登峰造极""观止""别有天""天梯"等石刻,令人感受到身临天都峰的神妙佳境之中。

黄山导游览胜的石刻,堪称一绝的是立马峰悬崖上的"立马空东海、登高望太平"十个大字石刻。黄山石刻具有导游览胜的审美作用是因为倾注了作者的真情实感和亲身体验。有的直抒赞美之情,蓬莱三岛两旁有"飞鱼""鹦哥"等奇石,岩壁上刻有以少胜多的"好"字赞词,还有"奇观"和"无与伦比",这是赞叹玉屏楼景观的奇绝。有的形容黄山独特的奇美,例如"泰岱逊色"和"一览众山小",是以对比来衬托山峰的高耸雄伟。

三是具有哲理的启迪作用。黄山的奇景绝胜,唤起了走进黄山的人们感受到超脱世尘的独特体会,从而时时获得哲理的联想和智慧的启示,这类石刻在黄山是随处可见的。温泉旁有"冷暖自知"石刻,这既是鼓励人们下池沐浴,享受温泉,更是启示着人实践出真知,只有亲身下水方可体会到水的冷寒和温暖。又有"不浴心也清"的石刻,揭示出观景以陶冶情性的作用,眼见温泉的清澈见底,即使不涉足下水洗浴,内心也自然清净明洁。罗汉峰下一块巨石上有"仙人榜"三字,其旁又有"来者有缘"石刻,相传游客经过这里,皆与佛门有缘,他的姓名就自然留在榜上,将来均可仙渡到佛国净土。这无疑是在启示人们,不游深山幽静处,莫享桃花源里世外情。

4.情感文化的体验悟理

千百年来,由于文人墨客的足迹遍布黄山,黄山留下了无数的诗文画卷,仅诗篇就有2万余首,可谓"诗山文海"了。这为黄山的旅游文化增添了丰富的内容,其可贵的价值就在于为后人游观黄山、品赏风景等提供了极为可贵的审美经验。

热情歌颂山水美、揭示山水的审美价值,此为一。黄山"四奇"的审美特征,一经刘海粟《黄山颂》"松石海泉成四绝,湖溪潭瀑叹无偶"特意点出,便扬名天下。其实此之前的千百年间,歌吟黄山的诗中无不倾注着对"四奇"的赞美。"丹崖夹石柱,菡萏金芙蓉"(《送温处士归黄山白鹅峰旧居》),这是唐代李白笔下的峰石之奇美;"雪天声泻玉,月夜影摇金,岁旱施功大,民情被泽深"(《黄山汤泉》),这是宋人凌唐佐诗中的温泉之绝美;"云随变幻无常致,松不雷同总怪枝"(《黄山杂诗》),这是清人孙淀眼中的松柏之奇;"风渐起兮波渐涌,一望无涯心震恐,山尖小露如垒石,高处如何同泽国"(《黄山云海歌》),这是清人吴应莲所称颂的云海之奇。此外,黄山又有"百鸟喧啾正倦听,忽然闻此独关情"(元严士贞《山乐鸟》)的鸟语欢声之美,"夕阳散映青山红,珊瑚万树琉璃中"(清施闰章《中秋夕坐光明顶看月歌》)的夕照峭壁的色彩美,"三十六峰图画,张素锦、列冰柱"(元张可九《霜天晓角·黄山雪霁》)的冬季雪景之美。在古人的眼中笔下,黄山可谓无物不奇,无景不怪,无时不美,真是"天游寄黄山,奇绝不可述"(明刘元凯《夜月对黄山酌偶成》)。

真情体味山水美,提供山水的审美经验,此为二。文人游观黄山,无不以记游诗文抒写着亲身的审美体验,这为后人观赏黄山提供了可贵的审美经验。

首先是观山自悟,启迪人生。黄山的山水奇美,不仅是悦人耳目,更能净化心灵,感悟人生。如观溪流,"既知流水流无住,正好休心到处闲"(明惟安《七言偈》),静心观流水,无处不休闲;观怪松,"偃蹇不获逢知己,至今视之犹等夷"(清万斯备《黄山怪松歌》),怪松不遇好景人,奇姿也平常,即是人生不遇知己者,有才有志也会被埋没的;"职在司晨无计较,宁以峭壁不高飞",这是清人洪惟观赏"金鸡叫天门"景观而联想到忠于职守的品格;"患身是幻逢禅主,水洗皮肤语洗心",这是唐人杜荀鹤《送僧赴黄山沐汤泉兼参禅宗长老》诗中感悟宗教文化的劝诫作用;"幽谷高人抱真独,荒崖野草剩芬芳",这是元代郑玉《游黄山》诗中所体会到的游山养性的价值。

其次是积累了观赏山水的方法。古人记游黄山,感受最深的是只有亲身登临方可领略其奇美。宋人焦焕炎《题黄山送别图》云:"我家黄山隅,不识黄山面。不自到黄山,见图如不见。"家住黄山附近,凭图则不可能认识黄山的真面目。这是为什么?因为山水的审美,主要是凭借自己的经历完成的,不去亲眼所见、亲身所感,体味审美也就无从谈起了,所以清人孙淦《黄山杂诗》"名山刻画总支离,万态千容到始知"的两句诗作了深刻的揭示,"到始知"可谓观赏山水的经验之谈。这在黄山七十二峰的命名中留下了永久性的提示:始信峰的命名,旧传古人游黄山,至此如入画境,似幻而真,开始相信黄山的神奇绝妙。游人便留下这样的一副联语:"岂有此理,说也不信;真正妙绝,到此方知。"此外,清初的学者兼旅游家潘耒在《游黄山记》中总结了比较的观山法,文中将黄山从七个方面与他山逐一比较,突出了黄山的奇绝个性特征。如果不去比较,就很难发现山水美的奇绝之处,自然寻求不到山水的奇趣美感,势必减少了山水的审美价值。

凝结着奇闻异事,增添了文化审美的情趣,此为三。一座黄山凝聚着古往今来多少英雄豪杰、名人大家的足迹,正是这些足迹辉映着黄山文化的灿烂。这里孕育着一代丞相,宋代歙县人程元凤早年曾在掷钵禅院苦读三年书,后来赴京赶考中了进士,官至右丞相,因此掷钵禅院(掷钵源)改称为丞相源,后人有诗云:"婀娜修竹夹曲径,云谷清泉载书声。三年寒窗话千古,宋代元凤丞相程。"黄山更是培养一代画师的摇篮,这里有"黄山是我师"的石涛,有"得黄山之影"的梅清,有"寤寐黄山五十年"的江注。最为称道的是刘海粟大师,他从23岁到93岁的60年间曾十次游历黄山,留下了大量的山图画和诗词,得益于黄山之深,正如他六上黄山的感悟:"这座宝山在我心中一直是有生命的东西。我不断用爱滋润她,正如她长期用坚定的信念去勉慰着我一样。"黄山所给予画家的,正是"石涛得黄山之灵,梅清得黄山之影,渐江得黄山之质,刘海粟得黄山之魂"。

纵观黄山旅游文化的审美价值,不是就此一文所能说透的,更不是上文几个方面所概全的,这就需要不断地深入研究发掘。相信随着黄山旅游开发的不断深入,黄山旅游文化越发显现出可贵的价值。

第三章
河流水乡旅游文化

学习目标

（1）对我国河流水乡资源的定义、分类和特征有一定的了解。
（2）把握河流水乡的旅游审美原理、功能，在此之上思考水资源旅游开发与规划的方法。

思政元素

水文化、道德哲学、万物共生、生态文明、和谐发展。

章前引例

2010年3月10日，在参加十一届全国人大三次会议广西代表团全体会议时的发言中，习近平同志回忆起少年时期在广西漓江游览的难忘经历。"我在青少年时期，就曾与几位同学到过漓江。我记得，游完泳以后，衣服都是在漓江岸边晒干的。当时的江面是湛蓝色的，泛光见底。江边渔民鱼篓里的鱼都是金鲤鱼，感觉就像在神话故事里一样。"他反复叮嘱："漓江水质决不能破坏，漓江不仅是广西人民的漓江，也是全国人民、全世界人民的漓江，还是全人类共同拥有的自然遗产，我们一定要呵护漓江，科学保护好漓江。"

5年后的2015年全国两会期间，在参加广西代表团审议时，习近平总书记再次回忆起自己第一次到广西、到桂林的美好往事。如诗如画的桂林山水、美丽多彩的民族风情、纯净优良的生态环境，饿了在街边吃一碗桂林米粉，都给他留下了难忘的美好印象。他叮嘱广西的同志："一定要保护好桂林山水，保护好广西良好的生态环境。"[1]

---

[1] 总书记的"江河情怀"[EB/OL].(2021-04-29). http://www.qstheory.cn/zhuanqu/2021-04/29/c_1127393549.htm?ivk_sa=1024320u.

第一节　河流水乡概述

一、定义与特征

水是人们生活中极为密切的物质资源之一,也是大自然中丰富多彩、绮丽多姿的物质。中国与水有关的河、湖、瀑、泉、海之景观齐全,本章主要探讨其中的江河与湖泊旅游资源。

（一）江河

河流,是地表上有相当大水量且常年或季节性流动的天然水流。河流是自然界的产物,世界上无数大大小小的河流,其成因主要是水流侵蚀作用的结果。降落在大陆上的水除了蒸发和下渗以外,逐渐汇集在小的水沟里,经过长期的侵蚀作用,汇溪而成江河。其中,汇集河川径流注入湖、海的河流,称为"干流",如长江干流入海、湖南的沅水注入洞庭湖等;流入干流的河流则称为"支流"。

按照河川径流循环的形式,河流可分为直接注入海洋的外流河和不与海洋沟通的内陆河两类。我国外流河中,注入太平洋的有长江、黄河、辽河、珠江等。内流河主要分布在西北干旱区的新疆、甘肃等地和青藏高原内部,主要依靠高山冰雪融水补给。内陆河中,著名的有塔里木河、伊犁河、黑河等。这些河流虽然地处我国西北走廊、塔里木盆地等气候干燥地区,但由于受祁连山、天山、昆仑山冰川影响,水量仍然较为丰富。我国河流众多,流域面积在100平方千米以上的河流有5万多条,在1000平方千米以上的河流有1580多条。但由于受地理位置、地形、气候等条件的影响,我国河流的数量及各河流水量的地区分布很不均匀。南方河流密度大,河流水量丰富。西北地区,由于气候干燥,降水稀少,沙漠广为分布,是大面积无流区。青藏高原海拔高达4000—5000米,我国著名的几条大江大河如长江、黄河、澜沧江、怒江、雅鲁藏布江都发源于这里。① 这些河流一般源远流长,水流落差较大,水力资源十分丰富。黑河、滦河、淮河等河流发源于东北山地、内蒙古高原、黄土高原和豫西山区。还有图们江、鸭绿江、钱塘江等河流发源于东部沿海山地。

我国的风景河段主要分布于长江以南及东北地区。浙闽、珠江流域、长江中游、西南、东北等山区尤为集中,如漓江、富川江、楠溪江、瑞丽江、鸭绿江等。湖南的猛峒

---

① 卢金凯,杜国桓,胡素敏,等.中国水资源[M].北京:地质出版社,1991.

河①、贵州的马岭河和重庆的大宁河都适合漂流。②著名的河景有气势宏伟的长江三峡、风景如画的漓江、人间仙境九寨沟、充满诗情画意的富春江,以及奔腾咆哮的黄河峡谷。其他主要的江河旅游资源还有淮河、黑龙江、塔里木河、澜沧江、珠江、漓江、钱塘江等。③

一泻千里的江河,由于流经地域广,各地气候、水文、生物和人文特征差异明显,构成秀丽多姿、景象万千的景观。河流中上游,河面狭窄,水流湍急,奇峰罗列,峡谷幽深,山光水影,瀑布深潭,急流险滩,曲折蜿蜒,摄人心魄。河流下游,水面展宽,时而贴近山麓,时而延展平川,入海口开阔壮丽,加之沿岸丰富的人文景观构成风貌各异、魅力无穷的旅游景观走廊,令人久久回味。④这些河流及其附近的区域适合开展多种旅游活动,包括源头探险、漂流泛舟、划船、游泳、蹦极、潜水探奇、河岸丛林探险,以及观赏各种河流风景、观赏文物古迹和滨水建筑物、洞穴探险、峡谷徒步等。

(二)湖泊

湖泊是指陆地上低洼地区储蓄的大量停滞的或流动缓慢的水体,它与海洋并没有直接联系,属于内陆水系。湖泊是在地质、地貌、气候、流水等因素的综合作用下形成的,其换流非常缓慢,所以不同于河流,又因为与大洋没有直接联系而不同于海。⑤中国湖泊分布甚广,总面积75610平方千米,总贮水量约7510亿立方米。面积在1平方千米以上的湖泊,全国共有2000余个,面积超过1000平方千米的大湖有12个。⑥中国湖泊的分布,大致以大兴安岭—阴山—贺兰山—祁连山—昆仑山—唐古拉山—冈底斯山一线为界。此线东南为外流湖区,以淡水湖为主,湖泊大多直接或间接与海洋相通,成为河流水系的组成部分,属吞吐性湖泊。此线西北为内流湖区,湖泊处于封闭或半封闭的内陆盆地之中,与海洋隔绝,自成一小流域,为盆地水系的尾闾湖,以咸水湖或盐湖为主。⑦

全国的湖泊可以分为五个湖区:青藏高原湖区、东部平原湖区、蒙新高原湖区、东北平原及山地湖区、云贵高原湖区。青藏高原是中国湖泊分布较稠密的地区之一,而且还是中国和亚洲许多大河的发源地。青藏高原湖区的水一般较深,大多为咸水湖,著名的有青海湖、纳木错、班公错等。东部平原湖包括长江、淮河中南下游、黄河等,著名的有鄱阳湖、洞庭湖、太湖、洪泽湖等。蒙新高原湖区的著名湖泊有呼伦湖、博思腾

---

① 注:猛峒河,中间的一个字应该为"峒",参见张妙弟《中国国家地理百科全书之六:河南、湖北、湖南》,但也有一些网站写作"洞"。
② 罗兹柏,杨国胜.中国旅游地理[M].天津:南开大学出版社,2005.
③ 郭跃,张述林.旅游资源概论[M].重庆:重庆大学出版社,1998.
④ 郭跃,张述林.旅游资源概论[M].重庆:重庆大学出版社,1998.
⑤ 周海霞.话说地球的血液 江河湖泊[M].长春:吉林出版集团有限责任公司,2014.
⑥ 陈君慧.中国地理知识百科(第1册)[M].长春:吉林出版集团有限责任公司,2013.
⑦ 史兴民.旅游地貌学[M].天津:南开大学出版社,2009.

湖等。东北平原及山地湖泊区有镜泊湖、五大连池、长白山天池等湖泊。云贵高原湖区有滇池、洱海、泸沽湖和抚仙湖(见图3-1)等湖泊。①

图 3-1 抚仙湖
（钟媛 摄）

　　湖泊是水文旅游资源的重要部分,有的深居高山,银峰环抱,有的静卧原野,烟波浩渺,人们常用湖光山色、水天一色来形容湖的景色。湖泊在内陆地区分布的广泛性,使得居民免去了寻海游历的长途劳顿之苦,湖泊水天一色,视野开阔,使人心旷神怡,加上众多的人文景观和历史传说,夏凉冬暖的优越气候,对游人容易产生强烈的吸引力。②湖泊是水域风景中最能体现相对静态的形、影、光、色等审美特征的水体,更是陆上水域康乐度假活动的重要场所。东部季风区的淡水湖泊约占我国湖泊总面积的45%,是我国旅游开发程度较高的水体旅游资源。我国的风景湖泊可以分为平原大湖、山地秀湖、高原旷湖和园林风景湖。平原大湖给人以壮阔浩渺之感,常形成生动、活跃的水乡景观,例如"浓妆艳抹总相宜"的杭州西湖、水天一色的鄱阳湖、八百里洞庭湖、烟波浩渺的太湖、有"湖北之肾"美称的洪湖等。山地秀湖镶嵌于山地丘陵之中,其形态多变,青山和雪峰倒映其中,风景格外秀丽,例如千岛湖、天山天池、长白山天池等。高原旷湖主要分布于青藏高原、内蒙古高原和云贵高原,一般具有远山近草、蓝天白云倒映的景观特征,兼具山地秀湖与平原大湖的美感。其中,藏北高原是世界上湖面最高、湖泊数量最大的高原湖区,纳木错为世界上海拔最高的大湖。此外,还有青海湖、洱海和红枫湖,也是著名的高原风景湖泊。③

　　随着水域的发展,与湖泊流域相关的湿地景观、风景道或水乡也成为与水相关的旅游目的地。

---

① 卢金凯,杜国桓,胡素敏,等.中国水资源[M].北京:地质出版社,1991.
② 郭跃,张述林.旅游资源概论[M].重庆:重庆大学出版社,1998.
③ 罗兹柏,杨国胜.中国旅游地理[M].天津:南开大学出版社,2005.

(三)湿地

湿地是指天然或人工的、永久性或暂时性的沼泽地、泥炭地和水域蓄有静止或流动的淡水或咸水体,包括低潮时水深不超过6米的海水区。湿地一般是富含水分、经常保持潮湿的土地。自然湿地包括沼泽地、泥炭地、湖泊、河流、海滩和盐沼等,人工湿地主要有水稻田、水库、池塘等。在我国,湿地是古老的农业文明和田园文化的发源地,最早的诗歌总集《诗经》,记载了今天被称作"湿地"上的池沼、水洲、溪涧、葛覃、蒹葭、雎鸠、黄鸟的美丽,以及临水而居的人们采蘋、采蘩的欢欣和青年男女相见的快乐与相思的哀愁。随着人类文化的不断发展,人类对湿地的观察与认知也不断加深,而人与湿地的关系也变得更加丰富多样。我们的祖先在湿地上诗意栖居,讲述着人与自然和谐相处的故事。例如,《诗经·国风·周南》中写道:"关关雎鸠,在河之洲,窈窕淑女,君子好逑。参差荇菜,左右流之。窈窕淑女,寤寐求之。"描绘了女子在水中陆地(亦可理解为湿地)附近采摘水生植物时可爱美好的样子。①而《诗经·秦风·蒹葭》记载:"蒹葭苍苍,白露为霜。所谓伊人,在水一方。溯洄从之,道阻且长。溯游从之,宛在水中央。"②描写了一名男子追求心爱的人,出现"幻觉"和想象,好像看见女子在河中间的小岛上出没,芦苇繁密的湿地风景中,女子若隐若现,如梦如影。

现代生态学研究表明,湿地作为人类重要的生存环境之一,是构成丰富多样的生态系统的必要组成部分,是维护地球生态和人类生活环境的宝贵资源。与此同时,湿地的生物多样性存在样态、湿地特有自然景观和文化资源的人文价值也伴随着现代生态学对湿地生态价值、社会价值、经济价值的发现而走进人们的审美视野。③湿地的形态、色彩、声音、气味等构成了湿地的各种各样审美景观,湿地孕育了众多的生物种群。例如,我国的世界遗产黄(渤)海湿地,有全世界规模最大的潮间带滩涂,是濒危物种最多、受威胁程度最高的东亚—澳大利西亚候鸟迁徙路线的关键枢纽,为迁徙路线鸻鹬类候鸟至关重要的停歇地和营养补充地点。湿地孕育了丰富的生物多样性,尤其是珍稀濒危鸟类的"生命转运站"。作为地球的天然宝库,湿地珍贵的土壤、水文、气候等自然要素,孕育了一种综合的独特的美。

(四)水乡

水乡是历史上存在过或现存的、以连片水域或相关农业区为开敞外部空间的、具有浓郁的某种地域特色和自然景观特点的水乡聚落类型。中国在南方有不少水乡,例如江南水乡、岭南水乡、湘西的古镇水乡、冀中水乡白洋淀。水乡常常是古镇与河流湖泊风景、传统建筑、商业或民俗文化相结合的地域,与当地的水域文化密切相关。中国几千年的河流和湖泊文化,产生了一些著名的水乡文化。例如,以诗意、灵韵著称的江南水乡,以电影《芙蓉镇》著称、让人魂牵梦绕的湘西王村,这些都是适合观光、体验和求知的旅游资源。

---

① 诗经·周南[M].罗吉芝,译注.成都:四川人民出版社,2019.
② 诗经·秦风[M].罗吉芝,译注.成都:四川人民出版社,2019.
③ 宋薇.湿地的美学价值与景观营造[J].河北大学学报(哲学社会科学版),2017(1).

二、水文化概说

水不仅是一种自然现象,也是一种文化现象,凝聚着先民们的生活经验和精神思考。水与中国文化的孕育和发展有着十分密切的关系。例如,中国习惯把黄河称"母亲河"和中华文明的摇篮,道出了中华文化与水之间关系的真谛。水文化是指人类在生存过程中与水发生联系所生成的各种文化现象的总和,是民族文化以水为载体的文化集合体。[①] 水文化可以分为物质水文化、制度水文化和精神水文化。

(一)物质水文化

物质水文化主要是人类在用水、治水、饮水、欣赏水等实践活动中产生的物质财富综合,是人们水观念的外在表现。例如,历史上修建的各种水利工程(如都江堰、黄河大堤等),以及用水器具(如木桶、陶器、瓷器、铁锅等)。水利工程是人类为克服与水的矛盾而修建的工程,亦具有重要的文化含义。例如,黄河大堤作为重要的防洪工程,极具代表性,始建于西周,在春秋大修,犹如"水上长城",困住了东流的河水。自古以来,其制造技术体现了中华民族丰富的创造性智慧,沿线众多的文化遗产(如嘉应观、小顶山毛泽东视察黄河纪念地、刘邓大军渡河处等)体现了多样的精神文化内涵,沿线的生态牧场与其他绿色植被也构成了蜿蜒千里的壮丽景观。[②] 又如世界文化遗产都江堰,始建于秦昭王末年,是蜀郡太守李冰父子在前人鳖灵开凿的基础上组织修建的大型水利工程,附近有伏龙观、二王庙、玉垒山公园、玉女峰、灵岩寺、普照寺、翠月湖等景观。都江堰工程的文化价值在于充分发挥了"乘势利导、因时制宜"的治水指导思想,以不破坏自然资源,充分利用自然资源为人类服务为前提,变害为利,使人、地、水三者高度协调统一,是全世界迄今为止仅存的一项伟大的"生态工程",创造了人们与水共生的和谐典范。

(二)制度水文化

制度水文化主要是人们在对水的利用、治理、节约方面所形成的法律法规,也包括相关组织形态和管理体制,包括史上各个朝代有关水的法律以及当代的《中华人民共和国水法》。[③] 我国古代统治者均以农立国,向来重视水利之兴办,以示为"治国明君"。自从人类开始定居生活,由以渔猎为主,转为以农耕为主的时期起,水就融入人类的生产活动中,人们在这一问题上逐渐获得种种经验,并形成了约束各有关方面的条例。[④] 整体来说,中国历代水法的制定体现了根据不同季节、禁止危害他人、顾全全局的指导思想。

---

① 靳怀堾,尉天骄.中华水文化通论[M].北京:中国水利水电出版社,2015.
② 靳怀堾,尉天骄.中华水文化通论[M].北京:中国水利水电出版社,2015.
③ 靳怀堾,尉天骄.中华水文化通论[M].北京:中国水利水电出版社,2015.
④ 宋思刚.中国水法律起源[J].水利天地,1993(6).

(三)精神水文化

精神水文化主要是人们在与水打交道的过程中创造的非实体性财富,包括水艺术、水哲学、水风俗等。①例如,先秦诸子有关水的思考与学说、历代文士欣赏水旅游资源或与水接触时的哲学思考、中国民间有关水的信仰和习俗。水是生命之源,中国不少民俗都与水有关。例如,一些地方将新生婴儿带至山间洗浴或在室内用温水行洗婴礼仪。又如,传统的祭龙祈求丰年、向司雨水的水神祈求雨水、拜龙王庙以求龙王治水和风调雨顺、端午龙舟竞渡河、七夕沐浴汲取圣水等。

精神水文化是水旅游文化的重要表现。本章从几个方面来介绍。

1. 对水的崇拜在原始信仰中最古老也最直接

在我国,南方民族几乎都有远古世界大洪水神话及人类起源与大洪水关系的传说。水神信仰在我国沿海地区、长江、黄河、淮河等流域广泛存在,也是我国重要的民间习俗。北方民族与汉族也多有治水神话流传。水因在人们生活中的必要性而成了崇拜物,人们崇拜它是为了祈求水不给人类带来灾难,并有助人们的生产生活。

历史上,自然神灵与治水英雄的崇拜互相交替,并因外来文化的融入与经济文化的发展而不断变迁。中国各地的水神信仰对地方社会及世俗文化性格以及地域文化认同产生了广泛的影响。例如,浙江地区的水神信仰可以分为几个层面:一是对掌管农作物生长,以获得维持生存的神与水神的祭祀,如祭祀龙王神、天妃、观音等;二是向水神求得人类自身的生殖繁衍;三是通过举办水神庙会娱神,祈求利济、利航、利渔;四是将水神祭祀和一些传统节日融合在一起,祈求水神祛病消灾,如元宵节。浙江地区的人们相信水神是左右农作物收获、掌管止雨降雨,护佑渔民平安的神灵。②

2. 水文化是人们对水现象观察的结果

无论是孔子的"入世",还是庄子的"弃世",或者是老子的"出世",都由水而发。受水的启迪,"以水为师",在观察水的态势中,获得灵感,感悟人生的哲理。在水的启迪中,毛泽东不断地实践和成就着他一生的伟业。他傲立湘江之滨、橘子洲头,发出"自信人生二百年,会当水击三千里"的呼喊,激越之水衬托出他"改造中国与世界"的宏愿和"身无分文心忧天下"的人生抱负,而"到中流击水,浪遏飞舟"的中年,他引领中国人民推翻三座大山,解放全中国。进入老年时期的毛泽东,依然"万里长江横渡,极目楚天舒",渗透着他不懈追求、奋斗不息和战斗不止的人生情怀。③

3. 历代诗人的很多作品都用"水"来渲染意境

唐代诗人李白,其一生所作的诗歌,很多都与"水"有关。例如,他的《梦游天姥吟留别》:"我欲因之梦吴越,一夜飞度镜湖月。湖月照我影,送我至剡溪。"④湖面、溪水衬托出了夜晚的幽静和梦境的奇幻。

孟浩然的《望洞庭湖赠张丞相》:"八月湖水平,涵虚混太清。气蒸云梦泽,波撼岳

---

① 靳怀堾,尉天骄.中华水文化通论[M].北京:中国水利水电出版社,2015.
② 李静.比较民俗学视野下的浙江水信仰文化[J].文教资料,2020(22).
③ 潘杰.以水为师:中国水文化的哲学启蒙[J].江苏社会科学,2007(6).
④ (唐)李白.李白诗[M].傅东华,选注.武汉:崇文书局,2014.

阳城。欲济无舟楫,端居耻圣明。坐观垂钓者,徒有羡鱼情。"诗歌描述了八月上涨的湖水空明清澈与蓝天碧水难分、云梦泽上雾气弥漫蒸腾、波涛澎湃摇撼岳阳古城的风景。① 通过对水浪、雾气涌向岸边的生动描写,抒发了自己强烈希望有人赏识的从政愿望。

杜甫的《宿江边阁》:"暝色延山径,高斋次水门。薄云岩际宿,孤月浪中翻。鹳鹤追飞静,豺狼得食喧。不眠忧战伐,无力正乾坤。"作者由云安到夔州,秋居西阁,此阁在长江边,有山川之胜,通过对月浮水面、浪动若翻、江鸟觅食追逐飞旋等景物的描写,抒发出自己无力整顿乾坤的烦恼,体现了忧国忧民的崇高情感。②

鱼玄机的《江陵愁望有寄》:"枫叶千枝复万枝,江桥掩映暮帆迟。忆君心似西江水,日夜东流无歇时。"③作者以相思比长流不停的江水,延绵不绝,内心丰富的情感跃然纸上。

4.水的精神文化还包括可持续的理念

发祥于大河流域的中华民族,在利用水资源并与水作斗争的过程中,逐渐形成了与水密切相关并具有鲜明水域特征的水文化,其核心内容在于注重水域环境的保护和水资源的永续利用,它造就了中华民族具有水域文化特色的传统可持续发展观,主要包括:注重自然资源的永续利用;注重保护自然资源;注重保护生态平衡;强调遵循自然规律;反对竭泽而渔;注重长治久安。水的基本特征在于它的流动性,不是暂时流动,而是永续流动,它的永续流动离不开人类创造的客观环境,具备造就人类可持续发展观的内在冲动与要求。因此,中国传统的可持续发展观表现出鲜明的水域文化特色。水域文化的核心内容和本质特征在于注重水域环境的保护和水资源的永续利用,它造就了中华民族具有水域文化特色的传统可持续发展观。④纵观中国历史,具有水域文化特色的传统可持续发展观,主要表现在永续利用自然资源,反对竭泽而渔,注重长治久安的自然资源,遵循自然规律和保护生态平衡。

三、水与旅游活动

河流提供了良好的生态环境,人们在河流环境中从事旅游观光和休闲活动,可以获得健康体魄、愉悦心境和提升生态认知的效果。

河流水体景观是重要的旅游资源,人们往往利用水面景观或以水体景观为主的其他旅游景观进行景点建设,这种情况在世界上很多旅游风景区都存在。水资源丰富的河流在沿岸往往有诸多胜景,在河道密布的水乡,还能形成纵横交错的淀泊。水体的动态景观,如山泉、瀑布、溪流,更是旅游者所神往的景观。地下水,如矿泉水、温泉也是重要的旅游资源。⑤水体景观造型各异,分布广泛。有些湖泊深居层峦叠嶂之中,有

---

① 唐诗宋词元曲(图文版)上[M].朱丽翠,编译.长春:吉林文史出版社,2018.
② (唐)杜甫.杜甫诗集[M].夏华等,译.沈阳:北方联合出版传媒(集团)股份有限公司、万卷出版公司,2016.
③ 程千帆,沈祖棻.古今诗选[M].西安:陕西师范大学出版总社,2019.
④ 严清华.水域文化与中国传统可持续发展观[J].河南师范大学学报(哲学社会科学版),2001(2).
⑤ 章采烈.中国名山胜水特色旅游[M].北京:对外经济贸易大学出版社,1996.

些安身于高原之上;有些湖泊密布成群,有些独自壮丽辽阔。有些江河强烈切割山体,形成险峻奇妙的山水景色;有些江河浩瀚无边,呈现出广阔的胸怀与豪迈的气息。

　　河流旅游活动依赖于河流及周边地质情况和环境的质量,因此探险旅游及生态旅游是河流旅游的主要表现。例如,徒步探险四川孟屯河谷,可以感受到雪山、云海、瀑布、森林、牛羊。徒步新疆克勒青河谷,可以看到雪山、冰川,以及冰川汇集成的河流。河流的环境包括河流的水域和与河水相连的河岸,以及向岸上更远处延伸的部分地带,包括森林、湿地和一部分陆地。河流湿地呈线状,包括河道、河堤、迂回扇、牛轭湖、曲流沙坝、沼泽或浅水湖、漫滩沼泽等,能够把上下游生态系统连为一体,往往因其独特的天然美景和狭长的地带性吸引沿岸游客前往,是沿岸城市居民小长假和双休日出游的理想场所。①河流旅游的活动范围和环境空间广阔,包括所有可进入的河流水道以及河流近岸自然和文化环境中开展的旅游活动。河流旅游活动的空间主要是水体和岸基腹地。河流区域良好的自然生态环境是旅游吸引力的关键因素。水流自然生态赋予了旅游者一个清新的世界,表达身处异境、天人合一、与自然和谐的体验主题。旅游者融入自然环境,在与自然共融中挑战自我、洗脱烦恼,并获得新的人生认识。②河流因为可唤醒公众关爱自然、保护生态的意识,而受到旅游者青睐,是进行生态教育和引导绿色消费的理想活动方式之一。

　　河流区域的森林、公园和保护区,也对游客有很强的吸引力。与河流有关的旅游活动还包括皮划艇、独木舟划行、游船观光、漂流、游泳、垂钓、潜水、帆船赛等活动,岸基腹地有自行车旅行、日光浴、野营、沙雕竞技、越野运动、野生动植物考察等活动类型。

　　与河相联系的河谷地区可为旅游者展示工业文明的文化积淀,提供基本绝迹的田园生产景观,具有较强的旅游吸引力。一些运河遗产的"旧为新用"是将废弃的工业设施转换成回归自然的旅游或游憩设施,并作为诠释历史文明和发展经济的重要吸引物。③例如,贵州赤水河谷,沿线有千年古镇土城、四渡赤水遗址、赤水大瀑布、佛光岩景区、原始森林等自然优质旅游景观资源。

　　秦淮河是长江的一条支流,孕育了南京的古老文化,许多历史典故和人文轶事都在这里上演。秦淮河下游两岸,自六朝直到后来的明清两朝一直都是南京的主要居民区和商业区。明朝建都南京以来,内秦淮河两岸河房密集,雕栏画栋,大族聚居,商贾云集,傍晚河中灯船来往,笙歌不绝。④秦淮河河岸人口稠密、商业发达,在当代已经成为集水域自然风光、古迹、经济、文化于一体的旅行目的地。

　　根据河流湿地在江岸、水禽、植物群落等方面的特点,结合旅游资源的要素并参考有关生态和资源景观的评价研究成果,湿地生态旅游资源评价指标包括水体健康、土

---

① 安传艳."无景点"旅游背景下河流湿地生态旅游研究[J].生态经济,2015(3).
② 周胜林,宋立中,谭申.河流旅游外文研究文献的评述与展望[J].北京第二外国语学院学报,2011(3).
③ 周胜林,宋立中,谭申.河流旅游外文研究文献的评述与展望[J].北京第二外国语学院学报,2011(3).
④ 陈勇,花剑岚.秦淮河整治工程的环境美学思考[J].水与社会,2011(2).

壤与动植物、环境状况、受胁迫程度等。其中,水体健康包括水面漂浮物、水色、气味、水体流动性、血吸虫现象、水位波动、滨岸崩塌或冲刷程度等因素。土壤与动物指标包括植被原生性程度、植被覆盖、鸟类种类与数量、外来物种入侵状况;环境状况包括环境噪声、环境卫生。受胁迫程度包括捕杀动物破坏植被现象、垦殖养殖现象。①

第二节　河流水乡旅游资源的特征与功能

一、河流旅游资源主要案例及功能

江河孕育着文明,常常是与山川相映,自然景色与人文景观相配合。河流是线形水体,水面狭窄,只有与两岸的山崖、林木、人文景观等结合才容易形成完整美丽的景观。

长江流域是人类文明的发源地之一,是中华民族诞生的摇篮。长江有著名的"黄金水道"和"黄金旅游线"之称,其最典型的景观资源集中于三峡区。因自然风景雄奇险峻,自然地质遗迹丰富多彩,长江三峡又被称为"百里画廊""天然博物馆"。

(一)长江三峡

长江三峡包括瞿塘峡、巫峡和西陵峡。其中,巫峡以幽著称,其山峰夹江列峙,山势陡峭奇秀,多云雾。长江三峡沿岸有纪念大禹治水的黄陵庙、古代悬棺、古栈道、刘备托孤的白帝城、屈原故里、王昭君故里、三游洞等古迹,以及涪陵白鹤梁题刻、丰都名山、忠县石宝寨、云阳张飞庙、奉节白帝城等名胜,还有历代文人骚客、帝王将相在此留下了诗词歌赋和故事传说,这些都增添了三峡历史文化的厚重和神奇。长江三峡还有雄伟壮丽的瞿塘峡,险峻秀美的西陵峡。瞿塘峡是整个三峡中最短的一个峡,其两岸悬崖峭壁如同刀劈斧削,夹江峭壁甚为逼仄,江宽不过百米,有的峰高1000多米,大江如同沟壑蜿蜒于深谷之中。还有大宁河"小三峡"段,游船行驶在峡江中,仿佛荡漾在百里画廊之中。大宁河发源于大巴山南麓,流经四川巫溪、巫山两县,在巫峡的西口注入长江。它从崇山峻岭中奔腾而下,沿途形成了许多峡谷胜景。"小三峡"只是其中的一段,是整个长江支流中最大、最美的一条支流。

(二)江汉湖群

江汉湖群是全国淡水湖泊最密集的湖群,地处长江中游,长江、汉水及其支流形成的泛滥平原上镶嵌着众多的湖泊。江汉平原则是湖北省湖泊的主要分布区,星罗棋布的大小湖泊密集而成江汉湖群。江汉湖群密度很大,主要的湖泊有洪湖、梁子湖、斧头湖、长湖等。由于湖区优越的地理气候条件,土质肥沃,入湖径流营养物质多,营养盐

---

① 秦亚情,李升峰.南京滨江湿地生态健康评价及生态旅游资源提升对策[J].生态科学,2019(4).

类含量高,底泥深厚且营养丰富,极有利于水生植物的生长,因而水生生物资源极其丰富。例如,有空球藻等浮游植物、沙壳虫等浮游动物、河蚌和螺贝等底栖动物、芦苇群丛和莲群丛等水生植物和大量的鱼类。

江汉湖群中,梁子湖是湖北省容水量较大的淡水湖之一,自然景观优美,湖岸线绵长,动植物种类丰富,是驰名中外的武昌鱼的故乡。① 梁子湖以独特的地理环境、绝佳的自然生态而闻名,其文化底蕴深厚,有众多的旅游景点。梁子湖是世界上未受污染的极少数湖泊之一,作为国际环保组织的定点取样湖,有"水下原始森林"之称。2005年,梁子湖湿地被列入亚洲重要湿地目录。梁子湖因其动植物的多样性与完整性,被专家学者称为"化石型湖泊""物种基因库""鸟类乐园"。② 梁子湖以其独特的地理环境、绝佳的自然生态和破碎性的湖岸线及湖汊、港湾众多而闻名,湖岸线之长绝无仅有,水景资源条件十分优越。水是梁子湖的灵魂,应充分挖掘梁子湖的特色优势,突出玩水主题,打造梁子湖精品水景线,提供亲水、近水环境,满足游客回到河边,回到自然的内在需求。梁子湖最具代表性的景点就是梁子岛,是湖北省著名生态旅游度假区。此外,还有魁星楼、黄莺嘴、梁子门、仙人洞和绊马石等人文景点。③ 1956年,毛泽东的"才饮长沙水,又食武昌鱼"的佳句一出,武昌鱼声著华夏,名扬五洲。梁子湖目前的旅游规划即以"武昌鱼文化"为主题,以"水利旅游、亲水娱乐、亲水体验",以追求人与自然的和谐作为水乡类风景区的最高目标。设立了"武昌鱼饮食节",与"梁子湖捕鱼节"相应,增加了互动表演,突出水乡特色。还建立了梁子湖生态文明馆,收集景区的生物标本和实物进行展示。此外,还可以深度发掘梁子湖在寺庙、古泉、古遗址等方面的文化价值,将生态造景与生态游乐结合起来。

(三)三江并流

由怒江、澜沧江和金沙江自北向南平行奔流近170千米,形成的世界上那独特的自然奇景"三江并流"周边地带,汇集了众多的陆地地貌类型和自然、人文美景,如壮观的雪山冰川、开阔的高山草甸、明澈清净的高山冰蚀冰碛湖泊、秀美的高山丹霞,壮丽的花岗岩和喀斯特峰丛。

怒江发源于青藏高原唐古拉山南麓,雪水聚集成溪,溪流相汇成河,江水奔腾于高黎贡山和碧罗雪山之间。怒江的江水以巨大的水量向南奔腾,撞击出一条山高、谷深、奇峰秀岭的巨大峡谷,该峡谷被称为"神秘的东方大峡谷"。怒江两岸陡壁直立,还有茂密的原始森林。

澜沧江流经西藏、云南两省区,出中国国境后被称为湄公河。澜沧江流域区内河流密布、湖泊沼泽众多,雪峰平均海拔5700米,最高达5876米,雪峰之间多为第四纪冰川,面积在1平方千米以上的冰川有20多个,最大的冰川是色的日冰川;湿地总面积达7.33万平方千米,占保护区总面积的24%,有"中华水塔"之称。澜沧江沿途多河岛、漫滩景观;流域内温泉资源众多,尤其是中下游温泉旅游资源丰富、开发条件优越;较为

---

① 张淋江,王林."智慧旅游"背景下的梁子湖生态景区建设研究[J].价值工程,2016(13).
② 金丽娟.基于可持续发展的旅游地生态开发研究——以梁子湖为例[J].旅游纵览,2011(5).
③ 张淋江,王林."智慧旅游"背景下的梁子湖生态景区建设研究[J].价值工程,2016(13).

著名的瀑布有位于下游普洱市河段的大中河瀑布、南帕河瀑布；下游由于河道较宽、水流平缓，夏季温度较高，适宜开发漂流河段较多。① 澜沧江流域中游属横断山脉高山峡谷区，三江并流、河谷深切于横断山脉之间，山高谷深，流域狭窄，形成了陡峻的峡谷段落景观。丰富的水资源、多样的水分布条件是澜沧江流域旅游开发的重要载体和优势。

（四）秦淮河

秦淮河被称为南京的母亲河，文以地盛，地以文名，历代文人墨客吟咏不绝。民国定都南京，百政勃兴。又因名胜古迹众多，交通便捷，观光者日益增多。在众多景点中，秦淮河是一个必游景点，乃"游南京者第一注目之地"。秦淮河是长江的一条支流，它有南北两个源流，在方山汇合后流入南京城，由东向西流贯南京，最后注入长江。悠悠秦淮水总是让人联想到历史盛衰、今昔对比，充满了哀叹、惆怅、沉重之感。②

（五）塔里木河

位于我国西北地区的塔里木河，与长江、黄河一样古老，创造了塔里木盆地的古代文明，汇入到一体多元的中华文化洪流之中。它把许多孤立零散的绿洲串连起来，把条条自由流淌的河流收编起来，使塔里木盆地成为一个流动鲜活的人类生存环境；同时又使漫漫沙漠上的各个绿洲形成既独立又相联的文化体系。塔里木河流域的游牧狩猎文化走向绿洲农耕文化，这是划时代的进步。塔里木河水给大漠戈壁的生灵万物带来了无限生机。有森林草原，就有农田庄稼，为了收获，人们掌握了耕作技术并开发了以塔里木河为母体的分散的灌溉系统。③

（六）湘西猛峒河

湘西猛峒河，属于沅水的一级支流。两岸石壁高耸，古木参天，还有神秘的间隙泉，宜人沐浴的温泉以及各类猴群及野生鸳鸯。猛峒河集山势、水色、洞景和生物资源于一地，汇文物古迹、土家风俗于一体，具有独特而复杂的旅游资源以及清幽俊秀的峡谷风光。猛峒河流域大部分为喀斯特地貌发育地区，石灰岩厚度大，河谷深切，切割很深，两岸绝壁如削。峭壁上点缀奇柏古藤、飞流悬泉和怪石异洞。在猴儿跳一带，两岸绝壁若合，绿水在紧逼的峡谷中流淌。船行峡中，时而绝壁前阻，忽又峰回水转。猛峒河比漓江更富有浓郁的原始性和野性美，能使人领略到人与自然的原始缩影。猛峒河流域有独特淳朴的土家风俗。猛峒河流域是土家族栖身地，形成了独具风格的土家族传统和风情。土家族传统节日较多，有社巴节、四月八、六月六、七月七等。节日之夜，吊脚楼前燃起堆堆篝火，土家族青年围绕火堆，尽情歌舞。这些富于诗情画意的土家风情，是极其珍贵的旅游资源，对游客具有极大的诱惑力。④ 猛峒河流域还有公元前206

---

① 王灵恩,何露,成升魁,等.澜沧江流域旅游资源空间分异与发展模式探讨[J].资源科学,2012(7).
② 姚在先.想象胜地：从文人游记看秦淮河畔的旅游与生活[J].江苏地方志,2021(5).
③ 王嵘.塔里木河：沟通东西方文明的河[J].中国三峡建设（人文版）,2008(6).
④ 全华.湘西猛峒河旅游资源开发[J].经济地理,1988(2).

年遗留的西汉和东汉墓群;有历经宋、元、明、清,沿袭时间近600年的老司城和土司城。近代,这里是红军第二、第六军团开辟的湘鄂川黔革命根据地,塔卧等地保留有革命历史文物和遗迹。这些文物中,属国家级重点文物有溪洲铜柱;省级文物有祖师殿、湘鄂川黔革命根据地领导机关旧址;地区级的有汉墓群、观音岩等。此外,猛洞河流域还有许多光怪陆离的喀斯特溶洞,以及珍奇稀有的动植物资源。在猛洞河,鱼翔水里,蝉鸣猿啼,流泉飞瀑,构成了和谐的大自然美景。① 游客在猛洞河乘船而行时,可以观赏到河道两岸高耸的峭壁、参天的古木和飞泻的瀑布,并且享受急流险滩的漂流,体会湘西的诗意与浪漫。

二、水乡旅游资源主要案例

江南地区,是以明清时期太湖流域的"八府一州"(苏州府、松江府、常州府、镇江府、应天府、杭州府、嘉兴府、湖州府及从苏州府辖区划出来的太仓府)为核心区,以其他有浓郁江南特色的城市为外延的地区。② 中国江南地区因为温暖的环境,充沛的降水,江河湖泊星罗棋布,历来是中国极为富足的鱼米之乡,形成了不同于北方的"江南水乡"风韵,体现在生活、文化、建筑、物产等各个方面。

(一)淮河流域

淮河中游的寿县是我国历史文化名城之一,古称"寿春",为战国楚后期国都。城墙、城门及排水古涵基本保持完整;城内有保藏多种文物的报恩古寺;城外有著名的古代水利工程芍陂(安丰塘)及楚国令尹孙叔敖纪念祠;还有相当多的战国墓葬并曾有不少青铜器文物出土。由寿县城渡东淝河向北为八公山,是构成著名的"淝水之战"古战场的组成部分。"八公山下,草木皆兵"至今脍炙人口。山势绵延跨寿县及淮南市域,在起伏的山林环境中分布有刘安与士人、方家活动的遗迹,山麓有玉露泉水,清澈爽口。在全国60多个饮用名泉中,名列前茅;凭栏北眺淮北平原一望无际,还有赵匡胤交兵寿唐关、宋代女将刘金定梳妆处及战国廉颇墓等民间传说。凡此种种均丰富了这一景区的旅游内涵。荆山东南坡盛植石榴,榴花火焰深处为白乳名泉,泉旁为道观,古树和望淮楼相衬映,品茗赏泉,游人云集。淮河南岸的涂山,山势巍峨,雄跨淮滨。传大禹娶涂山氏之女于此,禹奔波治水三过家门而不入,生子启亦不遑一顾,启母负子望夫而大禹已身殉会稽,至今山巅矗立着一块巨岩——启母石。这一些珍贵的传说足以使我们为远古祖先公而忘私与自然灾害拼搏的民族精神而自豪。开发禹迹旅游当是精神文明建设中一件十分有教育意义也颇富吸引力的项目。③

(二)太湖流域

江南水乡以太湖流域为中心,在历史上处于吴越文化交汇影响之下,同时受到中原文化的南播,以及楚文化的东渐,在秦汉一统以后,融合于广袤的汉文化之中。随着

---

① 全华.湘西猛洞河旅游资源开发[J].经济地理,1988(2).
② 顾金孚.江南水乡文化概论[M].杭州:浙江工商大学出版社,2012.
③ 陈衡.开发淮河风景文化旅游带的几点设想[J].安徽建筑工业学院学报(自然科学版),1997(4).

经济中心的逐渐南移,自南宋以降,形成了独树一帜的江南水乡地域文化。唐宋以后,随着江南社会经济文化的迅速发展,文化礼仪节节攀升,社会风气从东晋时期的尚武向崇文嬗变,进而文人云集、文教日盛。隋朝开通大运河,江南的地域文化得到快速发展,至明清,江南不仅农业发达,工商业更为繁荣。①

(三)上海青浦朱家角古镇

上海青浦朱家角古镇以"江南水乡"为名片,为游客打造了赏水乡美景、吃阿婆肉粽、坐茶楼品茗、购文创产品之旅。朱家角古镇把江南水乡文化元素融入古镇血脉,推动古镇转型升级,强调水乡特色和历史传承,大力发展带有古镇基因的文创产业,打造了一批"文化街区""文化体验馆""游学基地""滨水商业街区"等江南文化的创新应用场景,成为上海近郊旅游好去处。朱家角古镇全力构建全域旅游新格局,推动古镇旅游与乡村旅游联动发展,致力全面恢复城水相依、人水相亲、绿水相融的江南水乡风貌和文化生活场景,努力打造富有江南特色的乡村振兴示范区,打响江南水乡文化品牌,精心建设水乡古镇文化休闲区,将朱家角特色小镇打造成为具有灵韵、气质、记忆的江南水乡古镇,全方位展现江南风、江南美、江南韵,重塑"小桥、流水、人家"的诗意新江南。朱家角古镇旅游景区还致力于讲好江南水乡故事,未来将按照优质旅游发展要求,以课植园、大清邮局、朱家角人文艺术馆等核心品牌为依托,以江南文化为纽带,加强与周边旅游资源有机整合互动,积极拓展红色游、研学游、亲子游市场。同时,全方位、系统化挖掘历史名人文化、地方传统文化,讲好中国江南水乡故事。②朱家角古镇浓郁的文化特色和旅游开发思路,是顺应市场需求,是将水乡资源从"观光旅游"向"休闲度假""深度体验"转变的典型案例。

(四)鄱阳湖湿地

鄱阳湖位于江西省北部,长江中下游分界处的南岸,是亚洲最大的生态湿地,1992年列入中国国际重要湿地名录,是我国第一大淡水湖。鄱阳湖湿地包括丰水期和枯水期所形成的高低水位消落地域及附近的浅水区。因湿地不同高度,土壤和光照不同,造就了鄱阳湖湿地生物的多样性。鄱阳湖湿地生态旅游资源丰富,风格独异,具备观鸟、垂钓、休闲、运动的旅游功能,有水域风光和生物景观等旅游产品。每年3—7月的雨季,整个湖面天水一体,烟波浩渺,云水相伴,云雾缭绕,气象万千;8月至翌年2月的枯期,水流归槽,形成湖中湖,各显峥嵘,一条蜿蜒曲折、经历"九九八十一道弯"的永修河似一条巨龙注入滚滚长江,并将星罗棋布的湖泊纵贯成串。一年四季的轮回变更,呈现出"洪水一片,枯水一线""高水是湖,低水似河""湖中湖"的独特水域风光。鄱阳湖湿地复杂的生态系统结构,造就了其独特珍贵的湿地生物多样性,易于打造生物景观。鄱阳湖湿地的积水洼地鱼类资源和各种软体动物丰富,保障了候鸟的食物来源,而鸟粪和鱼粪肥土又促使作为草食性候鸟食物的水生生物生长,从而形成了一个

---

① 马晓,周学鹰.江南水乡地域文化研究[J].福建论坛(人文社会科学版),2007(9).
② 孙志俊.上海青浦朱家角古镇争创5A级 展现江南风江南美江南韵[N].中国旅游报,2021-12-07.

利于珍禽栖息的食物链。①鄱阳湖作为"候鸟天堂",是白鹤、东方白鹳等珍稀濒危候鸟的越冬栖息地,每年从俄罗斯西伯利亚、蒙古国、日本、朝鲜以及中国东北、西北等地飞抵鄱阳湖越冬的候鸟数量多达60万—70万,地球上98%以上的白鹤都会到鄱阳湖越冬栖息。②针对旅游资源开发的需求,鄱阳湖湿地目前有国际观鸟胜地、钓鱼生态旅游基地、湿地农业生态旅游基地、湿地森林生态公园、水生生物博物馆、水上运动场等旅游资源在开发中。

(五)洞庭湖区

洞庭湖区有丰富的旅游资源。其中,尤为知名的是洞庭湖(君山)—岳阳楼风景名胜区。此景区地处洞庭湖与长江交汇处,以岳阳楼、南湖、君山、团湖景点为轴心。岳阳楼素有"洞庭天下水,岳阳天下楼"的盛誉;南湖西连洞庭湖,终年碧波荡漾,湖中奇山崛起,山间有湖。湖中有山,湖光山色,相映成趣;君山与岳阳楼一水之隔,遥相呼应。唐代诗人雍陶的《题君山》写道:"烟波不动影沉沉,碧色全无翠色深。疑是水仙梳洗处,一螺青黛镜中心。"③描绘了夜色渐浓时,洞庭湖风平浪静的模样。那深翠色的湖水,湖面朦胧的气氛,充满着神秘的色彩,引人遐想。例如,洞庭君山仿似水中女仙居住梳洗的地方,而这水中倒影的君山,则如同镜中女仙青色的螺髻。对湖的静态之美的观察、对湖中倒影的描绘,体现了对洞庭湖的别样审美视角。

(六)湘、资、沅、澧四水

湖南有湘、资、沅、澧四水。沅江有一条重要支流酉水发源于湖北、流经重庆,进入湖南注入沅江。酉水是湖南至今生态保持较好的河流,猛峒河就是其支流之一。猛峒河水量丰富,适合开展漂流活动,号称"天下第一漂"。有"十里绝壁""十里瀑泉""十里画卷""十里洞天"的美誉。④其上游河道狭窄、滩陡流急,沿河两岸绿树葱茏,悬崖耸峙,飞瀑流泉,可以在这里乘舟漂流。下游河面渐宽,水平如镜,两岸石壁上有许多洞穴,野生猕猴跳跃其间,呈现一片古朴的自然风光。清代康熙年间以后,湘西出现了洪江、浦市、王村、里耶、新路市、安江、铜湾、龙溪口、罗依溪、峒溪等一大批商业市镇,它们如同一颗颗耀眼的明珠镶嵌在沅水、澧水及其支流沿岸。其中,洪江、浦市、王村、峒溪、新路市、龙溪口等市镇经济堪称繁荣。⑤国家历史文化名镇芙蓉镇,被誉为"挂在瀑布上的千年古镇",其丰富的历史文化地域,是中国极美的江边小镇之一。在1986年电影《芙蓉镇》拍摄以后,名声大噪,《湘西剿匪记》《乌龙山剿匪记》《血色湘西》等著名电视剧都在此地拍摄过,2007年此地正式更名为"芙蓉镇",如今是重要的影视旅游目的地。

沅江还有一支支流潕水河,流经新晃侗族自治县。龙溪口古镇位于该县县城北

---

① 金卫根,廖夏林.鄱阳湖湿地生态旅游开发研究[J].土壤,2008(1).
② 周晨.江西鄱阳打造鄱阳湖国际观鸟胜地[N].中国旅游报,2020-12-22.
③ 霍松林,霍有明.中国古典文学名著精品:唐诗精品附历代诗精品[M].长春:时代文艺出版社,2018.
④ 永顺县人民政府.土司运河——猛峒河[EB/OL].http://www.ysx.gov.cn/zjfh/zrdl/202011/t20201104_1745908.html.
⑤ 曹端波.清代湘西商业市镇的发展及其原因[J].吉首大学学报(社会科学版),2009(1).

岸,是一座有一千多年历史的古镇,古镇包括镇江阁、龙溪公园、灶王宫、万寿街、福寿街、张文英故居、春和元商号等10余处景点。龙溪口古镇的镇江阁下面是一条碧如玉带的河流,它是夜郎人民的母亲河——潕水河。人们在龙溪汇入潕水河的入口处集结成市,名为龙溪口市场。据专家考证,早在几千年前,潕水河曾经是"南方水上丝绸之路",于是在唐、宋、明、清时期就成为通往滇、黔地区以及印度的重要驿站的龙溪口市场,也建成了各种风格独特的明清窨子屋,成为中国东西部民族经济文化相互交流的历史见证,它的水上商务流通开发,比汉代张骞开辟西域还早了1000多年。

三、环水景观、河畔与湿地主要案例的旅游文化

(一)环水景观

环水景观,是围绕水域的岸上的山脉、植被、人工建筑,包括桥梁、堤坝等及周边村落构成的综合景观,是围绕水资源进行旅游设计与开发的重要空间现象,与人的审美活动结合起来,具有丰富的文化意蕴。

1. 杭州西湖

杭州西湖,三面环山,一面临城,这是总体的地理格局,而两堤三岛则为其景观格局。在文化意义上体现的是中国自古以来的一池三山的造景手法。苏堤横跨分割西湖水面,在苏堤上可以欣赏风景,与其东面的阮公墩和湖心亭相互借景[①],为游客提供了绝佳的观赏角度与游走空间。苏堤沿途的跨虹桥,经过岳湖、岳庙,再至东浦桥,视野逐渐从狭窄转向开敞。各种休憩的公共建筑和岸边的多种树木花卉,也增加了整个环水风景的空间和层次感。

2. 大理洱海

洱海,面积249.5平方千米,洱海及洱海周边村落区域共约400平方千米。洱海南北长、东西短,因平面形状似耳朵而得名。洱海景观环线全长115千米,是大理开发乡村旅游资源、打造环洱海特色旅游村、培育乡村特色休闲度假旅游产品的重要举措,也是以旅游统筹城乡发展、促进新农村建设的成功典范。洱海环水旅游景观质量高,四季如春,气候宜人,可以开展包括休息、度假、疗养和体育活动等诸多旅游形式的四季旅游。[②]

(二)河畔与湿地

湿地是地球上具有独特功能的生态系统,多样性的生态景观,是开展湿地生态旅游的重要地域。

1. 云南滇池五甲塘湿地公园

属于云南滇池的五甲塘湿地公园,主要由水面、滩涂、沼泽组成,该公园是滇池沿湖生物多样性的重要地区以及鸟类、昆虫等野生动物的栖息地。可以打造"神秘湿地"旅游活动,例如,让游客倾听风声、芦苇声、鸟叫声、虫鸣声等来自高处或低处的声音,

---

① 王鹏飞,张漪,田朋朋.杭州西湖景观格局及水域空间分析[J].中国名城,2017(6).
② 黄欣,苏晓毅.关于大理洱海景观环线的思考[J].绿色科技,2017(15).

感受湿地的神秘美。由于云南地处高原,其云雾类气象资源和鸟类资源都极具代表性,还可以规划"云上观鸟"活动,即在神秘的湿地建造名为"流云阁"的观鸟台,配以望远镜等设备,使游客可在观鸟的同时欣赏高原云雾景观,让游客从另一个高度与视角领略湿地的别样风情。还可以打造"康体湿地",例如,在美人岛以美人蕉及其他观赏性水生治污植物为主要种植物,并随环水台铺上鹅卵石健康步道,供游客在此进行湿地瑜伽、湿地太极等康体活动。①

2. 江西鄱阳湖湿地候鸟保护区

江西鄱阳湖湿地候鸟保护区是国家级自然保护区,位于江西省北部、鄱阳湖西部,由以永修县吴城镇为中心的周围9个子湖组成,总面积224平方千米,地跨永修、星子、新建三县。鄱阳湖每年10月至翌年3月枯水期露出大部分的泥滩及浅水区域,为鹤类等水鸟提供了良好的越冬栖息地。保护区既是世界最大的候鸟越冬栖息地,也是白鹤东部种群的主要越冬地,全世界有99%以上的白鹤在此地越冬。鄱阳湖也是生物多样性十分丰富的国际重要湿地,独特的亚热带湿地生态系统使其具有生物多样性和开发潜力大的特点。随着观鸟旅游的发展,大众对野生动物的关注度日渐提高,鄱阳湖逐渐成为游客及鸟类爱好者观鸟旅游的首选地之一。②

3. 洞庭湖区

洞庭湖周边有许多分散但却具有一定旅游基础和巨大开发潜力的山水风景、楼塔名胜、古迹遗址和革命纪念地等众多景点。具有特色的山、水风景点包括常德德山和柳叶湖、沅江赤山岛、湘阴东湖等。丰富的历史文化古迹遗址则有澧县城头山古文化遗址和余家牌坊、岳阳文庙和望城雷锋纪念馆等。洞庭湖有潜力巨大的湿地生态旅游资源。东洞庭湖湿地自然保护区广阔的淡水湖面、沼泽和草地,为亚洲较大的鸟类栖息地之一。每年的10月到次年的4月,东洞庭湖的湖面、沙洲和滩涂、草地便成了候鸟栖息的乐园。洞庭湖区旅游资源集青山秀水之灵秀、江湖水体之磅礴、古代文化与现代文明于一体,具有比较突出的旅游资源优势。这些旅游资源具有明显的地域特色。主要表现在:第一,虽无奇险陡峭的崇山峻岭,却有幽秀兼备的丘陵山地。第二,具有"水"的特色,山伴水生,水中有山,山因水而灵秀,水因山而妩媚,秀丽的山景与妩媚的水景相生相伴、相得益彰。第三,湖区的旅游资源是自然美与人文景观美相互融合、渗透所形成的风景综合体。湖区景区的构景主体包括两个主要部分:一是山水;二是古迹。洞庭湖区许多历史悠久的文化遗迹与山、水紧密结合在一起,当人们游览名山胜水、享受自然景观美之时,还可以领略历史文化的人文景观美。第四,从地域分布来看,湖区旅游资源具有分布广而又相对集中的特点。③

4. 猛峒河流域

猛峒河流域留存着土家族的许多奇风异俗,如摆手舞、哭嫁歌等。河边的千年古镇王村就是一座地道的土家族村镇,拥有2000多年历史,是湘西四大古镇之一,其因影

---

① 邓阿岚,邓丽,曹威,等.湿地公园体验型旅游活动设计——以昆明滇池五甲塘湿地公园为例[J].资源开发与市场,2009(6).

② 程时雨,王立国,金杰锋,等.鄱阳湖湿地观鸟旅游游客重游意愿及其影响因素[J].野生动物学报,2020(1).

③ 周跃云.洞庭湖区旅游业发展的初步研究[J].湖南师范大学自然科学学报,2002(2).

片《芙蓉镇》在此拍摄而声名远播。王村背山面水,鳞次栉比的土家吊脚楼沿着河岸重重叠叠直上山腰,青石板铺成的梯子街从河码头一直延伸到坡顶。在王村,不仅可以欣赏明丽的湖光山色,还能去附近的老司城寻幽访古。[①]王村是湘西过去最大的水运码头,是古代楚国与蜀国的交通要津。猛峒河流域的整个永顺县,民族风情浓郁、景观秀丽,气候温和,绿色、休闲、健康,近些年主要打造土家族风情游、生态旅游、休闲度假和养生康体游。

第三节　河流水乡旅游审美文化

一、水的审美哲学

中国古代关于水的哲学思想呈现出多方面的璀璨光芒,是一个值得发掘与弘扬的思想宝库。

历史上,我国的哲学家、思想家多认为水与冰、水与气互相转化,万物才得以生成。例如,北宋哲学家张载认为一切存在都是气,并且"水凝则为冰,冰为水;太虚聚则为气,气散则为太虚"(《正蒙·太和》),"天性在人,正犹水性之在冰"(《正蒙·诚明》),用水和气的关系说明太虚与气的关系。明代王廷相认为,没有一成不变的理,事物间不同的根源在气,"天地、水火、万物皆从元气而化,盖由元气本体具有此种,故能化出天地、水火万物。"[②]

中国古代关于水的哲学思想不仅贯穿于世界和人类万物的起源上,而且也涉及人性哲学、政治哲学、道德哲学、治水哲学等领域。[③]《孟子·尽心上》所谓"民非水火不生活"[④],《管子·禁藏》所谓"食之所生,水与土也"[⑤],认识到水是人类赖以生存的基本条件。《商君书·君臣》"民之于利也,若水之于下也"[⑥],以及《荀子·议兵》"民归之如流水"[⑦],比喻君民之间密不可分的政治联系。《荀子·王制》中著名的"水则载舟,水则覆舟"[⑧],到了唐太宗李世民时期,被进一步发扬光大,成为"贞观之治"的一个重要治国法宝。《荀子·劝学》以"积水成渊"和"不积小流,无以成江海"[⑨]来阐述知识要日积月累的道理;班固《汉书·枚乘传》以"水滴石穿"来强调应该坚持不懈,集细微的力量来成就功

---

① 王汉平.迷人的湘西[J].对外大传播,2001(1).
② 王廷相.王廷相集[M].北京:中华书局,1989.
③ 李中锋,张朝霞.水与哲学思想[M].北京:中国水利水电出版社,2015.
④ (战国)孟轲.孟子·尽心上[M].支旭仲,主编.李郁,编译.西安:三秦出版社,2018.
⑤ (唐)管子·禁藏[M].房玄龄,注.(明)刘绩,补注.刘晓艺,校点.上海:上海古籍出版社,2015.
⑥ (战国)商鞅,等.商君书·君臣[M].章诗同,注.上海:上海人民出版社,1974.
⑦ 荀子·议兵[M].(唐)杨倞,注.上海:上海古籍出版社,2010.
⑧ 荀子·王制[M].(唐)杨倞,注.上海:上海古籍出版社,2010.
⑨ 荀子·劝学[M].(唐)杨倞,注.上海:上海古籍出版社,2010.

劳;《韩非子·喻老》以"千丈之堤,以蝼蚁之穴溃"①来说明防微杜渐的重要性。在中国古代,还有许多著名的学者都曾以水为喻来规劝帝王、教化国民。

中国人认为水为万物本原。《管子·水地》中说:"水者,地之血气,如筋脉之通流者也。故曰:水,具材也。""何以知其然也? 曰:夫水淖弱以清,而好洒人之恶,仁也;视之黑而白,精也;量之不可使概,至满而止,正也;唯无不流,至平而止,义也;人皆赴高,己独赴下,卑也。卑也者,道之室,王者之器也,而水以为都居。"②水柔软而清澈,善于洗涤污秽,这是它的仁。看水的颜色则黑,但本质却是白的,这是它的诚实。不管什么地方都流去,直到平衡才停下来,这是它的义。人皆攀高,岁却就下,这是它的谦卑。谦卑是吸纳"道"的"室",是称王于天下、统治天下的器具。

老子对水著名的论述是"上善若水",出自《道德经·第八章》:"上善若水,水善利万物而不争。处众人之所恶,故几于道。居善地,心善渊,与善仁,言善信,正善治,事善能,动善时。夫唯不争,故无尤。"③老子认为,最高的善就像水一样,水善于滋润万物,却不与万物相争,地位甘于低下,善于保持沉默,有仁爱,讲信誉。世上万物都源于取法自然的"道",水也不例外。水给予了老子很多启发,也启迪了人们诸多哲学思考。气态的水可以如烟如雾似混沌世界,如同"道"在初始世界里的状态;液态的水可以四处流动,哪怕是点滴之水细弱无力,但经年累月却可以滴穿磐石;固态的水可以是雪,可以是冰,能够塑造出无数动人心魄的美丽风景。自然界的水,时刻处于变化之中,不像其他物质那样形状稳定和易于辨识、把握。

《管子·水地》:"是以水者,万物之准也,诸生之淡也,违非得失之质也,是以无不满,无不居也,集于天地而藏于万物,产于金石,集于诸生,故曰水神。集于草木,根得其度,华得其数,实得其量,鸟兽得之,形体肥大,羽毛丰茂,文理明著。万物莫不尽其几、反其常者,水之内度适也。"④这里描述了水如人的筋脉一样,在大地里流通着。它是万物的依据和一切生命的中心。它能聚集在天空和地上,包藏在万物的内部,产生于金石中间,又集合在一切生命的身上。它集合在草木上,根就能长得很深,花朵和果实就很丰富。鸟兽得到水,形体就能肥大,羽毛就能丰满,毛色花纹鲜明而显著。万物都因为有水而得到了充分发展,呈现出勃勃生机。这是对水的自然存在和生态功能进行了详细说明,世界万物都有水的存在,这正是水的神奇之处,水正是生命之源和生态之基。

二、有关水的旅游审美文化

水不但给予人以饮用、灌溉和舟楫等方面之利,还给予人以美的愉悦与享受。中华民族的审美观在千百年的历史长河中经过各种实践和改造逐渐成长并发展起来。水的审美文化根植于崇尚自然之美,这是以中华民族对水本身、水的功能、水的意象及环境等的认识、感悟和体验的基础上形成的一种审美意识形态。人们在不同的历史时期或发展阶段,不断地认识到以水为代表的自然之趣和返璞归真之美。河流及水乡的

---

① (战国)韩非.韩非子·喻老[M].秦惠彬,校点.沈阳:辽宁教育出版社,1997.
② 管子·水地[M].(唐)房玄龄,注.(明)刘绩,补注.刘晓艺,校点.上海:上海古籍出版社,2015.
③ (春秋)老子.道德经[M].陈忠,译评.长春:吉林文史出版社,2004.
④ 管子·水地[M].(唐)房玄龄,注.(明)刘绩,补注.刘晓艺,校点.上海:上海古籍出版社,2015.

审美可以分为以下几个方面。

(一)以水拟人、比德的审美观

春秋战国时期,出现了不少歌颂水或寄托感情的诗篇,如《卫风·竹竿》中"淇水悠悠,桧楫松舟,驾言出游,以写我忧",意思是在碧水荡漾的淇水之上游玩,可以在水的美景中融化忧愁。在《荀子》中,有一段对孔子言论的精彩记载:

孔子观于东流之水。子贡问于孔子曰:"君子之所以见大水必观焉者,是何?"孔子曰:"夫水,偏与诸生而无为也,似德。其流也埤下,裾拘必循其理,似义。其洸洸乎不淈尽,似道。若有决行之,其应佚若声响,其赴百仞之谷不惧,似勇。主量必平,似法。盈不求概,似正。淖约微达,似察。以出以入,以就鲜洁,似善化。其万折也必东,似志。是故君子见大水必观焉。"

这段话的意思是,流水浩大,普遍地施舍给各种生物而无所作为,却从不要求什么,好像德。它总是往下处流,风吹就会表现出一定的纹理,似乎表示着道义;它不断地翻山越岭,从不停息,似在揭示着一种本质的规律;遇到沟涧崖坝,它都会回应以响声,奔赴上百丈深的山谷也毫不害怕,表示了英勇无畏;水面永远都是那么平,似在表达着公平与法的存在;明如镜的水体,似乎能明察秋毫,它千曲万折而一定向东流去,好像在表达一种坚定的意志。

孔子的山水比德观十分著名:"仁者乐山,智者乐水。"[1]孔子认为,"仁"者应该平和、稳重、安静,如山一样平静稳定,不为外在的事物所动摇,不为外力所压倒。"爱人",就要像山一样向万物张开双臂,宽容仁厚,让所有的鸟兽都投入其中;不役于物,也不伤于物,物由自然而生,又归自然而去,山只是它们生命的载体。山是稳定的,可以信赖,拔地而起,穿云而立,负势竞上,巍峨挺拔,陡石横生,气度非凡;山是刚毅的,任凭磨砺,经年累月,历经沧桑,雷电加顶,风雨相侵,它却无言以对,隐忍撑持,打磨出一副铮铮傲骨。"爱人"的"仁",就应该似这山一样,让植物生长却不索求什么,让鸟兽栖息却总供给着它们赖以存在的食物;处变不惊,压顶不变,沉稳、安静、恒久,像一个真正的男人,一个面冷言稀却内心仁慈的男子汉。[2]除此之外,在《周易》《老子》《论语》《楚辞》等先秦典籍中,都能找到一些蕴含水之审美的信息。在春秋战国时期,还有影响甚广的山水比德观。例如,将清水和明镜比喻称赞为人的诚实与见识的高明,以江水泱泱之美比喻人品的高尚风范,以水流的形态和动感比喻为人的勇敢、智慧和公平正义。

(二)追求人与山水万物共生的审美观

魏晋南北朝时期,国家动荡不安,儒家大一统的思想构架崩塌,老庄思想顺势回归并盛行起来,出现了玄游,人们的社会价值观念发生了根本性的变化,放弃了修身、齐家、治国、平天下,把只求自我身心愉悦这句作为人生追求的目标。人们甘愿与山水为

---

[1] 论语·雍也[M].冯国超,译注.北京:华夏出版社,2017.
[2] 温延玲.先秦诸子对水的审美感悟[J].理论导刊,2008(3).

伴而远离喧嚣繁杂的官场意图,完全突破了"君子比德"的道德框框。这一阶段,人的自我意识不断觉醒,人们对山水文化的审美意识达到了前所未有的阶段。人们不仅把自然界的真山真水当作是栖息繁衍的物质基础,更是把山水当作一种承载美和寄托情感的载体。人们还追求在山水中隐逸,对闲适的生活越来越依恋。此时人们注重"天人合一"的生命体验,即将人与自然万物看成是共生共存的一个整体,追求平等,强调对物的感应。审美意识在这样的思想理念下得到了自然的发展。①以老庄为基本内涵的玄学兴起,强调了新的人生信仰,掀起了一股新的文化思潮,给处于精神苦闷和在理想中挣扎的文士们带来了思想的解放,带来了憧憬生命自由的山水审美取向。

(三)有关水的气韵生动之"意境"审美

水的意境之美,常囊括于中国古代美学中山水之"意境"中,是中国古代自然审美和山水艺术对世界的一大贡献。山水"意境"的形成与道家思想的影响有重要的渊源关系,同时又是以山水等自然景象作为表现对象的。就意境的本质而言,它是一个充满生气、给人以丰富想象的艺术境界,以有限之"实"象,引发无限之"虚"意。水的各种自然美,尤其是其本体的平柔妩媚和蒸发之云气的活泼生机,有助于游客体会到情景交融、虚实结合而又气韵生动的"境"。②"气韵生动"作为中国古典审美范式,对中国历史上很多朝代都产生了深远的影响。南朝谢赫在《古画品录》中提出的"气韵生动",是我国山水画乃至古典山水审美的最高境界,这与水的"气化"有密不可分的关系。中国传统老庄哲学认为,"万物负阴而抱阳,冲气以为和"③,"气"兼具气韵与调和阴阳两方面的含义,形成了"天地与我并生,万物与我为一"、气通天地的观念。而"韵"指向道家"玄"的理念,谓之余意不尽,又代指精神神韵,以表现主体内涵。在中国山水风景中,水流曲折,绵延不绝,与岸边的建筑植被相衬,于吞吐天地之间滋润万物,流通的水"气"在流转,显得活泼,富有生气。④此外,江河因蒸发作用而升腾,植物通过叶子的蒸腾作用,使地气升为云气,而升腾的云气遇冷而降为雨露。⑤通过水化成的云气,充满了活力,体现了天地气息升降的过程,使整个山川湖泊显得一片生机盎然。总之,"气"是生命力量的传达,"韵"则是生命运动的节奏。"气韵生动"的理论,既是"气化山水"的运变机制,也是气化山水落实到山水审美中的境界。

生态文明视域下的当代水文化创新发展⑥

2017年6月,习近平总书记对建设大运河文化带作出重要指示:"大运河是祖先留

---

① 霍艳虹.山水有清音:论魏晋水文化审美意识的形成[J].建筑与文化,2006(1).
② 金戈.华夏民族的审美观与水(之二)[J].海河水利,2002(6).
③ (春秋)老子.老子·第四十二章[M].冯国超,译注.北京华夏出版社,2017.
④ 孙英浩.试论"气韵生动"在古典园林空间中的诠释[J].美术教育研究,2021(14).
⑤ 杨怀念.论中国山水画中的气韵[J].甘肃联合大学学报(社会科学版),2011(5).
⑥ 赵爱国.生态文明视域下的当代水文化创新发展[N].人民长江报,2022-01-15.

给我们的宝贵遗产,是流动的文化,要统筹保护好、传承好、利用好。"2019年2月,中共中央办公厅、国务院办公厅印发《大运河文化保护传承利用规划纲要》,强调:"坚持科学规划、突出保护、古为今用、强化传承、优化布局、合理利用的基本原则,打造大运河璀璨文化带、绿色生态带、缤纷旅游带。"

2020年11月,习近平总书记在江苏扬州考察调研时指出,千百年来,运河滋养两岸城市和人民,是运河两岸人民的致富河、幸福河。希望大家共同保护好大运河,使运河永远造福人民。生态文明建设关系经济社会发展,关系人民生活幸福,关系青少年健康成长。加强生态文明建设,是推动经济社会高质量发展的必然要求,也是广大群众的共识和呼声。要把大运河文化遗产保护同生态环境保护提升、沿线名城名镇保护修复、文化旅游融合发展、运河航运转型提升统一起来,为大运河沿线区域经济社会发展、人民生活改善创造有利条件。进一步加强生态文化建设,使生态文化成为全社会的共同价值理念,需要长期不懈的努力。

2015年,中共中央政治局审议通过《关于加快推进生态文明建设的意见》,提出"把培育生态文化作为重要支撑""必须弘扬生态文明主流价值观,把生态文明纳入社会主义核心价值体系"。中共中央、国务院印发了《生态文明体制改革总体方案》,明确"培育普及生态文化,提高生态文明意识,倡导绿色生活方式,形成崇尚生态文明、推进生态文明建设和体制改革的良好氛围"。

2018年5月,习近平总书记在全国生态环境保护大会上指出,生态文明建设是关系中华民族永续发展的根本大计。中华民族向来尊重自然、热爱自然,绵延5000多年的中华文明孕育着丰富的生态文化。生态兴则文明兴,生态衰则文明衰。在这次大会上,习近平总书记高度重视生态文化建设,强调要加快构建生态文明体系,加快建立健全以生态价值观念为准则的生态文化体系,凸显了生态文化的引领作用。我们应当着眼传统水文化的"创造性转化、创新性发展",厚植新时代水生态文化。

自古以来,水文化就与生态文化互联互通,水文化天然具有生态属性。生态系统类型众多,一般可分为自然生态系统和人工生态系统。其中,自然生态系统还可进一步分为水域生态系统和陆地生态系统。水域是自然生态系统的主体之一,同时也是人工生态系统的基础。水是生命之源、生产之要、生态之基。因此,水文化概念在生态学意义上的定义,被看成是人与水环境之间的象征性关系,人与水相互作用的过程。

> **本章思政总结** 明确水文化的属性,对于我国形成以河流生态伦理、生态良心、生态责任等为主要内容的水生态旅游文化价值体系有重要意义。对于培养公众人与自然关系的高度自觉和文化修养,提高广大游客与公众对于水旅游资源的理性认识,建设以人与水平等、和谐、互惠互利为价值观基础的当代水资源旅游文化具有重要意义。

复习思考题

1. 如何理解中国人对自然水景观的审美哲学？
2. 在旅游开发中,如何保持人的活动与天然水环境的和谐？
3. 结合你所在的城市、学校的水域景观,谈谈它在不同的季节有哪些审美文化。

 延伸阅读

避暑山庄"水"的审美妙趣[①]

避暑山庄,"以山得名,胜趣实在水"。康熙皇帝在《泉源石壁》诗序中引用朱熹的两句诗"问渠那得清如许,为有源头活水来",意在说明山庄湖水清澈洁净,是因为有充足的水源。如意湖、上湖、下湖、澄湖以及银湖、西湖、半月湖构成的水面,号称"十里塞湖"。远望塞湖之水,波平如镜;近观湖区风光,美如画卷。筑于微波涟漪湖水之中的长堤,蜿蜒曲折,径分三枝,连接着环碧、如意湖、月色江声三个洲岛"形若芝英、若云朵复若如意",洲岛错落的湖区风光旖旎迷人。徐兴志《避暑山庄的理水特色》一文介绍了山庄水系主要来源于三个途径:一为热河平地涌泉,这是湖区水的来源之一;二为山区众多山泉与溪水径流,为湖区增添水量;三为武烈河与狮子沟河水的引入,这是山庄湖水的主要来源。

古人把水称作是园林景观中的"血液",郭熙《林泉高致·山水训》中说:"山以水为血脉,以草木为毛发,以烟云为神采。故山得水而活,得草木而华,得烟云而秀媚。水以山为面,以亭榭为眉目,以渔钓为精神,故水得山而媚,得亭榭而明,得渔钓而旷落。此山水之布置也。"避暑山庄的水赋予其景观以血液、生机与活力。以下从水色、水声、水势、水泽四个方面来探讨避暑山庄水之审美妙趣。

1. 水色之妙趣:万象落湖,优美如画

万物之色,水色最淡,几近于"无"。但恰恰是这个"无"却能映出形形色色的也最富于变化的"有"。《庄子·天道》篇说"朴素而天下莫能与之争美",水色具有朴素之美,朴素之美乃是美,这种朴素之美蕴含无穷审美妙趣。

在避暑山庄园林景观中,水色之妙趣主要体现在三个方面。

第一,水色具有点色之妙趣。避暑山庄"十里塞湖",湖水无色正是"虚"的象征,静水如明镜,看似虚无,却涵养着四周的美景,其周边的建筑、山石、树木乃至天空都被含映在其中,使得观赏者的视线无限延伸,这在无形中扩大了审美主体的审美空间,同时也体现出审美对象"水"的深沉含蓄,映射出园林的意境之美。

第二,水色富于变化之妙趣。避暑山庄之中的花草、建筑、山石、树木之美随着不同季节呈现不同特色,伴随光线、季节的变化,水色之变化也是美轮美奂。

第三,水色具有增添景观灵性之妙趣。避暑山庄宽阔的水面反映着天光云影,水中之影强化和扩大了园林空间的景致,"半亩方塘一鉴开,天光云影共徘徊",产生出亦

[①] 岳爱华,段钟嵘.避暑山庄"水"的审美妙趣[J].河北民族师范学院学报,2015(1).

真亦幻的虚实之美,水天一色,天地融合,万物焕发出灵性光辉。正如《庄子》所言:"静则明,明则虚,虚则无,无则无为而无不为。"对于避暑山庄"水色"之妙趣的审美体验,康熙皇帝在《澄波叠翠》诗序中描述"如意洲之后,小亭临湖,湖水清涟澈底。北面层峦重掩,云簇涛涌,特开屏障。扁舟过此,辄为流连。"此诗叙写了康熙皇帝荡舟湖上,小船游至如意洲之北,他时而面北眺望层峦复岭,时而低头俯视湖面的波澜倒影。此等水映青山美如画的胜境,令康熙皇帝忍不住赞美避暑山庄山水之美:"叠翠耸千仞,澄波属紫文。鉴开倒影列,返照共氤氲。"在康熙皇帝的笔下,高达千仞的峰峦投影于澄澈的湖水中,呈现出连绵不断的紫色波纹。宛如明镜般的湖面,其倒影中的远山近岭,形成了绚丽多彩的优美画卷。乾隆皇帝也曾以《澄波叠翠》为题赋诗一首:"峰翠落湖心,悠然意与深。游鱼欣觅树,飞鸟迓迷林。宸藻犹云日,崇情至古今。烟霞蟠水府,深夜有龙吟。"乾隆皇帝这首五言律诗,对澄湖的波光水影之美描绘得更为细腻。首句"峰翠落湖心",描绘青翠的山峰,投影于碧波之上,使清澈的湖水显得极为佳妙,接着以"悠然意与深",表现湖光水影邈远而深重的状貌。人们常说"水本无形,得山而媚",在避暑山庄园林景观中,水以其最素朴的底色,尽揽万象入怀中,彰显一园之精髓,向世人展现出山水相依的优美画卷。

2.水声之妙趣:泉石激韵,和若球锽

《庄子·齐物论》谈到与地籁、人籁相比较,天籁是音乐的最高境界。山泉水由石上跌落于道中所产生的"叮叮咚咚"不同的回响声,时而清浅低唱,时而婉转回环,恰如天然的乐曲。水声之妙趣正在于它无所凭借却又能够最大限度地丰富审美主体的听觉。"何必丝与竹,山水有清音",水在流动过程中与山石、河岸、植物等产生摩擦,发出各种如天籁一般的声响,为园林景观增添了无穷意境。

避暑山庄中的水声,有的源于沟壑峡谷中的泉水,有的源于潺潺溪流,有的源于激流飞瀑。听闻避暑山庄水声,让人感受泉水击打岩石的韵律,犹若叩磬鸣钟和声的审美妙趣。据《热河志》记载:"山庄崖馆云阿,深林穹谷,咸以瀑流增胜。实者其声,空者其色。及溯流穷源,则乳窦穿空,云根吐溜,琼帘悬注,泉立峰飞。构亭山麓,圣祖御题额曰'观瀑'。恭绎御诗,以观括听,从色觅声,所谓'目谋、耳谋、心谋、神谋'者,一以贯之,观之时义大矣。山半有亭,御书'瀑源'二字。由是再陟,则'笠云亭',倚空侧立,如溟濛烟雨青笠伊斜也。"从这段文字可以了解到,避暑山庄西部的沟壑和峡谷多泉。一股股泉水自石孔岩缝中涌出,然后落入谷底,形成涓涓清流小溪。引山泉、造瀑布,可以收到"从色觅声"效果。所谓"从色觅声",是说从瀑布的水色可寻觅其声音,也就是眼观洁白如雪的瀑布飞流,还能获得山泉击石、似奏清音的听觉感受,从而实现视听兼悦,并进一步达到所谓"目谋、耳谋、心谋、神谋"多方面的审美效果。

避暑山庄北部山麓,那里有高耸的石壁,还有盘根于山岩之中的古树和依附于石壁上的青苔紫藓。就在那青翠的石壁间,涌出一股百丈泉流,气势颇为壮观。康熙皇帝以《泉源石壁》为题,写诗赞美泉水源于石壁之胜景。"水源依石壁,杂沓至河隈",形象地描绘泉水从山崖石壁间喷涌而出时,有数不清的一股股细流交织在一起,至山弯处注入半月湖。浪花翻滚飞溅,敲击石壁发出悦耳的响声。"清镜分宵汉,层波溅碧苔。"澄清而透澈的半月湖水,犹如一面光洁的镜子,高高的天空映入其中,形成面面相对的上下两片云天;那一层水波,溅在石壁青苔碧藓上。通过康熙的诗,可以想象水石相击,发出如乐如曲的声,水洗石壁上的青苔碧藓,使其显得更加鲜绿秀美。乾隆皇帝有《观瀑亭》一诗,从视听角度对瀑布的声音与形态极尽描绘:"瀑泉相问答,各唱于喁声。跳珠出浦圆,垂虹挂川晴。飞鸣集鹨鹁,跃戏潜鼯鼬。佳景拟图画,图画岂天成。""危亭架波上,波影漾文檐。飒沓诚可听,澄澈亦足忺。溅衣借微风,饮鹿当夜蟾。分明洞天路,只隔水晶帘。"在乾隆皇帝的笔下,瀑布流淌的声音,犹如二人相对低语,似乎还在互相问答。细心倾听,瀑流声很有节奏,仿佛在唱优美的歌。水击泉石如乐如曲,深得康熙、乾隆皇帝的赞美,他们以山泉为对象定景赋诗的实例很多,诸如封泉清听、泉源石壁、原金泉声、澄泉绕石、玉琴轩、千尺雪瀑布、涌翠岩,等等。先帝远去,循着先帝的赏泉之路,我们仍然可得沁人心脾、荡人魂魄的天籁水声之乐。潺潺溪水,"闻水声,如鸣佩环";涛涛大流,"急湍甚箭,猛浪若奔";飞瀑直下,如若"寒入山谷吼千雷,派出银河轰万古"。所谓"一折青山一扇屏,一湾清水一条琴",绝非虚语。万条水汇聚湖中,变得寂静无声,就让人不由自主地想到老子的"大音希声,大象无形"之无声的至美之境。

3. 水势之妙趣:亦静亦动,形神俱现

水势指由水的特点构成的自然趋势、态势。古语有"水性至柔,是瀑必劲""水性至动,是潭必静",是说静水如明镜,体现柔美;瀑水似白练,显示力量。水这种刚柔相济、动静结合的本性决定了水势"如机发矢直,涧曲湍回,自然之趣也"。避暑山庄园林景观中,静水呈现出承载托举、陪衬点缀之势。塞湖西岸的芳渚临流亭,位居如意湖亭之北。据《热河志》介绍:由"万壑松风"西行,然后向北拐,经过如意湖亭,可见一座南向小亭,康熙命名为"芳渚临流"。此亭坐落在如意湖西侧沿岸弯曲的沙洲上,这里有"巉岩秀削"的枕流巨石。亭的周围,生长着灌木树丛。阳光映照时,众木繁花,倒映于水中;微风吹来,空气中飘浮着缕缕清香。登亭俯视,"游鳞来往于苔阴";举目仰望,"远禽出没于烟际";侧耳倾听,"溪喧流韶"似奏清音。这座"托"于水面的芳渚临流亭,自然景色秀美而又富有情趣,康熙因喜欢此亭而赋诗吟:"堤柳汀沙翡翠茵,清流芳渚跃凡鳞。树丛夹岸山花放,独坐临流惜谷神。"透过此诗,我们不难体会,"水"在自然美景中的点染作用:临湖沙洲上青翠鲜绿的垂柳在水中的倒影,堤岛岸边绚烂的山花在水中争艳,游鱼自由地在水中欢腾跳跃。乾隆在《芳渚临流》诗中写道:"孤亭据悬岸,座俯水晶宫。曦影错金碧,春流泛紫红。"置身于芳渚临流亭里,俯视波如明镜的湖水,那倒映于其中的楼堂殿宇,很像神话传说中的"水晶宫",亦可见静"水"托举点染之势。

避暑山庄中的动"水"呈现出灵动、激越之势。表现"水"的灵动之势最美的是"跨"于水石堤上的"水心榭",坐于水心榭的亭中,既能够观赏美景,还能够倾听悦耳的流水声,乾隆皇帝赋诗描述水心榭时写道:"堤界内外湖,外低内水高。虚榭堤中间,夹镜光相交。练影漾楣梢,筑声喧砌坳。如在玉壶冰,奚用垂鳞毫。"对山庄中"水"的激越之势的描写,康熙皇帝在《远近泉声》诗序中说:"北为趵突泉,涌地瀑沸。西为瀑布,银河倒泻。晶帘映崖,微风斜卷,珠玑散空。前后池塘,白莲万朵,花芬泉响,直入庐山胜境矣。"乾隆皇帝在《千尺雪》一诗中,对山庄千尺雪瀑布的动态激越之势有如此生动描绘:"引流叠石落飞泉,千尺窗前雪色悬。漫拟春明称转蚪,所欣结构借天然。"避暑山庄里,塞湖、瀑布、山泉、小溪交相辉映,水势亦动亦静,形神俱现。避暑山庄之水以其恬淡安静、灵动磅礴之势涵养着四周的千年古木和奇花异草,倒影斑斓,气象万千,将山庄装扮成一个童话般的仙境。

4. 水泽之妙趣：利物不争，生生不息

水泽是指水恩泽苍生、滋养万物而不据为己有的谦和奉献的品质。在《荀子·宥坐》篇中，孔子答弟子问时说："夫水，大遍与诸生而无为也，似德。"老子《道德经》讲："上善若水。水善利万物而不争，处众人之所恶，故几于道。"正是源于水的恩泽，园林景观才能够脉源贯通而全园生动。避暑山庄"水泽"之妙趣主要表现在以下两个方面。

其一是水甘居于下，利物不争。山庄中常有许多建筑临水而建，把建筑物点缀在水面上，或置于孤立的岛上，使建筑成为水面上的景观，这暗含着水的谦和处下，从不彰显自己而作为建筑物的陪衬。位于环碧岛上的采菱渡亭，水好像是从建筑下方流出，显得深幽含蓄。乾隆皇帝在《采菱渡》诗序中说："湖波澄碧，水面多菱。叶浮贴水，背日开花，佳实脆香，与莲房、水芝并荐，故取摩诘诗中语名其处。"《热河志》记载："湖之南有小舟，可登舟北渡。构亭其滨，曰'采菱渡'。亭如一笠，倒映湖中，每新菱出水，与莲花蘋叶相间。"筑于湖中小岛上的采菱渡亭，被湖水环绕着。湖面上布满菱叶菱花，并与荷莲青蘋相间。避暑山庄的采菱渡亭，建在四面环水的小岛，也呈现出孤亭点水之美。这里不仅有菱荷飘香，而且是碧柳倒挂。草亭与秀美的自然环境相融，显露出一种令人喜爱的水乡韵味。特别是它那圆圆的造型，其点水之状，更为佳妙。

其二是恩泽万物，生生不息。水中碧荷游鱼，堤上翠柳繁花，山上青松古木，空中蜂蝶飞鸟，它们的生命无不缘水而精彩。澄波叠翠亭在乾隆皇帝的诗中表现得更为生动形象："峰翠落湖心，悠然意与深。游鱼欣觅树，飞鸟讶迷林。"在乾隆皇帝的笔下，青翠的山峰，影落湖心。光洁轻柔的湖，映照层峦叠翠的山峦犹如一幅长长的织锦，飘飘洒洒地向着遥远的天边伸展，令人感到澄湖之水似乎很邈远，其意境也更为深邃。澄湖中的倒影，不仅有山峦，还有枝叶繁茂的树木。欢快的游鱼，在树影中穿来穿去，似乎在寻觅食物。空中的飞鸟见到湖心的"林木"，便迎着倒影猛扑过去，也许想落在枝头上休息一会儿。澄湖之美令人着迷，而飘浮于碧波之上的澄波叠翠亭，更是令人赞叹。康熙皇帝在《曲水荷香》诗序中说："碧溪清浅，随石盘折，流为小池，藕花无数，绿叶高低。每新雨初过，平堤水足，落红波面，贴贴如泛杯。兰亭觞咏，无此天趣。"诗序具体地描绘出随石盘折的溪水，弯弯曲曲地流淌着，荷花的花瓣落在水面上，犹如一盏盏酒，随水漂流。

避暑山庄水泽之妙趣在于水开拓了园林景观的平面疆域，不仅以其虚涵舒缓给人以宁静幽深之美，同时调动了人们发古幽思，激发观赏者的诗兴，联想到人格品性升华的审美意趣。避暑山庄之水涵养着山庄中的亭台楼阁、花草树木、飞禽走兽，把山庄点缀得如诗如画。总之，避暑山庄之水以其色、声、势、泽带给人无限审美妙趣。中国园林喜欢水，因为水总给人以清新、明净的感受，给人以亲切感，愿意与它接近。水面随园林的大小及布局情况，或开阔舒展，或潆回幽，使空间延伸、变幻。当山石、植物与水的漫延流动的神态结合一起时，更觉得自然而富有生气；而水面五彩缤纷的倒影和跳动着的山泉、山瀑、浪花，敲打着人们的心弦，令人欢快而富于想象……避暑山庄水之妙趣需要观赏者来品味，因为"美不自美，因人而彰"。

第四章
城市与建筑旅游文化

学习目标

（1）理解城市旅游文化的定义、城市旅游形象，对城市文脉与城市文化地标的内涵有深刻认识。

（2）学习中国建筑文化体现的多样哲学思想，并能进行中西建筑文化的对比分析。

思政元素

文化自信、城市文脉、工匠精神、求真求善、空间精神。

章前引例

我们应尊重中华民族悠久灿烂的建筑文化，坚持历史唯物主义的观点，努力传承中国文化的优秀传统和中国建筑文化的思想精髓，树立文化自觉和文化自信，坚持中国特色的建筑理论和实践道路。我们必须适应时代的要求，追求新理念，采用新技术、新结构、新设备、新材料，使建筑理论、建筑形式、建造方式符合科学和社会进步的要求，探索符合社会发展和技术进步要求的中国建筑和中国当代的主流的建筑形式和风格。我们应敬仰自然，尊重自然，保护生态。人类是自然的一部分，不是凌驾在自然头上的造物者，更不是鞭挞者。天人合一，是自然的法则，是人类命运的法则，也是建筑实践的基本准则。建筑创作要努力实现节约资源，降低能耗，保护生态，使住宅、车站、医院、机场、学校等每一栋建筑实践成为人与自然和谐相处的典范。建筑本身不是目的，而是满足人不断增长的物质文明和精神文明的需要，让人的生活更美好、更安全、更健康、更幸福。建筑要服务于生活，满足不同人群的不同层面的生活需要，为人创造美好的生活空间和建筑环境。[1]

---

[1] 陈园园.让建筑回归本原——写在第六届梁思成建筑奖揭晓之际[N].中国建设报,2013-01-05.

第一节 城市旅游文化

城市文化是城市的灵魂,城市的建筑、历史文化、风土人情、道德风尚等体现的文化内涵,是人类智慧的集合,是旅游审美和旅游体验的对象。城市旅游文化是基于本地文化特质中具备视觉冲击力和心理能力的各种元素,对应着城市的各种空间、意义产生及文化表达。一个城市的人文生活和精神气质,塑造着一个城市的文化空间,获得人们的关注和向往,产生着丰富的情感体验和情感的共鸣,从而提升城市的旅游吸引力。

一、城市旅游形象

形象(image)是生活中的各种事物或现象通过艺术概括在人们脑海中形成的有感染力的图画或印象。城市旅游形象,是指城市旅游者在游览城市的过程中对城市的人文建筑景观、自然生态环境、市民素质、民风民俗、经济水平、服务态度等要素形成的综合性印象和特定观感共识。城市旅游形象塑造对游客的持续吸引力起着重要作用,已成为提高旅游目的地知名度与核心竞争力的重要手段。

城市形象可以细分为五种。①

第一,精神形象,是指城市精神,以及城市精神中提炼的理念、信条。它是城市发展的哲学,还包括城市的历史和民风等要素。

第二,行为形象,是指在城市理念和传统指导下,逐渐培育市民应该共同遵守的行为习惯和生活方式。在城市形象塑造的过程中,要建立城市中市民的行为规范、行为准则以及行为模式。每个市民的行为、言谈,都是城市行为形象的最好反映。

第三,视觉形象,它是一座城市形象中最容易被感知的部分。包括该城市具有特色的建筑物、城市景观、道路交通状况,以及著名的旅游景点和有悠久历史的人文景观等。每一个城市都要有一些极具个性特点的视觉景观,这些都能使游客感觉到这一城市不同的魅力,这就是视觉形象的作用。

第四,风情形象,即一座城市的风土人情。它包括了这个城市独特的风俗习惯,源远流长的文化传统,甚至一些对游客来说相当陌生的俚语方言等,都展示着这座城市的风土人情。这也是城市个性中最独特、最吸引游客的地方,也是一种新奇的体验。

第五,经济形象。城市的经济状况是城市旅游文化形象的重要体现。城市只有把经济搞上去,其形象才能随之提升。作为经济发达地区,要展示自身具有雄厚经济实力的城市形象,保持经济发展的强劲势头;对于经济欠发达地区,要积极寻找自身的经济优势,选择好经济增长点、增长带,以点带面,塑造具有特色的经济形象。

城市形象是城市外在形态和内在素质的综合表现,既包含空间结构与城市布局,

---

① 张慧.旅游目的地城市的形象塑造与传播[J].区域治理,2019(37).

也包括文化内涵,是一个动态的过程。城市旅游形象塑造与定位要求城市一方面要合理统筹优势资源,发现并展现地域中不可模拟的特色;另一方面,要与同一梯级城市相区别,以免雷同与定位迷失。突出城市个性,强化旅游吸引力,加深游客记忆是基本要求,每个成功的城市都有着鲜明的城市主题,这更是旅游地市场竞争的必备条件。鲜明的城市旅游形象定位离不开城市旅游形象的宣传口号,如表4-1所示。①

表4-1　我国沿海7市的城市旅游形象宣传口号

城市	城市旅游形象宣传口号
大连	浪漫之都,时尚大连;浪漫之都,悠闲之乡
青岛	心随帆动,驶向成功;海上都市,欧亚风情
上海	上海,精彩每一天;乐游上海
杭州	上有天堂,下有苏杭;爱情之都,天堂城市
厦门	海上花园,温馨厦门;有魅力,更有活力
广州	一日读懂两千年;南国风情,动感花城
三亚	天涯芳草,海角明珠;美丽三亚,浪漫天涯

如南京,地处长三角,具有重要的战略地位。2019年,南京成功入围国家中心城市,经济和政治地位更加重要。此外,南京还是首批国家历史文化名城,有着明显不同于其他城市的文化特征,融合了六朝文化、明清古韵、民国文化、城市山林、绿色文化等诸多文化要素。同时,作为全国重点风景旅游城市,中山陵、明孝陵、夫子庙、总统府、玄武湖等景点也在全国以及世界范围内享有很高的知名度和影响力。近年来,随着城市间旅游竞争更加激烈,城市旅游形象的建设也引起了多方重视。2002年,为了全面塑造南京城市旅游形象,政府启动了"南京城市旅游形象定位"的筹划项目。此后几年,南京先后提出"十里秦淮,六朝金粉""江南佳丽地,金陵帝王州""十朝都会,文化南京"等旅游形象口号,试图在城市旅游形象方面推陈出新,积极尝试,但效果并不明显。到2005年,南京市政府提出了"博爱之都"的新旅游形象口号,同时,城市的旅游形象标识"龙蟠虎踞"也最终确定。②在游客心中,"博爱之都""大明遗迹""民国旧都""虎踞龙盘"也是南京的城市形象,与之相关的文化载体,例如遗址、古建筑都是南京旅游业的主打产品。

二、城市文脉

文脉是文明发展的脉络。城市文脉是指在历史的发展过程及特定条件下人、自然环境、建成环境以及相应的社会文化背景之间一种动态的、内在的本质联系的总和。③文脉是历史上所创造的生存的式样系统。

城市是逐渐形成的复杂的社会系统,是人们的精神家园,也是人类文明成果的载

---

① 王敏,於哲.我国滨海城市旅游形象塑造与宣传媒介比较分析[J].资源开发与市场,2020(1).
② 李海霞.全域旅游视角下南京城市旅游形象提升研究[J].江苏商论,2021(10).
③ 于辰龙.基于城市文脉延续的济南市老城区场所精神塑造设计研究[D].济南:山东建筑大学,2015.

体和聚集地,城市代表了社会文化和科学技术的荟萃,展现了历史思想、政治、经济、文化、艺术以及市民生活形态的沉淀。完美的城市最显著的标志就是其形态和形象的连续性,可以使人感到历史的变迁以及不同时期人们生活场景变化的内在脉络,这种连续性主要通过城市建筑的整体感以及由这种整体感衍生的城市精神特质来体现。制约形成一个城市的风貌和精神气质的文化脉络,就是地域建筑文化形成的"文脉"关系。文脉(context),最开始是语言学中的术语,是指整体与局部的关系,也是介于各种元素之间的内在联系。文脉理论从西方的传入,逐渐改变了中国建筑师看待建筑和城市的角度,例如开始关注建筑与建筑之间的关系,建筑与成功的关系以及人与城市之间的关系。[1]

如果纵向梳理上海市的文脉的话,其文化积累可以分为三个历史阶段:一是上海地区县级行政区设立之前的数千年文化的逐步积淀,例如距今6000年至5300年之间的崧泽文化;二是作为初具规模的城市(以元代建城作为开端)发展的近700年的文脉积淀历程(至1840年),例如元代以来全面发展的商业文化;三是鸦片战争以来至今的发展时期,例如中西文化交流荟萃。目前,上海的苏州河市区岸线跨经长宁、普陀、静安、虹口、黄埔5个中心城区,沿岸布满着近代上海工业文明的历史文脉载体,还有外滩和豫园路2个"历史文化风貌区"、28处市级以上文物保护单位和市级优秀近现代保护建筑、37处极具历史文化价值的老建筑。[2]上海是开放文化与多元文化长期发展的产物。从江河文化走向海洋文化,上海崛起为现代之城;从承续江南文化到融合欧美文化,上海崛起为现代化国际大都市;从革命文化发源地到现代城市文明的引领者和示范者,上海正在向全球城市迈进。上海在城市的文脉传承方面,体现为数次的文化大融合,并通过兼容并蓄、开放发展而走向世界。

武汉秉承了楚文化的文脉,亦是中华民族文化的重要兴盛之地。20世纪90年代,在汉南区发现距今5万—1万年的汉阳人头盖骨化石,表明万年前的旧石器时代就有武汉先民在此生息劳作。距今3500年的商代早期,盘龙城遗址被誉为"武汉城市之根"。公元前800—前220年,强大的楚国在武汉区域内建有郑城,这里是现今的武汉市新洲区。王国维等学者认为,楚国的鄂王熊红曾在武昌设都,时间为公元前894—前879年。楚国文化的不竭底蕴还来自屈原在东湖泽畔行吟的传说,来自楚人伯牙、子期在汉水之滨"高山流水遇知音"的古琴台上。公元223年,孙权在黄鹄山(今蛇山)筑城,名为夏口城,成为武昌的发端。在武昌、汉口迅速发展的大背景下,武汉发生了载入世界史册的辛亥革命。武汉现在有近30处辛亥首义遗址、纪念建筑,主要集中在武昌。[3]以武汉大学的老建筑为例,老图书馆、工学院、老斋舍等建筑将"中轴对称""银墙碧瓦"的中西合璧风格发挥到了极致,建筑群体呼应了李四光选址时的建筑环境观念,形成了建筑"因山就势""错落有致",融于山水之间的整体意象。[4]武汉大学的古建筑是整个武汉市文脉的重要组成部分。 武汉3000多年的历史发展,有着丰富的体现人类文明史和智慧结晶的文物和遗产,呈现出清晰的文化发展脉络。

---

[1] 孙俊桥.城市、建筑、艺术的新文脉主义走向[M].重庆:重庆大学出版社,2013.
[2] 高福进,闫成,李雅如.上海城市历史文脉保护与传承机制研究[M].上海:上海人民出版社,2019.
[3] 唐惠虎.大武汉文脉[J].武汉文史资料,2010(11).
[4] 谷扬.以文脉主义建筑观评价武汉大学新时期建筑[J].建筑与文化,2016(5).

历史文化街区是体现城市文脉的重要载体。它集聚了丰富的文化遗产资源,展现了浓厚的地域文化特色,更是传承城市文脉记忆的重要空间载体,相比一般的文物古迹更为独特,既是城市地域文化与特色风貌的代表,又是市民社会生活的重要场所和乡愁记忆的根源,更是城市绵延不绝、发展不息的文脉所在。广东省各地市深入推进城市更新与历史文化保护传承、创新活化利用、人居环境提升协同互进,突出地方特色,进一步促进历史文化传承。[①]例如,广州市印发《广州市关于深入推进城市更新促进历史文化名城保护利用的工作指引》,以传承和弘扬优秀传统岭南文化,加快建设岭南文化中心和对外文化交流门户为目标,坚持保护优先、合理利用、惠民利民、鼓励创新的原则,实现广州老城市新活力,推动高质量发展。永庆坊项目在保护规划框架下制定业态提升规划方案等,活化现有建筑功能,促进片区宜居宜业宜游。还有佛山市出台《佛山市城市更新专项规划(2016—2035)》,要求严格保护历史文化遗产、特色风貌,加大历史文化资源保护,塑造城市特色风貌,实现经济发展、民生改善、文化传承多赢。禅城区"岭南新天地"街区保留了原有城市脉络和肌理,把原有的建筑翻新或者原样重建,并引入了众多不同的商业业态,成为佛山的"城市会客厅"和"网红打卡地",实现了历史文化保护和活化利用的融合共进。韶关市也不甘落后,《韶关市市区"三旧"改造实施细则(试行)》规定,在开展城市更新工作中,对涉及历史文化保护建筑的功能改变,须先经行业主管部门同意。

目前,建筑遗产保护是对城市文脉延续的主要方法。城市历史景观的存在能够有形地向人们展现城市某一阶段的历史风貌,从而刺激人们的心理去了解传统文化,形成一个良性循环,从社会环境中延续城市文脉。[②]建筑本体与建筑空间提供了发展地域文化的场所,承担了居民的日常活动,是居民创造集体记忆的场所,有着文脉传承的重要责任。

三、城市文化地标

"文化地标"(cultural landmarks)是一个含义范围广泛的词语。"文化地标"是指人工建设的文化地标建筑。从建设角度来看,"文化地标"还可以定义为具有一定文化内涵并且能够为人们提供空间方位辨识的建筑物或构造物。[③]一座具有一定文化内涵、能够为人们提供空间方位辨识的地理事物,就可以成为"文化地标"。城市地标、城市标志性建筑、城市标志性景观是三个内涵不断延伸的概念。城市地标的作用在于"标记",指地面空间方位的标记与指示物;城市标志性建筑指承载着城市某些重要特征、具有十分明显的城市标志性功能的建筑物或构筑物,是城市的象征和代号;城市标志性景观指以某一标志性建筑为主体、融合城市重要自然与文化元素、集中体现和代

---

① 刘洁.广东在城市更新中赓续岭南文脉[N].广东建设报,2021-12-01.
② 尤峥.基于城市历史景观的城市文脉延续研究——以山东济南为例[J].城市营销,2022(1).
③ 姬杨,李锦宏."文化地标"一词的定义探讨与问题反思[J].汉字文化,2021(20).

城市总体特征的一个特定地段,是城市的缩影区。① 文化地标是一座城市的精神符号和文化载体,既有文化的含义和体悟性,也有地标的显著性和观赏性,促进了文旅融合大潮下的城市发展。

地标一般指城市中标志性区域或地点,或者能够充分体现城市风貌及发展建设的地方。历史文化地标则存在于城市中每一处具有重要意义和价值的建筑、桥梁、街道、厂房、遗址、村落、雕塑等文化遗迹,它既是城市发展的一个缩影,反映了城市发展印记,诠释着一座城市的发展脉络;也是一种城市文化DNA,唤醒城市中居民的共同文化记忆,展示了区别于其他城市的独特文化魅力和文化标识。② 文化地标点位选定有三大标准:第一,有历史文化内涵;第二,这些点位最好要有历史建筑遗存;第三,这些点位都有一些容易传播的历史故事。一座历史文化名城,所要传达的不仅仅是简单竖起的标识牌,更是一个个文化符号背后的文化内涵。③ 文化地标符合整个城市的文化性格,传承着弘扬城市文化的精神和气质,是讲出一个个"城市故事"的开端。有些城市的地标是最高的建筑,有些是声名远扬的古代钟楼,有些是代表贸易往来的海关大楼,有些是历史悠久的寺庙或道观。

例如,香港中银大厦,于1990年落成,被不少人誉为香港的地标。它占地约8400平方米,总建筑面积约13万平方米,高70层,曾经是亚洲的最高建筑,整个大厦犹如一座多棱水晶椎体。④ 它傲立于香港中环花园道1号,将绚烂多彩的香港不夜城点缀得更加华丽迷人。它不独以其高度鹤立香港建筑群,还以其新颖奇特的设计及其美妙盛景名闻遐迩。它外观奇特,由四个不同高度的三角棱体组成,犹如一个多切面的水晶体,在万里晴空时,在阳光的照射下呈现出五彩缤纷的模样。它宛如节节高升的傲竹,寓意着香港繁华和欣欣向荣的生命力。⑤

城市地标也不一定是以高度为标准,一个建筑的历史年代和文化影响力也是重要的依据。例如西安,作为具有悠久历史的世界文明古都,拥有多样的自然地理环境以及丰富的古建筑遗址。西安,众所周知被誉为"十三朝古都"。在西安,蜚声海内外的名胜古迹很多,如大雁塔与小雁塔、钟楼与鼓楼、城墙与碑林等,这些点位都是古城的地标,其中以大雁塔最为著名。大雁塔坐落在西安的慈恩寺内,是古城西安最显著的标志,也是闻名中外的唐代胜迹。大雁塔又名"慈恩寺塔",是佛塔这种古印度佛寺的建筑形式随佛教传入中原地区,并融入中华文化的典型物证,是凝聚了中国古代劳动人民智慧结晶的标志性建筑。它是唐代长安城中著名的、宏伟的佛教寺院,高僧玄奘曾在这里主持寺务,领管佛经译场。大雁塔是唐代长安城中著名的游览胜地,雁塔题名在当时被视为一种荣誉。

---

① 蓝力民.城市标志性景观、标志性建筑与地标概念辨析[J].城市问题,2013(4).
② 尹显亮.试析"城市历史文化地标"建设的作用和意义[J].文存阅刊,2019(7).
③ 王增辉.成都历史文化地标建设评说[J].城市,2015(9).
④ 学新.亚洲最高建筑——香港中银大厦建成[J].土木工程学报,1990(4).
⑤ 梅溪.香港中银大厦[J].亚太经济,1999(10).

第二节 建筑旅游文化

建筑的产生,是人类在生存的逻辑法则下,顺应自然的条件产物。从最初的人类选择穴居,为了满足躲避恶劣的自然生存条件开始,建筑便伴随着人类社会进步不断发展,并且在人类社会中扮演着重要的角色。建筑的产生并不是偶然,是人类认识自然、改造自然的智慧产物。建筑是体现城市文化重要的载体之一,在历史长河中历经沧桑,记录着城市变迁,表征着城市文化的多元价值,如美学、历史和人文价值。中国文化源远流长,中国古代哲学思想作为中国传统文化的核心深深影响着中国的传统建筑,使其形成了独特的建筑思想。中国传统建筑庄重风雅和独具风格的美学神韵,揭示了其与传统文化、审美思想的密切关联。加上我国的气候条件、地理环境、大一统的社会结构等因素的作用,形成了世界上独一无二的稳定发展的建筑结构和体系,呈现出具有典型东方特色的建筑文化,也是深受中外游客欢迎的旅游客体。

一、中国建筑文化的哲学思想

(一)崇尚自然

道家的核心思想就是要崇尚自然,中国古代建筑受道家思想影响颇深。中国建筑讲究就地取材、因地制宜、顺天而成,从中体现了人们对大自然的尊重和热爱。中国的建筑讲求和自然的合理融合,实现了以泉水为血脉,以住宅为身体,以草木为毛发,以土地为皮肉的境界。[①]"道",其本义为道路,也是万物演化发展要遵循的"道","循天道"是我国古代哲学的基本范畴。"道",是为宇宙中万事万物都必须遵从的规律。老子《道德经》:"有物混成,先天地生,寂兮寥兮,独立而不改,周行而不殆,可以为天下母,吾不知其名,字之曰道。"老子提出人与自然的关系应该是"人法地,地法天,天法道,道法自然"[②]。归纳起来,就是一切皆要以自然为范,顺应自然,建筑亦不例外。《管子·度地》也说:"圣人之处国者,必于不倾之地,而择地形之肥饶者,乡山,左右经水若泽,内为落渠之写,因大川而注焉。乃以其天材,地之所生利,养其人以育六畜。"即建都的选址要体现"道法自然"[③]。

我国幅员辽阔,从南到北,从东到西,气候、地形地貌、植被水文等都有很大差异,在建筑长期的发展中,形成了各种具有地域特色的建筑。例如,南方气候炎热潮湿,那里的干栏建筑轻盈空透,底层架空既有利于通风换气,又可以避免受地上的潮气,同时也可以合理安排功能分区。而北方寒冷,风沙大,那里的四合院厚重,与南方干栏建筑

---

① 高雁晋.哲学思想对中国建筑的影响[J].中国建材科技,2015(3).
② (春秋)老子.道德经[M].陈忠,译评.长春:吉林文史出版社,2004.
③ 管子[M].(唐)房玄龄,注.(明)刘绩,补注.刘晓艺,校点.上海:上海古籍出版社,2015.

系统不同,它们院内开窗,墙很高,可以防风、防沙、保温,以取得住宅安定的效果。西北一带的窑洞住宅,利用当地土质良好的黄土夯成,因地制宜,冬暖夏凉。① 中国建筑对自然有着浓厚的情怀,强调建筑与人、环境三者之间的关系,不仅包括建筑选址的地理位置、方位朝向、地势坡度,也包括建筑附属的假山、花木、走廊、池塘等。后者的造型常常体现出"虽为人作,宛自天开"的效果,仿效自然,在造型上极尽自由灵活之能事,将各项功能景观设计得与大自然的景观一样生动活泼,漫步其中,恍如在郊外、山林悠游。

(二)中庸之道,以中为尊

"中庸"一词最早见于《论语·雍也》。子曰:"中庸之为德也。其至矣乎!民鲜久矣。"② 至战国,孔子的"中庸"思想由思孟学派重要著作《中庸》体系化并发扬光大,"中庸"方成为一个独立的哲学范畴;经过唐宋明以来的发展,中庸思想也成为中国文化的基本思想之一。中庸思想在建筑布局中得到了充分的显露。《中庸》:"致中和,天地位焉,万物育焉。""舜其大知也与!舜好问而好察迩言,隐恶而扬善,执其两端,用其中于民,其斯以为舜乎!"③ 讲求把握事物矛盾对立的两端,从而把握矛盾的各方面,取其中道,达到成功。这种思想体现在中国古代建筑上,就是在平面布局中,注重中轴线的院落式布局,崇尚中央、中轴线,即将主要建筑布于中央或中轴线上。建筑的中轴意识,还表现出以中央地位为最尊贵的含义,是最有统治权威的象征。古代都城的规划中,例如元大都与明清北京城的规划布局都是以主宫殿位于中轴线上。左右对称布局中轴线上的建筑巍峨宏伟,且有多层级的纵深。两旁的附属性建筑则左右对称摆放。中正的儒家思想使中国古代建筑具有了综合之美学精神。中国传统建筑还有一种群体的均衡之美。即建筑不仅以单体取胜,更是以群体组合见长;不仅突出单体建筑,更是强调群体建筑之间的关系,以获得整体的平衡。

(三)天人合一

中国传统哲学观念中,"天人合一"的观念是根本性的。"天"是历史范畴,发源于古人对于苍茫太空无法预知的敬畏。随着时间积累,夏商后"天"被认为是有意志性、人格性的最高主宰,春秋后形成"天命""天意""天道"等概念,到西周,形成了"天人合一"这种强调人与天紧密相联系不可分割的观点。后经历朝统治者结合自身的统治需要,将其发扬,"承天命,顺天意"成为其统治合法、江山稳固、震慑百姓的理论基础。将人间秩序模拟成通过天象观测而认识到的上天的秩序力求一一对应,求得其江山永固的合法性和永恒性。④ "天人合一"是一种典型的中国文化观,蕴藏着丰富的哲理,这种环境观的实质是指导人们合理利用自然环境,正视人类在自然界及宇宙间的位置,正确

---

① 赵祥,黄子鉴.论中国古代哲学中的建筑文化及其现实意义[J].西南科技大学学报(哲学社会科学版),2005(3).
② 论语·雍也[M].冯国超,译注.北京:华夏出版社,2017.
③ 礼记·中庸[M].崔高维,校点.沈阳:辽宁教育出版社,2000.
④ 翟硕.浅析中国传统哲学思想在古代建筑中的体现——以泰山岱庙建筑群为例[J].建筑工程技术与设计,2016(24).

处理好人类与自然及宇宙的关系,从而与二者协调并共荣共生。

建筑是人创造的居住环境,而人的建筑活动是在不破坏原有生态的前提下进行,与自然建立起一种亲和的关系,实现人的风调雨顺、五谷丰登的理想,这即"天人合一"的境界。这种观念在中国早期文化思想中就有所体现。中国传统思想强调在整个事物动态发展的过程中寻求人与环境的平衡,以达到二者的和谐。循环运动观与生态学对地球物流、能流、信息流的循环运动理论解说有异曲同工之处。儒家对人的关注多于自然,但孔子说"仁者爱山,智者乐水",说明了把爱物(自然)作为"仁"的表现,是君子的道德和修养之一。而"仁"是儒家的思想基础,也可以说"爱物(自然)"是其哲学观的根基之一。道家则认为,人来源于自然,人在宇宙中的地位并不占主宰,人必然在自然的条件下才能生存,也必然遵循自然的法则才能求得发展。道家的太极可以理解为在动态中的统一、稳定、和谐,强调调节自身,以达到与环境的完美融合。① 道家的"天地与我并生,而万物与我为一"②,认为人类与自然是有机的统一体,所以人类修建房屋等活动就应顺应自然,与自然融合为一,而不是肆意妄为。因此,中国古代哲学思想中无论是儒家还是道家都崇尚"天人合一",认为天、地、人是一个统一的整体,而人是从自然中来的,是自然的一部分。这与西式建筑很多追求人与天的对立是迥然不同的。

这种"师法自然""天人合一"的宇宙观在中国传统建筑中得到充分体现。中国的传统建筑与自然环境是和谐共处的,是相融合的,而不是与自然对立的,讲求传统建筑环境与自然环境的有机结合,讲求人文美和自然美的和谐统一,注重把握人与自然相生互补的关系。传统建筑在选址时便要仔细考量周围的自然环境、地形地貌,在选择方位上选背山、面水、朝阳的自然方位,结合和利用现有的自然条件来进行"因地制宜、依山就势"的建造。在建筑形式方面,融合当地的文化和气候因素,形成建筑的地域性特征。③"天人合一"还表现在建筑取材上,注重就地取材,并且各地区建筑用材都是取自当地富产的材料。最代表中国传统建筑的是木构架形式的建筑,用木做建材的优点包括木材易于加工、经过简单的工艺就能防腐和耐久,以及不仅可以做燃料而且不会污染环境。"天人合一"还表现在重功能性与环境相适应,通过建筑空间的合理布局来获取理想的居住环境。还是以南北方为例。北方因冬季长,全年平均日照时间较短,日照强度较弱,因此平面尺度较纵向尺度大,这样就可以在寒冷的冬季获得更多的太阳辐射。而南方民居中的平面尺度较纵向尺度小,顶部仅留小尺度的天井口,这样就可以在庭院及建筑内部留下较多阴凉,且南方的庭院较幽深,这样就能有利于在夏季形成凉爽的穿堂风。④ 北方传统建筑,体量较大,庭院空间较广,形状一般规则庄重,色彩较为浓重。而南方传统建筑则因避阳需要,庭院空间较小,墙体较高,体态较为秀气,色彩较为清雅。其建造设计的宗旨,是使建筑适应于当地的自然环境。乔家大院,是中国北方建筑的典型代表。一进入大门,就是长长的甬道,将6个大院分为南北两排,宏伟壮观的建筑群威严气派。又如中国南方少数民族的建筑,为了适应山区的复杂地形和雨水多的潮湿环境,选择用木、竹、藤等材料修建干栏式的房屋,房型不大,但

---

① 赖运通.谈中国传统建筑中天人合一的哲学思想[J].中山大学学报论丛,2004(1).
② 庄子[M].萧无陂,注译.长沙:岳麓书社,2018.
③ 牛婷婷.浅析中国传统建筑的哲学思想[J].大观,2016(4).
④ 赖运通.谈中国传统建筑中天人合一的哲学思想采[J].中山大学学报论丛,2004(1).

十分便利——人居其上以防潮热,畜养其下以便照管。

(四)遵守空间秩序

中国传统建筑的空间秩序来自对严格的等级制度的遵循,这是受儒家以"礼"为行为规范的思想影响。"礼"原先是敬拜祭祀神或祖先的仪式、典章或规矩,它是由祭祀礼仪发展而来。在长期社会发展中,"礼"逐渐有了更多的文化内涵,包含于天、地、人各种关系中。这种依顺天地、阴阳、尊卑等级制度的形成是结合古代中国以农为本、以农立国的生存环境,逐步形成一系列既对立又互相转化的矛盾范畴。[①] 中国古人以儒家思想的"三纲五常""贵贱有序"等伦理观念为指导,构建起一套严格规范的建筑秩序模式。在中国2000多年的封建等级制社会中,历代帝王对此都很重视,因为以儒家思想为指导建立的建筑空间秩序可以约束人们的日常生活行为,形成中国封建统治者所倡导的社会行为准则和处世准则,进而维护及巩固其封建统治。因此,中国古代历代统治者对于建筑乃至建筑的室内都有着严格的制式要求,从建筑的方位朝向、群体组合、形式、体量、屋顶的样式到装饰构件、色彩装饰以及装饰图案等都做了明确的等级规定。[②] 儒家的建筑群虽然严谨地遵守着整体的秩序,但每栋建筑仍体现着一定的自由。

(五)虚与实的结合

中国道家思想认为,宇宙是阴阳的结合,是虚实的结合,所谓"虚静"即"虚则实""静则动",宇宙间万物都是在不断变化和发展的,其有生有灭。中国的传统建筑非常注重空间的"虚"与"实"之间的平衡关系,尤其注重"虚"的表现。中国传统建筑重视环境中建筑物之外的部分,重视建筑的各个组成要素之间的协调关系,而不是像西方建筑那样强调单体建筑物。中国传统建筑是以建筑群体呈现的,以各个单体建筑的有序布局和建筑物之间的院落而组成,这是道家整体思维的体现。庄子有云:"天地与我并生,而万物与我为一。"他把天、地、人视为一个整体,体现在建筑上便是把建筑群体视为整体,不仅注重单体建筑与建筑群体,也注重群体与群体以及其与整个环境的和谐关系。这种思想大到整个城市的布局,小到一个四合院的布局都有明显体现。这种以空间为主而实体为次的思想是中国传统建筑的独有特征,而这种注重"虚"的思想与中国书画中的留白是受同样的哲学思想的影响。[③] 在四川成都,有很多历史悠久的老茶馆(见图4-1、图4-2),备受中外游客的欢迎,其建筑很多体现了虚实结合、错落有致、室内外风景相融合的特点。一些茶馆临河而建,从开着的窗子里可以望见河坝的景致;或者茶馆的庭院花木掩映,有设计雅致、透光透气的雕花门窗和通廊,天井也渗透下来些许阳光,在这样亲自然的空间中,人们可以一边喝茶一边尽享悠闲的时光。

---

① 翟硕.浅析中国传统哲学思想在古代建筑中的体现——以泰山岱庙建筑群为例[J].建筑工程技术与设计,2016(24).

② 牛婷婷.浅析中国传统建筑的哲学思想[J].大观,2016(4).

③ 牛婷婷.浅析中国传统建筑的哲学思想[J].大观,2016(4).

图 4-1　成都老茶馆
（王子超　摄）

图 4-2　成都彭镇观音阁百年老茶馆
（王子超　摄）

二、中国传统建筑的文化精神

（一）伦理精神

建筑作为人类文明的载体，承载了许多优秀的文化，诠释着传统的情感和人文关怀，呈现了不同时代的生活模式，与当时的文化背景、伦理道德密切相关。"求真"与"求善"是中国传统建筑蕴含的伦理精神内核，也是传统建筑道德体系的集中体现。从人类的基本生存生产需求出发，建筑所演化出的实用性、舒适性、适应性、生态性是古人始终追求之"真",追求实用性与舒适性是传统建筑精神之源,这从建筑的产生可见一斑。寻求庇护和安全是人类生命、生存、生理上的基本需要。建筑的产生就是古人为了适应环境,满足人的生存需要而建造的,即建筑设计的初心——为了居有定所,即为了居住。而这个居住就是建筑的实用性。中国古老的两大居住方式穴居和巢居最初都是为了生存而筑造的。人类社会寻找与选择居所到建造居所经历了50万年的时间。中国古人对自然,对天道伦理的哲学思考体现在建筑当中,则表现为人造建筑与自然生态的关系,是一种适应性与朴素的精神。中国自古就将建筑看作是自然环境的一个不可分割的组成部分。从远古时代的居住建筑形态可知,不论是挖土而居,还是人工插木于土来筑屋(橧巢),用工和取材都是与自然环境密切结合在一起的。① 中国历代普通民居形制古朴,不重装饰,多为小青瓦的屋顶,房屋造型不高,以砖、木、石或土为材料建而成,以实用为主。中国的传统建筑总的来说,是在满足生存需要的基础上,才不断朝着文化与艺术的方向发展的。

(二)空间精神

中国建筑空间的山水天人之境,是以实体建筑为核心而构造的场所空间,是一种有价值的追求和精神,与诸多文化样式一起构筑起中国传统文化中一个极其独特的世界方维。造物的空间,也是人身心安顿的空间。空间精神,指一种文化在生活世界的空间建造中所含纳的内在价值指向和要求。人造物的空间是人为了自身生存而建造的空间,但生存空间的营造并非仅仅为了在生理意义上"安身",而是在生存整体意义上的"筑"与"居"——它关乎人整体生存的安顿与展开。因此,造物空间本质上是对生存世界延展性的基本创建与构型。中国传统哲学中有关空间秩序的思想决定了中国建筑的空间造物精神。

人类空间的组建有三个维度:人际维度、人神维度和天人维度。开启人际维度的生存动因包括区隔、交易、协作、行事、交往、示威等权力关系的目的性塑造。在这一维度,建筑空间表现为构建政治秩序而规划建造的建筑图景。最明显的例子是北京城。其中,轴线贯穿北京城南北,重要建筑物分布于中轴线两侧,整体布局气势恢宏。中轴线上唯一的建筑是皇宫,这体现了皇家至高无上的尊严。开启人神维度的生存动因包括祭祀、布道、修炼、设位、教化等。其空间建构包括各种建筑类型,如庙宇、道观、寺塔、祠堂、牌坊、祭祀坛台等,以及各种仪式性的装置、构型、场景以及对外部山水地势、环境类型的一体性利用。在传统文化,尤其是民间底层文化中,神仙道术、佛教信事与世俗权力、人世祸福纠缠不清,人神维度与人际维度、天人维度常常交缠在一起。天人维度即人与自然,这是最贴近空间建造本性的一个维度。无论安身还是安生,作为自然的物空间都是生存展开的基础承担者。天人维度的设计动因包括安身、护卫、养育、生产、游娱、审美、抒怀等。中国传统空间天人维度的开启主要可归结为吉凶祸福的命运之考量或人生安顿、身心自由的存在性考量。这使中国传统空间天人维度的开启包含了自由与神道的差异,使传统中式空间呈现出一种迥异于西式空间的精神特征:一种身心舒泰与心神安宁之类的独特的精神氛围。例如,宋代以后的文人住宅、达官巨

---

① 陈峻贤,陈光明.传统建筑伦理精神的"求真求善"之维[J].大众文艺,2022(4).

贾和王公贵族的院馆园林设计，表现的是自由舒适、心物感通与天人交感的人生意趣和审美精神。①

（三）工匠精神

有手工艺的劳动者，古语称之为"匠"。工匠精神，即工匠对自己的产品精益求精、不断完善的精神信念。中国建造行业的工匠精神是以"鲁班精神"为代表的传统文化建造精神。鲁班作为中国古代杰出的发明家与工匠，他集匠心、师道、圣德于一身，是中国劳动人民勤劳智慧的象征，是中国古代工匠精神的主要代表性人物。中华民族的发展史凝聚着无数工匠们的智慧与创造，中国古代也曾是世界上最大的原创之国和匠人之国，其中，鲁班工匠精神堪称我国工匠精神的典范，以他为表的中国建筑业工匠们推动着整个社会文明的进步和制造业的发展，成为中华优秀传统文化、中华民族精神和民族创造力的重要体现。

以鲁班为代表的工匠精神可以分为以下几点。②

1. 严谨专注、追求品质的铸造精神

鲁班一生有诸多发明创造，"尤其是在木工器具、农用器具、建筑、军用器械、家居用品、仿生器具等方面有杰出成就"，深刻地改变了人们的生活，当今建筑业仍在沿用鲁班的发明创造和技艺。

2. 求实与创新的科学精神

鲁班在工程实践中善于创新创业，发明了鲁班尺（简称"尺"，也叫"曲尺"或"矩"）、墨斗、刨、锯、凿、铲、斧等木工工具，创造了门、窗、床、桌、雨伞、木马、木车等生活用品，建造出殿、阁、桥、亭等建筑形态。鲁班因此被视为石匠、木匠、泥瓦匠、机械工匠、漆匠等多个行业的"行业神"，被人们尊称为"鲁班先师""工圣鲁班""百工圣祖"。

3. 执着坚韧和持之以恒的探索精神

出身于工匠家庭的鲁班，受环境和家庭的影响，从小跟随家人苦学技艺，几十年如一日，他反复实践，在思考和实践中积累了丰富的经验，在土木建筑工程实践中不断了解、熟悉和掌握了许多工艺创新的技能。鲁班的每一项发明并不是那么轻而易举的，无不是经过了反复思考、反复实践得来的。不轻易放弃、不畏惧困难险阻、艰苦奋斗，这也是鲁班工匠精神所体现的。

4. 精益求精和善于反思的工匠精神

据《事物绀珠》《物原》《古史考》等古籍材料记载，鲁班以不懈钻研、追求卓越的态度对待每一项工作，他的发明创造很好地体现了"巧、妙、精、准、义、新"，但他并不满足于已有的发明创造，几乎每一项发明创作都经过了无数次的改造，这也是对鲁班工匠精神内涵的最好阐释。

鲁班这样的工匠精神是中国传统文化的重要构成，工匠精神是对中华优秀传统文化的继承与发扬。建筑业是关系国计民生的重要行业，建筑企业是拓展幸福空间的国之"巨匠"。向"工匠精神"看齐，"工匠精神"是我国建筑行业在实践中不断提升专业素

---

① 吴兴明.中国传统造物的空间精神——以建筑及水墨画的天人之感为中心[J].文艺研究，2020(2).
② 李国良，周向军.鲁班工匠精神的现代传承[J].齐鲁师范学院学报，2017(5).

养和核心竞争力的法宝。"工匠精神"代表着时代的气质,鼓励着精益求精、精细化管理以及打造精品工程。①

(四)艺术精神

建筑是一门艺术,是一种实用艺术的范畴。美观,是对建筑最主要的艺术要求。建筑的艺术美是由线条、形体、色彩、质感、光影及装饰等建筑要素,按人的审美理性构建出来。建筑必须遵循建筑的构图法则,追求变化与统一,保持比例与尺度的均衡、稳定,或者节奏和韵律的和谐一致。中国的建筑讲求造型美、空间美、环境美和装饰美等。

1. 造型美

造型美包括形体美和立体美。形体美是指三维立体空间的立体造型,运用不同几何形体的搭配、叠加、切割或架空而产生美感。立面美是指建筑的立面的门窗、线条、装饰、色彩等因为比例、对称、节奏和色彩等产生的平面之美。②例如,中国古代木结构建筑的独有构件"斗拱":斗是垂直方向两拱之间垫的方形木块,拱是屋檐下一层层挑出呈弓形的承重结构,整个结构合称斗拱。斗拱具有结构之美,斗拱是榫卯结构的标准构件,是力传递的中介,斗拱承上启下,在柱梁之间起着传递力的作用。建筑从屋檐和上部框架传下来的重量,必须通过斗拱传给柱子,再由柱子传到柱础和地面。斗拱榫卯结构的巧妙组合是工艺技术与艺术的交融,完美体现了力与美。斗拱具有精美的结构和漂亮的造型,有时呈莲花状,有时像花篮,是精美的建筑装饰构件。斗拱的外挑造型使建筑出檐深远,整体结构更有活力。斗拱的造型之美还体现在其形状上的比例协调、韵律均衡,榫卯结构的各个零件衔接巧妙严谨,浑然天成,达到了视觉与精神的高度美感享受。③斗拱是中国建筑构造的独特文化代表,是集审美和力学功能为一体的建造技艺。

2. 空间美

这是建筑的灵魂。建筑空间是为了满足人们的需要,运用各种要素与形式构成的外部和内部空间的总称。中国传统建筑的空间美主要包括其布局的合理化给人带来的美的感受,如单一围合的空间给人的静态的美,或者有机融合空间,利用建筑与周围环境中的树木、山峦、水面、庭院等外部空间,产生外向、连续、流通、渗透、穿插、模糊等感受,从而形成独特的动态空间美。④例如苏州园林,在有限的空间内,构景造景,运用对比、衬托、借景等方法,使园景达到小中见大的效果,在有限空间内获得丰富的景色。例如,采用因借对比的手法来布置空间和创造空间,如邻借、仰借、俯借、镜借,达到了引申和扩展空间的效果,使游人在不同的季节、不同的地点都能摄取外在自然一切美的信息。

空间美还包括虚实相间。《道德经》说:"埏埴以为器,当其无,有器之用;凿户牖以

---

① 传承"工匠精神"筑造百年精品[N].中华建筑报,2016-03-29.
② 徐公芳.中西建筑文化[M].北京:科学出版社,2014.
③ 杨嘉晨,叶雁冰.斗拱起源演变与现代设计应用的分析研究[J].建筑与文化,2021(12).
④ 徐公芳.中西建筑文化[M].北京:科学出版社,2014.

为室,当其无,有室之用。故有之以为利,无之以为用。"阐明了虚无的空间意义,从中可以获悉老子的空间观念,即空间里存在既对立又和谐的两种力量,"实"的建筑或者器皿其实是为了衬托空间"无"的价值,这才是营造空间的真正目的。只有建筑空出来的"无",才是空间中有用的、可用的。苏州园林等诸多中式建筑的疏密对比的建筑分布、蜿蜒曲折的道路、中空透气的回廊和天井、镂空雕花的门窗或门洞等,都是通过内外空间的交织穿插,营造的虚实相间的游览或生活空间,提供了移步换景、应接不暇的审美景观。

3. 环境美

环境美是指建筑所依托的周边的环境,二者融为有机的统一体,呈现出和谐的美。例如,周围绿树成荫、鸟语花香的建筑,一定能比周围都是荒芜的沙漠、噪音遍布的建筑给人更愉悦的居住感受。① 自古至今,中国各种聚落、建筑的选址、朝向、空间结构与周边的景观均有着独特的环境审美和深刻的人文含义。中国"天人合一"的世界观力求将天、地、人紧密地结合在一起,构成适宜人居住的优越的居住环境。建筑的首要功能是居住。中国位于北半球,因此在建造房屋时喜爱选择大门朝南就是一种希望享受阳光和温暖的心理需求与生理需求。屋后有大山或者山林,也能很好地抵御北方来的寒气,这也是一种结合环境进行择屋的表现。

此外,从审美来说,建筑应具有一个必要的空间环境,才能把建筑美烘托出来。同时,人们观赏它,必然要有一定的空间环境和良好的欣赏角度。举世闻名的金字塔,坐落在广阔无垠的沙漠中,给人以永恒的神秘、坚固之感。如果把它放到中国的江南水乡,则会变成另外一种气氛。哥特式教堂必须在狭窄曲折的街巷中,才能显示出向上飞腾之势,如果把它们放到纽约已有的摩天大楼建筑群中,则会变成无人过问的矮物了。峨眉、普陀、五台、九华、武当等名山的古刹,只有在山回峰转、苍松翠竹的掩映中,才能把人的情感带入幽雅清静的境界。可见,建筑处于空间并造成了空间的环境,空间环境又烘托出建筑,它们互相连接、影响,形成了有机的合乎构图逻辑的辩证观赏整体。② 中国大部分的建设都注重与周围环境的和谐,秦咸阳北至北坂,中通渭水,南达南山,咸阳城依山而建,渭水为护城河,设计师借助自然的力量,为咸阳城构建了最为有利的格局,鼎盛时期可达到三百里。即使较为普通的建筑,例如府邸、县城等,也会结合周围的整体环境进行规划。像一些较为重要的风景区,更加注重通过环境来体现其建筑文化的魅力。③

中国自古以来重视对建筑周边整体环境的设计和维系。这与世界遗产有关保护建筑遗址的理念不谋而合。国际古迹遗址理事会第 15 届大会于 2005 年 10 月在西安举办,并达成共识(简称《西安宣言》),其中提到:

古建筑、古遗址和历史区域的周边环境指的是紧靠古建筑、古遗址和历史区域的和延伸的、影响其重要性和独特性或是其重要性和独特性组成部分的周围环境。除了

---

① 徐公芳.中西建筑文化[M].北京:科学出版社,2014.
② 陈敏.试论建筑与环境美[J].江西社会科学,2003(10).
③ 宋颖.试论中国古建筑中的和谐之美[J].未来英才,2017(1).

实体和视觉方面的含义之外,周边环境还包括与自然环境之间的相互关系;所有过去和现在的人类社会和精神实践、习俗、传统的认知或活动、创造并形成了周边环境空间的其他形式的非物质文化遗产,以及当前活跃发展的文化、社会、经济氛围。

不同规模的古建筑、古遗址和历史区域(包括城市、陆地和海上自然景观、遗址线路以及考古遗址),其重要性和独特性在于它们在社会、精神、历史、艺术、审美、自然、科学等层面或其他文化层面存在的价值,也在于它们与物质的、视觉的、精神的以及其他文化层面的背景环境之间所产生的重要联系。

《西安宣言》有关古建筑、古遗址周边环境的重要性的论述,揭示了维系建筑美的环境的重要性,为建筑环境的保护提供了重要参考和依据。

总的来说,建筑环境美的考量是一个融时间、空间、自然、社会、文化等各种因素于一体的综合性艺术。中国古建筑文化是在适应当时的环境下发展形成的,因此形成了一个全方位的和谐理念,既包括人与自然之间的和谐,也包括了人与人之间的和谐,是中华民族宝贵的文化财富,对后来的现代建筑风格都起到了重要的影响。

4. 装饰美

中国古建筑的门有很多种装饰的方法,包括色彩、门环、门钉、楹联等。对于门钉来说,级别不同,数目也不同。门钉的级别越高,门钉越多。例如,清朝皇帝居所的殿门是大红色的,有九行九列钉子。门上的匾额多以名人书画为内容,它们可以使古建筑显得更加高贵典雅、诗意盎然。①承德避暑山庄有大小建筑100多组,其中康熙和乾隆皇帝题写了多处匾额,有康熙题的"无暑清凉""烟波致爽",以及乾隆题的"勤政殿""宁静斋"等。又如沈阳故宫,建筑使用了琉璃、瓦饰,采用了木雕、石雕刻,纹样则有大量的龙纹、兽面,十分威严和精美。

中国古建筑常常是木质的,远在春秋战国时期,宫殿庙堂就广泛地使用油漆彩画,不仅保护木质免受风雨侵蚀、防腐和防虫蛀,而且起到美化建筑和环境的作用。油漆彩画的色彩美很有讲究,例如隋唐以前,木质表面涂红色,墙面偏灰色,搭配起来就显得朴素明朗。而到了宋元时期,宫殿和寺观等建筑多用青绿或黄色琉璃瓦覆盖屋面,门窗等涂上红色油漆,整体色调十分浓艳。建筑彩画是用厚重的色彩描绘在梁、柱、斗拱、天花板等部位上的装饰美术,明代的色彩趋向单纯,以青绿旋子彩画为主,用金色或朱色点缀其中,鲜明夺目。到了清代,建筑彩画偏向色调庄严,线条细密,较为繁密。中国古典建筑中著名的彩画有故宫太和门金龙和玺彩画、白塔寺七佛宝殿金线大点金彩画、颐和园戏楼彩画细部、天坛双环亭苏式彩画等。

三、中西建筑文化的对比

(一)建筑材料:石与木材

西方国家由于河流众多,石材资源十分丰富,取材容易。加上地中海气候造成木材容易腐化,因此以石材为建筑材料更占优势。此外,罗马人发明的火山灰混凝土技

---

① 徐公芳.中西建筑文化[M].北京:科学出版社,2014.

术,也让石料建筑技术得到飞速发展。以砖石为主的西方传统建筑,整体框架主要是柱石结构体系,用石头或砖作为材料,构成建筑形态。石柱是西方建筑的基础,石柱的发展是伴随着西方建筑发展的。在西方传统文化中,神权大于君权,欲追求超越性的文化,所以选择能长久保存的石头作为主要的建筑材料。西方以狩猎方式为主的原始经济,造就出了重"物"的心态。他们肯定石材的恒久性并大范围地运用,是因为他们在人与自然的关系中强调人对自然的征服,认为人的力量和智慧能够战胜一切。石头具有的直率、质朴、刚硬和雄壮的气质,也与西方以海洋文化为主的地域文化相符合。西方的传统建筑和东方建筑中的印度建筑,都属于砖石结构系统,从古希腊的神庙、卫城迈锡尼的狮子门、古罗马的斗兽场,到古埃及的金字塔,欧洲中世纪的教堂,再到近代的一些居住型的建筑等,多用石头建造。可以说,西方传统建筑就是有关石头的一本史书。

　　而中国传统建筑以及受其影响的日本、朝鲜等属于木结构系统,均以木材来做房屋的主要构架。距今六七千年前,中国已经采用榫卯木结构技术;商周时期,用矩定方,绳定直,水定平和圆;秦汉时期,木架技术成熟,拱券结构有了发展,形成叠梁式和穿斗式两种木结构;汉代普遍使用斗拱;隋唐是古建筑成熟时期,那时的古建筑已经定型;宋代木架达到顶峰,出现《营造法式》。① 中国的皇家建筑和宗庙几乎全部是以木构件为主,木质的梁、檩、椽,包括重要的承重构件斗拱,甚至连门窗都是木质的。木质材料的选择有两个原因。首先,中国儒家思想历史悠久,儒家思想重视个人的道德修养,重视人与自然和人类自身的和谐。中国是以农业为主的自给自足经济方式,"天人合一"很好地说明了人和自然的关系。自然界范畴包括人,人是自然界的一个环节,中国人将木材作为建筑的基本建材,正是重视了自然与生命的亲和关系的结果。② 其次,中国的主要建筑诸如宫殿,是拥有至高权力的君主们所居住的场所,同时也用来祭拜神灵,与现实生活紧密联系。它是人用来居住的地方,而不是像西方那样脱离尘俗生活的特别场所。所以中国的建筑是入世的,是与凡尘生活融为一体的宫殿宗庙建筑。③ 中国传统文化认为人权大于神权,因此人的居所首要的是舒适、透气,建筑始终与凡尘的生活融为一体。

(二)建筑布局:群落与单体

　　中西方建筑在理念上的差异表现在,中国建筑不管是皇家类建筑,还是宗庙类的建筑,都是以单体为单元,在平面上展开,根据轴线来不断地延伸。中国在建筑以及环境的设计上注重的是空间,重视人的感受。例如,苏州园林的步移景异,即在简短的距离之内变换多重的景观,是动态美和空间美的统一。④

　　中国的建筑从住宅到宫殿几乎都是在一个平面铺开的群落式空间格局里。例如曲阜孔庙、北京明清宫殿,都是以重重院落相嵌套,前后左右有主有宾,有规律地排列

---

① 王雅茹,王汉民.中西方建筑材料比较[J].建筑工程技术与设计,2018(17).
② 薛飞.中西方建筑文化比较[J].城市建设理论研究(电子版),2015(7).
③ 徐公芳.中西建筑文化[M].北京:科学出版社,2014.
④ 薛飞.中西方建筑文化比较[J].城市建设理论研究(电子版),2015(7).

成巨大的建筑群,体现了中国传统文化的内向性、实践性、宗法思想和礼教制度。例如,皇宫和各级官署都位于城市的中轴线上。唐长安城就是严格按照中轴线来设计的。中国传统建筑集中体现着中国政治文化体系中的君臣尊卑、长幼秩序,有稳定、中庸、内敛、保守与和谐的内在特质。中国过去的皇宫建筑或者大户人家的宅院,一般是空间层层递进、庭院深深。在中国建筑的空间意识中,人们在居住环境中走动,不希望感受到的是神秘和紧张或者刺激与激情,而是享受到某种舒适和愉悦,体会到满满的生活气息与草木生机。人们游历在一个复杂多样的楼台亭阁中,场景不断变化,人们感受到生活的安逸和对环境的和谐,这是实用的和入世的,呈现的是一种理智的选择和以居所怡情的人生观。

"天人合一"的思想也影响了中国建筑的空间布局。传统四合院不论是在地址的选择上,还是在建筑的本身,都保持着和自然相协调的特色。院内植树栽花、饲鸟养鱼、叠石迭景,居住者可以尽享大自然的美好。既有虚有实,轮廓柔和,曲线丰富,又在稳重中呈现出一定的变化,即使是避免不了出现硕大的屋顶,也多会辅以轻巧多姿的一角和漂亮的反曲线,使四合院的高墙院落也尽量表现出与自然协调的意念,并与周围的山水林木等自然环境取得相当的和谐。① 中国的建筑布局充分考虑了人与自然的关系,在一定的个性张扬中体现出自我的控制,在空间的延伸中融入了环境的考量。

而西方建筑很少讲究建筑群的整体布局,主要是以开放的某一个单体为主,空间上向高空发展为趋势。例如,巴黎卢浮宫采用体量的向上扩展和垂直叠加,成为一个壮观的建筑整体。这与西方人很早就频繁出海形成了外向的性格有关,也与古希腊的开拓精神有关。② 西方不乏高耸入云的宗教建筑,例如哥特式教堂,其屋顶如利剑直插云霄;还有单体复杂而精美的人居建筑,如新天鹅城堡。这些都是突出营造单体建筑以达到震撼人心的例子。

(三)建筑风格:围合与外敞

中国建筑有独特的风格,体现了一种围合的地域文化。这主要是由于中国古代的中原地区是得天独厚的温带地区,同时南边有热带、亚热带地区,北边有寒带地区,西北有戈壁沙漠,东南有黄海、东海、太平洋和南海,西南则有崇山峻岭,东北还有"白山黑水"。加上地震、台风、风沙、寒流、大风雪、洪水等丰富多变的地理气候因素,造成了中国的古建筑长期以来缺少变化。中国的东面是浩瀚的太平洋,西北部是荒漠,而西面、南面是珠穆朗玛峰和云贵高原。这样的地理位置遏阻了人们的活动范围,造成了有一定局限的地理观,使得中国的传统建筑与外界交流不大,只是在一定的范围内自我发展与完善。人们稳定的农业生活方式依赖于土地,它使得中国人重视安分知足,崇尚和平,特别注重建筑自身的安全,注重生活环境的安全感。因此形成了一种强烈的围合文化,即将住宅以院墙或房间本身围合起来,城市一般有内外两层城墙,甚至大到一个国家也有城墙,例如被万里长城所围合。③ 从汉代的长安,到曹魏邺城,再到北

---

① 徐公芳.中西建筑文化[M].北京:科学出版社,2014.
② 徐公芳.中西建筑文化[M].北京:科学出版社,2014.
③ 徐公芳.中西建筑文化[M].北京:科学出版社,2014.

魏洛阳,从唐长安城,到北宋东京,再到明清的北京城,这些城市都是有围墙的。从民居来讲,从北京的故宫、四合院,到福建的土楼,也都是围起来的。所以,中国的建筑形式整体上来讲有一种"围合"形成的安全感。这种封闭的空间,大多都是横向的平铺式发展,没有某一栋过于高大的建筑。

中国这种封闭式建筑格局虽略显内敛和保守,但其"封闭性"是相对的。中国的传统建筑中心就是具有流动性的,各种造型、雕花镂空的门窗是中国古代建筑不可或缺的一部分,其功能性不仅仅表现为供人们进出,连接内外,使之通透,促进内外空气流动,还能让室内和室外产生空间上的交流。建筑群内部加上庭院、回廊的铺陈,也构建出了庞大的穿梭与游走空间。

而国外的建筑在这方面表现不同。西方建筑以巴黎的星形广场为例,以及"欧洲最美客厅"——圣马可广场来看,主要强调的是外部的空间。即便单体建筑有围墙,围墙也是虚化处理的,围墙也不是高大的,其建筑形式是开敞的。这和中国的封闭形成了鲜明的对比。以欧洲为例,西方的建筑从空间上来讲,还是上面提到的圣马可广场,外部空间是开敞的,再到俄罗斯的红场,都不是围合的、封闭的空间。从欧洲看西方,与中国不同的是,欧洲皇权显示一段时间内建造的是城堡,高大但占地面积较小,从空间上来讲也是竖向发展的,这和中国古代宫皇城有很大的差别。经过发展,在欧洲,也有宗教文化对皇权的影响,从这段时间看,此时的建筑空间则是强调个体,建筑形式向竖向发展。从欧洲建筑的内部空间来看,一个共同的特点就是高大,不管是雅典卫城的帕特农神庙,还是万神庙,抑或圣彼得大教堂,都是外部空间不大而内部空间高大。[1]西方的宗教观念很强,很多教堂修得高耸入云,彩色的玻璃虽透光,却不够透气。这样的整体建筑会给人一种压抑的感觉,人们进入之后很容易产生一种恐惧感,从而需要得到上帝的庇护。而中国的建筑向大地平铺开来,会让人觉得与大地、大自然更为亲近。

(四)建筑装饰:精雕细琢与辉煌壮丽

在单体建筑上,中国古代的建筑往往雕梁画栋,尤其是在皇家类和宗庙类建筑上,呈现出绘画艺术之美,无论是精美的斗拱,还是挑尖的屋檐,这些都是中国特有的。中国古代建筑装饰风格艳丽,注重雕琢,在装饰上注重于繁复精细,以动植物为主的屋顶彩绘也在中国古代建筑上多加运用。另外,在斗拱和房梁上,也有传统的工艺技法和雕刻运用。

相比之下,虽然西方部分建筑的上部也有壁画,但没有中国那么大面积地使用。西方建筑重视的是雕刻美,从建筑内部的装饰来看,大多为雕刻,意在创造一种三维的立体的美学,是写实和看得见的。从欧洲来看,有的建筑本身就是一件很精美的雕刻作品。[2]西方古典建筑朴实庄重,雕饰宏伟。西方的早期建筑风格多以沉稳朴实以及庄严感为主,颜色多采用黑色和白色色调,但到了后期,由于奢华的风气盛行,许多装饰和雕刻手段也开始加以运用,使室内室外变得金碧辉煌。宗教时期的建筑装饰多以

---

① 薛飞.中西方建筑文化比较[J].城市建设理论研究(电子版),2015(7).
② 薛飞.中西方建筑文化比较[J].城市建设理论研究(电子版),2015(7).

圣经题材的壁画为主,表现出信徒的虔诚。①

在建筑的装饰色彩上,中国的传统建筑自古以来就有很强的阶级划分:宫廷建筑中运用的大多是红色和黄色,例如,北京故宫的朱柱,给人一种皇家的高贵和威严感。普通民居运用的大多是青色、灰色和白色。中西建筑装饰的色彩选用偏好不同。中国由于"五行说"的影响,人们用色彩表示对自然的尊重,所以色彩比较简单,而且中国传统建筑的色彩还被用来作为区分社会等级和确定社会地位的手段,所以总的来说色彩变化不多。而西方建筑因为其社会文化是多元的,所以它的建筑色彩也是变化多端的,有时灿烂夺目,有时浮华艳丽。

不同的文化传统造就了不同的建筑风格、空间、造型,这也就是中西方建筑文化的差异所在。

发掘中国建筑文化自信与自觉的路径②

刘军(天津市建筑设计院③院长、总建筑师):文化的印记无所不在,文化的价值无所不能,中国几千年深厚的思想和文化积淀至今影响着人类的生产与生活。作为建筑师,在职业生涯中发扬和延续优秀的建筑文化是时代赋予我们的使命。"文化建筑没文化"的现象不能不引起我们的反思。我们要借建筑师之思向社会传递文化品位和声音,唤醒中华民族的文化自信、自强。文化是建筑的点睛之笔,是最不可或缺的灵魂。文化与建筑是如影随形的,越是优秀的建筑,越需要依靠文化的力量点亮灵魂。随着城市的发展,建筑设计变得浮躁,有时为了给项目套上一件绚丽的"外衣",不惜扭曲出奇怪的造型。巨大的体量不仅破坏了建筑与周边环境的和谐关系,对建筑的使用功能更是欠缺细致的考虑,从而造成极大的资源浪费。文化赋予建筑生命,我们在创作实践中应该针对不同的建筑采取最具有时代特征的创作手法。比如我在设计平津战役纪念馆时,需要展现的是革命年代的序列感,所以,我通过轴线、对称等手法营造一种庄重肃穆的感觉。这就是建筑中应该蕴藏的文化。每一位建筑师都应该有这种把握文化脉络的意识,不断提升自己文化底蕴,在建筑创作中自然地流露出文化的价值。

张家臣(全国工程勘察设计大师):中国建筑的现代化复兴要靠自己,绝不能听任外国建筑师的一面之词,所以一定要坚守建筑评论的阵地,让中国建筑文化走出自己的路。我认为建筑评论应该从以下三点考虑:文化的发展是增新删旧的过程,抓住文化发展的规律才能存精去粗;多元文化交融是必然趋势,在传承自己文化的同时不能盲

---

① 余冰楷,刘佩尧,庄皓然.中西方建筑装饰文化比较研究——以门为例[J].美与时代(城市),2020(5).
② 发掘中国建筑文化自信与自觉的路径——"建筑文化与建筑创作品评"建筑师茶座[N].中国建设报,2014-11-25.
③ 现为天津市建筑设计研究院有限公司。

目反对外来文化,而是在交流中汲取营养,主张"以我为主,为我所用";学习传统文化,只有在充分理解传统文化境界的基础上,才能在创作中自然而然地流露出文化底蕴,设计出既符合现代审美又充满传统古韵的作品。建筑师应该具备认知文化精华的能力,首先,要从和谐性考虑,这是中国文化的核心。其次,要保持中国朴素美学的审美,我们反对怪癖,提倡"山川去色、清心寡欲"的风格,这是美学方面最本质的特色,已渗入中国的文化脉络之中。就如中国的戏剧讲究写意,一个马鞭就可以营造出率将西征的壮观场景,而国外舞台剧恨不能把宫殿都搬到舞台上,他们追求的是写实。这就是中西文化的差异。所以,我们要从认知中提炼出新文化的元素。我们解读文化建筑和建筑文化的关系,其实是追寻文化自信的必由之路,建筑评论的阵地不但不能放弃,而且应该加强。我们绝不能以外国人的评判标准来衡量自己的建筑。我国建筑界急需填补建筑品评标准缺失的空白,在"适用、经济、美观"的六字指导方针下不断充实并赋予其新内涵,挖掘城市本土特色,借以提升建筑师地位,增加建筑师的话语权。我们要用品评之"评"探讨中国建筑发展方向的问题,扭转当今建筑"贪大求奢"的趋向。我们要在技术的发展下,重新界定建筑方针的含义:"适用"由简单的功能性要求扩展为"拥有可持续发展的规划,预留弹性的城市发展空间,适宜人类居住";"经济"由从前不超越投资的要求升级为"节能、节水、节地、节材"四项有利于提高资源利用效率的方针;"美观"从单纯的外形好看变成要深刻挖掘本土文化内涵,为建筑留下"中国制造"印记的要求。凸显建筑的本质美,在学习中提升中国建筑文化的内涵,让新建筑既有文化魅力,又符合时代的要求。

张颀(天津大学建筑学院院长):目前,"奇奇怪怪的建筑"在全国的城市中"遍地开花",这种现象不得不引起我们的反思。我在安徽乡村考察时发现,村寨里遍布欧式古典小洋楼,还贴着不伦不类的瓷砖,原来乡村的文化底蕴完全被抹去了。建筑师面临的压力非常大,把握建筑文化非常必要。建筑设计与三方面的因素有关,分别是物质功能、精神需求、技术条件。虽然时代的发展深化了物质功能的要求,但精神上还是应该追求建筑"形式美",不论时代如何发展,这种思想都不能抛弃。建筑技术能够实现一些很奇怪的造型,但技术的发展是一把"双刃剑"。我们要在建筑实践中把握建筑文化的内涵,在传承文化的同时认识到文化是在不断发展的,传统和现代的碰撞肯定会带来文化的剧变。

> **本章思政总结**　中国古人对自然,对天道伦理的哲学思考体现在建筑当中,表现为人造建筑与自然生态的关系。中国建筑体现了自由舒适、心物感通与天人交感的人生意趣和审美精神。中国建造行业则体现出了以"鲁班精神"为代表的传统文化建造精神。解读传统文化建筑和建筑文化的关系,是追寻我国文化自信的必由之路。

复习思考题

1. 你认为广东广州、湖南长沙、广西南宁、澳门特别行政区的文化地标应该是什么？为什么？
2. 中西方的建筑文化从历史发展的阶段来说有什么区别？有什么相通性？
3. 中国建筑文化的精神在当代有什么传承和表现？
4. 如何对城市及其建筑进行整体性、和谐性的规划？

延伸阅读

从武汉江汉关谈历史建筑的规划文化史审美①

武汉市汉口江边的江汉关大楼，其主题与形象一直是汉口商业港口的实体与文化标志，亦是人们从远视到近视的汉口景观地标，视觉上的震撼在于其天际线的突出。今天的江汉关几乎完全被模糊在紧贴其背矗立的高楼群屏之中，从而失去其汉口标志和海关主题的地理及文化视觉焦点的意义。该文从城市规划审美角度，以江汉关为典型，参考一些国内外案例，探讨历史建筑区域规划的文化史空间规划问题，并提出"江汉通海"的武汉城市形象概念。

武汉市汉口江汉海关大楼所在的汉口一直以来是武汉三镇中的商业中心。据档案记载，从1865年到1895年，汉口港作为全国第二的进出口贸易大港，进出口贸易仅次于上海。随着《汉口租界条款》的签订，汉口正式开埠，江汉关在中国通商口岸中的地位愈加明显。当时的江汉关原办公场所房屋的木料大多腐烂，后来还发生了一起倒塌事件，江汉关税务司安格联下令整关搬迁，并着手筹建新大楼，即现在的江汉关大楼。现在保存下来的历史建筑江汉关海关大楼位于沿江大道江汉路口，占地面积1400平方米，高约40米，钟楼顶端高出地面83.8米，外观融合了古希腊、欧洲文艺复兴和英式建筑的风格，在当时堪称是国际顶尖水准的建筑。

过往入汉口港的船只往往都是通过江汉海关大楼认识汉口的。作为汉口的标志性建筑，江汉关大楼具有重要的历史价值和建筑艺术价值。在100多年前，江汉关大楼算得上是当时的高层建筑，钟楼部分凌驾于其他建筑之上，可以说是这一地区的文化地标。城市的天际线在这里发生了突变，与四周低矮的屋顶形成了鲜明的对比。

现在，江汉区已经是高楼林立的街区，许多大楼在高度上已经达到甚至超越了现在的海关大楼，大楼周围被各大银行和酒店的几座大楼包围，从汉口港遥望过来，海关大楼的地标性已不是那么明显了，对照武汉市3D城市地图可以直观地看到。江汉关周围许多现代主义建筑的加入也冲淡了古典主义建筑给街道带来的欧洲那种缓慢、闲适的生活节奏。但现在每逢节假日，依然会有许多市民聚集在海关大楼下，等待钟声

---

① 张博涵,王子超,王克陵.从武汉江汉关谈历史建筑的规划文化史审美[J].华中建筑,2012(12).

的响起。现在的江汉区，各大饭店、酒店等宾馆服务周全，公寓、智能化小区温馨惬意，区内商厦林立、街市交织，江汉路步行街、万松园国际品牌商业街、汉正街等新老名街竞放异彩，共同构建了多层次的城市建筑景观。至今，武汉作为争取中国中部商业、金融、交通中枢的特大城市，江汉关文化主题仍然是引领性的突出。可是，江汉关大楼在视觉上的特立突出已经被冲淡、模糊了，取而代之的是繁华的现代化建筑。

着眼于其他大城市，即使城市建设蒸蒸日上，但拔地而起的摩天大楼并没有一些文化象征性地标的突出地位。比如，2012年奥运会的主办城市英国伦敦，毫无疑问作为欧洲特大城市，伦敦城内随处可见历史保护建筑，堪称历史建筑保护的典范。诺曼·福斯特设计的"小黄瓜"大楼就是新建筑与历史建筑和谐共存的一个好例子。"小黄瓜"大楼位于泰晤士河北岸，与英国伦敦古城堡伦敦塔、伦敦吊桥处于横向一线之上，新建筑"小黄瓜"大楼与古建筑伦敦塔古城堡、伦敦吊桥之间有相当的间隔空间，其间为历年修建的小型楼房。从视觉上看，全新的现代银行楼"小黄瓜"与古色古香的伦敦塔、伦敦吊桥之间，是轻盈"散步式"的空间过渡，体现出功能主题上的"历史性自然"的时空穿插与过渡。

国内也有很多成功的例子，比如香港岛的一些新建筑，像贝聿铭先生设计的中银大厦，大厦本身外形独特，利用正方形平面、菱形柱和三角形面饰等元素，构筑出了既与环境相融合又突显于环境的效果，中银大厦周围挤满了高楼，但是中银大厦奇特的外形与"气势"与其他高楼迥然不同。虽处于香港岛众多高楼的紧密簇拥之中，其个体仍显得格外突出，站在维多利亚海峡水岸九龙尖沙咀南望，一眼就能很清楚地看到大厦，这是设计师非常高明的空间处理手法：一定要在这样众多高楼的背景中，突出中银大厦，将奇特的外形放在模糊的高楼"雾景"中，视觉效果再明显不过了。在中银大厦西边不远处的香港国际金融中心，在香港岛西北海峡南岸，与东西高楼群有很大的过渡间隔空间，以其高拔而突出，虽然也处于高楼背景中，但是超高的高度，寄托着香港人民对本港经济的高度期望。又如香港的九龙半岛尖沙咀的钟楼，它旁边是香港文化中心，外形像弧形屏障，这一造型突出了钟楼小巧清晰的楼身，特别是纵向深度大，北面的高楼成为模糊的远影，以突出钟楼。再看当时新建高楼尚未"成群"的上海浦东新区，由于是新城区，看上去像巨大的工厂厂房与烟囱，街道上的人也不多。再看看西岸外滩的景象，保留下来的欧式建筑被赋予了新的功能，有的是办公大楼，有的是酒店餐厅。每天行人进进出出，维持了这一区域的街道活力。外滩与东方明珠、经贸大厦、环球金融中心隔江相望，每到夜间，灯火通明，这里就会聚集大批游客和市民。江的这边是欧式古典主义风格建筑，江的那边则是现代化的高楼大厦，这种新旧对比一方面使人铭记历史，另一方面可展望上海这个大都市的未来。这是城市建设中处理新旧建筑的一个很好的实例。

汉口是武汉市偏重商业与航运的城区之一，也是武汉市的金融中心，从商业经济文化看，联通内外、"九省通衢"。作为汉口主题性地标的江汉海关大楼，应该在视觉上突出，从而显示出汉口的经济文化特征。因为是历史建筑，江汉关大楼在体量上肯定无法超过周围的新建筑，只能想办法压缩周围建筑体量和合理安排新建筑的位置来凸显它。钟楼本身在功能上就有特殊性，每逢节假日，会有市民来此聚集，这时的江汉关大楼无形中限定出了一片活动场地，这是以钟楼为中心的具有向心性的场所，体现出了江汉关在城市中的地位。在形态上，海关钟楼是欧式的建筑风格，这与现代主义的建筑形成对比，人们在感受现代都市经济繁华的同时也可体会到古典主义的美，这种新旧对比、中外风格的对比丰富了建筑的多样性。

　　新建筑的建造必然在视觉上会对历史建筑产生影响，在历史建筑区域修建新建筑时，应注意到新建筑与历史建筑的视觉间隔。比如，香港国际金融中心、美国纽约的自由女神像采用的是背景的"无体"空隔。香港国际金融中心高度上就超出周围筑，再加上被特别地放置于群楼之前，更突显了特殊的地位。再如，香港中银大厦在与周围建筑处理上采用"有体"空隔，外形上采用棱柱状，就像节节高升的竹笋一样。大厦的设计仿照竹树不断向上生长，象征力量、生机、茁壮和锐意进取的精神；基座的麻石外墙代表长城。结构上，整座建筑物的拐角由四根加强混凝土柱支撑，有三角形框架将建筑的压力转移到4个柱子上，外面用玻璃幕覆盖。其独特外形和空间处理，使得它成为香港极为瞩目的地标之一。英国伦敦"小黄瓜"大楼与伦敦塔古城堡、伦敦吊桥的关系属于历史和功能上的穿越，大楼采用了很多不同的高新技术和设计，是现今建筑业界的突破，在建筑节能方面，这座大楼比普通的办公大楼减少50%以上的能源损耗，同时也是由可再生的建筑材料建造而成。在伦敦建筑传统区域，福斯特建筑师事务所设计这个大楼时，大幅度地改动了伦敦的天际线，与周围的历史建筑形成了特殊的回应，仿佛是穿越了时空的建筑对话，这座建筑的地标性也凸显了出来。不管是什么样的空间处理，都要在不同的建筑群"屏景"中突出文化地标建筑的体量、高度和外形，使之成为视觉的焦点、文化的信息点和城市功能的认识点。一座城市的突出经济文化功能，必有实现其功能特质的地标，而地标的形式与文化艺术内涵及其背景，一定要有功能与艺术形式的逻辑关联，从而产生联想、振奋和发展进步的欲望。"江汉关"与"武汉"，正是这样的功能地标文化之逻辑关联。

　　以江汉关大楼为例，该地区被密集的楼群覆盖，传统的人文区域在大兴土木的过程中没有得到很好的保护，使得该地区的地脉与文脉未得到延续。应该意识到的是，先前经济或文化中心的形成必然是在特定历史时期所形成的，盲目地改建只会打破建筑与经济文化活动长久以来形成的和谐关系，因此需要寻找合适的方法来协调新建建筑与历史建筑的关系。其实可以通过前文提到的间隔式、过渡式、穿越式等空间处理手法协调好新建建筑与历史建筑之间的关系，通过控制新建建筑与历史建筑的间距或合理地安排建筑的位置和次序，抑或是在功能上找到相互间的关系进行协调，尽可能地凸显出历史建筑的地标性。在体量上，不能使新建建筑在高度上超出历史建筑太多，形成了高楼如山谷般包围历史建筑的姿态，这样极大地削弱了历史建筑的地标性。对于历史建筑的保护以及改建，必须以规划为前提，进而有针对性地进行保护。不同的历史建筑有各自的历史背景，保护的策略也不同。制定出好的规划，按此进行保护，这样才能使历史建筑在城市建设的步伐中不至于流失。

　　当代武汉城市规划理念中，应注意与武汉城市历史文化的传承与延续。武汉的"黄鹤楼"等建筑成为武汉地标建筑的重点。本文认为，不应该忘记使武汉真正走上历史及当代发展的根本基础——"九省通衢"的武汉社会经济发展历史。这一历史的古代地标是"码头"，近代地标是"海关"！具有500年辉煌发展历史的汉口，以及血肉相系的汉阳、武昌，无论发生多么震惊中国的社会、政治、文化及军事事件，其产生的"土壤",是"九省通衢"中的"通"。

因此,"江汉通海"才是武汉的经济文化根本特点,而"江汉关",就是武汉当代及今后发展的真正地标!"江汉通海"归纳了武汉自盘龙城立城3500年以来的一贯"地脉",以及在这里发生的无数社会人文故事的"文脉",也就是武汉的"人文经济之脉"。可以说,武汉当代城市形象,依然着眼于一个"通"字。"通"不仅仅是寓意,"江汉通海",实际指导着武汉的进一步改革开放的方向与层面。"楚文化"的"惟楚有才,敢为人先"和"知音"的情感、"黄鹤楼"的山水乡关、"辛亥首义"的"革命",以及"汉阳造"的"自立"等,都是现代武汉人可以传承的历史文化元素;而真正纽结、融容这些元素的,是"地脉"——江汉通海。所以,"江汉关"才是武汉当代和今后发展的核心文化地标。武汉城市发展规划,不应忽略这一核心地标,因为它才是以"通"为主线,流淌的"武汉精神"的最恰当的象征景观。

而今天的现实是,江汉关被众多新高楼所"淹没"!众多新高楼不可能因本文议论而改变其存在,但能否清理和重新调整江汉关周边环境,而使其呈现视觉空间上的突出?城市规划及建筑环境美学上是一定有办法协调的。上海外滩、香港中银大厦以及九龙尖沙咀钟楼等已有成功的经验可以借鉴。

第五章
非物质文化遗产与旅游文化

学习目标

（1）掌握本章中涉及的基本概念与基本理论，掌握非物质文化遗产的概要、与旅游的关系等相关知识，体会非物质文化遗产中展现的中国元素和中国故事。

（2）增进对中华民族传统文化的了解和热爱，提高学生的传统文化修养，激发学生尊重传统文化、传承中华文明的文化自觉。

思政元素

中国特色社会主义文化、文化自信、文化自觉、社会主义核心价值观。

章前引例

火把节是彝族地区最普遍、最隆重的祭祀性节日，2006年列入中国首批非物质文化遗产名录，被认为是彝族的重要标志和象征符号。火把节在凉山彝语中称为"都则"，即"祭火"的意思，其原生形态是古老的圣火崇拜。在今天的彝族山地社会中，依然能够从种种民俗事象中发现这个节日的"祭火"信仰观念与文化内核。

彝族独特的十月太阳历法，把一年分为10个月，每月36天，按十二地支转三轮计算，在每年的夏至，即农历六月二十四日举行一年一度的火把节。按彝族传统习俗，火把节要过三天。第一天清晨，男人聚集河边杀猪、宰牛、打羊分肉；妇女在家忙着煮荞馍、磨糌粑面；每家要杀一只鸡，观察鸡舌、鸡胆、鸡股，以占卜来年的吉凶，并烧鸡祭祖，祈盼阖家平安、牲畜兴旺。第二天，四乡八部的人们着节日盛装从方圆几十里甚至上百里的山寨如潮水般涌向青山环抱的火把场。这天的活动可谓精彩纷呈，传统项目有斗牛、赛马、斗羊、摔跤、斗鸡、爬杆、抢羊、射击、赛歌、选美、赛衣、老鹰捉小鸡、跳"集乐荷"舞、耍火把等，活动极富原始情趣和乡土气息。第三天，点燃用蒿枝或细竹扎成的火把，举行神圣的"送火"仪式。彝家男女老少高举火把，万众欢腾，祈祷平安，祝福吉祥。

从现实意义看,彝族大多生活在山区半山区,经济生产方式主要以农耕生产为主。火把节之后天气炎热,各种自然灾害比较多,尤其是水旱灾害,雨多成涝、雨少成旱,影响农作物生长,并决定一年的丰收。季节转化时,气候对人的健康状况影响很大,夏至期间,人们容易生各种疾病,苍蝇、蚊虫、蛇等动物在夏至后开始活跃,对人体伤害很大。因此,彝族火把节用打火把仪式祭祀和娱神,以驱虫辟邪、祈求风调雨顺、期望五谷丰登,表现出浓郁的农耕文化气息。

火把节作为盛大的传统庆典,完整而丰富地保留了彝族这一群体文化演进的历史轨迹,讴歌其生命繁衍、祈盼族群生活的理想,传达朴素的生命观念和生活态度,渗透着一种"狂欢化"的民俗精神,构建了民族传统精神认同和象征意义。火把节在时间维度上的历时性发展和空间维度上的地域性演变,包括了彝族传统社会的多种活动事项,包容着宗教、信仰、伦理、歌舞、技艺、民间审美等丰富的内涵,呈现出复合形态的民俗文化内涵,逐步演变成今天的民间文化节日。①

俗话说,"百里不同风,千里不同俗"。不同的民族、不同的地区在长期历史发展中形成了鲜明独特的民俗。除了上文提到的彝族火把节,你还参加过哪些特色民俗活动呢?请简单描述一下。

第一节 非物质文化遗产与旅游

一、非物质文化遗产概要

党的十九大明确指出,文化是一个国家、一个民族的灵魂。文化兴国运兴,文化强民族强。没有高度的文化自信,没有文化的繁荣兴盛,就没有中华民族伟大复兴。因此,中国特色社会主义文化正是源于中国上下五千年的悠久历史。通过对文化历史的沉淀,从而形成了具有中国特色的社会主义核心价值观。②而非物质文化遗产作为传统文化的重要组成部分,是我国各个民族人民经过历史的沉淀遗留下的精神财富。

(一)非物质文化遗产的概念溯源

非物质文化遗产是人类生产物质资料过程中的产物,是人类社会发展过程中形成的文化成果,是文化遗产的重要组成部分。这一概念从提出到最终形成是一个不断完善和发展的过程。直到2003年,联合国教科文组织在《保护非物质文化遗产公约》将"非物质文化遗产"定义为:被各群体、团体、有时为个人所视为其文化遗产的各种实践、表演、表现形式、知识体系和技能及其有关的工具、实物、工艺品和文化场所。具体

---

① 杨丽琼,马平.从节事旅游论非遗保护:以彝族火把节为视角[J].湖北民族学院学报(哲学社会科学版),2011(3).

② 苏俊杰,赵娟.少数民族旅游文化产业与非遗助力云南乡村振兴[J].艺术评论,2021(10).

包括：口头传说和表述（作为非物质文化遗产媒介的语言）；表演艺术；社会风俗、礼仪式、节庆；有关自然界和宇宙的知识和实践；传统的手工艺技能。①

随着我国非物质文化遗产保护逐渐与国际接轨，2005年，我国在《国务院关于加强文化遗产保护的通知》明确规定：非物质文化遗产是指各种以非物质形态存在的与群众生活密切相关、世代相承的传统文化表现形式，包括口头传统、传统表演艺术、民俗活动和礼仪与节庆、有关自然界和宇宙的民间传统知识和实践、传统手工艺技能等以及与上述传统文化表现形式相关的文化空间。②2011年，《中华人民共和国非物质文化遗产保护法》颁布，再次对非物质文化遗产进行定义并明确其范围。该法律规定，非物质文化遗产是指各族人民世代相传并视为其文化遗产组成部分的各种传统文化表现形式，以及与传统文化表现形式相关的实物和场所。③

（二）非物质文化遗产的文化特征

由于非物质文化遗产产生于特定的历史背景和民族文化之中，它包含着特定民族或群体的行为方式、法则制度、民族信仰等，包含着丰富的文化内涵。作为社会文化的非物质文化遗产，主要有活态性、传承性、无形性、审美性这几个特征。

1. 活态性

所谓活态性，就是非物质文化遗产一直处于发展演变中，说明它是一种"活态"，而非"静态"的文化。非物质文化遗产在传承、传播过程中会进行变异、创新。这种变异、创新的内在动力是由非物质文化遗产的性质决定，是内在的、必然的，是以不同传承者、享用者参与与创造，展示出他们超个体智慧、能力的创造性；外在原因则是，当这种文化遗产进入异时、异域、异族时，不变异、创新就无法传承和流传，是融入需要而必须进行的变异、创新。因此，在设计保护的方法和制度的时候，对这类遗产就不能只用博物馆法来静态记录和保存，而应该用符合遗产发展和更新规律的动态方法来与时俱进地传承和发展，这样的方法一定是具体而多元的。④无形文化遗产的活态化特性说到底就是"人"的问题，"人"是非物质文化遗产传承的核心因素和核心载体。

2. 传承性

传承性，即指非物质文化遗产具有被人类以集体、群体或个体方式一代接一代享用、继承或发展的性质。这是由遗产的本质所决定的。⑤正是因为这样，对于非物质文化遗产的保护，其重点是对传承人的保护。对传承人的保护，除了鼓励其带传承人开传习所，进行各类传习展示外，重点是经济上、精神上、文化宣传等方面的扶持，挖掘传

---

① 联合国教科文组织.保护非物质文化遗产公约[EB/OL].(2003-10-17).https://www.un.org/zh/documents/treaty/files/ich.shtml.

② 国务院.国务院关于加强文化遗产保护的通知[EB/OL].(2005-12-22).http://www.gov.cn/gongbao/content/2006/content_185117.htm.

③ 全国人民代表大会.中华人民共和国非物质文化遗产法[EB/OL].(2011-02-25).http://www.npc.gov.cn/wxzl/gongbao/2011-05/10/content_1664868.htm.

④ 宋俊华.非物质文化遗产特征刍议[J].江西社会科学,2006(1).

⑤ 彭延炼.民族传统艺术保护与旅游业发展互动研究——以德夯苗寨民俗风景区为例[J].广西民族研究,2008(2).

承技艺中所赋予的精神实质,扩大影响面和增强吸引力,让更多的本族青年在掌握技艺的同时继承这些精神,并将这些精神发扬光大。要让更多的民众能了解和认识这些精神,而不只是对精湛的技艺表示感慨。①

3.无形性

所谓无形性,就是指非物质文化遗产的存在,是以一种变动的、抽象的和依赖于人的观念、精神存在。非物质文化遗产是抽象的文化思维,它存在于人们的观念且随着人们观念的变化而变化,如知识、技能、表演技艺、信仰、习俗、仪式等。所以从本质意义上讲,非物质文化遗产是无形的,它不像物质文化遗产那样是有形可感的物质。②

需要强调的是,非物质文化遗产本质的无形性并不排斥其在存在和传承时的有形性。例如,雷山苗族的银饰锻造工艺是国家级非物质文化遗产,这种工艺是无形的,但它的表现和传承却是通过银饰工匠打造银饰这种具体物的活动进行的,而这些物、人和人的活动却又是具体、有形的。

4.审美性

审美性是非物质文化遗产的美的价值的彰显。非物质文化遗产经过历史检验,成为各领域中的艺术作品,反映了历史上广大民众的审美观念和艺术情趣,艺术特色鲜明丰富。在时代流传的过程中,许多民间文学作品创造了大量生动丰富的文学形象,流传下了大量技巧精湛、优美动人的艺术篇章,成为历代民众审美欣赏的艺术对象。③我国是一个统一的多民族国家,每一个民族都有自己独特的非物质文化遗产,它们在传承过程中体现了时代性、民族性和地域性的特征,汇聚了各族人民对美好生活的追求和理想信念,展现了它的艺术创造的审美价值,人们从中获得了美的欣赏和享受。

(三)非物质文化遗产的意义

保护好、传承好、利用好非物质文化遗产,对于延续历史文脉、坚定文化自信、推动文明交流互鉴、建设社会主义文化强国具有重要意义,具体表现如下。

1.传承非物质文化遗产能够延续历史文脉,增强民族凝聚力

中华优秀传统文化是中华民族的根与魂,是中华儿女共同拥有的精神家园。在历史的长河中,中华民族能够繁衍生息的重要原因是中华民族具有代代传承的精神需求、精神品质,中华优秀的传统文化是中华民族更深层次的精神追求,代表着中华民族具有独特的精神特征,而非物质文化遗产作为中华优秀传统文化的重要组成部分,对于中华民族的发展起到了较强的促进意义。④

因此,加强非物质文化遗产的保护与传承是对中华优秀历史的保护和传承,非物质文化遗产是连接各个民族之间的精神纽带,通过非物质文化遗产不仅为中华儿女提供了持续的认同感,也对民族团结民族复兴起到了较强的促进意义。比如,在中国传

---

① 薛文娟.试论非物质文化遗产人本管理机制[J].贵州民族学院学报(哲学社会科学版),2010(4).
② 李依霖.少数民族非物质文化遗产的法律保护研究[D].北京:中央民族大学,2013.
③ 梁文达.中国非物质文化遗产传承对国家文化软实力提升研究[D].北京:中央财经大学,2017.
④ 向世界说明中国文化交流活动组委会:弘扬中华民族优秀传统文化 实现伟大中国梦[EB/OL].(2022-03-16).www.chinapw.com/news_detail.php?id=1402.

统的节日端午节中,很多地区都有不同的端午节风俗,有的地区会在儿童的手上系上五彩绳、佩戴香囊,有的地区会举办龙舟比赛、包粽子活动等,这些行为都是为了纪念屈原或伍子胥这样的历史人物。通过这种方法,不仅使中华优秀传统文化得到传承和发扬,也增强了中华人民的内心认同感。

2.保护非物质文化遗产能够有效推动社会主义文化的繁荣昌盛

中国特色社会主义核心价值观的制定是对中华传统文化的总结和沉淀,而中国特色社会主义道路正是根据中国特色社会主义核心价值观而形成的。非物质文化遗产作为中华优秀传统文化的重要组成部分,充分地体现了各族人民的精神理念和道德规范,是历史沉淀的精华,是提升国家综合能力的软实力,也是我们在历史的长河中世界文化中站定脚跟的基础。因此,加强对非物质文化的传承和保护能够保持中华传统文化的优秀气节,促进中国传统文化的长远发展。① 非物质文化遗产的传承和发扬能够更好地推动社会主义文化的繁荣昌盛,为建设社会主义文化强国做出贡献,促进我国战略目标的实现。

3.保护非物质文化遗产能够带动社会经济的长远发展

中华优秀传统文化中蕴含的丰富的哲学思想、人文精神、教化思想、道德理念等都可以成为人们认识世界、改造世界的途径,能够为治理国家、治理政治提供有益的启示,而非物质文化遗产包含了多种门类,涵盖了人们生活的方方面面。通过将非物质文化遗产与生活有效融合,能够发挥出以文化人、服务社会的重要目的。通过加强传统技艺与现代科技的有效融合,不仅能够促进乡村社会的稳定发展,也能够使非物质文化遗产更好地带动社会经济的蓬勃发展。通过对传统非物质文化遗产的推广和发扬,能够满足人们日益增长的生活需求,促进社会的长治久安。

二、非物质文化遗产与旅游的关系

2018年6月,文化和旅游部部长雒树刚在全国非物质文化遗产保护工作先进集体、先进个人和第五批国家级非遗代表性项目代表性传承人座谈活动上提出,要推动非遗与旅游融合发展,充分发挥旅游业的独特优势,为非遗保护传承和发展振兴注入新的更大的内生动力。②

(一)非物质文化遗产适合与旅游产业相结合

一方面,非遗项目所蕴含的文化价值和内涵能满足人们高层次的精神文化需求,是具备较强开发价值的旅游资源,市场潜力无限。另一方面,目前无论是非遗保护还是传承都需要大量的资金,全部依靠政府拨款显然是不够的。因此,非遗项目应在保护与传承中积极培育"自我造血能力",维持自身发展。而旅游开发既能发扬和传播非物质文化遗产,同时又能筹集一部分资金,是实现非遗项目造血能力的重要途径。非物质文化遗产既有进行旅游开发的资源基础,也有资金需求的必要性,两者结合能产生多重积极的经济和社会效益。目前,我国正在积极推进非物质文化遗产旅游开发活动。

---

① 刘晴.非遗与旅游融合发展的探究[J].魅力中国,2021(34).
② 梁文达.中国非物质文化遗产传承对国家文化软实力提升研究[D].北京:中央财经大学,2017.

（二）非遗与旅游融合的基础条件

我国非物质文化遗产保护在取得诸多成绩的同时，也暴露了不少问题，如"重申报，轻保护"[①]。地方政府重视不够、民众参与度不高、保护资金投入不足[②]，缺乏整体保护观念等。非物质文化遗产是一种活态的文化，越来越多的学者赞同通过合理开发的方式来保护和传承[③]。黑格尔曾说，传统并不仅仅是一个管家婆，只是把它所接收过来的忠实地保存着，然后毫不改变地保持着并传给后代。它也不像自然的过程那样，在它的形态和形式的无限变化与活动里，永远保持其原始的规律，没有进步。[④]美国著名人类学家格雷本（Graburn）曾经说过，越是濒临灭绝和消亡的东西，越吸引当今的都市旅游者。[⑤]因此，非物质文化遗产与旅游业具有天生的契合度。非物质文化遗产能为旅游业发展提供文化资源基础，而旅游业的发展能为非物质文化传承提供市场基础，这是二者融合发展的基础条件（见图5-1）。通过旅游活动，可以激发非物质文化遗产内在的活力，为非物质文化遗产传承提供新的机会，能加强传承人的传承意识和文化自信，扩宽非物质文化遗产的生存空间，在一定程度上能缓解非物质文化遗产的保护困境。

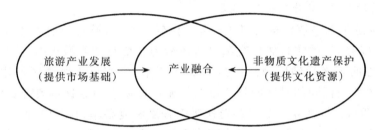

图5-1 非物质文化遗产与旅游业融合发展的基础条件

（三）非遗与旅游融合的五大类型

由于非物质文化遗产是中华民族漫长历史中的积淀，各种类型的非物质文化遗产在与旅游行业结合的过程中都存在很多差异。非物质文化遗产包括口头文学、音乐、舞蹈、曲艺、杂技、礼仪、节庆和体育等多种形式。[⑥]为深入挖掘和有效开发非物质文化遗产的内在文化及经济价值，我国已经探索出了多种非物质文化遗产旅游开发模式，结合目前非物质文化遗产与旅游融合发展道路过程中的众多案例，可以将非物质文化遗产与旅游融合的项目分为以下五大类型。

1. 非遗节事旅游：旅游的季节性

节事旅游，或称事件型旅游，是以节日、盛事等的庆祝和举办为核心吸引力的一类

---

① 康保成.中国非物质文化遗产保护发展报告（2012）[M].北京：社会科学文献出版社，2012.
② 李岩.中国非物质文化遗产保护现状调查报告[J].学理论，2012(30).
③ 艾琳，卢欣石.草原生态旅游非物质文化遗产资源的保护性开发研究[J].干旱区资源与环境，2010(1).
④ [德]黑格尔.哲学史讲演录[M].贺麟，王太庆，译.北京：商务印书馆，1959.
⑤ [美]纳尔逊·格雷本.人类学与旅游时代[M].赵红梅，译.南宁：广西师范大学出版社，2009.
⑥ 朱敏.我国非物质文化遗产旅游开发研究——评《旅游开发与规划原理及案例》[J].广东财经大学学报，2022(1).

旅游形式，可以分为传统节事与现代节事两大类，而其中的传统节事多半隶属于非物质文化遗产范畴。在我国，与节事相关的民俗类非遗资源非常丰富。据不完全统计，在国家级非物质文化遗产名录项目中，各地传统节日、民族节日、祭典仪式、庙会书会、灯会花会等民俗活动就有197项①，而省、市、县三级非遗名录中节日民俗类项目的数量更大。春节、元宵节、清明节、端午节、七夕节、重阳节等中华传统节日在大江南北都有形式多样、内容丰富的民俗活动，京族哈节、傣族泼水节、彝族火把节、黎族三月三、苗族跳花节等少数民族节日各具特色、风情浓郁，天津皇会、厂甸庙会、秦淮灯会、马街书会、洛阳牡丹花会等民间文化活动源远流长而又喜闻乐见。

实际上，大多数节事民俗活动都是民间盛行、聚合人气、促进交流的群众性文化活动，适于扩展参与范围、全民共欢共度。推广这些节日也可以促进该项节事及相关文化事项在当代的活态传承，符合非遗保护的初衷。与此同时，节事旅游又具有时空限定、资源排他等突出特点，易于转化为地方特色旅游资源，许多非遗节事活动已然在特定地区形成了周期性的旅游热点。②与其凭空"造节"，不如将本乡本土世代相沿的节日民俗充分挖掘、有序传承、合理拓展，营造本地人认同、外来者共享的节日文化。

2. 非遗进驻景区：提升体验"金钥匙"

景区是旅游生态系统的重要组成部分，直接决定了旅游目的地的吸引力。特别是观光型旅游，以参观、欣赏自然景观和民俗风情为主要目的和游览内容③，往往以旅游景区作为核心的观光活动区域。但截至2018年末，全国仅A级景区就达到了11924个④，邻近地区类型相同的景区间竞争不断加剧。旅游者对景区的资源禀赋和消费体验同等看重，两者共同决定了景区的首次吸引程度和复游率；与此同时，游客消费习惯日益理性化，从过去的"扎堆"热门景点变为更加注重旅途体验，对景区观览内容和服务品质都提出了更高要求。

日益常态化的"非遗进景区"，使得静态观光型景点与动态体验型展项相串联，欣赏型自然人文景观和参与型生产生活场景相衔接，全面升级景区游览线路，满足旅游消费者感官体验、认知探索等深层次需求，也为非遗传承人及从业者增添了展演平台，从增加谋生和传艺渠道、扩大项目知名度等方面获益，因而这一类型也是非遗与旅游融合最为常见的类型，易实现、易见效。

3. 建成遗产＋活态遗产：传统聚落"活起来"

有学者认为，传统聚落是中国社会结构的基本细胞，也是社会人群聚居、生息、生产活动的载体。⑤随着社会的发展，很多传统聚落也被保留了下来，通过将传统的聚落与人为建造的聚落有效结合，不仅能够直观地展示具有本土化特色的人居建筑景观，也能使前来旅游的观光者感受到当地的人文特色，使游客完全沉浸在当地的文化场景当中。目前，很多地区也开展了这种形式的旅游活动。比如，浙江舟山的东沙镇、贵州凯

---

① 王学思.全国非遗保护工作先进代表和传承人座谈活动举行[N].中国文化报,2018-06-09.
② 杨红.非遗与旅游融合的五大类型[J].原生态民族文化学刊,2020(1).
③ 国家旅游局.旅游服务基础术语(GB/T16766—1997)[S].北京:中国标准出版社,1997.
④ 文化和旅游部.中华人民共和国文化和旅游部2018年文化和旅游发展统计公报[EB/OL].(2019-05-30).
https://www.mct.gov.cn/whzx/whyw/201905/t20190530_843997.htm.
⑤ 业祖润.传统聚落环境空间结构探析[J].建筑学报,2001(12).

里的麻塘革家寨等地区都属于这种类型,通过在原有的古村镇的基础上建立符合当地特色的景区,帮助游客置身其中,感受当地的风土人情,也对当地的传统文化有所了解。通过巧妙地利用旅游人士维护当地非物质文化遗产的传承,从而促进当地特色文化的流传,使非物质文化遗产能够灵动起来,承载活态文化的生命力。①

4. 非遗主题场馆、景区:"非遗C位出道"

近年来,各地建成了不少非遗主题展示场馆、演艺剧场、旅游小镇、旅游景区、文化园区、街区市集等,有的以当地代表性的非遗项目、门类为主题;有的则以特定民族、文化圈等为主题,对地区主要非遗资源予以汇聚。这些非遗主题场馆、景区的开发模式主要有两种:一是以产业开发项目的形式进行规划、建设和运营,在实现经营性目的的同时兼顾地方文化的弘扬;二是以社会公益项目的形式承担文化宣传及公共服务职能,通过借助社会化的运营手段开展文化传播,提供公共服务职能,以此来带动当地的经济效益。②经典案例有江西景德镇古窑民俗博览区、湖南长沙的雨花非遗馆。这些非遗项目和场所通过采取有效的手段转化为旅游产业文化产业的宣传形式,能够使更多的人以此为基础,建立工作室、传习所,吸引更多的人参与其中,促进了非物质文化遗产的传承和发展,吸引外来学者对该项遗产的聚集性研究。

5. 非遗主题旅游线路:"不走寻常路"

伴随着全域旅游、乡村旅游的全面铺开,文化深度游、乡村体验游、手工艺体验游等的消费群体不断扩大。非遗主题旅游线路提供的本土化、个性化、多元化的特色线路可引导游客探索独特而鲜活的旅游目的地文化,体验地道而有趣的社区生活,或将成为当代旅游人群的新潮流。在这一趋势带动下,近年来,从事乡村旅游服务的民俗户、农家乐、乡村民宿、度假村等也主动加入"非遗体验点"行列,升级休闲娱乐服务项目,为游客提供节气农事体验、传统饮食制作体验、传统手工艺制作体验等具有本土文化特色的服务类产品。很多地区会针对非物质文化遗产的传播方向建立专门的非物质文化遗产主题旅游路线、成系列的非遗主题旅游线路。例如,在2019年"文化和自然遗产日"期间,广东省、河南省、四川省、上海市等多个省市都推出了系列非遗主题旅游线路,依据游客兴趣分类、项目地理位置等要素,用旅游线路导览和串联当地各类非遗展示体验及生产观光场所。

正如习近平总书记2020年在广东考察汕头市小公园开埠区汕头开埠文化陈列馆时所说,潮州历史悠久、人文荟萃,是国家历史文化名城,很多人都慕名前来参观旅游。要加强非物质文化遗产保护和传承,积极培养传承人,让非物质文化遗产绽放出更加迷人的光彩。在改造老城、开发新城过程中,要保护好城市历史文化遗存,延续城市文脉,使历史和当代相得益彰。要保护好具有历史文化价值的老城区,彰显城市特色,增强文化旅游内涵,让人们受到更多教育。③

在乡村振兴背景下,非遗保护、利用和发展的重点应该更加关注经济效益之外的

---

① 刘晴.非遗与旅游融合发展的探究[J].魅力中国,2021(34).
② 杨红.非遗与旅游融合的五大类型[J].原生态民族文化学刊,2020(1).
③ 人民网.习近平在广东考察时强调以更大魄力在更高起点上推进改革开放,在全面建设社会主义现代化国家新征程中走在全国前列创造新的辉煌[EB/OL].(2020-10-16).http://cpc.people.com.cn/n1/2020/1016/c64094-31893946.html.

多方面社会效益,关注非遗传承人和潜在传承群体的多样化需求,关注多民族聚居地多民族的交往、交流、交融,以及不同非遗类别传承人之间的交流合作机制,从而体现国际非遗概念在文化相互尊重和相互共享上所持的积极理念。

第二节 非物质文化遗产里的中国元素和中国故事

一、口头传承类非遗案例及其旅游文化

口头传统类遗产,主要由民众口头创作、口耳相传,这一特性也为这类遗产的保护带来了困难。不仅如此,民间文学的"活态"保护,必须依靠某些约定俗成的场合,如庙会、歌会等固定时间空间的场合,或是劳动、婚丧嫁娶等无固定时间空间的场合。①而随着城市布局以及民众生活方式的改变,这一类的"民俗场"也在逐渐减少,而依附于这些"民俗场"的口头传统类遗产更是面临着消失的危机。民间故事是传统民间社会的口头叙事艺术,它早于书面文学存在,产生于民间社会、传承于底层民众,是群体早期表述能力和叙事传统的延续,具有突出的文化遗产价值②。民间故事分为广义和狭义。广义的民间故事主要包括民间文学散文中所有的体裁,如神话、传说、故事等,那些产生并流传于民间社会的散文体叙事文学均属于广义的民间故事。而狭义民间故事则包括那些幻想性较强的童话故事、动物故事和现实性较强的生活故事等。

进入新世纪以后,随着旅游产业的发展,民间故事与旅游产业的融合发展越来越明显,景区不仅可以用民间故事解说景观,还可以用它彰显自己的文化,达到推销宣传旅游的目的,同时景区也可以依照民间故事造设景观增加景区看点,拓展旅游产业链,进一步提高旅游产业的经济效益和社会效益。为了满足游客的需要,旅游产业越来越重视文化资源的挖掘,于是大量的文化进入了旅游产业,既成了人们旅游的出发点,也成了旅游产业的灵魂,故而旅游产业也被称作"文化旅游产业"。作为重要的文化资源,民间故事在旅游产业中主要肩负着解说景观和推销旅游的任务。

民间故事与旅游产业的两种融合方式如下。

(一)用民间故事解说景观

景区多以自然景观和传统人文景观为载体,而许多自然景观和传统人文景观都有与之相对应的民间故事,如《凤城的传说》《黄帝问道广成子》《麦积崖的三尊佛像》《五泉山的由来》等分别对应庆阳周祖陵、平凉崆峒山、天水麦积山、兰州五泉山等景区。它们或想象景观的由来,或讲述发生在这里的故事,或记录景观发展变迁的历史,或记

---

① 许思悦.非物质文化遗产"活态"保护途径的探索——以中国动画电影中的非物质文化遗产为例[J].东岳论丛,2019(2).

② 苑利,顾军.非物质文化遗产学[M].北京:高等教育出版社,2009.

忆它命名的过程,一个引人入胜的故事情节,正好可以满足游客猎奇又渴望放松身心的心理需要,于是民间故事就顺理成章地肩负起了解说景观的重任[①]。像《黄帝问道广成子》的思想正是道家思想,正在于无欲无求,对权贵不诌媚不奉承,活得洒脱而飘逸。[②]诚然,黄帝拜见广成子和凤城的传说都是传说故事,传说自然无从考证。不过,这些民间故事传说反映了人们对顺应自然规律而为之这一道理的认同和秉持,所以这个传说传播久远。

用民间故事解说景观有两种方式。一种是把民间故事纳入导游词(讲解词),由导游口头讲给游客;导游词是景区管理单位组织人力撰写的对本景区所涉及的景观(包括自然景观和人文景观)、人物、画面进行讲解和说明的一种应用性文本,通常要求导游熟记于心,在解说过程中以口头形式分享给游客。另一种是把故事梗概写在景观旁的木牌或石碑上供游客自己阅读。这种情况不是太多,但在某些景区也比较常见,如嘉峪关长城博物馆中"左公杨"画卷下放有一块木牌,讲述了"左公杨"及其名字的由来;庆城县周祖农耕文化展览馆在墙上挂着一个小木牌,上面讲述了周老王斩龙脉的传说;等等。

(二)用民间故事推销宣传旅游

旅游产业是一个讲究文化个性的产业,谁拥有了丰富而有特色的文化资源,谁就掌握了发展旅游的主动权。在此背景下,一批打着"特色"二字的文化景区应运而生,如民族特色、区域特色、历史特色、宗教特色、政治特色等。为了具体突出自己的文化特色,一些景区便利用那些能体现自己悠久历史、地域特色、宗教地位的民间故事来推销旅游。目前,用民间故事宣传旅游的主要方式是把民间故事印在景区的宣传册和宣传光盘中。比如,由上海丽声影音有限公司发行的"中国行"系列光盘《甘肃·敦煌》讲述了《乐僔和尚凿石开窟》《古董滩》《白马塔的由来》《唐玄奘雷音寺求取真经》《夜光杯的传说》5则故事。虽然它们都是用民间故事彰显自己的文化,但由于援引的故事不同,使这些景区表现出各自不同的文化底蕴,激发了游客不同的旅游期待。

口头传统类遗产的视觉呈现。目前,人们对于非物质文化遗产的认识已经摆脱了"文化残留物"的层面,而更加关注对其"活态保护"途径的探索。所谓"活态保护",是与"静态保护"相对应的概念。传统的"静态保护"措施,如口头传统的文本记录、传统手工艺的博物馆展示,虽然对非遗事项起到了一定的留存作用,却将该事项从所属的"文化空间"中孤立出来,截断了其在生活中的源流。因此,在目前的非遗保护中,需要从非遗的特性出发,将生命原则、创新原则、整体原则、人本原则、教育原则相结合,确保被保护对象不仅仅是被留存,更是继续保持"生命力",在此基础上拓宽保护范围,探索保护途径。

在非遗的"动态保护"途径中,现代视觉媒体比较早地得到了应用。早在1955年,时任文化部电影局局长的陈荒煤就指出美术片适宜于搞童话、神话、民间故事之类,这

---

① 徐凤.论民间故事与旅游产业的融合发展——以甘肃省为例[J].兰州文理学院学报(社会科学版),2017(2).
② 鲍丹禾,武三蒙.温水流觞:汝州温泉的故事[M].北京:知识产权出版社,2019.

是符合美术片特性。①童话、神话、民间故事等口头传统类遗产所包含的幻想性、夸张性成分,恰与动画电影的特性相吻合。因此,在中国动画电影的创作过程中,口头传统类遗产始终是主要的题材来源之一,如《骄傲的将军》取材自民间谚语"临阵磨枪"、《人参娃娃》取材自北方民间传说、《猴子捞月》取材自民间童话、《九色鹿》取材自敦煌故事"鹿王本生"等,甚至连最难于进行视觉化转换的神话,动画电影也有所涉猎。

神话产生于远古时期,由先民集体创作,反映了自然界、人与自然的关系以及社会形态,具有高度的幻想性。②先民有限的认知,使得他们对外部世界的认定在今天看来充满着难以解读的奇幻色彩。虽然随着人类的进步,神话的认知功能被科学所取代,文学、社会学、宗教等各个领域对于神话的研究却从未停止。通过保护神话这一口头传统类非遗,可以了解原始社会的构成,探究文化现象的起源,感知原始思维的发展,同时继承先民敬畏自然及与自然相抗衡的精神。然而,神话类的口头遗产所依附的"场"已经彻底改变,在对其保护的过程中,除了文本记录,还必须考虑创造性地转化。

如我国学者易小力指出,文化遗产与旅游产业,两者之间既是引领和被引领的关系,又是相辅相成的关系。文化遗产是一个点,但这个点并不简单,会产生涟漪效果,对周边的许多事物产生影响。好的文化遗产规划,会引领文化遗产朝着正确的方向发展,进而引领相关的文化旅游产业做大做强。③民间故事也是文化遗产,它是中华民族创造并传承下来的一笔宝贵的精神财富,是旅游产业的重要文化资源之一,它有许多值得进一步挖掘的潜在价值。

二、节庆类非遗案例里的中国元素与中国文化

节日是民众和宗族乃至整个族群依据传统的宗教祭祀、农事生产、历法等因素形成的有相对凝固的时间地点及活动方式的社群活动日。④中国作为典型的农耕文明国家,我们的民俗节日大都源于天文历法、季节物候,因而通常被称为岁时节日,呈现出周期性、民族性、群众性、地域性等特征。中国传统节日不仅坐落在时间坐标上,而且体现出中国人特有的时间观念,以及人与时间的密切关系⑤,体现着、传承着也形塑着中国人的"时间观念"⑥。

节日是文化传承的价值符号,交融于民众的日常生活当中,表达了人们的信仰、道德、理想等精神诉求,凝聚着族群的文化认同和集体记忆。集体记忆,又称"群体记忆",最早是由法国社会学家莫里斯·哈布瓦赫(Maurice Halbwachs)于1925年提出的,他将其定义为"一个特定社会群体之成员共享往事的过程和结果,保证集体记忆传承的条件是社会交往及群体意识需要提取该记忆的延续性"。记忆的延续性在民众的节日当中有所体现,集体记忆连接着群体的过去、现在与将来。

---

① 上海美影厂电影志编写组.上海美术电影制片厂大事记[M].上海:上海电影志办公室,1995.
② 钟敬文.民间文学概论[M].北京:高等教育出版社,2010.
③ 易小力.文化遗产与旅游规划[M].北京:北京大学出版社,2014.
④ 黄泽.民族节日文化[M].昆明:云南教育出版社,1995.
⑤ 刘魁立.中国人的时间制度和传统节日体系[J].节日研究,2010(1).
⑥ 萧放.传统节日与非物质文化遗产[M].北京:学苑出版社,2011.

(一)中国传统节日的体系及意义

中华传统节日包括春节、清明节、端午节、七夕节、中秋节、重阳节等。这些节日连接起来就是一幅丰富而浪漫的历史文化长卷,多姿多彩,令人陶醉。这些节日大多依托自然规律的变化,其确立与普及是一个逐步发展的过程,也是由多种文化元素综合与提炼的过程。①

1. 以自然为取向

我国有古老的"天人合一"的思想,在某种程度上强调了人与自然的和谐,即热爱并敬畏自然。人们由于自然现象和规律认识不够,往往通过自己主观想象出一些超越实际的人或者事物,这便是神的产生。古代先民期望通过这些神所发出的能量来解释某些自然规律或自然现象。这种想象与感想随后又发展为一种仪式,即祭祀。随着时间的推移,就成为有固定时间的一个节日。春节、清明节、中秋节就是踩着自然的节拍形成的。

2. 文化方式的表达

节日的举行是人们发自内心的喜庆与深沉,蕴含着历史与价值的深刻理解。通过节日,人们将其自然的本能、智慧、聪明与机敏发挥得淋漓尽致,将喜怒哀乐、悲欢离合的情感予以充分的表达。例如,清明节在今天的意义是提炼了上巳节、寒食节的意义而形成;端午节是对屈原等的纪念,它也借鉴了上古鬼节,而且用赛龙舟这种昂扬向上的体育竞技方式来表达哀思。所以说,传统节日既是一个包罗万象、博大精深的系统,也是一个不断创新的系统。

我们的传统节日作为中华传统文化的重要组成部分和表现形态,千百年来经久不衰,历久弥新。它以一种潜移默化、寓教于乐的方式,来展现中华民族的精神世界,表达着对美好的理想、优良的伦理道德的追求和向往,是弘扬传统文化和传承中华美德的重要载体,能够满足人们的精神生活需要,提升了人们的道德境界。它同时又是中华民族传统美德的缩影,是祖先留给我们的巨大精神遗产。作为一种文化符号,它凝结着中华民族的朴实、热情、开朗、善良精神与崇尚劳动、尊亲敬祖、敬老敬师的情感,是维护中华民族融合与统一的纽带。

我们纪念传统节日,体悟纪念对象的意义,可以使我们的精神生活更加充实,道德境界得以提升。对它的传承,就是对民族之根的认同,是增强民族凝聚力的重要因素。从这个意义来讲,传统节日是全民族的重要日子。2008年,国家把部分传统节日列为法定假日,这一举措对于传统节日文化的传承有着重要意义。

近十年来,在非物质文化遗产获得保护的背景下,非遗对民俗节庆的传统样态产生了一定程度的影响,因此研究者对新型民俗节庆的关注更为密切。特别是少数民族地区的民族特色节日,在保留传统形式内涵的前提下,以非物质文化遗产的身份增添了新内容,获得了更多的话语权。但多方力量的介入也可能使节日产生异化现象,因此政府需要在文化生态保护中突出文化主体,即民众的主体地位。乌丙安认为,政府在节日文化活动中的主导作用首先应当在保护民众享有节日文化权益上充分体现,而不应该

---

① 贾力,钮绪纯.浅析传统节日与社会精神文明建设关系——以腊八节为例[J].当代旅游,2011(5).

片面利用节日文化空间和平台无限制地推行节日市场的商业垄断,把精神文化节日办成纯物质消费节日。①在利用好非物质文化遗产对节日的保护功能的同时,不破坏节日原有的文化秩序,彰显节日蕴含的文化特征与民族情感。

(二)节庆类非遗文化活态保护的可持续路径

从20世纪80年代开始,学界对节日展开了相关的系统性研究。从非物质文化遗产保护的角度,认为应该充分发挥被保护对象的价值,甚至要创造新的价值。因此,对作为非遗重要类型的传统节日进行保护应该是动态的"生产式保护",要主动融入实际生活和生产。②结合非物质文化遗产传承保护中"真实性、整体性、传承性"的三大原则,我们需要厘清非遗保护中继承与创新、历史与当下之间的辩证关系。一方面,非遗保护必须尊重非物质文化遗产独特的历史风貌,不能丢失非遗项目所蕴含的历史记忆与文化基因;另一方面,非遗保护在延续古老的文化传统的同时,又必须使非遗项目与当代生活建立起真实自然的内在联系,促使它们真正进入现代人的日常生活。③对节庆类非遗文化的传承保护,需要秉承"真实性、整体性、传承性"的原则,在特定的时空范围内从民众的真实生活出发,尊重节日的文化生态,协调节日中各方力量的关系,让节庆非遗文化在新的时代中得以活态地传承发展。

1.尊重民族节庆遗产原真性,打造品牌旅游节事产品

首先,旅游开发企业应从保护与传承遗产的原真性、完整性出发,遵循民族节庆遗产的时间周期、节庆流程、活动形式原貌,让游客选择性地参观或参与真实的民族节庆活动。如参观一年一度泼水节期间,傣族人民虔诚地挑沙、堆沙、赕佛等活动,参与其中的泼水、赶摆、放高升等活动。④泼水节是云南少数民族节日中规模最大、参加人数最多的节日,举行的时间一般在清明节后十日左右,现已固定在公历4月13日至4月15日。关于泼水节的由来,最广为流传的是来自于西双版纳州和德宏州的"七公主杀魔王"的传说。国务院在2006年5月把此民俗列入国家级非物质文化遗产名录。

其次,以民族节庆文化为核心,融合其他特色乡村文化资源,打造以民族节庆活动为主体、结合特色主题活动的周期性旅游产品。如举办以"七公主传说"为主题的泼水节活动,在泼水节前期开展节庆传说研讨会、节庆传说表演巡展等活动,在泼水节后期开展"七公主传说"创作课堂、"七公主传说"创意作品展演等延展活动,并在节事期间结合村庄景观、傣族美食、傣族药浴等开展节事服务项目,丰富旅游节事活动体系。⑤

最后,尊重民族节庆遗产的原本时间周期,融合其他优秀乡村文化资源,开展主题节事活动。其一,实现了节庆遗产的原真性保护和可持续发展;其二,丰富的节事活动,充分展现了节庆遗产的文化内涵和民族意义;其三,在充分挖掘节庆遗产文化内涵

---

① 乌丙安.关于节日民俗的文化记忆、文化修复和文化主体地位[J].节日研究,2010.
② 潘文焰,仲富兰.我国传统节日文化的生产性保护路径[J].文化遗产,2014(1).
③ 曾平.论我国非物质文化遗产保护的基本立场与核心理念——对《中华人民共和国非物质文化遗产法》的学理解读[J].中华文化论坛,2011(3).
④ 吴紫桐.你应该知道的180个节日[M].哈尔滨:哈尔滨出版社,2017.
⑤ 何羚榕,汪旭.民族节庆遗产与乡村旅游融合发展探析——以西双版纳傣族园泼水节为例[J].湖北文理学院学报,2021(11).

的基础上,创作相关主题作品,实现节庆遗产更多更好发展的可能性;其四,借助民族节庆遗产影响力,推动其他优秀的乡村文化传播。

2.协调官方力量与民间主体的关系,强化遗产可持续发展理念

一方面,地方需要依托政府的力量,为节日文化的保护搭建良好的平台,如对传统节日进行影音资料收集、文本资料整理、民间艺人培养扶持等。另一方面,政府也要关照到节日的主体力量依旧是当地民众,对节日的保护必须充分调动发挥本民族民众的主体性,避免非遗保护中政府力量的过多介入,导致对节日的"保护性"破坏。①在民族节庆遗产与旅游融合发展进程中,民族节庆遗产的商品化、产业化已无法避免,但并不意味着完全忽略其文化遗产属性而一味地迎合市场。如何均衡民族节庆遗产的商品化运营与原真性保护,实现民族节庆遗产的可持续发展,特别需要各方利益主体的共同努力,在实践中不断探索,从而寻求切合当地实际的发展道路。

3.树立节庆遗产主人翁意识,合理创新利用节日文化资源

在文化资源化的社会背景下,我们需要正视节日文化的创新,在保留原有节日优秀的传统文化基础之上,适当为传统节日输入时代的新鲜血液,综合培育节日的经济、社会、文化功能,把节日更好地传承发展下去。②但也要防止对节日商业化、标签化地过度开发,不能任意加以改造,使其丧失其中的集体文化记忆,要突出民间节日的地方化和乡土性。应避免搞形式主义和机械化,从而把节日办得有声有色,以达到宣传地方文化和丰富当地人民的精神文化生活的目的。

第三节 瓷器文化、昆曲艺术与旅游

一、瓷器文化与景德镇旅游

文化如水,润物无声。文化是一个国家、一个民族的灵魂。文化具有极强的渗透力,能够以无形的思想、特定的观念、丰富的形式,渗透到社会生活的方方面面,从而影响人类与世界的发展。由此,对文化的自信,是更基础、更广泛、更深厚的自信,也是更基本、更深层、更持久的力量。③

习近平总书记在党的十九大报告中再次坚定中华文化自信,吹响文化繁荣的号角。要增强文化自信,首先要有文化自觉,文化自觉是文化自信的前提。④1997年,费孝通先生提出"文化自觉"的概念,并认为文化自觉分成四个阶段——各美其美、美人之美、美美与共、天下大同,亦即对自己文化的欣赏、对他人文化的欣赏、不同文化之间

---

① 陈华文.非物质文化遗产研究集刊(第12辑)[M].杭州:浙江工商大学出版社,2019.
② 王霄冰.文化记忆、传统创新与节日遗产保护[J].中国人民大学学报,2007(1).
③ 中共中央宣传部.习近平新时代中国特色社会主义思想学习问答[M].北京:学习出版社、人民出版社,2021.
④ 费孝通.中国文化的重建[M].上海:华东师范大学出版社,2014.

的相互交流、在文化交融之中走向世界大同。它主要包含三层内蕴:一是文化自觉建立在对"根"的找寻与继承上;二是建立在对"真"的探索与发展上;三是对发展趋向的规律把握与持续指引上。简单说,就是寻根、反思和对文化发展规律的认识。把文化功能从自在状态上升为自为状态,就是对文化自主和文化自觉的诉求,更是对自身文化价值和使命的坚定与执着。①

瓷器是中国伟大的发明之一,它是劳动人民长期辛勤劳动的结晶。在发明瓷器之前,劳动人民已经积累了丰富的制造陶器的经验;在制陶的基础上,又经过不断的改进和提高,终于成功创造出比陶器更高级的产品——瓷器。②中华陶瓷文化是中华传统文化的典型代表和辉煌成就的重要标识。景德镇市,素有"瓷都"之称,隶属于江西省,位于江西省东北部,总面积5256平方千米,是国务院首批公布的24座历史文化名城之一,也是国家甲类对外开放地区,因制瓷技艺而享誉世界。③它的制瓷历史超过1700年,沉淀出丰富的陶瓷文化,景德镇生产的瓷器品种繁多、造型优美、风格独特,人们称赞其"白如玉,明如镜,薄如纸,声如磬"。这座以陶瓷著称的城市在改革开放40多年的历程中坚持文化与经济融合、传承与创新结合,成为世界陶瓷文化的优秀引领者。

(一)文化旅游及陶瓷文化旅游

文化旅游以旅游文化产品为消费品,可以是有形的也可以是无形的,包含的内容很广泛,可以是文物、民居、民俗、饮食、音乐等方面。所谓陶瓷文化旅游资源,是指既包括历代著名的陶瓷工艺发明家、制作家及其创作的陶瓷作品,也包括古代制瓷作坊和古窑遗存、陶瓷民俗、陶瓷艺术以及反映古代制瓷风貌的历史街区,还包括为保护和反映古瓷文化而在现实中形成的各种物质和非物质的文化现象。

(二)陶瓷文化旅游资源的开发条件

当前,景德镇市特色旅游资源开发利用充分,主要表现在以下几点。

第一,资源品位优势。制瓷历史悠久、陶瓷文化内涵丰富,具有较强的垄断性。景德镇是举世闻名的瓷都,其悠久的烧造历史、灿烂的瓷画艺术、辉煌的艺术成就、近代文人画派画风的移植、现代陶艺的勃兴等,吸引了海内外的游客来参观、体验和实践,这些为景德镇陶瓷增添了文化内涵。珍贵的古迹窑址、精湛的制瓷技艺、独特的瓷业习俗,展现着丰富的陶瓷文化内涵,形成了其他地方所不能与之媲美的独具特色的垄断旅游资源。

第二,以景德镇市陶瓷特色的"金字招牌",挖掘出一批以古遗迹、弄堂、古井、码头以及古瓷片、高岭土等为基础的特色旅游资源,成为促进景德镇市旅游业发展的重要因素。④

---

① 魏望来.从文化自觉到文化自信——建立和完善景德镇陶瓷文化传承创新知识谱系的思考[J].景德镇学院学报,2021(4).
② 江西省轻工业厅景德镇陶瓷研究所.中国的瓷器[M].北京:中国财政经济出版社,1963.
③ 邬玲琳.文化生态视野下的景德镇文化遗产型景区旅游现状及发展研究[J].文化长廊,2017(30).
④ 陈俊,于保春,刘萱.景德镇市陶瓷文化旅游业发展研究[J].陶瓷学报,2013(4).

第三,具有一批高品位的陶瓷历史文化旅游资源,独特性强。在景德镇众多陶瓷历史文化旅游资源中,有一些旅游资源品位高、极具保护、开发和利用价值。首先,高岭古矿遗址,它是世界上独一无二的宝贵遗产,高岭村也因此是世界各国地质学家、地理学家、历史学家、陶瓷学家等相关专家的向往之地。其次,湖田古窑遗址,以宋代烧制青白瓷、元代烧制枢府瓷和青花瓷而闻名于世,为中国重要名窑之一。湖田窑是景德镇古瓷窑遗址中烧瓷历史最长、规模最大的一处。湖田窑的发现对研究中国陶瓷史、文化史、工艺史、技术史、美术史都有着极其重要的价值。①

(三)基于文化自信的陶瓷文化传承与发展

建立和完善景德镇陶瓷文化,传承创新知识谱系,核心的任务是创新,即在保持其精髓的基础上,在新的时代条件中加以创新,使之获得不竭的生命力。②

1.开发陶瓷文化旅游市场

对景德镇陶瓷文化旅游资源进行积极开发,使景德镇陶瓷文化资源得到充分利用,加强对陶瓷文化资源的保护性开发。③景德镇的陶瓷文化丰富深厚,有着多种多样的旅游资源,御窑厂、古窑址等多种多样的历史文化景点诸多。基于此,景德镇应积极打造以陶瓷文化为主题的旅游产业,积极发挥陶瓷旅游自身所具有的推动力,使景德镇陶瓷文化所具有的影响力以及传播面得到进一步拓展。

此外,要加强景德镇市文化旅游宣传力度,大力推荐景德镇市陶瓷文化旅游品牌,既要充分利用自己的优势,例如景德镇"瓷博会",还可以对宣传模式进行创新,展开全方位多角度的宣传工作。④另外,还要注意其中资源保护与城市发展之间的关系,确保历史文化的可持续发展。应注重公平性,注重经济建设、社会发展以及文化发展之间的有效协调。对于其中的景德镇陶瓷文化遗产,应当将申遗作为引领,对已经损坏的遗址、文物及时修复,使景德镇陶瓷文化遗产得到更好的保护、传承与发展。

2.创新旅游业体制机制

放大陶瓷文化品牌优势,促进旅游与文化、生态深度融合,打造世界著名陶瓷文化旅游目的地,推进陶瓷文化旅游业的发展,要创新旅游业体制机制⑤。

首先,推进国家全域旅游示范区创建。设立景德镇陶瓷文旅产业发展基金,支持旅游景区围绕主业实施提升计划。整合陶瓷文化旅游资源,试行文物保护资产所有权、管理权、经营权分离,推动文旅深度融合。

其次,培育壮大旅游市场主体。景德镇陶文旅控股集团有限公司(简称陶文旅集团)是景德镇市重要的旅游开发平台,从政府层面来看,可以帮助它在中小板或创业板上市。从旅游平台层面来看,自身应当做好规划,确保现金流稳定;整理供应资源库存,维护供应链健康;梳理用户规模和质量,维护客情关系;梳理已有的用户资产,尝试

---

① 李向明.景德镇陶瓷历史文化旅游资源及其深度开发[J].江西财经大学学报,2003(6).
② 魏望来.从文化自觉到文化自——建立和完善景德镇陶瓷文化传承创新知识谱系的思考[J].景德镇学院学报,2021(4).
③ 范丽君,李文瑾.基于文化自信的景德镇陶瓷文化研究[J].文物鉴定与鉴赏,2018(9).
④ 薛春梅.文化自信视角下景德镇陶瓷文化旅游产业可持续发展研究[J].农村科学实验,2018(14).
⑤ 刘琳琳.景德镇陶瓷文化创意旅游发展研究[J].合作经济与科技,2020(15).

拓展新业务,加强业务短期变现能力,尽量减轻各种客观因素带来的运营压力。还应探索实行重点旅游项目点状供地改革,保障旅游公共服务设施用地和旅游扶贫用地。并且,要加强人才培养,创新旅游人才培养模式。积极引进旅游行业专业人才,建设具有国际视野和创新意识的旅游企业家、高级管理人才队伍和导游队伍。

再次,树立和构建景德镇陶瓷品牌。对于景德镇陶瓷文化的传承与发展来说,需要有文化产业的参与和推动,要积极培养出质量过硬、知名度高的文化品牌。要以高度的文化自信来推动景德镇陶瓷文化更好发展,打破对国外陶瓷的盲目崇拜,要坚定自信,结合国际经验与国内发展需求,积极打造具有景德镇特色的陶瓷品牌,更好地反映出时代生活状况。坚持以民族精神作为陶瓷文化传承的灵魂,将优秀陶瓷文化品牌作为发展目标,通过构建优秀陶瓷品牌,使景德镇陶瓷文化自身的影响力得到进一步增强,使文化自信得到进一步提升。①

习近平总书记指出:"文化自信,是更基础、更广泛、更深厚的自信。"文化自信是一个民族、一个国家以及一个政党对自身文化价值的充分肯定和积极践行,并对其文化的生命力持有的坚定信心。②中华文明具有五千多年的优秀历史,传承和弘扬中华传统文化是当今每一位中国公民义不容辞的责任和义务。为了实现中华民族伟大复兴的中国梦,应坚持非遗的传承和发扬,以坚定文化自信,开创一个繁荣发展的黄金时代。

二、昆曲艺术发展与旅游

党的十九大报告中指出,中国特色社会主义进入新时代,我国社会主要矛盾已经转化为人民日益增长的美好生活需要和不平衡不充分的发展之间的矛盾。文化和旅游融合上升到国家战略高度是顺应新时代发展,适应我国当前社会主要矛盾变化的重要举措。戏曲、曲艺作为中华优秀传统文化和宝贵的非物质文化遗产,在其形成之初就承载了老百姓对美好生活的向往,并与旅游有着深厚的渊源。在2015年7月国务院办公厅印发的《关于支持戏曲传承发展的若干政策》③和2019年7月文化和旅游部发布的《曲艺传承发展计划》④中,明确了地方戏曲、曲艺保护传承发展措施。2018年4月,文化和旅游部正式挂牌,开启了文化和旅游融合发展的大幕。2019年,文化和旅游部印发《关于促进旅游演艺发展的指导意见》⑤,国务院办公厅发布《关于进一步激发文化和旅游消费潜力的意见》⑥等关于文旅产业发展的意见和关联措施。在当前背景下,推动

---

① 汪涛.新业态发展背景下景德镇陶瓷文化创意旅游发展研究[D].南昌:江西财经大学,2017.

② 新华网:赵银平.文化自信——习近平提出的时代课题[EB/OL].(2016-08-15). http://www.xinhuanet.com/politics/2016/08/05/c_1119330939.htm.

③ 国务院办公厅.关于支持戏曲传承发展的若干政策[Z].(2015-07-11).http://www.gov.cn/zhengce/content/2015-07/17/content_10010.htm.

④ 文化和旅游部.曲艺传承发展计划[Z].(2019-07-12).https://www.mct.gov.cn/whzx/whyw/201907/t20190730_845385.htm.

⑤ 文化和旅游部.关于促进旅游演艺发展的指导意见[Z].(2019-03-14).www.gov.cn/xinwen/2019-04/01/content_5378669.htm.

⑥ 国务院办公厅.国务院办公厅关于进一步激发文化和旅游消费潜力的意见[Z].(2019-08-23).www.gov.cn/zhengce/content/2019-08/23/content_5423809.htm.

地方戏曲、曲艺与旅游融合发展,不仅是繁荣文艺事业和振兴戏曲、曲艺的有力抓手,也是地方经济社会发展的新动能和推动文旅融合发展的有效途径。中国的昆曲文化在海外也产生了巨大的反响,成为连接中西戏曲文化的桥梁。例如,2019年4月,在英国著名剧作家威廉·莎士比亚诞辰455周年之际,海外首座牡丹亭揭牌仪式在莎士比亚故乡——英国斯特拉特福举行(见图5-2)。牡丹亭的落成,将进一步推动和深化汤显祖的故乡中国抚州和莎士比亚的故乡英国斯特拉特福在各领域的交流合作,为中英"黄金时代"的增强版添砖加瓦。①

图5-2 海外首座牡丹亭揭牌仪式上的昆曲表演
(王子超 摄)

(一)昆曲艺术的历史地位

昆曲是在江苏昆山孕育出的一种优秀曲目,它曾在明清时期长期执戏曲牛耳长达300年。它所反映的深厚的文化内涵和巨大的旅游开发价值,更让世人刮目相看。2001年,昆曲被联合国教科文组织定为首批"人类口头和非物质遗产代表作",这标志着中国昆曲丰厚的历史文化积淀极其珍贵的中华民族戏曲文化价值得到了世界的公认,成为全人类共同的精神文化财富。②

昆曲是"百戏之祖",中国后来兴起的京剧和许多地方戏曲剧种,都曾经以它为师。昆曲与京剧的区别绝对不像地方戏和京剧的区别那么简单,区别并不仅仅停留在剧本、唱腔、调式这些方面。最为重要的是,昆曲是我国古典音乐和古典词曲的活化石,因而,昆曲所拥有的文化底蕴与文化价值是其他剧种都无法比拟的。以昆曲的曲牌为例,它承袭了唐诗、宋词、元曲的艺术传统。因为曲牌和词牌有着一定的渊源关系,在艺术形式上具有严格的要求和规律。昆曲曲牌在格律上,要求曲有定拍,拍有定句,句

---

① 人民网."一带一路"倡议的文化注脚——海外首座牡丹亭在英国斯特拉特福落成[EB/OL].(2019-04-28). http://world.people.com.cn/n1/2019/0428/c1002-31053827.html.
② 陈良.论昆曲艺术传承与苏州旅游业发展[J].时代经贸(中旬刊),2008(S8).

有定字,字有定声。京剧与地方戏则以板腔体为其声腔特征,板腔体的音乐结构与曲牌体的音乐结构之间的差异是巨大的,是不可同日而语的。因为板腔体是由民间音乐乱弹发展而来,它是地方戏的显著特征。①

(二)昆曲艺术与旅游融合的理论逻辑

旅游是文化的形和体,文化是旅游的根和魂。文旅融合,并非简单叠加,而应是一种化学反应。长期以来,文化和旅游有着各自的发展理念和实践路径,文旅融合"为什么融""融什么""怎么融"是现阶段需要研究和解决的重要问题。探究"融什么",首先要找到文化和旅游的融合点。在由中国旅游研究院文化旅游研究基地、河南文化旅游研究院编著的《中国文化旅游发展报告2018》②中,由程遂营、肖建勇撰写的总论中提到旅游的三个新要素——场景、内容、生活,并以此展开对文化和旅游融合的相关论述。

生活维度是指文化和旅游的融合着眼于生活,生活是地方戏曲、曲艺与旅游融合发展的原点和落脚点。场景维度是指文化和旅游融合需要营建好的场景,场景是地方戏曲、曲艺与旅游融合发展的优势和生发点。③文化和旅游融合的关键是内容的打造,内容是地方戏曲、曲艺文化与旅游融合发展的"链接"和驱动力。2014年,世界知识产权组织发起"知识产权、旅游和文化"项目,该项目宗旨是将IP(Intellectual Property)确立为一种内生性发展工具,创造性地推动社会发展。自2018年开始,汤显祖故里抚州开发主题文化公园并制作了大型实景剧目《寻梦牡丹亭》,就是围绕"汤显祖故里""牡丹亭"等IP进行文化产业开发的例子。

(三)昆曲艺术与旅游融合的实践路径

1.加强科技创新,为旅游演艺发展提供硬件支撑

时下大热的"浸没式戏剧",就是通过声光电、虚拟现实等现代科技手段营造虚幻、科幻、梦幻情境的戏剧类型。在北京园博园2018中国戏曲文化周上演出的戏曲科幻秀《梦回·牡丹亭》,就是利用全息成像、智能人机互动等技术手段,打造了一部动态浸没式视觉观赏秀。在沧浪亭演出的浸入式园林版昆曲《浮生六记》"复刻"了一个属于沈复和芸娘的世界,观众一改传统剧场式、厅堂式的观看方式,跟随演员的表演参与到演出场景之中,在园林中走走停停,沉浸其中,一边聆听水磨昆腔,一边领略园林之美。前述江西抚州几乎每天都上演的《寻梦牡丹亭》,还原了《牡丹亭》中亭台楼阁如梦似幻的景致,结合全息数字影像技术,使用巨型圆环装置投影等声光电技术,让观众获得了隔水听曲、移步换景观看昆曲表演的体验(见图5-3)。

2.创新合作参与机制,形成"演艺新空间"集聚效应

文化和旅游部2019年3月发布的《关于促进旅游演艺发展的指导意见》中提到,支

---

① 陈学凯.遗产守护与昆曲的文化自信[J].苏州大学学报(哲学社会科学版),2012(33).

② 中国旅游研究院文化旅游研究基地、河南文化旅游研究院.中国文化旅游发展报告2018[M].北京:中国旅游出版社,2019.

③ 周晓薇.生活、场景、内容:苏州地方戏曲、曲艺与旅游融合发展的理论逻辑与实践探索[J].艺术百家,2020(1).

持各类文艺院团、演出制作机构与演出中介机构、演出场所等以多种形式参与旅游演艺项目。①推进地方戏曲、曲艺与旅游融合发展,需要进一步创新合作参与机制。针对旅游演出市场演出质量不高的问题,建议以职称为依据,设立准入门槛,建立苏州旅游演艺人才库。针对散客需求,可实行网络点单预约,选择合适的演出时间和演员。在国有文艺院团参与文旅演出方面,可将进景点演出等活动纳入院团年度目标管理考核。

图 5-3　江西抚州《寻梦牡丹亭》大型实景演出
（王子超　摄）

3. 保护非遗的原真性,提升旅游业的审美、艺术、体验价值②

昆曲的艺术理念和固有程式,是昆曲区别于其他戏曲剧种的本质之所在,是昆曲的内在规律的外在展现,也是昆曲艺术安身立命的基本条件,它是不容我们做任何背弃与改变的。守护昆曲的艺术理念和固有程式,是保持昆曲的文化自信,维持昆曲生命永续存在的大前提。要充分认识到昆曲艺术文化旅游资源的特殊性、珍贵性及其非同寻常的价值和意义,明确当代人对昆曲艺术传承、保护、开发的责任和义务。开展大规模的普查工作,将保护工作落到实处,建立反映保护昆曲艺术原生态面貌的档案资料数据库;健全昆曲艺术保护的工作机制;完善政策法规监督体系;开展对昆曲艺术保护的宣传与教育;强化民间文化组织在保护昆曲艺术方面的重要作用;建立昆曲艺术主要传承者的保护与培养机制。③

在产业实践上,文旅融合发展已经成为一个不争的事实,而且也是新时代文旅事业发展最活跃的力量。随着文化和旅游融合的深入推进,改革红利将持续释放,文旅事业必将迎来巨大的发展机遇。昆曲艺术与旅游融合发展大有"好戏"可唱。

---

① 文化和旅游部.关于促进旅游演艺发展的指导意见[Z].(2019-03-14).www.gov.cn/xinwen/2019-04/01/content_5378669.htm.
② 陈学凯.遗产守护与昆曲的文化自信[J].苏州大学学报(哲学社会科学版),2012(1).
③ 陈良.论昆曲艺术传承与苏州旅游业发展[J].时代经贸(中旬刊),2008(S8).

第四节 歌舞、绘画的旅游文化

一、歌舞类非遗的旅游文化

习近平总书记强调,文化是民族的精神命脉,文艺是时代的号角。新时代新征程是当代中国文艺的历史方位。广大文艺工作者要深刻把握民族复兴的时代主题,把人生追求、艺术生命同国家前途、民族命运、人民愿望紧密结合起来,以文弘业、以文培元、以文立心、以文铸魂,把文艺创造写到民族复兴的历史上、写在人民奋斗的征程中。[1]

歌舞是诗、乐、舞三位一体的综合艺术形态。在人类还未出现语言和文字时,歌舞作为一种人与人之间、人与自然之间的交流手段和载体,以直接、感性、生动的特点萌生,并蓬勃地发展起来。虽然这种歌舞雏形完全出于自然本能的行为,是简单而粗拙的,然而却随着人类生理、心理的完善,以及智能的进步,最终创造出了韵律和美感,成为各国各民族人类社会的一种普遍的生活方式和文化形态,也成为人类喜闻乐见的通俗的艺术表现形式。[2]

中央民族大学舞蹈学院朴永光老师在《舞蹈文化概论》一书中阐释了其对民间舞蹈的定义:民间舞蹈历史悠久,且源远流长,其诸多形态产生于民众的生产、生活及各种风俗活动中……其舞蹈文化受自然、社会生态环境、服饰道具等影响。[3]我国的非物质文化遗产数量庞大,种类丰富,体系完备,并且由多个民族创造出了多种独具特色的民族文化,原生性特征十分明显。同时,自然风景秀丽,不同少数民族氛围浓厚,旅游资源丰富,旅游业是当地重点发展的产业之一。将我国丰富的歌舞类非物质文化遗产转变为资源优势,使民族文化与旅游结合在一起,既丰富了游客的旅游体验,创造了良好的收益,同时也能有效地保护不同地区的歌舞类非物质文化遗产。[4]

锅庄舞是藏族三大民间舞蹈之一,具有悠久的历史和丰富的艺术感染力,早在2006年就已被国务院列入"第一批国家级非物质文化遗产代表性项目名录"[5]。锅庄舞是藏族传统的民间舞蹈,藏语称之为"卓"或者"果卓",也有"圆圈舞"之称。锅庄舞具有非常悠久的历史,起源于康定一带,主要用于庆祝丰收、节日、举办祭祀等活动。"锅庄"在藏族是一种比较普遍的烹饪器材,由三块石头堆成三脚架,上面架锅,即"支锅之

---

[1] 习近平在中国文联第十一次全国代表大会中国作协第十次全国代表大会开幕式上强调增强文化自觉坚定文化自信展示中国文艺新气象铸就中华文化新辉煌[EB/OL].(2021-12-15).http://politics.people.com.cn/n1/2021/1214/c1024-32308035.html.

[2] 王砾玉.歌舞与学校艺术教育[D].上海:上海师范大学,2013.

[3] 朴永光.舞蹈文化概论[M].北京:中央民族大学出版社,2009.

[4] 韩东.文旅融合背景下黔东南歌舞类非遗项目现状调查[J].民族音乐,2022(1).

[5] 王琮.非物质文化遗产视野下传统舞蹈的保护与传承——以迪庆州香格里拉县锅庄舞为例[J].艺术评鉴,2019(12).

桩"。藏族特殊的饮食文化是锅庄舞得以形成的主要原因,亲朋好友围绕在锅庄四周,兴起之时手拉手唱歌跳舞,锅庄舞也因此而得名。①

可喜的是,迪庆地区藏族锅庄舞的独特技艺、风格特色、文化内涵与审美价值,以及其所具有的传承作用,使得其为人们所关注并主动采取相应的保护措施;另外,它之所以会被列为国家级非物质文化遗产,也是意识到了其目前所面临的濒临灭绝的生存环境。非遗保护,刻不容缓,在保护的过程中,每一分、每一秒都是宝贵的。据统计,20世纪80年代时遗存的传统舞蹈为2200多个,到目前为止,只剩1300多个,可以看到,在40多年的时间中,传统舞蹈消失了近1000个,这对于我国乃至世界文化而言都是令人扼腕叹息的。②

(一)歌舞类非遗作为旅游资源进行开发的重要意义

将歌舞类非物质文化遗产与旅游融合发展,对于丰富文化旅游的内容,促进旅游业和相关行业的发展,以及传承和保护非遗文化具有重大意义。

1. 文化效益

歌舞非遗文化是我国民族悠久灿烂文化的杰出代表,是全人类极为宝贵的艺术财富。它们以传统文化体验为载体,结合乡村旅游,能推动少数民族文化走向世界,在一定程度上增强民族文化认同感,密切各民族文化交流,对于文化的传承与保护能起到一定的作用。

2. 社会效益

民族歌舞是集历史价值、民俗价值、社会价值、旅游价值等为一体的重要非物质文化遗产,是得天独厚的休闲健身资源,把它们作为旅游资源进行开发,可以满足现代游客对旅游的深层次需求,区别于传统的观光式旅游,给予其深度体验,对城市文化旅游的发展、城市形象的改善,以及居民休闲生活水平的提高具有重大意义。③

3. 经济效益

对于大多数人来说,少数民族传统文化是神秘而具有吸引力的。将它们作为传统文化旅游资源推行,能让其民族文化随着旅游价值的实现而得到更好的呈现,推动旅行社进行产品创新及管理方式的创新,完善城市的现代旅游功能,同时也为游客提供集休闲健身于一体的旅游项目,强调游客参与度,使游客和本地居民达到深度交流的同时又可以锻炼身体。要让更多的人了解像藏族锅庄舞等这类民族歌舞,了解藏文化,增强旅游目的地美誉度,吸引更多的游客,从而增加当地旅游经济收入。

(二)歌舞类非遗文化的保护与传承

传统舞蹈发展到现在处于濒危状态,究其根本原因,不外乎生存环境发生了改变。

---

① 刘清梅.关于藏族锅庄舞文化传承与保护的思考[J].当代体育科技,2019(1).
② 王琸.非物质文化遗产视野下传统舞蹈的保护与传承——以迪庆州香格里拉县锅庄舞为例[J].艺术评鉴,2019(12).
③ 官黎.锅庄舞作为旅游资源的开发研究——以拉萨为例[J].西藏科技,2018(4).

那么具体到作为非遗歌舞类代表的锅庄舞,我们可以采取以下相应的保护措施。

1. 适度交往

在我国这样一个文化多样的多民族区域当中,相互学习、吸收融合是必不可少的,向其他民族的舞蹈学习,也是歌舞类非遗文化取得发展的必经之路。当然,适度交往并不是完全将拥有歌舞非遗的民族与其他民族、地区隔绝开来,将其置于故步自封的生存环境当中,只有不断地适应新的生存环境,才能获得长足的发展。在交往过程中,保留自己的文化特征与民族特色,国家级非遗传承人起到了很大的作用。

2. 免遭旅游文化侵蚀

像拥有锅庄舞的香格里拉地区,它神圣、纯洁、声名远扬,浓郁的民族特色、深厚的宗教文化等吸引世界各国的游客们慕名而来,早已成为游览云南的行程中不可错过的一站。正因为如此,旅游文化弥漫在整个云南省,除了个别村庄外,绝大多数地区都逐渐商业化,在这之中,传统舞蹈的商业化是不可避免的。①编导们商业化的改编,一方面给不了解当地文化的观众造成了错误的引导,使其误以为这就是当地民间舞蹈的原始形态;另一方面,这种为赢得商业利益而迎合游客的方式久而久之便会形成习惯,随着时间流逝,当地少数民族的居民们也会逐渐忘记传统舞蹈的形态。因此,对于香格里拉锅庄舞的保护,还需要将此因素列入考虑范围。

3. 通过网络等手段创新宣传方式,打造品牌

在当今的网络时代,要学会利用互联网这个平台,借助微信、微博等宣传歌舞类非遗文化,扩大少数民族文化的影响力。通过网络视频、游客宣传照等方式,对歌舞类非遗文化进行全方位的宣传,形成民族文化品牌。利用网络,加大对文化的宣传力度,在挖掘传统文化的基础上,进行精品打造。进军国际市场,引导少数民族歌舞非遗走出国门,从而推动当地文化的发展。

4. 提高当地居民对自身的文化认同感

十九大以来,习近平总书记在诸多场合多次强调要坚定文化自信,并指出文化自信是更基础、更广泛、更深厚的自信②,提升自身文化认同感,即提升文自信,以自己民族的特色为荣。很长一段时间,我国有的地方弥漫着一股"崇洋媚外"的气息,此处所说的"崇洋",并不仅指西洋,而是指崇尚现代化、崇尚新事物。追求生活方式上的先进是理所应当的,但很多人盲目追求先进的一切,导致抛弃自己的民族特色,转而追求所谓的先进。事实上,在文化领域,是没有所谓的先进与落后的,每个民族每个地区都应当拥有自己的"先进文化"。

二、绘画类非遗的旅游文化

民间美术是由社会普通劳动大众创造的一种艺术形式,是以美术的形式自然形成

---

① 刘清梅.关于藏族锅庄舞文化传承与保护的思考[J].当代体育科技,2019(1).
② 人民网.如何理解文化自信是更基础、更广泛、更深厚的自信[EB/OL].(2021-04-22).http://theory.people.com.cn/n1/2021/0422/c148980-32084885.html.

的、具有地域特点和民族标志的一种本原文化。从历史的角度来看，民间美术始终保持着人类文化艺术最基本的形态，并且以自己特有的方式在不同的地域、不同民族中产生、流传和发展，是世界民族艺术的重要组成部分，是一切美术形式的万川之源，并具有母体符号的性质特征。①

民间美术是美术分类的一种特殊范畴，特指在历史发展过程中，主要由身处社会下层的普通劳动群众根据自身生活需要而创造、应用、欣赏，并与生活完全融合的美术形式，是创作者对外界真实的感悟，包括民间绘画、民间雕塑、民间建筑、民间工艺美术等各种不同形式，归属于一个相当宽广的艺术范畴。

其中，绘画以视觉艺术创作的形式，用无声的话语表达和描述了当代社会的人文精神面貌，是绘画艺术作品叙事中对社会人文自然景观的反映，展现了时代印记，刻录了时代历史情景，长久以来成为研究人类社会发展史的重要图佐。如今全球社会经济文化高度发展，促进了旅游业的发展，文化与旅游成为当今世界时尚的文化交流方式之一，并作为文化艺术展示、传播和发展文创产业的一个重要途径，而绘画艺术在文旅中融入和体现是必然的结果。②

人们旅游的目的是体验，是一种从身心到精神的体验过程，而没有文化的旅游是肤浅、空洞的旅游，不会让人有流连忘返的感觉和念想。文化与旅游是紧密相连的，文化艺术更是其内核的一个重要组成部分，正如生活离不开艺术，艺术离不开生活，绘画艺术在文旅融合中的体现是多层面、多维度的，它可以是理念，可以是视觉，可以是实物，也可以是感受等，特别是现代人对旅游有了自主选择，如果没有什么浓厚文化底蕴的国度或是地方，是吸引不了旅游者的。而文化艺术是人类精神的共同追求，绘画作品作为视觉艺术，如何把美的感受通过画面传递并融入旅游中，则是广大美术工作者所要思考的。因为只有融入文化艺术，文化旅游产业才能呈现出生机与活力，文旅融合发展，已成为世界各国旅游发展的一大趋势和旅业业发展先进地区的成功经验。例如，巴黎、伦敦、北京、西安、杭州等中外许多地方旅游发展的经验表明，旅游与文化融合程度越高，旅游产品就越精粹，旅游吸引力就越强，旅游经济就越发达。③

如今，旅游作为一种时尚生活方式，受到越来越多人的热爱，成为当今世界广泛的文化交流方式，其结果必然是因为受了不同的地域文化、浓厚的风土人情等所吸引。而绘画艺术融合旅游，大力发展文化艺术旅游，可以创新文艺形态，丰富文化艺术，加强旅游内涵，加速文化经济的共同繁荣。绘画作为文化艺术形态之一，是不可或缺的一个因素。比如，美术馆的社会功能作用，体现的是精神美育宣传功能，通过美术作品，可以了解本地区的民俗风情。不同的地域性文化、自然景观，向世界各地游客展示不同时期不同地区的人文历史，从而有力地推动对外绘画艺术的交流与合作。

另外，绘画艺术创作结合本地区非遗优秀传统文化，以绘画形式描绘传统文化内容，体现传统文化表现形式，有助于优秀文化的宣传弘扬与传承。再者，虽然绘画作品

---

① 李江敏，苏洪涛.中国旅游与非物质文化遗产[M].武汉：武汉大学出版社，2017.
② 王娟.谈绘画艺术在文旅构建中的融合体现——以海南为例[J].大众文艺，2021(9).
③ 人民网.文化与旅游要融合发展[EB/OL].(2019-07-08).http://culture.people.com.cn/n1/2019/0708/c428400-31220814.html.

是静态的,但人们欣赏作品时,思维、情感是不断被触动的过程,美的作品会让人身心愉悦、心灵纯净,有的作品会让人受到启迪,产生共鸣;有的作品会让人观之震撼,充满力量;有的作品会让人细细回味,这就是绘画艺术的精神力量和社会作用。而旅游是文化的重要载体,旅游资源的开发,要融入更多的文化艺术内涵。在这一过程中,也是对文化资源的整合、利用过程,特别是振兴乡村,发展乡村旅游这一块,绘画艺术结合乡村振兴建设,优秀墙绘作品是一笔靓丽的风景,为美丽乡村带来一股文化艺术气息。绘画艺术结合文创,不但可以发挥绘画在构建文化产业发展格局中的关键作用,还可以促进旅游经济发展带动文化创收。①

绘画以视觉艺术的创作形式,展现了时代印记,刻录了时代历史情景,是中国当代艺术叙事或是社会人文的高度整合。正如习近平总书记所强调的那样:历史文化遗产承载着中华民族的基因和血脉,不仅属于我们这一代人,也属于子孙万代。要敬畏历史、敬畏文化、敬畏生态,全面保护好历史文化遗产,统筹好旅游发展、特色经营、古城保护,筑牢文物安全底线,守护好前人留给我们的宝贵财富。②对于绘画类非遗艺术家来说,更是要抓住时代建设的巨大机遇,以正确的艺术精神内涵为导向,从地域性向世界性展示出当代中国应有的文化艺术自信及绘画本体价值的充分展现,更好地助力中国特色社会主义新时期文化艺术,助力文化艺术事业更加繁荣和更好地发展,更应该融合文化旅游,砥砺奋进,更加有所作为,用画笔绘制华章,讲好中国故事,谱写一曲时代赞歌。

思政案例

历史是文化的载体,文化是历史的血脉。中华民族素有记录历史、学习历史、传承历史、借鉴历史的优良传统,善于从历史中总结与继承宝贵的文化遗产,这是中华民族绵延不断、始终保持旺盛生命力的源泉。

2021年9月13日至14日,习近平总书记来到陕西省榆林市绥德县非物质文化遗产陈列馆考察。陈列馆外,正在进行陕北秧歌表演。习近平总书记指出,绥德是黄土文化的重要发源地之一,非物质文化遗产资源丰富,孕育发展了优秀民间艺术,展现了陕北人民的热情、质朴、豪迈。民间艺术是中华民族的宝贵财富,保护好、传承好、利用好老祖宗留下来的这些宝贝,对延续历史文脉、建设社会主义文化强国具有重要意义。要坚持以社会主义核心价值观为引领,坚持创造性转化、创新性发展,找到传统文化和现代生活的连接点,不断满足人民日益增长的美好生活需要。

2020年10月23日,习近平总书记在给中国戏曲学院师生的回信中指出,戏曲是中华文化的瑰宝,繁荣发展戏曲事业关键在人。希望中国戏曲学院以建校70周年为新起点,全面贯彻党的教育方针,落实立德树人根本任务,引导广大师生坚定文化自信,弘

---

① 王娟.谈绘画艺术在文旅构建中的融合体现——以海南为例[J].大众文艺,2021(9).
② 人民日报.保护好中华民族精神生生不息的根脉——习近平总书记关于加强历史文化遗产保护重要论述综述[EB/OL].(2022-03-20).https://www.ccps.gov.cn/xxwx/202203/t20220320_153359.shtml.

扬优良传统，坚持守正创新，在教学相长中探寻艺术真谛，在服务人民中砥砺从艺初心，为传承中华优秀传统文化、建设社会主义文化强国作出新的更大的贡献。

2020年10月12日至13日，习近平总书记在广东考察。在潮州古城的广济楼上展厅里，总书记察看潮州非遗文化作品，观看非遗项目传承人代表的现场制作演示，并同他们亲切交流，了解潮州传统技艺传承情况。习近平总书记指出，潮州文化具有鲜明的地域特色，是岭南文化的重要组成部分，是中华文化的重要支脉。以潮绣、潮瓷、潮雕、潮塑、潮剧和工夫茶、潮州菜等为代表的潮州非物质文化遗产，是中华文化的瑰宝。要加强非物质文化遗产保护和传承，积极培养传承人，让非物质文化遗产绽放出更加迷人的光彩。①

中国非物质文化遗产有着悠久的历史，其内容丰富、博大精深，是中华民族文化史上最绚丽的篇章，是老祖宗留给我们最宝贵的财富。中国传统文化对于大学生形成健全的人格具有重要意义。当代大学生人格素养、人格精神的培养，是对中国传统文化的传承和发扬，有利于大学生培养健全的人格，加强文化修养，提高文化自信心。

文化自信是民族自信心和自豪感的力量来源。文化自信对一个国家和民族的发展意义重大，每个国家、民族只有对自身文化价值不断传承发展，才能长治久安。文化自信能够引领大学生专业自信。当代大学生作为建设我国特色文化强国的精英力量，更应该积极继承和发扬我国优秀的非物质遗产文化。通过本章节课程的学习，在学习中国非物质文化的基础上，学生们可以进一步了解旅游业与非物质文化遗产的多元价值功能，增强文化自信、民族自信心与自豪感，并且明确自己身上传承与弘扬的责任和担子。

复习思考题

1. 对比本章中提到的节庆类非遗文化活态保护的可持续路径，针对民族节庆遗产与旅游的融合发展提出自己的见解。

2. 保护本民族的文化遗产，应该是该民族文化自觉后的具体行动。在学习了本章的知识后，请你谈谈如何保护和建设中国的非物质文化遗产。

---

① 中国青年网.习近平总书记的非遗情结[EB/OL].(2021-09-20).news.youth.cn/sz/202109/t20210920_13229067.htm.

第六章
乡村旅游文化

学习目标

（1）掌握乡村文化、乡村旅游的内涵及缘起。
（2）了解乡村旅游文化的多种特性，并思考如何进行科学开发。

思政元素

乡村文化、绿色发展、中国特色社会主义乡村振兴道路。

章前引例

要"钱袋子"还是要"绿叶子"？在抉择的十字路口，2005年8月，时任浙江省委书记习近平同志来到余村考察，以充满前瞻性的战略眼光，提出"绿水青山就是金山银山"。余村在这一重要理念的引领下，努力修复生态，保护绿水青山，走出了一条生态美、产业兴、百姓富的可持续发展之路，美丽乡村建设在余村变成了现实。走好中国特色社会主义乡村振兴道路，一个重要方面，就是坚持人与自然和谐共生，走乡村绿色发展之路。习近平总书记强调，要守住生态保护红线，推动乡村自然资本加快增值，让良好生态成为乡村振兴的支撑点。人不负青山，青山定不负人。坚持以绿色发展引领乡村振兴，广袤大地生态正美起来、环境正靓起来，不断铺展山清水秀、天蓝地绿、村美人和的美丽画卷。党的十八大以来，"绿水青山就是金山银山"理念已经成为全党全社会的共识和行动。坚定践行这一重要理念，处理好经济发展和生态环境保护的关系，把该减的减下来、该退的退出来、该治理的治理到位，以绿色发展引领乡村振兴，越来越多的田园风光变成摇钱树、秀美乡村化身聚宝盆。[①]

---

① 刘成友,郝迎灿,刘佳华.坚持人与自然和谐共生,走乡村绿色发展之路[N].人民日报.2022-10-03.

第一节　乡村旅游文化概述

一、乡村文化

乡村文化,是指乡村居民与乡村自然相互作用过程中所创造出来的所有事物和现象的总和。从不同的角度出发,可以对乡村文化做出不同的分类。

乡村文化从起源上看,它起源于劳动人民的社会实践的过程。在农业生产的不断发展中,乡村文化也相应地得到了发展和完善。一方面,乡村文化保留了前人的经验;另一方面,乡村文化自身也进行了变革和传承。

从空间上看,乡村文化目前还广泛存在于农村的社区群众之中,当然随着社会主义市场经济的不断发展和完善,人口的流动和迁徙,乡村文化也逐渐渗透到了城市社区之中。

乡村文化从其形式上看,包括物质文明和精神文明两种不同的存在方式。物质性的乡村文化主要是指一些传统的生产工具、生活器具、民居建筑、服饰衣着和日常食品等。物质性的文化多是一些可以看见的、可被触摸的文化形式。精神性的文化指代代相传的思想观念和宗法观念,是一些内化于社区居民内心的、观念方面的、无形的、以手口相传的文化。[①]

二、乡村旅游

对于乡村旅游的起源,目前一种说法认为是乡村旅游发源于法国;另一种说法是起源于19世纪中后期的英国。因为工业革命在改善人民生活的同时,工人斗争给予了他们更多的空闲时间。铁路的修筑可以把人们安全、快捷地送到常住环境以外的地方,为乡村旅游提供了可自由支配的收入、闲暇时间和适当的媒介。在20世纪60年代初期,西班牙率先把加泰罗尼西亚村落中荒芜的古城堡改造成农舍,并且把相对规模较大的农庄和农场划入旅游参观的范围,接待乐意到乡村观光的游客。至此,真正意义上的大众化现代乡村旅游发展起来。到了20世纪70年代后,乡村旅游在美国和加拿大等国家进入快速成长时期。还有一种说法是乡村旅游诞生在意大利。1865年,意大利"农业与旅游全国协会"的成立,标志着乡村旅游的诞生。

虽然说法众多,但乡村旅游起源于19世纪的英国是为学术界所普遍接受的。其迅速发展于20世纪70年代欧美发达国家,并早已成为这些发达国家的新兴产业,乡村旅游的发展也已由过去单一的观光型农业园格局发展成为集观光、休闲、度假、教育和文化体验于一体的、多元化、多功能和多层次的规模经营格局。伴随着中国乡村旅游业的迅速发展,乡村聚落旅游文化、乡村农业旅游文化、乡村民俗旅游文化、乡村旅游形象设计、乡村旅游文化景观起到了越来越重要的作用。乡村旅游的发展需要各个方面

---

① 龙芋吉.新农村背景下的乡村文化传承与开发[J].新西部(理论版),2015(4).

的共同发力。

中国广袤的乡村聚集了70%左右的旅游资源。浓郁的乡土文化、独特的民俗风情、多彩的民族特色、优美的田园风光，成为乡村旅游资源优势的所在。从我国旅游活动的发展时期来看，早期的旅游起源于原始社会，而城市在我国最早出现于春秋战国时期。那么，在原始社会末期至春秋战国时期以前这段时期内，旅游活动的客体无疑是乡村的风物、风情以及荒野风光，这种以原始的乡野农村的风光景物为活动对象的旅游合乎现代乡村旅游的定义，所以应该是早期的乡村旅游。① 其次，我国先民早就有到郊野农村去春游的习俗。比如，《管子·小问》记载的"桓公放春，三月观于野"②，就记录了齐桓公在万物勃发的春天到郊野农村娱乐身心，与管子等人观赏农作物的"君子之德"并引发治国的思考，这是中国历史上较早的有关乡村春游的记载。并且当时人们外出踏青已较多地使用牛车、马车、旅馆等交通及住宿设施，因此这种踏青活动已经具备了现在旅游的一些特征，可以视为中国乡村旅游的前身。

因此，我国先民的春游活动可视为我国乡村旅游活动的雏形，我国的乡村旅游活动最迟也应产生于东周时期。在20世纪80年代，随着改革开放深入，沿海发达地区城市化进程加快，发展经济成为整个中国的主旋律，沿海地区和大都市的工业发展带动了服务行业的发展，乡村旅游也应运而生。在市场需求的刺激下，农业观光旅游也成为乡村旅游的一个重要的方面。20世纪80年代末期，在深圳举办的荔枝节和采摘园被看作是乡村旅游的标志。随后各地纷纷效仿，开办了各具特色的观光农业项目：如北京从20世纪80年代后期开始发展乡村旅游，自昌平十三陵地区率先建立观光果园以来，先后建立了100多个观光农业和田园性公园，主要提供农园观光、果园采摘、森林观光度假、乡村民俗文化等旅游项目。类似于北京这种乡村旅游的方式，后来在全国逐渐遍地开花。

进入20世纪90年代，随着各地城市化的进展，乡村旅游发展非常迅速，乡村旅游出现了质的变化，由特定社区的农业观光转向了城市近郊大规模的"农家乐"式的休闲旅游，出现了所谓"城市周边游憩带"③，并因其低廉的消费为大众所接受。1998年，国家旅游局把该年的旅游活动主题定为"华夏城乡游"，掀起了我国乡村旅游的高潮。1999年，国家旅游局把旅游年主题定为"生态环境旅游年"。2006年，确定的旅游主题是"中国乡村旅游年"。2007年，又确定旅游主题是"中国和谐城乡游"，旨在推动我国乡村旅游的大发展。习近平总书记在广西考察时强调，在进行乡村旅游开发时，要搞好民族团结进步宣传教育，引导各族群众牢固树立正确的国家观、历史观、民族观、文化观、宗教观，增进各族群众对伟大祖国、中华民族、中华文化、中国共产党、中国特色社会主义的认同，促进各民族像石榴籽一样紧紧抱在一起。④

"乡村旅游文化"是乡村旅游活动的展开所依托的乡村特色文化，它是旅游开发和规划的对象，是旅游企业宣传和推广、吸引游客来观赏的重要内容。乡村旅游文化因

---

① 贺小荣.我国乡村旅游的起源、现状及其发展趋势探讨[J].北京第二外国语学院学报,2001(1).
② 管子·小问[M].(唐)房玄龄,注.(明)刘绩,补注.刘晓艺,校点.上海:上海古籍出版社,2015.
③ 黄成林.乡村旅游发展若干问题研究[J].安徽师范大学学报(自然科学版),2006(4).
④ 习近平在广西考察时强调 解放思想深化改革凝心聚力担当实干 建设新时代中国特色社会主义壮美广西[J].党建,2021(5).

其丰富的历史性、人与自然结合的景观特性、民俗民风的醇厚性,产生了极大的旅游吸引力,已经成为旅游业中不可忽视的一种开发对象。

第二节 乡村旅游文化的特质

乡村旅游文化的本质属性是文化。乡村景观是文化的载体,乡村景观与人的生活、情感相互交融。乡村景观展现出了人与自然的和谐之美,不少优美的乡村文学作品和民间传说增加了乡村景观欣赏的文化内涵,而乡村旅游产品具有突出的文化特性。乡村旅游是现代人的一种文化消费和文化需求,乡村旅游市场为文化的交流、文化包容和理解的实现提供了桥梁。具体来说,乡村旅游文化有以下特质。

一、自然性和质朴性

乡村旅游区域具有独特的自然生态风光,人口相对稀少,受工业化影响程度低,保存着生态环境的相对原始状态。乡村区域的生活方式和文化模式也相对保留着自然原始状态,乡风民俗的继承功能也很强,常常是在相对封闭的农村地区实现整体自然传承。[①]水光山色、异洞奇石、草棚木屋、生物资源、耕作习俗、农业产品、生活生产用品、手工艺品、民俗风情等无不体现了人与自然的和谐统一。在各地发展旅游的过程中,不同的旅游资源优势、不同的资源开发方式、不同的服务经营模式和不同的社会文化环境,也打造出各地旅游文化自身的独特性。[②]乡村旅游文化与生俱来的自然性和质朴性,是构成乡村旅游竞争力的核心。

二、渗透性和产业性

乡村文化是在乡村环境中长期孕育发展的,渗透在乡村的建筑及居民的思想言行中。乡村旅游文化则渗透在吃、住、行、游、购、娱等旅游活动的全过程中。乡村旅游文化资源的开发改变了农村的生产方式,增加了农产品的商品量和农业的附加值,提高了农村的经济效益。此外,还带动了农产品加工、手工艺品加工等加工工业的发展,促进了农村多元化产业结构的形成,为农民致富增收以及农村经济的发展注入了新的活力。[③]因此,乡村旅游文化具有渗透性和产业性。

三、原真性和乡土性

旅游业是一种产业,经营者的经营目标是追求经济效益。大部分的文化旅游活动已改变了原有的面貌,这被称为旅游文化的"舞台化"或"商品化"。乡村旅游实质上是

---

① 姜长宝.试论旅游文化对区域经济发展的推动作用[J].贵州社会科学,2004(3).
② 盛正发.新农村建设中乡村旅游文化研究[J].怀化学院学报(社会科学版),2006(3).
③ 唐建军.论旅游文化在旅游产业中的重要性[J].池州师专学报,2004(3).

一种生态旅游,一般来说,经营者秉持着对旅游文化少加干预、保持原真性的原则。如家庭旅馆,是当地农户把闲置的农屋稍加整理,虽不豪华、不高档,但干净、卫生、舒适、安全。这样,无论其外观还是室内设计风格,都与周围环境和村落整体气氛协调一致。游客的饮食则是农家的家常便饭,能品味到原汁原味的农家生活。[①] 乡村旅游文化的原真性与其他人工打造痕迹明显的旅游景区相比,具有天然的优势。

乡村旅游文化除了原生态的部分,还可以从山水和田园两方面进行修饰,例如在农舍上加上草舍、篱笆、组织等活动,但前提是在材料和风格上与当地整体建筑与环境相和谐。还可以加上一些建筑设施,例如戏水、攀岩和狩猎等,这不仅给乡野增添了一份野趣,还可以使游客置身于世外桃源之中,从而构成一幅"悠悠古韵和浓浓的乡情"画卷,为乡村旅游增添了一份乡土性。

四、脆弱性与合一性

旅游过程是不同文化相互交流的过程,在这个过程中,不同性质的文化因素相互接触、碰撞、取舍和融合。到乡村旅游的游客多数是城市居民,游客本身所携带的文化是"强势文化",而乡村旅游文化是一种"弱势文化",这样在乡村旅游活动过程当中,"强势文化"会对"弱势文化"产生巨大的冲击。由于文化本身的价值趋同性,旅游目的地就在游客游览的过程中不知不觉地接受了旅游者所挟带的文化。[②] 因此,乡村旅游文化资源具有一定的脆弱性。

乡村旅游主要由旅游业和农业两部分形成,这是我国乡游的两个重要的特点。将乡村旅游文化合并在一起,为游客提供多种观赏、购物、品尝、娱乐、务农和度假服务,以保证旅游业的进步与发展,这是从旅游业的角度出发。从农业角度出发,可以生产粮食、蔬菜、木材、药材、水果、肉类等食物。从农业生产的角度发现旅游业的功能和价值,将农业和旅游业有机地结合在一起,不仅有利于农业的进步,更有利于我国旅游业的发展。[③]

五、体验性和参与性

乡村旅游为来自城市的游客提供了一种远离城市喧嚣、亲近和融入大自然的返璞归真之感,为他们提供了承接地气、净化内心、升华灵魂等独特的旅游体验。所以,乡村旅游的生命力和灵魂在于体验。在乡村旅游活动中,体验性的参与是衡量一个景区的重要标志。所谓参与性,是指游客通过各种动作、习作、体验和模仿等参与到每个活动中。最具有特色的活动是农业生产,游客更多地了解和学习农业生产的各个过程,可以满足自身的成就感和自豪感。

---

① 刘江.旅游文化——旅游可持续发展的源泉[J].技术与市场,2005(2).
② 赵飞羽,明庆忠,王波.游客对旅游地的跨文化传播之初探[J].云南地理环境研究,2003(2).
③ 黄本海.民俗文化背景下的乡村旅游文化探讨[J].芒种,2017(24).

第三节 乡村旅游文化的现状与开发思路

一、乡村旅游文化的现状

(一)人口大量流失,文化遗产保护乏力

随着城镇化的不断发展,我国农村逐渐出现人口"空心化"现象,农村青壮人口不断涌入城市,离开了农村传统的农业手工业生产,导致农村劳动力缺乏,呈现一片破败萧索、冷清落寞的景象。在广大的乡村基层,一个庞大的留守群体逐步形成,以老年人、少年儿童和妇女为主。乡村文化的传承受到了极大的影响,部分传统文化因后继无人而逐渐消失。

一般情况下,不同的文化多与不同的生活方式有关。乡村文化是在传统农业社会的产生发展过程中形成的生活方式和价值观念。在农村现代化的建设过程中,有的管理部门不加考虑地一刀切,破坏了原有的古村落景观。对于一些民风民俗不加考量地禁止,如传统的婚丧嫁娶、祭祀礼仪等被视为封建迷信一律予以取缔,使传统的乡土社会的文化底蕴与文化脉络的传承被人为地割裂,一些传统文化即将失传。

(二)开发制度有待完善

目前,对于乡村文化的传承主要集中于文化建设,在传承与开发上表现出明显的"重投入、轻管理"的特点。国家和地方政府对于乡村文化的传承尚无较为一致的制度作为保证,对乡村文化的投入在资源配置上不够合理。国家对乡村文化的投入较为有限,且主要集中于乡村文化基础设施建设。此类投资一般是一次性的,基础设施建设完毕之后缺乏后续的运营投入。乡村文化基础设施在建设后往往无法充分发挥实际的文化传承保护作用,而被大量闲置。对于乡村文化的传承与开发主体也无明确的职能分工。乡村文化的传承与开发,一方面涉及对于已有的、极具地方特色的文化的挖掘与保护;另一方面,还涉及对乡村文化新风貌的建设与引导。在实际的保护开发过程中,缺乏合理和先进的理念,导致乡村文化的传承出现了断层。[①]

(三)乡村文化价值体系受到冲击

我国著名的社会学家费孝通在《乡土中国》一书中提出:中国社会具有很强的乡村性,中国文化也是土地里生长出来的。乡村社会就是以土地为中心,以血缘宗亲和土地资源的利用构成的均衡的社会结构,并形成了一整套的文化。长期以来,乡村社会一直保持着其相对的基本稳定性。同时,在社会生产力的发展进步过程中,乡村社会

---

① 龙芋吉.新农村背景下的乡村文化传承与开发[J].新西部(理论版),2015(4).

也进行着其内部的调整与变革。然而,随着社会主义市场经济的不断推进,政治、经济结构的不断调整,农村也发生了翻天覆地的变化。在这一系列的变革过程中,乡村文化逐渐式微。传统文化受到西方价值观冲击,开始快速衰落。城镇化的加速,使得原有乡村的村容村貌受到了一定程度上的影响。①

二、乡村旅游文化的传承思路

(一)加强文化传承发展

一方面,各地要凸显文化特色及文化底蕴。要以周边乡镇和县市为参照,对比区域文化的同一性和差异性,并以此为基础,制定区域乡村文化旅游发展思路,甚至形成区域乡村文化旅游的串联,切实全面讲好地区文化故事,宣扬好地区历史名人,让区域文化精神成为乡村文化旅游发展的"牵引器"。另一方面,全面做好区域文化的扬弃与传承。乡村区域文化并非都是精髓,乡村文化旅游的高质量发展要始终坚持好传统优秀文化继承与发展的"扬弃"原则,切实做好文化筛选工作,坚持传承优秀传统文化,坚决摒弃文化糟粕,坚持以人民群众的精神需求为导向,以区域特色为基准,全面推进乡村文化旅游资源的开发。

(二)提高居民文化素质

村民是乡村文化传承的重要主体。乡村文化的传承离不开每一位村民的身体力行。乡村文化的传承与开发,不仅需要解决农村人口"空心化"的问题,更要努力提高农村人口的各项素质。地方政府应加大对于农民的思想引导,进行思想引导和理论宣传。如通过对传统道德、社会主义核心价值观、中国特色社会主义道路以及中国梦等进行理论宣讲,为乡村文化注入新的活力。

(三)保护乡村旅游文化遗产的多样性

乡村旅游文化是乡村文化的重要载体,对于乡村文化,应该理性看待,不能为了一时管理的方便,一味地采取"一刀切"的政策。对于乡村文化遗产中的物质性文化遗产,应该做到与当地文脉传统一致。在保护好乡村文化遗产的基础上,积极挖掘这些遗产背后的历史知识,并打造属于当地的文化遗产名片。尽量使每个乡村具有自己的民俗风格特点,体现其独特的乡村文化。非物质文化遗产集中且直观地反映了当地人民的生产、生活情景,要对其进行抢救性的开发。

三、乡村旅游文化的开发路径

我国作为一个人口众多的发展中国家,乡村文化旅游资源丰富,乡村文化旅游市场需求旺盛,富民效果突出,发展潜力巨大。乡村文化旅游拉动了居民消费扩大升级,为推进乡村振兴战略实施、推动高质量发展发挥了重要作用,但也必须尽可能

---

① 龙芋吉.新农村背景下的乡村文化传承与开发[J].新西部(理论版),2015(4).

克服乡村文化旅游发展过程中各类不良因素,实现乡村旅游文化的高质量发展。乡村文化旅游产品开发,应该紧密结合乡村的实际发展状况和乡村文化旅游市场的切实需求,完善乡村文化旅游基础设施建设,改善乡村文化旅游的生态环境,丰富乡村文化旅游产品内涵,实现乡村文化旅游产品开发的市场化和产业化。王克修等(2021)[①]和陈慧英等(2021)[②]提出了以下乡村旅游文化的开发路径。

(一)加快健全旅游文化发展政策体系

1. 进一步加快出台国家相关政策

一方面,全面做好顶层设计。有关部门要加快做好乡村文化旅游产业的实地调研和思路准备,全力做好乡村文化旅游高质量发展的顶层设计,要以《文化和旅游规划管理办法》为指导,根据脱贫攻坚成果及乡村振兴战略,加快编制出台乡村文化旅游产业专项规划,为全国乡村文化旅游高质量发展提供指导意见。另一方面,全面健全政策体系。有关部门要基于拟定"乡村文化旅游高质量发展指导意见",加快出台与乡村文化旅游相关的配套措施,全面做好乡村文化旅游高质量发展中所涉及的各类审批、资源、监管和安全等一系列问题的引导、规避和规范,确保乡村文化旅游高质量发展。

2. 进一步加快制定地方实施方案

一方面,基于区域社会经济文化基础,加快编制符合区域发展实情、利于区域文化发展的乡村文化旅游发展规划,切实通过统筹调度区域资源,"统一规划体系、完善规划管理、提高规划质量,使乡村旅游规划工作更加科学化、规范化、制度化"。另一方面,切实做好区域乡村文化旅游高质量发展的决策部署。地方政府要全面做好乡村振兴与乡村文化旅游高质量发展的深度融合,切实把乡村文化旅游的高质量发展纳入乡村振兴战略的实施意见,通过全面盘点区域特色文化与分析区域乡村文化旅游发展的优势、劣势、机遇和挑战,为地方乡村文化旅游的高质量发展做好决策部署,确保乡村文化旅游的发展高效、有序,以及游资源得到最好的开发利用。

3. 进一步加快健全具体工作机制

纵向上,国家要加快推动乡村文化旅游高质量发展的纵深推进,加快梳理监管机构与监管职责,加强各级监管部门对乡村文化旅游高质量发展的监督指导,确保乡村文化旅游的发展始终保持着高质量的航向。横向上,各级政府要加快推动乡村文化旅游高质量发展所需资源、所涉及部门的整合和联动,通过明确职责权限,划定责任目标,理顺工作机制,推动各部门形成乡村文化旅游高质量发展的核心凝聚力,并以此为契机,加快对社会各类资源的牵引与整合利用,为乡村文化旅游高质量发展提供更加宽广的资源渠道。

4. 夯实文旅产业基础

一方面,切实做好乡村生态保护和文化保护。资源开发与环境保护协调发展是乡村文化旅游发展中需要注意的难题,乡村文化旅游的高质量发展离不开对生态的保护和文化保护。各地需要全面做好区域乡村生态环境的治理与保护,全面保持好区域自

---

① 王克修,徐芳.推动乡村文化旅游高质量发展的路径探析[J].中国国情国力,2021(7).
② 陈慧英,陶丽萍.乡村振兴视域下乡村文化旅游产品开发实证研究[J].文化软实力研究,2021(1).

然生态的良好景观,全面维护好区域特色文化的自然禀性,从而为乡村文化旅游的高质量发展提供扎实的生态基础和文化基础。另一方面,需要全面转变发展思路,夯实文旅产业高质量发展的思想基础。乡村文化旅游的发展不只是一个经济问题,各地需要切实提高对乡村文化旅游的思想认识,既要把其作为乡村振兴战略全面实施的重要举措,又要科学辩证地认识到乡村文化旅游作为一种发展新模式,并非适应每一个乡镇或每一个乡村,要坚持做到"不瞎折腾""不乱折腾",在发展中也要坚持不贪大求全、不跟风攀比,而是实事求是和科学发展、可持续发展。

(二)加快构建乡村文化旅游发展格局

1. 推进文旅深度融合

目前,仍有许多地区的旅游和文化产业是相脱离的。但事实上,文旅产业的提出展现了人民群众在旅游过程中对精神文化的高度渴求,推进乡村文化旅游的高质量发展必然需要推进文旅的深度融合。

一方面,要切实做好文化与旅游相融合的大文章。各地要坚持做好文化的宣传与诠释工作,通过文化发展与旅游产业的统一规划和部署,全面推动文化与旅游的相互渗透,从而把区域文化特色与文化内涵铭刻在各种旅游产品中。另一方面,要创新文旅融合方式。抓住文化核心,利用好文化核心的牵引和驱动。借助科技、网络、大数据等多种资源和技术,实现旅游产品中乡村文化资源"原汁原味"的全面展示。文化发展中,利用好旅游资源的有效助力,全面打造"乡村+文化+旅游+互联网""乡村+文化+旅游+产业"等多种发展模式,从而全面强化对乡村文旅资源的融合发展。

2. 发挥产业集群效益

乡村文化旅游的高质量发展并不因其区域性和特色性的重要而孤立,相反,乡村文化旅游的发展更依赖于产业集群效益的发挥。一方面,可以全面延长乡村文化旅游发展的产业链条。大胆创新,在乡村文化旅游发展的基础上,大力尝试"文旅+基建""文旅+制造""文旅+服务""文旅+数字经济""文旅+互联网"等多种发展模式,从而基于区域社会资源禀赋,发展好上下游,有效延长乡村文化旅游发展的链条,为乡村文化旅游的高质量发展提供保障。另一方面,切实加强周边区域的发展互动。单一乡村文化旅游景点吸引的客流量极为有限,但各地可以通过整合发展规划,加强区域联动,以文化交流与发展为核心,以旅游路线和旅游产品的科学设计为脉络,以沿线的基础建设和餐饮服务业为补充,推动乡村文化旅游景点的联动发展,充分发挥区域乡村文化旅游的集群效益。

(三)加快创新乡村文化旅游产品供给

1. 全面创新乡村文旅产品

首先,精准把握群众的精神文化需求,要基于区域文化内涵,合理开创各种文旅产品,全面覆盖儿童、青少年、成年、老人等多个群体的文化需求,基于不同的文化视角,客观全面展示乡村文化的原汁原味,以生动的文化野趣增强文化吸引力和可持续发展力。其次,全面创新文旅产品。当前,各地对于文旅产品的定义仍然停留在各类工艺品、手工制作品的层面,虽然销量较大,但在文化承载和区域记忆设置上效益极低。因而,需要打开发展思路,通过大力发动乡村居民,引导全员文创,为文化旅游产品的进一步丰富增加更多的创新和创意,进一步激发乡村文化旅游发展的内生活力,以实现小巧工艺品到大件实用物品、文印复制到深刻铭记、简单了解到深刻记忆的转变。

2.丰富乡村文化旅游产品的内涵

1)确保文化的原真性,创造文化体验

对于绝大多数乡村文化旅游者而言,购买乡村文化旅游产品的最终目的并不是针对乡村文化旅游产品本身,而是通过购买乡村文化旅游产品这一行为来获得一种体验,以满足自身的精神需求。因此,使旅游者感受到独特的乡村文化旅游体验对于乡村文化旅游产品的开发至关重要。要保持乡村文化的原真性,分类推进乡村发展。对于历史文化特色资源丰富的村庄,乡村振兴战略要求统筹保护、利用与发展的关系,努力保持村庄的完整性、真实性和延续性。在乡村文化旅游产品开发的过程中,过度商品化的现象层出不穷。为保持乡村文化的原真性,应最大限度地减少对文化旅游资源的人为加工,避免过度修复和重筑,维持乡村原有的选址、格局、风貌以及人文景观等整体空间形态与环境,全面保护文物古迹、历史建筑、传统民居等传统建筑,尊重乡村居民的生活形态和生活习惯。

2)树立产品的差异性文化特色

乡村产品应凸显乡村文化旅游资源的区域特色。乡村文化旅游的资源禀赋因地域环境差异而有所区别,在乡村文化旅游产品开发的过程中,应树立独树一帜的产品形象观念,避免千篇一律。应根据客源市场的需求特点及变化,明确本地区文化旅游资源的特色,尽量让本地居民参与旅游经营,产品也应有本地特色,不应该全国各地的农家乐、乡村工艺、民俗表演都是一个模样,应结合本地特色,树立乡村文化旅游产品的独特形象。同时,还要实行小区域内的差异化战略,针对乡村文化旅游路线的设计与组合,按照差异性要求,保证小区域内的一系列乡村文化旅游产品在内容和风格上存在明显的层次差异和体验差异,延长旅游者在旅游目的地的停留时间,增强旅游者的产品体验感。

3.强化乡村文化旅游产品环境

乡村文化旅游产品的开发,还要考虑产品环境的要求。一般来说,产品环境包括产品的经济环境、生态环境、法律政治环境和社会环境。基于乡村文化旅游产品的文化属性和地域特征,生态环境、经济环境对其影响更为明显,法律政治环境和社会环境次之。

1)多方位融资

健全投入保障制度,创新投融资机制,加快形成政府财政优先保障、金融重点倾斜、社会资本积极参与的多元投入格局。乡(镇)政府是乡村文化旅游发展的责任主体,可根据乡村文化旅游产品开发的实际需求安排专项资金扶持;加强与各级金融机构的合作,对经营乡村文化旅游产品开发的商户合理增加授信并切实加大信贷力度;积极引导民间资本投向乡村文化旅游产品开发;对于乡村旅游产品的开发,应加大其扶持力度,减少及简化审批程序,完善发展机制,健全制约体系。

2）健全法律机制

由于大多数文化旅游资源具有不可再生性，为避免乡村文化旅游产品开发中可能会存在盲目开发或破坏行为，政府和法律相关部门需要出台与之配套的法律政策和法规，以对文化资源进行保护，对不良行为进行规范或处罚。针对乡村旅游文化开发中的不文明行为，要从制度上进行治理并加强政府管控。

3）加大政策支持力度

基层组织是实施乡村振兴战略的"主心骨"。乡村文化旅游产品的开发离不开组织机制的支持，因而在开发中需要政府进行权威引导和调控，建立科学的管理体制，为乡村文化旅游产品的开发指明方向。政府的支持和责任部门的支持是乡村文化旅游产品开发的保障，所以政府必须出台相应的扶持政策和制定可操作的措施，为乡村文化旅游的运行保驾护航。同时，政府应当牵头，以避免各部门在旅游文化开发中互相掣肘。

4．构建乡村文化旅游产品服务体系

考虑到旅游产品服务体系的主体既可以是人也可以是旅游设施设备，因此构建乡村文化旅游产品服务体系应该从以下三个方面入手。

1）加强人才队伍建设

将乡村文化旅游纳入乡村振兴干部培训计划，加强对乡镇党政领导，发展乡村旅游培训。通过专题培训、结对帮扶等方式，开展多层次的乡村文化旅游培训。各级农业农村、文化旅游、扶贫等部门要将乡村人才的培育纳入培训计划，对服务人员进行管理技能的培训。有计划地提升乡村文化旅游人才的素质。开展乡村旅游文化创新行动，组织引导大学生、乡贤人才、文艺人才和专业技术人才等进行创作，使其投入乡村振兴战略之中。

2）强化创新投入

将技术要素投入旅游产品的质量提升和旅游产品的结构优化之中。首先，要确定乡村文化旅游产品的开发主题；其次，要明确乡村文化旅游的主要服务功能；再次，要细分乡村文化旅游的各服务功能项目，从而划定各功能项目所需要的技术范围；最后，要选择合适的嵌入技术以构建乡村文化旅游的产品服务体系。总而言之，乡村文化旅游既要有优势，又要有危机，要充分利用发展机遇，突破乡村旅游文化的瓶颈。应在乡村旅游文化产品创新方面发力，在旧体制机制的束缚下，在社会主义市场经济的条件下，实现旅游产品的社会效益与经济效益相统一。要在创新中发展，在发展中进步，力求实现旅游产品的可持续发展。

3）重视乡村文化创新开发

充分挖掘具有本土特色的文化方式、生活方式、风俗习惯、风土人情，将之融入文化旅游产品的创新中。对历史遗迹及民间传奇已久的"活文化"进行重点保护性开发。展现本区域所特有的艺术形式、艺术特点，并在农家文化、宗族文化、祭祀仪式等方面，以独特的历史文化吸引旅游者。通过旅游者的参与，实现旅游产品的价值以及游客的自身价值创造。

第四节 中国的乡村旅游文化典型案例

一、西递、宏村乡村旅游

(一)旅游开发、管理的历史

西递在旅游开发中,以当地居民为主体,采用集体经营的开发模式,无论是景区导游还是内部维护人员,都优先选用居民,对居民的工作时长和工作内容进行记录,最终分发奖金。同时,当地政府灵活放权,以监督指导为主要职责。这种当地居民和政府的良性互动模式,极大地调动了当地居民的积极性,贯彻了以人为本的治理理念。[①] 1985年,当地政府成立旅游开发部门,经过全方位的研究,发现大部分景区采取的开发措施中,往往只重视开发而轻视了保护;对于历史景区、古建筑村落等旅游资源重视度不够,且在开发过程中有一定的破坏性。与此同时,当地政府许多开发部门,对于景区居民的生活关注度不高,对于景区的污染及开发过程中的成本升高、居民与游客之间的紧张关系存在忽视的现象,这在一定程度降低了游客对于当地旅游景点的整体印象。

当地政府在认真总结经验之后,对于西递的牌坊、池塘、书屋进行了修缮,并且投入了一定数量的资金对旅游资源进行开发。当地政府和居民为了进一步提高共同开发和管理西递的效率,在1994年设立了西递旅游服务总公司进行统一的规范管理。该公司在旅游的开发过程中广泛地吸收各方面的经验,在保证原有居民生活质量得到满足的基础上,努力提高其生活的水平,促进经济与文化的协同发展。1998年,在县政府的支持下,西递、宏村共同申请了世界文化遗产称号,在政策导向上确立了旅游开发在村落经济发展中的支柱地位。在2000年,西递、宏村获批为世界文化遗产地。从此,西递、宏村的旅游资源在全国乃至全世界名声大噪。

(二)乡村旅游文化开发中的措施

1. 保护性抢救与申报世界文化遗产

黟县按照政府引导、市场运作、社会参与"三个结合"的原则,加大投入,广泛吸引民间社会投资,共同参与抢救古民居资源。[②] 黟县引进民营企业,委托其对宏村进行管理经营。经营采用了"先保护后开发"的模式,投入资金,聘请徽派建筑专家制定宏村保护与整治方案,加大古民居的保护力度,治理周边环境,完善基础设施,这对宏村成功申报世界文化遗产发挥了一定作用。

---

① 金牛.西递宏村旅游开发模式的问题及对策探析[J].四川旅游学院学报,2018(5).
② 李岚.西递、宏村的保护和旅游开发模式借鉴[J].云南电大学报,2010(2).

2."最美村落"的打造

相关部门充分制定了合理的总体规划和相应细则,满足国内外游客的需要。结合国内外旅游开发规划的先进经验,西递、宏村的旅游开发原则是,让平日里身处城市喧嚣之中的国内游客在景区内找到身处世外桃源的感觉,从而缓解平日工作压力;并且,根据国外游客来华旅游的预期,结合当地人文地理环境,打造出对国外游客具有吸引力的西递宏村。

例如,结合西递、宏村两地小桥流水的景色和全村同在画中居住的美好意境,来吸引国外游客的驻足,从而适时推出"中国最美丽的村落"这一名片。① 在打造"最美村落"的指向向下,西递、宏村在旅游开发和宣传上达到了良好的效果。

3.整治文化环境与文明卫生

作为皖南古村落的代表,西递、宏村在2000年被列入世界文化遗产名录后,于2001年被列为全国重点文物保护单位,2003年入选首批中国历史文化名村。② 遗产地已制定包括《黟县西递、宏村世界文化遗产保护管理办法》在内的各项保护范性文件,修编并实施了《西递古村落保护规划》和《宏村保护与发展规划》等一系列遗产保护专项规划,加强了对遗产地和周边环境的监测管理。同时,成立了遗产保护协会和民兵义务消防队等组织,在管理古民居修缮工作等方面发挥积极作用。③ 通过各种方式多方面运作,使得古村落的旅游资源得到更好的提升。在政府、居民、企业游客等相关利益者的共同努力下,景区的潜力也在不断提升。

随着旅游资源的开发力度加大,虽然当地居民的收入水平得以不断提高,但是其生活习惯、卫生文明素质仍旧停步不前。例如,在街角处,偶尔会有堆满的垃圾,居民仍然会随意地将垃圾扔在院子内、道路旁、田间地头,还有部分居民将生活污水排入河流。随着旅游资源知名度的提高,大量的游客与景区的环境承载力产生了极大的冲突。景区内的生活垃圾得不到清理,景区的资源也由于大量游客的涌入,来不及及时地修整和恢复,在一定程度上破坏了景区的原有风貌。

二、婺源乡村旅游

(一)婺源乡村旅游发展简介

婺源,位于江西东北部,与皖、浙两省交界,土地面积2947平方千米,其中有林地378万亩,耕地32万亩,素有"八分半山一分田,半分水路和庄园"之称。因生态环境优美和文化底蕴深厚,婺源古村被誉为"中国最美的乡村"。

婺源是一个山清水秀的地方。全县森林覆盖率达82.6%,空气、地表水达国家一级标准,负氧离子浓度高达7万—13万个/立方米,是一个天然的大氧吧。婺源是一颗镶嵌在皖、浙、赣三省交界地的"绿色明珠",有草、木本物种5000余种,国家一、二级重点保护动植物80余种。境内有世界濒临绝迹的鸟种蓝冠噪鹛,有世界最大的鸳鸯越冬栖

---

① 金牛.西递宏村旅游开发模式的问题及对策探析[J].四川旅游学院学报,2018(5).
② 万国庆.皖南古村落及历史街区保护现状与对策[J].工程建设与档案,2004(4).
③ 刘玲.关于保护与管理历史文化名城的思考[J].小城镇建设,2010(12).

息地鸳鸯湖。①良好的自然条件孕育了众多地方特产,其中,红、绿、黑、白"四色"特产享誉古今。

清朝时,婺源的一位县令曾经这样描写他管辖的地方如画的领地:婺源属徽州,自古为名邑,千岩万壑,孕奇争秀,而擅山川之胜,因有紫阳夫子笃生其间,故其人往往淳朴温粹,蹈礼仪而重诗书。宋人范成大的一首田园诗是它最为贴切的写照:"绿遍山原白满川,子规声里雨如烟;乡村四月闲人少,才了蚕桑又插田。"

近年来,婺源县坚持以习近平新时代中国特色社会主义思想和党的十九大精神为指导,立足县情实际,大力实施"发展全域旅游,建设最美乡村"战略,成功创评全国第二批"绿水青山就是金山银山"实践创新基地、中国优秀国际乡村旅游目的地、国家乡村旅游度假实验区、全国休闲农业与乡村旅游示范县、全国森林旅游示范县、全国乡村振兴科技支撑示范县、全国乡村振兴整建制推进科技示范县等。

(二)婺源乡村如何发展旅游文化特色

在婺源行走,不经意间就会触摸到历史,沾上古文化气息。一幢幢明清古建诠释着村庄昔日的繁华,一座座尚存且沿用的古桥讲述着徽商的创业历程,一块块精美绝伦的木雕、石雕、砖雕折射出前人闪光的智慧。据了解,全县有10多个全国民俗文化村、省级历史文化名村,其中理坑、汪口还被评为"国家历史文化名村"。

发展文化旅游不能让民间艺术简单化、庸俗化。已进入旅游市场的农家茶、新娘茶、文士茶三种茶道,一个时期每天固定单一的表演使人乏味。因此,该县及时引导、组织人员在此基础上新开发出竹筒茶、丫玉茶、禅茶等茶道,不仅进一步丰富和繁荣了民间艺术,也给八方游客带来了更多美的享受。以发展旅游为载体,以乡村文化为内涵,该县一批批以经营旅游、文化为主业的"两栖"商人也不断涌现,推动了旅游与文化的交相辉映。

婺源有一个民间民俗博物馆,馆内有玉器、竹编、字画、刺绣等各类文物1000多件,有"江西民间第一馆"之誉。有一个私营业主方根民投资2000多万元建设江西最大的茶文化中心。高耸的马头墙、飞翘的檐角、精美的木雕、绚丽的彩绘,聚集了婺源官式徽派的特点,室内的茶宴、茶艺、茶歌、茶舞等系列茶文化让游客沉醉其中,流连忘返。

在婺源,乡村文化成为群众的精神大餐。金秋时节,婺源全县上下都忙得不亦乐乎。主要公路沿线和景区内的2900多幢非徽派建筑正进行统一"装扮",新博物馆建设、老城改造、茶乡西路立面改造也全面启动,景区、饭店、娱乐场所忙着装饰修缮,一个个乡土气息浓郁的节目赶着排练。11月5日至8日,这个"中国最美的乡村"举办的乡村文化旅游节闪亮登场。近年来,婺源以举办民俗风情展示、国际旅游文化节、国际茶文化节等活动为主题,大力弘扬独具魅力的乡村文化,给游客和城乡群众奉献上了一台台精美的精神大餐,丰富了城乡群众的文化生活,加快了自身知名度的提升和旅游业的发展。虽然新的一年的乡村文化旅游节大幕还没拉开,但它已成为时下人们关注和谈论的一个新焦点。

---

① 婺源概况[EB/OL].http://www.jxwy.gov.cn/jxwy/wygk/wtile_list_tt.shtml.

据了解,婺源县本着节俭、务实、有特色、讲实效的原则,科学安排设置乡村文化旅游节,主要内容有开幕式、各地民间民俗文化巡游表演、乡村"嘉年华"狂欢之夜、乡村民俗大观园暨乡村旅游博览会、婺源·中国乡村文化旅游论坛、乡村旅游推介会、婺源名村名镇游、婺源乡村美食品尝、举办项目推介暨经贸洽谈会等10余项。节日期间,将有汉族、蒙古族、苗族、满族、高山族等民族15支民俗表演队1000多名演员表演灯彩、走钢丝、上刀山、舞龙灯、川剧变脸、二人转等各具特色的民间民俗文化,婺源的板龙灯、抬阁、傩舞等民间艺术也将出台亮相。①

江西省婺源县大打"乡村文化旅游牌",目前已开发出东、西、北三条旅游精品线路。东线:"中国县级第一馆"婺源博物馆—小桥流水人家李坑—古埠名祠汪口俞氏宗祠—古文化生态村晓起—"伟人故里"江湾—萧江宗祠—萧江源。西线:县城—文公山风景名胜区—古城—金山茶园—亚洲最大的鸳鸯栖息地鸳鸯湖。北线:县城—丛溪漂流—徽商古村落思溪延村—宋代廊桥彩虹桥—仕宦名村埋坑—国家森林公园灵岩洞—盛产有机绿茶的大鄣山。其中,北线著名景点颇多。拥有粉墙黛瓦马头墙的徽商古村落,集中展示了明清时期的徽派建筑风格,它坐落在青山绿水之间,远远望去,像一幅水墨画一样。②

(三)婺源乡村旅游文化的开发措施

1.将生态文化作为乡村旅游主导产业

婺源境内山清水秀,生态优美,古村落古建筑堪称一绝,生态、文化是该县最具特色的优势资源③。该县县委、县政府明确提出围绕打造"世界最大生态文化公园"的目标,把文化与生态旅游业作为主导产业优先发展。各乡镇、各部门齐心协力服务于旅游业的发展,例如整合资金改善江湾、晓起景区的旅游环境,为全面打造乡村旅游生态文化的大环境奠定了坚实基础。

2.确立乡村旅游文化的发展方向

婺源县深深意识到文化对当地发展旅游的作用,专门成立了文化研究会,下设朱子文化、茶文化、砚文化、民俗文化、古建筑文化、徽商文化、楹联文化、民艺文化和民间故事9个分会,负责对全县民间民俗文化进行保护性挖掘整理,并使徽剧、傩舞、抬阁、地戏等一系列民间艺术重新登台亮相,成为乡村旅游最具魅力的特色项目。

婺源县依托生态文化资源优势,以科学发展观为指导,明晰旅游发展思路,高起点规划"中国最美乡村"品牌,先后编制了《江西省婺源县旅游产业发展总体规划》《徽州文化生态保护实验区总体规划》等。④这一系列规章制度的制定实施,推动了婺源旅游产业不断朝着科学化、规范化的方向发展。婺源县深刻认识到发展乡村旅游产业作为扶贫工作的新抓手、发展旅游的新亮点、整合各种力量促进乡村旅游健康又好又快发展。

---

① 江建国,张弛.婺源 擦亮乡村文化品牌[N].江西日报,2005-10-17(B01).
② 宋振平,罗博.婺源:"乡村文化旅游"大放异彩[N].华东旅游报,2005-11-15.
③ 邵猷芬,甘俊茜.旅游扶贫的"婺源模式"[J].老区建设,2015(11).
④ 汪俊辉.乡村旅游与扶贫开发——以中国最美乡村江西婺源为例[J].老区建设,2009(21).

3. 全力打造旅游文化发展大环境

近几年,婺源县建立各类自然保护小区191个,国家和地方公益林150万亩,全县活立木储量达1009万立方米,森林覆盖率达82%。[1]同时,全力打造"油菜花经济",打造"中国最美乡村"旅游。自2003年起,每年举办一次的婺源中国乡村文化旅游节已经成为国内外知名度较高的节庆活动,同时每年投入较多资金用于营销推介,在电视等媒体上展示婺源的良好形象。婺源县还大力挖掘人文资源,建立健全了县、乡、村"三级"文物保护管理体制。[2]为强化对古村落内重点文物的保护,成立了婺源文化研究会,负责对县内民间文化进行整理。[3]

4. 不断提升乡村旅游服务水平

婺源县十分重视加强对乡村旅游从业人员的培训。利用省茶校等现有教育资源,组织开设了导游等专业,培养了大量的导游、茶艺等旅游专业人才。经常聘请知名旅游专家经营服务人员、宾馆服务人员、景区工作人员开展讲座,大力提升了婺源县乡村旅游服务水平。在贫困地区发展乡村旅游产业,把乡村旅游做活、做大、做好。婺源县还努力加强农民的礼仪意识,提高旅游服务的文化水平。因为只有居民素质得到不断的提高,游客在浏览过程中才能获得更高质量的体验。

5. 突出帮扶主题

经济较落后地区发展乡村旅游,必须明确"减贫"这一主题,要把乡村旅游项目的开展作为减贫工作来做,让农民成为真正的最大受益者。鼓励群众利用现有条件开展旅游经营,兴办有民俗特色的家庭旅馆,参与加工和出售反映当地文化的手工艺品、农耕产品。只有这样,乡村旅游才能使经济落后地区的经济全面发展,对促进共同富裕起到实际的作用。

三、甲居藏寨文化旅游发展案例

甘孜州丹巴县的嘉绒藏族是川西藏区的重要藏族分支,其传统村寨具有鲜明的地域特性。丹巴县甲居藏寨的建筑、景观的造型和总体布局代表了嘉绒藏族传统民居的特点和深厚的文化内涵。甲居藏寨一直是川西藏羌彝走廊环线旅游热度较高的民族村寨,在川西旅游环线中成名较早,是嘉绒藏族民居的代表,被称为"藏区童话世界""康巴风情名片"。随着丹巴旅游不断发展,甲居藏寨的知名度日益提升,游客数量逐年递增。在民族游趋于饱和的今天,甲居藏寨的景观要满足游客高质量体验需求,需要进一步地深挖文化内涵,例如结合其藏族文化、地域文化和民俗文化,向游客展现出极具特色的甲居藏寨景观。

---

[1] 江西省婺源县建成193个自然保护小区,森林覆盖率提高9个百分点,自然保护小区守护大自然(人民眼·生态环境保护)[EB/OL].(2022-01-21).http://www.qhnews.com/newscenter/system/2022/01/21/013512344.shtml.

[2] 夏瑛.偏远乡村旅游开发策略研究——以浙江淳安县王阜乡金家岙村为例[J].贵州师范学院学报,2014(12).

[3] 赴江西省婺源县乡村旅游发展情况的考察报告[EB/OL].(2016-01-21).https://max.book118.com/html/2016/0121/33701079.shtm.

（一）甲居藏寨景观现状[①]

甲居，在藏语中代表了"弯曲"或"百户人家"的意思，甲居藏寨依陡峭的地势分为上、中、下三个村，整个藏寨建筑与周围自然环境相互结合，形成了独具韵律感的层层叠叠的层次性的景观。

1. 建筑景观

甲居藏寨中藏式建筑秉承了藏族家庭一户人家一栋房的传统习俗，但建筑下方有羊肠小道与周围前后左右房屋紧密连接，房顶也有通道互通往来。传统的建筑材料都是取当地石料，将其和夯土结合起来，依山势向阳修建。近年来的新建筑采用现代材料翻新做法，以混凝土为主要建筑材料，外墙砌上石块装饰，木材搭建屋顶，也有些用从老屋拆卸的石头和木料建构修建。总之，甲居藏寨的建筑体现出其悠久的历史感。

2. 道路景观

甲居藏寨中的道路不仅是游客观光游览的通道，同时也是景区的一道风景，是藏寨的生态长廊，其在景观中的重要性不言而喻。甲居藏寨的建筑依山而建，布局紧凑，形成了较好的视觉冲击和审美效果，以吸引游客视线。但是，景区的游览线路设计存在弊端，只有单向行经路线，即游客参观完后必须原路返回。这样的道路设计是景观设计中的一大败笔，会让游客产生审美疲劳和行多于游的感受，降低了旅游观赏效果。在今后的景观更新设计中，要注重科学合理地设计旅游路线。

3. 绿化景观

甲居藏寨成名就是因为当地自然景观与建筑人文景观的高度融合，达到天人合一，可见其天然植物与绿化之美。随着近年来的旅游业的兴旺，为了提高游客接待量和改造藏寨，当地居民就近大量砍伐大树、古树，用作碉房的屋顶和房梁等构件，那些笔直粗壮的大树不是一两年可以长出来的，在破坏生态环境的同时，直接导致相应的景观受到极大破坏，部分山间裸露出大片的土壤，显出与周边环境极不协调的景象。甲居藏寨中民居周边的绿化系统是顺应带状的聚落走势，结合居民们生产生活在房前屋后逐渐形成的。它没有专业设计出来的绿化中心，也没有绿化节点，这样的绿化景观与城市中按照季节、色彩、层次、观叶或观花等设计原则精心搭配的绿化完全不同，这里的绿化景观是生活化的，饱含着淳朴的自然审美。

（二）旅游开发对甲居藏寨的文化影响

1. 村寨空间景观形态的变化

1) 呈现"大杂居，小聚居"格局

随着旅游业的不断发展，甲居藏寨整体规模有所扩大，对经济的促进作用促使村寨人口流动，原始聚集的各个寨子之间交流增加，但在婚俗传统等因素的综合影响下，由婚嫁产生的新增住宅多选址在自家住宅附近。[②]因此，甲居藏寨中各支血脉虽混杂

[①] 张芷娴.以文旅融合发展为重点的丹巴县甲居藏寨景观更新研究[J].现代园艺，2021(3).

[②] 杨蕊源，麦贤敏.旅游开发对丹巴地区民族景观风貌的影响[C]//规划60年：成就与挑战——2016中国城市规划年会论文集.北京：中国建筑工业出版社，2016.

居住,但每个小寨子仍保持本族的聚居和向心性,资源共享共同发展。

2)沿主要交通线的带状延伸

传统的新民居选址多遵从宗教信仰,依靠村寨宗教领袖——道士的占卜,同时对农业活动的便利程度有一定考虑,新建民居布点往往比较自由;由于氏族亲缘关系,新建建筑多与上一辈住宅相邻而建,因此新建民居的选址总体呈组团式集聚形态,而组团内部选址则自由灵活。随着民族地区旅游开发的深化,当地主导产业的地位发生了变化,以往赖以生存的农业逐渐退居次要地位,而旅游接待等服务业的比重增加。2010年以后,新建民居均呈现向旅游交通干道靠近的趋势,可见当地居民在选择新住宅位置时会考虑交通的便捷性,以便商业、服务业活动的开展。因此,新民居分布情况由自由布点到沿主要交通线呈带状延伸的发展特点。

2.村寨功能产业景观的变化

村寨原有功能较为单一,随着旅游发展,村寨在原有的居住功能的基础之上赋予了商业功能——居住环境,如卫生条件、网络通信等方面的不断改善为传统民居适应现代生活找到了相应的发展模式,在优化游客体验环境的同时也使当地居民的生活条件有了较大改善,实现了"商住结合"。

旅游开发之前,当地居民大多过着自给自足的生活,当地经济以农业活动和矿产开发为主,第一产业包括果树、粮食作物的种植、畜牧业等,但由于交通条件的制约,农贸收入水平较低;由于国家政策调控,对矿产资源的开采受到限制,当地经济来源面临危机。

随着旅游发展,从事餐饮、住宿、导游等旅游接待服务的农户收入和生活水平有了显著提升,从事相关工作的居民比重不断增加,已购私家车的接待户也提供接送游客的服务,以吸引游客的到来。人口流动使得甲居藏寨的发展需求更加多元化,由此带来的产业重心转移,也激发了当地的发展潜力,村寨的功能景观在传统的果蔬种植、畜牧生产等田园风光的基础上,增加了旅游服务业的产业景观。

3.村寨自然景观的变化

甲居藏寨自然景观的变化伴随第一产业和第三产业的结合,主要表现为传统农业景观向现代农业参观体验景观的转变。传统的农业景观主只能在村寨整体的宏观角度欣赏其随四季变化而产生的不同视觉效果,而顺应旅游发展而开发出的果园采摘等体验活动项目的开展,为游客提供了更全面的自然景观欣赏视角,在不破坏当地传统生活生产方式的前提下,更大程度地提高了游客参与度,为传统村寨注入了新的活力。

4.村寨人文景观的变化

1)文化要素的没落

甲居藏寨有很多历史传说,相传很久以前,村寨经常受到山上野人的侵扰,由于野人身材庞大而不能完全弯曲,当地居民便把自家民居门窗修建很小的尺寸,以便将野人挡在外面,保证自己的安全。另一种说法是,嘉绒藏族一直有很高的礼仪规范要求,讲究谦逊,相互拜访时会相互点头鞠躬问好,修建小尺度的门,人们在进入房间时需要弯腰低头,这正是对保持礼貌的提醒。然而,不管是哪种传说,随着旅游发展和现代生活的需要,甲居藏寨民居的门窗尺寸均被放大到现代建筑的尺度,村寨中原有的文化要素正在没落。

2）建筑传统的削弱

甲居藏寨属于典型的嘉绒藏寨，传统的甲居民居为石木结构，用片石和黏土堆砌墙体，建筑材料环保。随着旅游开发的进展，一方面，现代生活的进入带来了一定的消极影响，如黏土楼板在雨后变软，游客的高跟鞋会在上面留下凹下的小孔，因此当地居民不得不使用水泥等现代建筑材料，以满足旅游接待服务的需要。另一方面，由于商业、服务业的发展，一些新建筑完全是为了现代旅游接待而建，其施工周期较短，难以用传统的建筑法式慢慢修建，这样"急功近利式"的修建无疑削弱了当地的建筑传统。就总体而言，甲居藏寨长期保持较为原生的状态，然而由于年久失修和长期的风化作业，部分老建筑已经垮塌或残缺，成为延续建筑传统的遗憾。

3）宗教特征的退化

传统的嘉绒藏寨顶层设有经堂，而现代很多被用为风干、储存食物的地方；建筑外墙面有白色的图腾图案用于装饰和祈福、避免灾祸等，但这些图腾的具体含义很少有人了解，因此退化为传统的墙面装饰。[①]

5.村寨生态景观的变化

甲居藏寨因依山傍水选址，其地理位置相对独立，一直保持清新、自然的空气质量和良好的自然生态景观风貌。然而，旅游开发带来的游客数量增长和大量机动交通的进入，造成汽车尾气、扬尘、废气等污染源，使得当地的空气质量受到影响；部分游客遗弃的饮料瓶、塑料袋等生活垃圾不仅影响了村寨的美观，有时也会因不能及时处理造成牲畜误食死亡，使村民蒙受经济损失；不合理的开发建设，如现代建筑材料的大量使用等，造成的建筑垃圾也影响了当地生态景观的完整性。

（三）甲居寨旅游文化景观发展对策

1.科学规划，合理把握文化景观的开发强度

民族地区的传统文化具有一定的脆弱性，很容易在外来文化冲击下受到威胁，甲居藏寨的自然生态环境也有一定的承载力，为了实现可持续发展，应该对旅游开发规模加以控制。通过大量的访谈分析发现，甲居藏寨景观风貌在自然生态和传统特色两方面面临严峻的挑战。因此，在旅游发展过程中，应对以下指标进行合理调控。

（1）根据居民家庭的接待能力和生活条件规定其最大接待量。

（2）对于为满足民居接待需求而新建的民居，应论证其必要性，控制新建户数与比例。

（3）鼓励居民相互学习，通过协调接待量和服务水平，缩小收入水平差异，避免因经济收益影响邻里关系。[②]

2.加强管理，完善文化景观的保护机制

甲居藏寨地理位置相对偏远，教育水平相对落后，居民对旅游发展的适应更多地

---

① 刘艺兰.少数民族村落文化景观遗产保护研究——以贵州省榕江县宰荡侗寨为例[D].北京：中央民族大学，2011.

② 杨蕊源，麦贤敏.旅游开发对丹巴地区民族景观风貌的影响[C]//.规划60年：成就与挑战——2016中国城市规划年会论文集.北京：中国建筑工业出版社，2016.

取决于经济收益的多少,缺乏对村寨整体可持续发展的全局考虑,但商品经济意识的过度引入会加速传统文化和民俗特色景观的消亡。因此,旅游开发过程需要规划部门的协调多方利益,制定合理发展模式;政府有关部门应加强引导与管理,包括制定保护政策要求、完善发展过程中的保护机制以及相应的奖惩措施等,在保证大局利益的前提下,实现村寨整体生活水平的提高。

3.普及宣传,提高全民文化景观思想意识

甲居藏寨的保护不仅需要宏观调控与监管,更需要当地居民、游客、专家学者、村寨各级管理人员等多方主体的主动参与——村寨当地居民是村寨建筑及景观的可持续发展的直接利害关系人,对地域特色保护的自觉性和热情程度最高;专家学者对民族地区非物质文化遗产保护的紧迫性有清晰的认识,对村寨特色保护的价值及保护方法有系统的研究,其学术影响力能在一定程度上促进村寨传统风貌的保护;对村寨景观风貌影响最大的是游客群体,其保护自觉性的提高对甲居藏寨的可持续发展起到十分关键的作用。①因此,应加强民族地区传统风貌保护的普及宣传,提高全民保护意识,促使各个群体投入到景观风貌特征的保护工作中去。

乡村振兴背景下乡村文化旅游发展研究
——以高平市神农镇为例②

一、神农镇乡村文化旅游发展概况

神农镇境内存有与炎帝有关的遗迹遗址等旅游文化资源,形成了炎帝文化体系,使炎帝文化有了更丰富的内涵。近年来,神农镇依托丰富的历史文化资源、明显的区位优势和各项政策支持,初步形成了"旅游+文化"的特色小镇的发展方式。

目前,神农镇作为高平市的重点文旅休闲示范区,乡村文化旅游发展采取的主要是以政府为主导的"旅游+文化"的特色小镇发展模式。特色小镇是以某一特色产业为依托,具有一定的产业基础和清晰的产业定位,通过政府、企业等参与规划建设,使其具备独特的文化内涵、宜居宜游的环境、完善的基础设施以及灵活的体制机制的区域发展模式,它能够给农民提供就业机会,增加农民收入,提高农民生活水平。神农镇在乡村文化旅游发展中依托其特有的神农炎帝文化,保护和传承当地的特色文化,并在此基础上推出一系列相关的旅游文化产业,使炎帝文化和旅游业相融合,着力打造一个特色小镇。这种模式以政府为主导,政府和旅游主管部门按市场需求出台制定相关的政策,进行科学指导,合理规划内容,让广大村民参与其中,担当一定的角色。神农镇乡村旅游发展主要由当地的煤矿提供资金支持,此外,神农镇还通过招标的方式,与其他企业签订项目合同,进行合作,让更多的企业参与投资,为当地乡村旅游发展带

---

① 沈月.国内游客低碳旅游认知度与消费调查研究[J].现代经济信息,2013(13).
② 郭鹏慧.乡村振兴背景下乡村文化旅游发展研究——以高平市神农镇为例[J].南方论坛,2022(1).

来资金。在这种情况下,以政府为主导、市场进行经营、村民参与的旅游发展模式初步形成。

二、神农镇发展乡村文化旅游的优势

旅游文化资源丰富

高平市是神农炎帝"创业之地""献身之地"和"陵寝之地",而神农镇作为炎帝故里,有独特而丰富的旅游资源优势。上党地区现有53座有关炎帝的庙宇,其中有35座庙宇在高平。6000年前,神农氏炎帝在羊头山开创中华农耕文明,目前,羊头山石窟、神农庙、炎帝高庙、神农井等文化遗产被保存在这里,具有较高的研究价值。其中,羊头山已被评为国家3A景区,在羊头山神农城遗址出土过程中,被证实存在有仰韶时期的历史遗存和与农业密切相关的李家庄村文化遗址。在这里,还可以清晰地看到有关炎帝活动的文字,在申明镇境内现在保存着1500多年间有关记载炎帝活动的石碑,其中有4块石碑在全国独一无二,神农镇以此建立了独特而完整的、有历史内涵的炎帝旅游文化体系。除此之外,在神农镇炎帝农耕文化园内还种有3000多亩的油菜花和百亩向日葵,这种自然景观能给来此地旅游的游客以独特的乡村体验。神农镇丰富的旅游文化资源为发展乡村文化旅游提供了物质支持。

三、神农镇发展乡村文化旅游取得的成果

近年来,神农镇重点发展乡村文化旅游,以文促旅,文旅融合,凸显了炎帝文化内涵,发挥出文化的重要作用。越来越多的人认识到炎帝文化,也认识了神农镇。神农镇在政府政策引导下,依托其特有的炎帝文化,取得了显著成就。

1. 以文促旅,带动经济发展

2015年,高平市政府开始加大对神农镇乡村文化旅游发展的引导,进行一定的管理,根据神农镇的具体实际情况,围绕神农炎帝文化进行了景区建设和修复,组织旅游精品路线,丰富旅游产品供给,优化旅游发展环境,神农镇乡村文化旅游在经济发展中起着举重若轻的作用。根据调查,在2015到2018年间,神农镇旅游人数从32万人次上升到了76万人次,旅游收入从480万元增加到了1900万元,旅游人数上明显上升,实现了旅游收入的不断增加。神农镇已通过发展乡村旅游取得了巨大的经济效益,而且在高平市的GDP中也占据着较大的比例,近年来村民人均收入高速增长,由原来的3000元左右到现在的5000元左右,人民的生活有了质的飞跃。

2. 不断挖掘文化内涵,产业特色逐渐显现

神农镇从发展乡村文化旅游以来,就抓住炎帝文化这条主线,依靠现存的炎帝活动的遗迹遗址和古建筑群落,形成了一个完整的炎帝文化体系。神农镇不断挖掘神农"尝百草,创医药,制耒耜,兴稼穑,播五谷"的宝贵遗产,实现炎帝文化的市场扩张效应;着重研究和开发中药理疗、健康养生等包含炎帝文化特色旅游产品,规划建设神农养生城,做大做精小杂粮、中药材、有机蔬菜等"神农牌"旅游商品。除此之外,神农镇还进行了炎帝陵修复保护工程,完成了仿古建筑群的主体工程和室外彩绘,以及朝圣大道、消防通道、东西停车场、景区路面等附属工程,同时进行了"寻根炎帝"精品路线提升工程。在这些基础上,神农镇还建设了炎帝农耕文化园,增加游客的乡村体验。神农镇充分认识到了当地的文化特色,渐渐树立神农品牌意识,彰显出小镇的特色,创造出浓厚的炎帝文化气息,让游客在精神上得到升华。

3. 举办多种活动，知名度明显提升

高平市委以及神农镇村委为了加强宣传，叫响神农炎帝品牌，举办了很多活动。首先，由于神农炎帝的根基，市政府、村委和台湾地区进行合作，举行了寻根问祖的拜祖大典活动。如第三届海峡两岸神农炎帝文化旅游招商系列活动，这次活动通过拜祖典礼，将台湾同胞、海外侨胞等聚集到一起，共同感受炎帝文化，加强了海峡两岸之间的联系，推动了海峡两岸之间在经济上、贸易上、文化上的交流，宣传了神农炎帝文化。其次，举办了炎帝经贸文化旅游招商系列活动，面向各地进行招商引资，吸引多个企业对神农镇的乡村旅游发展进行投资，推动神农镇走向各地。另外，高平市台办、九州音像出版有限公司制作了相关的专题片，体现了炎帝在生产生活、传统习俗、祭祀文化等方面的内容，全面展现高平人文风情和深厚的文化内涵，提升了知名度。政府还积极举办很多惠民活动，通过在各旅游景区进行节目表演、举行摄影比赛等，更好地体现炎帝精神，展现神农风貌，讲好高平故事。

四、神农镇乡村文化旅游发展中存在的问题

神农镇依托丰富的旅游文化资源，使乡村文化旅游发展取得了明显的成效。但是由于其起步晚，神农镇目前还处于由以煤炭为主发展经济向发展乡村文化旅游的转型时期。所以，神农镇在乡村文化旅游发展中还存在着缺乏统筹规划和有效经营管理、旅游开发资金投入不足、旅游同质化现象严重、村民对旅游文化认识不足的问题。在旅游资源方面，高平市大部分村镇，如北营村、原村等村，依托古村镇和文化资源发展旅游，同时伴有油菜花景观等，旅游资源单调。在旅游规划方面，神农镇和其他村镇在规划理念、经营模式等方面存在相似之处，都有类似于果园采摘这样的乡村体验。在旅游产品和项目方面，高平市各村镇的旅游产品和项目相互模仿，缺乏创新性和本地特色。神农镇乡村文化旅游发展同质化会造成游客审美疲劳，景点价值不高，影响神农镇乡村文化旅游的可持续发展，使神农镇逐渐失去旅游开发特色。

神农镇在2015年才开始大力发展乡村文化旅游，由于村民本身接受文化程度低，人文素养不高，对当地文化内涵的理解还停留在较浅层次，没有将当地文化资源及其所代表的深刻内涵相结合，形成系统的理解。另外，当地政府在规划乡村文化旅游发展中大多依据上级下发的文件进行规划，在向村民传达文件精神和内容上缺乏针对性，没有结合当地特色，这就造成宣传不到位，村民理解不深入。如果村民对旅游文化认识不足，向游客介绍和宣传就不到位，思想意识上的淡薄便会成为当地乡村文化旅游发展的制约因素。

五、助力神农镇乡村文化旅游的有效路径

神农镇在乡村文化旅游发展中出现的问题，阻碍了乡村文化旅游发展的可持续性。可以通过科学统筹规划，加大开发和宣传力度，进行创新性发展，提高村民文化认同感与参与意识。应保护和传承乡村文化，挖掘其历史文化特色，保护和传承炎帝文化，让神农镇在发展乡村文化旅游中实现更大的效益。

1. 发挥政府主导作用，科学统筹规划

神农镇的乡村文化旅游作为一种以政府为主导的旅游发展方式，更加需要发挥政府的主导作用，使乡村文化旅游能够在乡村振兴战略政策保障下更好地发展。政府要在本地乡村文化旅游发展中根据本地的实际情况对乡村旅游发展的开发项目、开发资金、开发方式等做出具体的规划,提出实施意见;要加强引导,调动多方面主体的力量,出台更多的优惠政策,让他们参与到乡村旅游的发展中来;建立和完善管理机制和管理制度,使得乡村文化旅游项目及其产业规范发展,加强市场的规范与管理;应加强对景区服务人员的培训,提升他们各方面的素质,从而让游客享有更加优质的旅游服务,有更好的旅游文化体验。

2.加大开发和宣传力度,激发乡村文化活力

乡村文化在乡村文化旅游发展中能够发挥巨大的力量,因此在发展中就需要加大对旅游文化的开发力度,注重宣传本地特色文化,使乡村文化焕发出更大的活力。通过政府征集资金、招商引资等方式加大资金投入,完善基础设施建设,修缮和保护好当地文化遗迹遗址,为发展乡村文化旅游提供良好的物质基础条件;要加大对旅游文化产业和项目的开发,加入更多的文化元素,做强做大炎帝文化产业链,刺激乡村文化产业和项目的发展。另外,要加大旅游宣传力度,可以通过微信、微博、网站等平台展现当地的文化特色,体现炎帝文化内涵,将神农镇的乡村景点与高平市的其他景点联系起来组成一个整体,形成自己的旅游市场,打响自己的旅游品牌。可以多举办文化宣传活动,注重对本土文化的宣传,并结合现代元素形成自己的特色,体现当地的人文风情,把炎帝故事讲好,并传播出去。

3.开发多种途径,提升村民的文化认同感和参与意识

乡村振兴的重点在于乡村文化振兴,乡村文化作为一种无形的力量,有助于形成社会主义核心价值观,提升文化自信。因此,加强村民对炎帝文化的认同感,充分挖掘其内涵,就成为实施乡村振兴战略的需要。要提升村民的文化素养和参与意识,可以通过宣讲等形式,让更多的村民了解神农炎帝历史文化,提升自身对本地文化的认同感。另外,还要更新村民思想,让村民树立创新观念,通过各种创新方式宣传当地文化。要举办各种形式的文化活动,让更多的村民参与其中,感受当地浓厚的历史文化气息,同时让游客体会当地的民俗风情,呼吁村民要向游客或者下一辈人讲解有关炎帝的文化故事、风俗习惯等,保持神农镇的特色文化。

4.保护与传承乡村文化,体现乡村性

由于神农镇乡村旅游发展主要是依托其丰厚的历史文化底蕴,这种发展方式最重要的是保护和传承工作。一个村镇的文化在当代越来越成为乡村文化旅游发展的重要支柱,乡村文化旅游让游客感受到农村的淳朴民风,并在文化旅游的过程中获得独特的乡村体验。为此,要保护和传承历史文化,就需要做到:充分挖掘旅游文化资源,展现内涵,突出本地文化的原生性和真实性,通过乡村性吸引更多的游客;增加对文化保护与传承的投入力度,在景区的修复和项目工程建设中注重保护,不破坏古建筑和古遗迹,使之成为体现当地文化的显著性标志;通过制定相关的法律法规,加强法治建设,坚持"保护为先"的方针政策和理念,做好各方面的保护工作。

第六章　乡村旅游文化

本章思政总结　"乡村旅游文化"是乡村旅游活动的展开所依托的乡村特色文化,它是旅游开发和规划的对象,是旅游企业宣传和推广、吸引游客来观赏的重要内容。乡村旅游的开发有助于树立精神文明新气象,有助于形成社会主义核心价值观,提升文化自信。在进行乡村旅游开发时,要引导各族群众牢固树立正确的国家观、历史观、民族观、文化观、宗教观,增进各族群众对伟大祖国、中华民族、中华文化、中国共产党、中国特色社会主义的认同。

应坚持中国特色社会主义乡村振兴道路,走绿色发展之路。实践证明,经济发展不能以破坏生态为代价,生态本身就是经济,保护生态就是发展生产力。坚持以绿色发展引领乡村振兴,不断铺展山清水秀、天蓝地绿、村美人和的美丽画卷。要健全草原森林、河流湖泊休养生息制度,巩固退牧还草、退耕还林成果,开展大规模的国土绿化行动,加强生物多样性保护。各地各部门要以系统治理的理念、科学保护的举措,加强乡村生态保护与修复,使"山水林田湖草沙"生命共同体生机勃勃。

复习思考题

1. 我国乡村旅游文化与西方相比有什么区别?
2. 乡村旅游开发的文化原则有哪些?旅游企业应如何处理和当地居民的文化、心理关系?
3. 请举一个你知道的中国美丽乡村的例子,谈谈它有哪些旅游文化资源和开发方式。

第七章
红色旅游文化

学习目标

（1）掌握红色旅游、红色旅游文化的定义、起源、特征。
（2）探索有关红色旅游规划、开发和保护问题。

思政元素

红色旅游的重要性、革命精神、国家认同。

章前引例

发展红色旅游要把准方向，核心是进行红色教育、传承红色基因，让干部群众来到这里能接受红色精神洗礼……党的十八大以来，习近平总书记在地方考察调研时多次到访革命纪念地，瞻仰革命历史纪念场所，反复强调要用好红色资源，传承好红色基因，把红色江山世世代代传下去，这些重要指示和要求为推动新时代红色旅游高质量发展提供了根本遵循。

全国文化和旅游行业牢记习近平总书记嘱托，坚持正确发展方向，推动红色旅游发展兼顾政治效益、社会效益和经济效益。十年来，红色旅游发展成效显著，已经成为广大党员开展党史学习教育、加强党性修养的有效载体和干部群众传承红色基因、接受红色精神洗礼的生动课堂。[①]

习近平总书记在十九届中央政治局第三十一次集体学习时的讲话曾指出：红色是中国共产党、中华人民共和国最鲜亮的底色，在我国960多万平方公里的广袤大地上红色资源星罗棋布，在我们党团结带领中国人民进行百年奋斗的伟大历程中红色血脉代

---

① 赵腾泽，王莹.红色旅游成效显著 红色基因世代相传——党的十八大以来旅游业高质量发展系列报道之八[N].中国旅游报，2022-09-28(1).

第七章　红色旅游文化

代相传。每一个历史事件、每一位革命英雄、每一种革命精神、每一件革命文物,都代表着我们党走过的光辉历程、取得的重大成就,展现了我们党的梦想和追求、情怀和担当、牺牲和奉献,汇聚成我们党的红色血脉。红色血脉是中国共产党政治本色的集中体现,是新时代中国共产党人的精神力量源泉。回望过往历程,眺望前方征途,我们必须始终赓续红色血脉,用党的奋斗历程和伟大成就鼓舞斗志、指引方向,用党的光荣传统和优良作风坚定信念、凝聚力量,用党的历史经验和实践创造启迪智慧、砥砺品格,继往开来,开拓前进。①

第一节　红色旅游文化的概念与功能

一、红色旅游文化的概念与缘起

近年来,党和国家高度重视爱国主义教育在全民的普及和高校思政教育建设,红色旅游作为爱国主义教育和思政教育开展的重要途径和手段,发展迅速。同时,红色旅游寓教于游、寓教于乐的形式,也有助于传承革命精神,弘扬社会正能量,使红色文化代代相传。

(一)红色旅游文化的概念

学习红色旅游文化,首先要对其承载载体——红色旅游有清楚的认识。目前,红色旅游在概念上还没有达成统一的共识。不同的学者站在不同的角度,其对红色旅游概念的认识也各有不同。

李宗尧(2002)认为,红色旅游是指以游览革命老区、革命遗迹为主,同时接受爱国主义教育的旅游方式。② 姚素英和王富德(2005)认为,红色旅游是一种以中国共产党成立至中华人民共和国成立这一特定历史阶段为内涵的专项旅游产品,应能产生经济效益、社会效益和生态环境效益。③ 尹晓颖、朱竑、甘萌雨(2005)则认为,红色旅游是以参观游览红色景观为主要内容,以接受爱国主义教育和革命传统教育为主要目的的旅游活动。④ 徐克帅(2016)将红色旅游定义为:自1840年来,特别是自1921年来在中国共产党的带领下,浴血奋战、艰苦奋斗、开拓进取,致力于实现国家昌盛和民族复兴的伟大梦想的地点进行参观、访问的活动或社会现象。⑤ 虽然国内学者关于红色旅游概念的讨论仍在持续进行,但官方已有对于红色旅游概念的定义。

---

① 新华网.习近平:用好红色资源 赓续红色血脉 努力创造无愧于历史和人民的新业绩[EB/OL].(2021-09-30)[2022-08-29].http://www.news.cn/politics/2021/09/30/c_1127921911.htm.
② 李宗尧.论"红色旅游"功能的多样性——兼谈蒙阴县野店镇旅游业的综合开发[J].山东省农业管理干部学院学报,2002(4).
③ 姚素英,王富德.关于红色旅游的探讨[J].北京第二外国语学院学报,2005(5).
④ 尹晓颖,朱竑,甘萌雨.红色旅游产品特点和发展模式研究[J].人文地理,2005(2).
⑤ 徐克帅.红色旅游和社会记忆[J].旅游学刊,2016(3).

2004年，中共中央办公厅和国务院办公厅印发《2004—2010年全国红色旅游发展规划纲要》，其中就红色旅游的概念进行了明确的定义：红色旅游，主要是指以中国共产党领导人民在革命和战争时期建树丰功伟绩所形成的纪念地、标志物为载体，以其所承载的革命历史、革命事迹和革命精神为内涵，组织接待旅游者开展缅怀学习、参观游览的主题性旅游活动。① 2011年，中共中央办公厅和国务院办公厅又联合发布《2011—2015年全国红色旅游发展规划纲要》，进一步深入挖掘红色旅游文化内涵，将红色旅游的内容扩展为自鸦片战争以来，大批仁人志士为了国家昌盛和民族复兴，抛头颅、洒热血，前赴后继，艰难求索，留下了许许多多可歌可泣、催人奋进的爱国主义壮丽诗篇，再到中国共产党成立以来，在革命、建设、改革的各个历史时期，带领全国各族人民浴血奋战、艰苦奋斗、开拓进取，孕育了极其宝贵的精神财富。② 从定义中可以看出，红色旅游既包含各类历史遗迹和文化内涵，也承载着宝贵的精神财富，既有旅游的功能，也有教育的属性。

红色旅游中蕴含的红色文化有广义和狭义之分。狭义的红色旅游文化主要是指中国共产党带领中国人民进行救国救民、强国富民过程中所形成和创造的带有中国特色的先进文化，具有强大的凝聚力和感召力。根据历史，可以将红色文化分为三个不同的时段来看：一是指在新民主主义革命时期的革命精神文化；二是指中华人民共和国成立以后到改革开放前期的建国文化；三是指改革开放以来，中国共产党带领人民脱贫致富、发展中国特色社会主义各项事业所汇聚形成的文化思想和价值体系。③ 广义的红色文化是指1840年以来，为了实现民族独立和民族解放，为了实现人民富裕和民族复兴，中国人民在反帝反封建的过程中，特别是在中国共产党成立之后，领导广大人民在新民主主义革命、社会主义革命和建设时期以及改革开放以来创造的先进文化；具体包括旧民主主义革命时期、新民主主义革命时期以及社会主义革命和建设时期的先进文化。它主要有物质文化、精神文化和制度文化三种形态。④ 红色旅游文化内涵丰富，对于新时代人民铭记历史，牢记革命先烈的英勇奋斗精神和事迹，进一步传承和发扬爱国主义精神具有重要意义。

（二）红色旅游文化的缘起

根据广义上对红色文化的界定，红色旅游文化包括1840年以来旧民主主义革命时期、新民主主义革命时期、中华人民共和国成立到改革开放之前以及改革开放以后的先进文化。

1.旧民主主义文化

旧民主主义文化是指在旧民主主义革命时期，以太平天国"奉天诛妖"和洋务运动

---

① 中共中央办公厅，国务院办公厅.2004—2010年全国红色旅游发展规划纲要[Z].2004-12-19.
② 中共中央办公厅，国务院办公厅.2011—2015年全国红色旅游发展规划纲要[Z].2011-03-16.
③ 唐俊青，何丽萍.基于价值观认同的红色旅游发展路径探讨[J].桂林航天工业学院学报，2021(2).
④ 刘红梅.红色旅游与红色文化传承研究[D].湘潭：湘潭大学，2012.

"中体西用"的文化纲领①、资产阶级革命派旧三民主义的文化纲领②,以及维新派为救亡图存提出的"大民族主义"的文化革命纲领③为核心的文化。旧民主主义文化纲领是近代中国先进文化的斗争实践和历史转折的深刻体现。它在一定程度上完成了近代中国反帝反封建之文化革命任务的前半部分,即通过思想文化启蒙实现了从古代民族、国家、臣民意识和(科学)器用观念,向近代民族主义、国家观念、民主意识和科学思维的转变,而这种历史文化观念的转变是近代中国反帝反封建之文化革命的历史使命所不可或缺的前提和基础。然而,由于它本身并不具备适合中国国情的科学的世界观和方法论,也就不可能打破帝国主义和封建主义反动文化同盟,而不得不逐步让位于新民主主义文化纲领。这是历史的必然,也是历史的启迪。④

2.新民主主义文化

1940年,毛泽东在《新民主主义论》中阐述了新民主主义的政治、经济和文化及其关联,之后又在《改造我们的学习》《在延安文艺座谈会上的讲话》《文艺工作者要同工农兵相结合》《文化工作中的统一战线》等论著中相继阐发了共产党人关于文化问题的基本观点。1945年,毛泽东在党的七大所作的《论联合政府》政治报告中,进一步把新民主主义的政治、经济和文化同党的基本纲领联系起来,系统阐发了新民主主义的文化观。⑤

在《新民主主义论》中,有对新民主主义文化的精确阐述:"新民主主义文化"是指无产阶级领导的人民大众的反帝反封建的文化,即民族的科学的大众的文化。民族性,指的是反对帝国主义压迫,主张中华民族的独立和尊严;科学性,指的是反对一切封建迷信思想,主张实事求是,强调理论和实践相统一;大众性,指的是要为全国百分之九十以上的工农劳苦民众服务,并逐渐成为人民大众自身的文化。⑥新民主主义文化是马克思主义中国化的理论成果之一,为中国特色社会主义文化的形成奠定了基础。

3.中国特色社会主义文化

习近平在党的十九大报告中指出,中国特色社会主义文化,源自于中华民族五千多年文明历史所孕育的中华优秀传统文化,熔铸于党领导人民在革命、建设、改革中创造的革命文化和社会主义先进文化,植根于中国特色社会主义伟大实践。发展中国特色社会主义文化,就是以马克思主义为指导,坚守中华文化立场,立足当代中国现实,结合当今时代条件,发展面向现代化、面向世界、面向未来的,民族的科学的大众的社会主义文化,推动社会主义精神文明和物质文明协调发展。要坚持为人民服务、为社

---

① 谭献民.旧民主主义文化革命纲领的萌芽——从"奉天诛妖"到"中体西用"[J].西南交通大学学报(社会科学版),2005(5).
② 谭献民.旧民主主义文化革命纲领的成熟——旧三民主义之文化革命纲领[J].西南交通大学学报(社会科学版),2005(6).
③ 谭献民.旧民主主义文化革命纲领的形成——"大民族主义"之文化革命纲领[J].西南交通大学学报(社会科学版),2006(1).
④ 谭献民.旧民主主义文化纲领终结的历史启迪[J].湘潭大学社会科学学报,2003(6).
⑤ 王雄刚,李长安,温起秀.新民主主义文化的传承性及其时代价值[J].广西社会主义学院学报,2019(5).
⑥ 毛泽东.毛泽东选集[M].北京:人民出版社,1991.

会主义服务,坚持百花齐放、百家争鸣,坚持创造性转化、创新性发展,不断铸就中华文化新辉煌。①

中国特色社会主义文化是反映先进生产力发展规律及其成果的文化,是源于人民大众实践又为人民大众服务的文化,是继承人类优秀精神成果的文化,具有科学性、时代性和民族性。中国特色社会主义文化是习近平新时代中国特色社会主义思想的重大理论创新和发展。增强中国特色社会主义文化的吸引力和感召力,坚持中国特色社会主义文化发展道路,是马克思主义中国化和中华文化发展进程的历史选择。弘扬中国特色社会主义文化,是新时代我们每个中国人坚守中国文化自信的最好表达。

(三)红色旅游与红色文化的关系

1. 开展红色旅游有助于保护红色文化

《2011—2015年全国红色旅游发展规划纲要》中指出:到2015年,列入全国红色旅游经典景区名录的重点景区基础设施和环境面貌全面改善,重要革命历史文化遗产得到有效保护,红色旅游宣传展示和研究能力明显增强,配套服务更加健全,广大人民群众参与红色旅游的积极性和满意度显著提升,综合效益更加突出。这不仅体现出国家对红色旅游发展的重视,更说明了发展红色旅游就是为了进一步保护红色文化,让红色文化可以在红色旅游的带动下得到保护和持续健康的发展。

2. 发展红色旅游有助于红色文化传承

在互联网浪潮的冲击和全球化的大背景下,各种差异化的思想在网络上传播和蔓延,不断冲击着人们的思想和心灵。这在一定程度上挤压了主流思想的发展空间,不利于大众尤其是青少年群体形成正确的思想价值观念。红色旅游作为弘扬主旋律的旅游形式,寓教于乐,以百姓喜闻乐见的形式向其传输正确的思想和价值观念,潜移默化地完成了教育的功能,从而有助于红色文化的传承和发展。

二、红色旅游文化的特质

红色旅游因红色文化而蓬勃发展,红色文化又因红色旅游这一载体而展现出生机与活力。红色旅游不仅具有旅游的审美性、异地性和暂时性等属性,还具有政治性、教育性、时代性等特点。

(一)政治性

红色旅游首先是一项政治工程,弘扬的是以毛泽东为代表的共产党人成功地实现马克思主义中国化的理论与实践,以及共产党人勇于奉献、不计得失的思想观和价值观。发展红色旅游,用党的辉煌历程和宝贵经验启示人,用党的辉煌成就和奋斗精神鼓舞人,有利于巩固马克思主义在意识形态领域的指导地位,有利于坚定中国特色社会主义共同理想,激励人们的奋斗精神。红色旅游还是一项文化工程,标举的是一种坚定不移的革命信念,团结进取、自强不息的伟大民族精神。通过红色旅游,有利于广

---

① 习近平.习近平谈治国理政[M].北京:外文出版社,2020.

大人民群众坚定走中国特色社会主义道路的信心,以及培育以爱国主义为核心的民族精神和弘扬以改革创新为核心的时代精神;还有利于广大群众学习革命传统、培养爱国情感,提升公民文明素养和社会文明程度,以及践行社会主义荣辱观,引领良好社会风尚。① 由此可见,红色旅游是加强思想政治教育、爱国主义教育、革命传统教育、公民道德教育的有效途径,具有鲜明的政治性特点。

(二)教育性

1.有助于培育和践行社会主义核心价值观

红色旅游作为弘扬主旋律、传播正能量的中国特色的旅游形式,引导公民树立正确的社会主义核心价值观是红色旅游的应有之义。红色旅游资源所承载的文化精髓等与社会主义核心价值观的基本内容具有内在统一性。② 人民群众在参与红色旅游时,通过了解和学习革命先烈的英勇事迹和宝贵精神财富,激发起旅游者对红色旅游文化的敬仰之情,真正做到培育和践行社会主义核心价值观。

2.有利于加强爱国主义教育和思想政治教育

红色旅游是在2004年底时正式提出的。在2005年12月,中共中央办公厅、国务院办公厅印发《2004—2010年全国红色旅游发展规划纲要》,是政府第一次正式把红色旅游进行规划实施。2011年和2016年,中共中央办公厅、国务院办公厅又相继下发《2011—2015年全国红色旅游发展规划纲要》(简称二期规划)和《2016—2020年全国红色旅游发展规划纲要》(简称三期规划)。规划纲要的下发体现了国家对于红色旅游开发建设的指示精神与政策引领。红色旅游可以促进革命精神教育,巩固人民群众尤其是年轻一代的国家自豪感,传承中华优秀民族精神,为国人激发国家认同感、归属感建立文化载体。③ 游客在游览的过程中缅怀革命先烈,了解共产党的艰苦奋斗历程,深刻体会中国共产党的先进性、社会主义制度的优越性和改革开放的必然性,从而更加坚定地团结在党的周围,走中国特色社会主义道路和改革开放道路,这有助于全党全国各族人民团结一心,统一共同奋斗的思想认识,积极投入中国特色社会主义事业的建设之中。

(三)时代性

红色旅游资源是对党和人民的革命历史、革命先烈的英勇事迹、革命年代孕育出来的精神内涵的集中、具体、直观的反映。没有哪一类旅游活动比红色旅游更具时代特征。革命纪念地、遗址遗迹、留存下来的革命纪念物及其所承载的革命精神都是革命年代的产物。因此,红色旅游及其蕴含的精神文化内涵具有鲜明的时代特征。

---

① 邓燕萍,高建设.社会主义核心价值观视域中的红色旅游创新发展研究[J].求实,2014(8).
② 唐俊青,何丽萍.基于价值观认同的红色旅游发展路径探讨[J].桂林航天工业学院学报,2021(2).
③ 李冬娜.基于核心价值观塑造的红色旅游发展路径[J].社会科学家,2019(2).

第二节 红色旅游文化的开发、保护与传承

习近平总书记曾经强调:红色资源是我们党艰辛而辉煌奋斗历程的见证,是最宝贵的精神财富,一定要用心用情用力保护好、管理好、运用好。一是要加强科学保护。红色资源是不可再生、不可替代的珍贵资源,保护是首要任务。要本着对历史负责、对人民负责的态度,深入开展红色资源专项调查,加强红色遗址、革命文物保护工作,统筹好抢救性保护和预防性保护、本体保护和周边保护、单点保护和集群保护等。二是要开展系统研究。统筹研究力量,强化研究规划,积极开展革命史料的抢救、征集和研究工作,加强革命历史研究,深入挖掘红色资源背后的思想内涵,准确把握党的历史发展的主题主线、主流本质,旗帜鲜明反对和抵制历史虚无主义。三是要打造精品展陈。坚持政治性、思想性、艺术性相统一,把好导向、聚焦主题,用史实说话,着力打造高质量精品展陈,增强表现力、传播力、影响力,生动传播红色文化。四是要强化教育功能。围绕革命、建设、改革各个历史时期的重大事件、重大节点,研究确定一批重要标识地,讲好党的故事、革命的故事、英雄的故事,彰显时代特色,使之成为教育人、激励人、塑造人的大学校。要设计符合青少年认知特点的教育活动,建设富有特色的革命传统教育、爱国主义教育、青少年思想道德教育基地,引导他们从小在心中树立红色理想。[①]

根据红色旅游与红色旅游文化的关系可知,发展红色旅游是保护与传承红色文化的重要形式和途径。红色旅游的开发就是对红色文化的一种开发、保护与传承。

一、红色文化的旅游开发模式

(一)"政策-资源"导向的发展模式

早期红色旅游的开发,政府主导在其中起到了举足轻重的作用。作为一种特殊的旅游形式,红色旅游是在国家政策的有力支持下,以特殊的历史遗迹和文物等旅游资源为依托发展起来的。有利的政治因素和红色资源的不可替代性使红色旅游在发展初期是以"政策—资源"为导向的。早期,政府采取了一系列的措施来为红色旅游推波助澜,比如,中宣部于1997年公布了首批百个全国爱国主义教育示范基地,在建党80周年前夕又公布了第二批百个全国爱国主义教育示范基地,这些示范基地成为人们接受革命思想教育的首选之地,大多已经成为红色旅游的热点。[②]由此也可以看出,发展红色旅游不仅是出于带动经济发展的目的,更是一项政治工程。

政府主导的开发模式又包含了多种类型。

---

① 新华网.习近平:用好红色资源 赓续红色血脉 努力创造无愧于历史和人民的新业绩[EB/OL].(2021-09-30)[2022-08-29].http://www.news.cn/politics/2021/09/30/c_1127921911.htm.

② 张群,刘建平.红色旅游的特色分析及其发展研究[J].长沙大学学报,2006(6).

1.博物馆模式

博物馆模式是比较传统的旅游开发模式,适用于一些具有革命历史教育意义的伟人故居、革命旧址等资源的开发。此类开发模式可以集中展现革命战争时期留存下来的革命遗迹和历史文物,具有集中性、展览性、教育性的特点。

红色博物馆景观的开发可采取政府扶持、社会资助和个人捐赠等形式,以免费或零盈利形式向公众开放,扩大其政治功能和教育功能,弱化其经济价值。但弱化其经济价值并不是忽视其经济功能,更不是取消其经济功能,任何一种旅游资源都能对地方经济的建设和发展起到不可估量的作用。博物馆模式的开发同样需要合理安排旅游线路和旅游内容,在条件许可的情况下,可以利用其高附加值拓展开发视野,有目的、有针对性地营造其外部红色氛围和内部红色主题,有效打通其旅游发展外部环境和内部文脉,形成博物馆旅游的外向型发展。[①]上海中共一大会址和新天地比邻开发就是这一发展模式的典型代表。上海新天地项目名称,是因中共一大会址而生:"一"加上"大"就是"天",而"地"与"天"对应。这是一个从20世纪迈入21世纪的跨世纪项目,用"新"来表述,寓意中国共产党带领老百姓创造了全新的天地。上海新天地紧邻中共一大会址,是一个具有上海历史文化风貌、中西融合的都市旅游景点。漫步新天地,仿佛时光倒流,有如置身于20世纪二三十年代的上海,让游客生动体验中共一大发生的历史背景和社会环境。

2.节庆开发模式

旅游节庆开发模式作为开展现代旅游业的一种有效手段,在全世界都具有极大的吸引力。红色旅游的节庆开发模式即以红色景观为内容,以红色旅游为主题,以红色文化为内涵,以红色精神为吸引点,以旅游节庆为媒介,用红色节庆做旅游文章,各革命纪念地可利用其独特的红色文化为主题举办红色旅游文化节。

近年来,全国多地相继打造红色旅游节日活动,取得了良好的经济效益和社会效益。根据已有的成功案例来看,红色旅游节庆活动能够将区域内各单一的红色资源串联起来,形成更强的竞争力,带动了区域内一些知名度相对较小的红色景区景点的发展。同时,红色旅游节庆活动在宣传上相较于单一景点的宣传也更具影响力,不仅能够吸引本地游客,还能够吸引许多外地游客前来参与旅游活动,从而实现更大的经济社会价值。

3.红色公园模式

红色公园是在城市普通公园的基础上,通过注入红色主题,突出其中的政治意义、文化意义和教育意义的主题城市公园。它主要面向城市市民,在满足市民日常休闲、放松需要的同时,提升城市的文化内涵,让市民在休闲娱乐中追忆红色历史,接受爱国主义教育。

(二)社区参与模式

社区参与是一种公众的参与,意味着社区居民对社会责任的分担和成果的共享。

[①] 毕剑.红色旅游开发模式研究[J].特区经济,2006(8).

社区参与不仅是旅游开发的重要途径,还是实现旅游可持续发展的必要条件。①

旅游开发中,社区参与模式具体表现在旅游发展决策和利益分配两方面。而红色旅游社区参与模式具体包括三方面:首先,对革命遗址和纪念地的社区进行实地调查,收集当地对红色旅游开发的民意测验,并仔细分析调研结果;其次,积极推动社区居民参与红色景区、景点的营销管理、环境保护和培训教育,树立他们的"主人翁"意识;最后,在政府和专家引导下,实现红色旅游发展的利益分配,其中包括经济利益、社会利益和就业等。社区参与模式的实施,维护了革命老区居民的综合利益;可以保持区域内红色资源和生态环境的可持续性发展;有利于传播红色文化和发扬传统革命精神;避免红色遗址由于外来游客的大量涌入而过度商业化,并促进当地特色文化的传承和红色旅游产品的推广。②

发展旅游业可以带动经济的发展,提高居民收入水平。因此,本地居民作为旅游发展的实际受益者,应当积极参与到红色旅游的开发中来,秉持主人翁精神,充分发挥自己的作用。

(三)演艺开发模式

红色旅游资源既包括有形的遗址遗迹等实体景观,也包括许多感人至深的革命精神、先烈事迹等无形资源。如何更好地挖掘这些无形资源的文化内涵,将其展现在大众面前,是红色旅游文化开发的重要部分。

近年来,许多革命圣地依托本地区特有的革命故事和遗迹旧址,通过舞台剧、话剧、歌舞剧、实景演出等百姓喜闻乐见的形式,打造出一系列红色演艺项目,让游客和观众在观看表演的同时,追忆历史,缅怀先烈,沉浸式地感受红色文化内涵,引发情感的共鸣,从而在欣赏艺术表演的过程中接受爱国主义教育和思想政治教育,实现旅游活动价值的转变和升华。

延安作为红色旅游资源非常丰富的革命老区,每年吸引着全国各地的游客到此参观学习。这里不仅有宝塔山、延安革命纪念馆和枣园、王家坪、杨家岭革命旧址等,还有许多广为流传的革命故事。如今,沉浸式歌舞剧《延安十三年》、实景演出《黄河大合唱》等一系列演艺作品,在生动传递红色文化的同时,也让广大游客的红色之旅更为充实、印象深刻。

(四)联动开发模式

红色旅游联动开发模式的核心思想是,将红色旅游的开发作为旅游区发展的一个重要组成部分,用系统论的思想进行旅游资源整合、形象策划、产业互补、产品优化、营销扩散、区域合作的立体开发模式。③

---

① 朱东国,熊鹏.社区参与视角的红色旅游开发与新农村建设互动模式研究——以韶山为例[J].湖南财政经济学院学报,2016(2).

② 刘海洋,明镜.红色旅游:概念、发展历程及开发模式[J].湖南商学院学报,2010(1).

③ 姚治国,苏勤,陆恒芹.论红色旅游的联动开发模式——以安徽省黟县、定远县比较研究为例[J].桂林旅游高等专科学校学报,2007(1).

红色旅游联动开发模式涉及多个要素。首先,红色旅游产业联动主要是通过政府制定产业政策,使其加大对革命老区的基础设施、环境和资源保护以及立法方面的投入,不仅要加强红色旅游核心产业内部的合作,还要促进旅游业与农业、工业以及其他第三产业(交通、通信、娱乐等)的结合,以便发挥红色旅游产业内外的联动效应。其次,产品联动则主要是设计和开发有地方特色的红色旅游产品,把红色与绿色结合,使游客在接受革命传统教育的同时,还可以观赏革命遗址和纪念地秀美的自然风光,而红色旅游与民俗旅游的整合更是打造一种体验式旅游产品。再次,形象联动旨在视觉识别、理念识别和行为识别的基础上,在原有的感知形象上融合一些红色元素;营销联动则是不同红色景区间在创新性营销理念的指导下,通过先进的营销手段建立可以共同分享的红色信息平台,从而强化红色旅游品牌意识和形成现代化的红色营销网络系统。最后,资源联动是在各种资源普查、评价、保护和开发体系的支持下,把红色旅游资源与生态资源、文化资源有机组合形成具有特色的红色旅游线路。[①]目前,单一开发模式已经不能够适应旅游市场的发展。联动开发模式相比于单一开发模式能更好地整合红色旅游资源和文化,打造具有本地特色的红色旅游产品,实现红色旅游的可持续发展以及红色文化的持续保护。

下面以产品联动为例,介绍此类开发模式下的两种具体模式。

1."红绿结合"模式

"红绿结合"模式,即把红色旅游资源和绿色旅游资源结合开发的一种模式。作为革命纪念地,其红色旅游资源一般具有较高的知名度、美誉度和社会影响力,然而,单纯的红色景观对旅游者的吸引力有限,很难独立担当起当地旅游业发展的重任,需要在红色这种旅游本底要素的配合下挖掘其绿色旅游资源。许多革命老区,大多位于山区和丘陵,其绿色自然旅游资源独特且丰富多彩,有的革命纪念地本身就是国家级或省级风景名胜区,这些地区可采用"红色搭台、绿色唱戏"的"红绿结合"模式进行联动开发,以高知名度的红色景观为号召,以清新奇绝的自然山水等绿色景观和生态环境为基础吸引旅游者;以红色为媒介,以绿色为平台,有效打造红色旅游和绿色旅游相结合的红绿旅游品牌。[②]

例如,河北保定阜平县史家寨乡依托晋察冀边区政府及军区司令部旧址这一当地特有的红色遗址和良好的生态环境,打造"以红带绿,以绿托红"的红绿结合开发模式。

2."红古结合"模式

"红古结合"模式中的"古"即古风古俗。红与古的结合是将红色旅游与民俗文化旅游进行有力的对接,对经济发展水平相对落后的革命老区来说,"红古结合"正改变着农村传统的产业结构和发展态势。在我国众多红色旅游景区中,并非都具有像井冈山、韶山一样优美的自然生态环境。没有出色的绿色资源,革命老区浓郁的民风民俗、民族风情同样是红色旅游开发的极好结合点。在文化兴旅的大环境下,充分挖掘与红色景区伴生的地方民俗文化、民族文化是各地开展旅游业的另一个选择。[③]

---

① 刘海洋,明镜.红色旅游:概念、发展历程及开发模式[J].湖南商学院学报,2010(1).
② 毕剑.红色旅游开发模式研究[J].特区经济,2006(8).
③ 毕剑.红色旅游开发模式研究[J].特区经济,2006(8).

例如,瑞金(见图7-1)作为"共和国的摇篮",还具有浓厚的客家文化。其景区每年吸引大量游客前来游览学习。除此之外,作为客家人的主要聚居地和客家文化的重要发祥地,这里的客家民俗文化也吸引了大量游客。

图7-1　瑞金
(张苏琪　摄)

(五)体验导向型开发模式

体验经济是以需求为中心,强调需求结构升级,从消费者角度出发考虑生产的经济形态。反映在红色旅游中,就是旅游者不仅仅是以旁观者的身份去品评红色文化的行迹,更应该以参与者的角色去把握完成对红色精神内涵的深度体会。体验型红色旅游开发,就是要深入地挖掘红色旅游产品的文化内涵,和而不同地融入地域文化,以旅游者为中心,从娱乐、教育、遁世和审美体验入手,多方位整合旅游体验元素,在旅游过程中为游客创造"重回革命年代"的难忘经历,即以游客体验为中心来选择利用资源、开发旅游项目。① 体验导向型开发模式符合体验经济时代旅游开发的要求,从游客视角出发,以满足游客的体验需求为开发标准,为旅游者创造更好的旅游体验。

例如,河北邯郸市峰峰矿区冀南山底抗日地道遗址景区依托当地的红色资源开发出特有的体验式红色旅游项目。游客们在此穿上当年红军战士的服装,穿梭在抗日地道中,可以身临其境地感受那段刻骨铭心的历史。

二、红色文化在旅游中的开发原则

1. 注重红色文化内涵

红色旅游本身是一种文化旅游产品,文化性是红色旅游产品生命力的精髓,只有保持文化的真实性,才能让红色旅游文化更加饱满、充盈,让需要传达的思想政治教育

---

① 刘辛田,盛正发.红色旅游体验导向型开发模式探讨[J].特区经济,2010(6).

内容被认可并接受。同时,文化的时代性还要求红色旅游必须立足史实,结合新时期党和国家的方针政策与当前思想政治教育的内容,与时俱进,开拓创新,保持红色文化的生机与活力,才能让红色文化久盛不衰。①因此,在红色旅游开发过程中,要以真实的历史事件、文化背景为基础进行产品设计,使红色旅游产品能够准确地反映其文化内涵,从而更好地完成其教育的功能。

2.以红色文化保护为前提,走可持续发展之路

红色旅游产品在设计、开发过程中,要严格遵守开发与保护并重的原则。无序开发必然造成红色旅游资源的破坏,随着资源的破坏,其所承载的特有的红色精神和文化内涵有可能消失,由此造成毁灭性的损失。

同时,红色旅游资源是中国革命先烈们革命历程的见证,是中华民族伟大精神的继承和升华,也是世界优秀的文化遗产,具有世界性、历史性、时代性,属于不可再生资源,因此红色旅游的开发必须以红色旅游资源的保护为前提。②

3.以市场为导向,更好地传承红色文化

现今旅游业的开发已从"资源导向型"向"市场导向型"转变,客源市场的需要成为旅游产品开发的主要依据。红色旅游区客源市场广泛,不同类型的游客旅游需求也会不同,因此,必须构建不同类型、不同层次的旅游产品。现代旅游者旅游需求的多样化和个性化倾向,也决定了主要旅游产品多样化和非观光旅游产品占主体的发展趋势。旅游产品要适应旅游者多样化的旅游需求,就必须构建内容丰富、形式多样的旅游产品,这样才可以满足特定人群的旅游需要。而红色产品体系的构建必须遵循市场原则,即必须根据游客的市场需求来设计不同主题、不同特色的旅游产品。

以市场为导向开发红色旅游产品,是为了更好地吸引游客,满足游客需求的同时实现红色旅游教育功能的价值。

4.坚持社会效益优先,兼顾经济效益

红色旅游的发展能带来更多的就业机会,提高人民生活水平,促进地方经济发展,缩小城乡之间的差距。然而,基于红色旅游的特殊性,在发展过程中应强调它的思想政治教育功能,突出它对传承中华民族传统文化、中国共产党的革命精神的积极作用。过分追求经济效益会导致盲目竞争,损害到红色旅游资源甚至扭曲红色文化;过分注重社会效益又容易挫伤红色旅游发展的积极性,无法长久持续发展。只有两者兼顾,才能让红色旅游永葆生机,健康持续地发展。

三、红色文化在旅游发展中的保护与传承

(一)红色文化保护与传承的意义

1.树立文化自信

党的十九大报告指出:"文化是一个国家、一个民族的灵魂。文化兴国运兴,文化强民族强。没有高度的文化自信,没有文化的繁荣兴盛,就没有中华民族伟大复兴。

---

① 余江海,吴惠敏.思想政治教育视域下红色旅游开发探析[J].池州学院学报,2014(3).
② 苏博,王志刚,蔡慧.对国内红色旅游产业可持续发展的思考[J].经济师,2013(6).

要坚持中国特色社会主义文化发展道路,激发全民族文化创新创造活力,建设社会主义文化强国。"①这为新时代发展社会主义文化指明了方向,并提出了新的要求。红色文化的传承与发展有利于坚定中国特色社会主义文化自信。中国特色社会主义文化源于中国优秀的传统文化,发展于厚重的红色文化,形成于中国特色社会主义先进文化,增强中国特色社会主义文化自信,就是要坚定中国传统文化自信、革命文化自信、中国特色社会主义先进文化自信。②在互联网时代,人们每天被大量的信息包围着,很容易受到不同文化的影响。为此,我们必须大力弘扬中国特色社会主义先进文化,而保护与传承红色文化是其中的重要举措。

2.有效抵御历史虚无主义

对红色文化资源的保护与开发利用,在维护、巩固国家的意识形态安全方面发挥着举足轻重的作用。历史虚无主义的本质是历史唯心主义,其世界观和历史观都带有明显的欺骗性和迷惑性,它利用一些历史事件的重要时间节点和历史人物的评价问题,将"虚无"的触角延伸到现实,主张以西方价值观念来重新书写历史,动摇人民的信仰和阻挠中华民族复兴。对此,党和国家时刻保持高度警惕,不断对其进行深刻揭露,肃清其危害。红色文化资源是辩证唯物主义和历史唯物主义的结合,凝聚着中华民族奋发图强的气节和精神,全面诠释着中华人民共和国的历史根源、伟大成绩和发展道路,深刻印证着中国共产党执政的历史必然性、政治正当性和现实合法性。对红色文化资源的保护与开发利用既能揭露历史虚无主义的虚伪性和反动目的,更能正本清源,破除历史虚无主义之弊。③

3.有利于马克思主义中国化更加深入人心

马克思主义中国化就是马克思主义基本原理与中国实际相结合的过程,这是一个永无止境的过程,其实质包含三个方面:马克思主义民族化、中国传统文化的现代化和中国实践经验的马克思主义理论化。④红色文化与马克思主义中国化有着十分密切的关系:红色文化是马克思主义中国化的基本前提、实质内容、历史起点和逻辑起点,是新时期马克思主义进一步中国化的强大精神动力和精神支柱。⑤因此,传承红色文化,不仅有利于人们了解中国革命的历程,更有利于人们学习马克思主义中国化的历程,让马克思主义中国化深入人心。

(二)红色文化如何在旅游发展中实现保护与传承

传承红色文化是一项系统工程,不能靠呆板而乏味的说教来实现,需要将抽象的文化精神内涵外化和具体化,使之更易于被大众接受,从而更好、更直观、更有效地传承。基于此,利用旅游来传播文化不仅可以发挥旅游的休闲娱乐功能,还能让人们在

---

① 习近平.决胜全面建成小康社会夺取新时代中国特色社会主义伟大胜利——在中国共产党第十九次全国代表大会上的报告[M].北京:人民出版社,2017.

② 孙学文,王晓飞.新时代红色文化的传承与发展[J].吉首大学学报(社会科学版),2019(S1).

③ 胡继冬.中国共产党对红色文化资源的保护与开发利用:百年历程、经验总结和趋势展望[J].理论月刊,2021(7).

④ 袁辉初.论马克思主义中国化的实质[J].马克思主义研究,2006(2).

⑤ 何克祥.红色文化与马克思主义中国化要论[J].中共南昌市委党校学报,2007(1).

游玩的过程中潜移默化地接受文化教育,从而实现双赢的局面。因此,必须重视红色旅游的开发,发展红色旅游,让其发挥传承红色文化的功能,形成在红色旅游开发中传承红色文化、在传承红色文化中促进红色旅游发展与保护的良性局面。

1. 加强革命文物的保护、管理和利用

习近平总书记在对革命文物工作作出重要指示时强调:革命文物承载党和人民英勇奋斗的光荣历史,记载中国革命的伟大历程和感人事迹,是党和国家的宝贵财富,是弘扬革命传统和革命文化、加强社会主义精神文明建设、激发爱国热情、振奋民族精神的生动教材。加强革命文物保护利用,弘扬革命文化,传承红色基因,是全党全社会的共同责任。各级党委和政府要把革命文物保护利用工作列入重要议事日程,加大工作力度,切实把革命文物保护好、管理好、运用好,发挥好革命文物在党史学习教育、革命传统教育、爱国主义教育等方面的重要作用,激发广大干部群众的精神力量,信心百倍为全面建设社会主义现代化国家、实现中华民族伟大复兴中国梦而奋斗。① 因此,在红色旅游规划和开发的过程中,既要重视红色资源的保护,也要在保护的基础上,加强红色资源的利用。因地制宜,根据革命文物和当地曾经发生的革命历史事件,开发具有特色的旅游产品,从而做到产品的差异化,助推地区红色旅游的可持续发展,从而长久地保护与传承红色文化。

2. 深入挖掘红色旅游资源的文化内涵

红色旅游资源具有厚重的历史内涵与人文价值。红色旅游产品是一种文化旅游产品,文化性是产品生命力的精髓,红色旅游资源的文化内涵是在红色旅游资源开发中决定旅游产品的品位、等级及其生命力的首要因素。需要深入挖掘红色旅游资源的文化内涵,提高红色旅游产品的品位,用具体的文化产品或某一动态演示过程加以外化,使之更易于被人们接受,才能更好、更有效地传承红色文化。一是进行红色旅游资源抢救性的普查,寻访亲历者和见证者,加大收集、整理、挖掘革命历史文献、资料和回忆录的力度,把没有挖掘出来的文化内涵努力挖掘出来。二是对已挖掘出来的文化内涵进行进一步规范和提升,使之系统化、条理化、科学化。许多革命老区留存着有关革命年代的大量遗迹和珍贵史料,但由于种种原因,这些辉煌的过去和不可多得的资源大多封存在历史的岁月中,没有发挥出其应有的价值和影响,因此,应对红色旅游资源的文化内涵进行深度挖掘,进行必要的规范与科学提升,彰显其红色文化,发挥其价值与影响。三是注意挖掘因旅游发展所孕育出来的新的旅游文化,把握时代气息,综合开发红色旅游产品。② 总之,文化是核心,不论是为了旅游业的持续健康发展,还是更好地传承红色文化,都需要把文化内涵摆在首要地位。

3. 讲好红色故事,传承红色基因

把握红色旅游的文化内核和文化属性,深入挖掘红色精神财富,支持各类媒体通过新闻报道、公益广告等多种方式宣传推广红色旅游,加强红色精神宣讲和党史学习

---

① 新华网.习近平对革命文物工作作出重要指示强调 切实把革命文物保护好管理好运用好 激发广大干部群众的精神力量[EB/OL].(2021-03-30)[2022-08-29].http://www.xinhuanet.com/politics/leaders/2021/03/30/c_1127272899.htm.

② 黄光文,朱龙凤.红色旅游资源开发中的红色文化传承[J].求实,2008(6).

教育,通过新媒体平台制作推广红色博物馆、红色遗址、红色文物宣传视频,加大红色旅游文化精品的开发力度,创作一批能够充分反映红色文化的主题文艺作品,更好地传承革命文化,让红色文化深入人心;加强互动型、体验型红色旅游产品的设计与开发,拉长旅游消费链条,讲好红色故事,让红色旅游真正成为弘扬民族精神的文化工程;同时,红色旅游文化资源具有教育和引导功能,具有激励和鼓舞作用,要挖掘红色文化资源的研学内涵,将爱国主义教育、革命传统教育融入校外教育,让学生在研学旅行实践中零距离感受红色文化,接受红色精神文化的洗礼。①

4.增强红色旅游的体验性,扩大传承群体

许多红色旅游产品形式较为单一,缺乏趣味性,难以激发游客的兴趣,为了更好地吸引游客,扩大红色文化传承的目标群体,红色旅游的开发就必须考虑游客的参与性和互动性需求。为此,需要创新旅游形式,增强旅游产品的体验性、参与性和趣味性,让游客在亲身体验中追忆红色历史,感受红色文化,接受红色文化内涵的洗礼。可以让游客穿上战争年代的服装,进入场景内身临其境地体验和感受革命文化。也可以利用VR、AR等技术,为游客呈现历史的一幅幅画卷。

第三节　红色旅游文化典型案例——延安

一、延安红色旅游资源概况

延安市作为我国的革命圣地,红色旅游资源极为丰富,有杨家岭、枣园、王家坪等445处革命旧址以及140多处革命旧居,是全国革命根据地城市中旧址保存规模最大、数量最多、布局最为完整的城市。党中央和老一辈革命家曾在这里生活战斗了十三个春秋,领导了抗日战争和解放战争,培育了延安精神,是全国爱国主义、革命传统和延安精神三大教育基地。延安A级旅游景区中,有19家为红色旅游景区;有革命类博物馆、纪念馆31座,馆(库)藏文物62008件,一级文物228件,二级文物2895件,三级文物12573件;有全国爱国主义教育示范基地13处,国家级抗战纪念设施、遗址4处。

二、延安红色旅游文化开发和保护现状

(一)拓展红色旅游发展空间

延安众多红色旅游资源位于城市核心区,很大程度上限制了革命旧址的保护和红色景区的开发。基于此,延安市近年来先后投资1000多亿元,根据"革命圣地、历史名城"的城市发展定位,确立了"中疏外扩、上山建城"的城市发展战略,实施了新区建设、旧城改造、居民下山、延河治理等17项城市建设工程,为红色旅游发展拓展出空间,为

---

① 殷启翠,刘玉龙.黑龙江省革命老区红色旅游资源整合与文化传播[J].学术交流,2021(12).

产业转型升级打好了基础。

(二)不断推动红色旅游资源的开发和保护,规划建设一批重大工程

完成全国爱国主义教育示范基地"一号工程"延安革命纪念馆的建设任务,对枣园、杨家岭、宝塔山、西北局、军委三局、军委二局、边区交际处、中共中央党校礼堂、延安县委县政府、南泥湾等数十处重要的革命旧址进行保护提升,相继规划中国革命文艺家博物院、延安博物馆、陕甘宁边区革命英烈纪念馆、中国人民抗日军政大学纪念馆、"三战三捷"纪念馆、秦直道遗址博物馆等一批博物馆、纪念馆项目,迅速推进延安鲁艺文化园区等六处文化产业园区建设和延安革命纪念地国家5A级旅游景区创建等项目。

(三)引进新技术,提升红色旅游体验水平

深入挖掘革命旧址、纪念地所蕴含的历史故事和文化内涵,应用现代科技手段,通过幻影成像、场景还原、半景画、雕塑小品等多种方式,使展示内容和手段更加丰富,吸引力、感染力更加强。建设数字化及"互联网+"展示系统,运用信息互联网、多媒体、新媒体、VR、AR、互动体验等技术手段,利用移动端App、微信公众平台、数据管理服务系统、PC客户端等,实现重要革命旧址虚拟漫游交互体验与重大历史事件体验展示。① 以延安革命纪念馆、枣园、杨家岭、梁家河、延安学习书院等为代表的"圣地延安数字博物馆群",通过实地取景,采用720°全景、VR(虚拟现实)、AR(增强现实)、3D体验等先进技术,包括语音导览、视频介绍、互动分享等特色功能,借助领先的数字化技术来传承革命精神,追寻革命足迹,重温红色记忆,为广大网民提供丰富生动的线上游览体验。每年假期期间,都会有大批的游客来延安市参观游览,景区的接待压力较大。自从数字博物馆上线后,不仅方便了游客,也极大地缓解了景区压力。

(四)积极开发红色文化旅游新产品

打造全国首个红色旅游大型实景演出《延安保卫战》,以及《延安保育院》《永远的长征》《延安 延安》等大型红色历史歌舞剧、主题秀。通过红色旅游景区建设,带动周边乡村旅游发展,打造出文安驿文化产业园、黄陵县索洛湾村旅游度假村、志丹县永宁镇鹆子川村、延安国家森林公园等"旅游+农林"的生态农业、森林度假等旅游区。围绕延安红色旅游项目扩大客源市场,打造出延安国际滑雪场、祥瑞冰雕世界等冬季旅游常态化产品。大力开发"延安情,延安行"经典旅游进校园项目,针对青少年身心特点,设计出西北革命线、长征落脚线、大生产运动线、转战陕北线、知青岁月线等精品参观学习线路,开发吴家枣园毛岸英拜师学艺、梁家河知青岁月、西北局革命旧址等现场教学点。②

---

① 郭延会,陈彬.延安红色旅游资源核心竞争力探析[J].延安大学学报(社会科学版),2020(5).
② 郭延会,陈彬.延安红色旅游资源核心竞争力探析[J].延安大学学报(社会科学版),2020(5).

（五）着力打造全国红色教育培训新高地

加强红色旅游资源文化内涵挖掘整理，编辑出版了《红色记忆——走进延安革命纪念地》《图说延安十三年》等图书；举办了"伟大长征 辉煌史诗——纪念中国工农红军长征胜利80周年展览""延安时期的鲁艺""中共六届六中全会专题陈列""铸魂——延安时期的从严治党"等专题陈列，让历史说话、让文物说话，充分发挥红色文化旅游资源的中华文明精神标识和中国革命精神标识作用，培育和坚定"四个自信"。加强梁家河"大学问"探究，追寻人民领袖初心，感悟伟大思想源头，编写纪实文学《梁家河》，建成有六个语种的梁家河数字博物馆。①组建延安干部培训学院，延安干部培训学院包含王家坪、杨家岭、枣园、梁家河、南泥湾五所分院和习近平新时代中国特色社会主义思想学习研究教研室、延安精神教研室、党史党建教研室等八个部室，依托延安独特的红色文化资源，面向全国开展党性教育培训。2019年，延安干部培训学院被中组部列入省（部）级党委（党组）批准的干部党性教育基地备案目录。

三、延安红色旅游文化的价值

（一）政治内涵

政治内涵是红色旅游文化内涵的核心内容。延安作为二万五千里长征的落脚点，从1935年10月到1948年5月，党中央和毛泽东等老一辈革命家在延安工作生活了十三年，历经一系列影响和改变中国革命历史进程的重大事件，确立了毛泽东思想为党的指导思想，领导全国人民夺取了新民主主义革命的伟大胜利，培育了以"坚定正确的政治方向，解放思想、实事求是的思想路线，全心全意为人民服务的根本宗旨，自力更生、艰苦奋斗的创业精神"②为主要政治内涵的延安精神。延安精神是中国共产党的传统作风及革命精神的凝结和体现，是中国共产党的政治本色和传家宝，是中华民族宝贵的精神财富。延安精神拥有极其鲜明的政治内涵，因此，延安红色旅游资源也极具开发价值。

（二）历史文化价值

早在土地革命时期，刘志丹、谢子长等共产党人就在延安建立了红色革命根据地。同时，延安作为"二万五千里长征"的落脚点，是中国共产党领导新民主主义革命伟大胜利的大本营，毛泽东、周恩来等老一辈革命家在延安克服种种苦难，经历了土地革命、抗日战争、解放战争时期。这一时期，中国共产党人在边区革命根据地设立了陕甘宁边区政府机构、党中央领导机构、军事领导机构，以及财政金融、公检法司、文化教育、新闻出版、通信传媒、工业、农业、科学研究、医疗卫生、商业贸易等机构，在党的建设、政权建设和对外交往等方面开展了内政外交、国计民生问题的初步探索和实践，取

---

① 郭延会,陈彬.延安红色旅游资源核心竞争力探析[J].延安大学学报(社会科学版),2020(5).
② 中共中央宣传部.毛泽东、邓小平、江泽民论弘扬和培育民族精神[M].北京:学习出版社,2003.

得了伟大成就,对中华人民共和国的建立和发展具有深远的政治意义与实践意义。因此,延安革命旧址群可以说是研究中国近代史、中国共产党党史十分具体完整的实物资料,历史价值巨大,文化内涵丰富。

以延安精神为核心的延安红色文化是中国共产党以马克思主义为指导思想,用马克思主义普遍原理指导中国革命在延安实践产生的文化,是我们党优秀革命传统以及革命精神传承和发展的宝贵财富。延安之所以可以成为宣传全国爱国主义、革命传统和延安精神的教育基地,是因为延安具有最丰富的红色资源,也是最具发展潜力的资源。①同时,延安是黄帝陵的所在地,是中华民族重要的发祥地,黄帝文化和延安红色文化一起构筑起延安城市的文化内涵。

(三)教育价值

延安是全国爱国主义教育基地,延安市内许多革命历史遗迹、纪念馆和博物馆都拥有开展爱国主义教育和思想政治教育的功能。延安还组建了延安干部培训学院,面向全党开展以党中央、毛主席在延安十三年和习近平总书记在梁家河七年为主干的党性教育,用科学理论和革命传统培育与教育党员干部。以上这些均依托于延安的红色文化资源。毫无疑问,延安红色文化具有作为爱国主义教育和思想政治教育的重要功能和价值。

(四)经济价值

文化的经济价值就是"文化搭台,经济唱戏",也就是文化所带来的经济效益和文化对经济活动的价值影响。同样,延安红色文化的经济价值就是延安红色文化对经济发展所带来的价值和效益。依托延安丰富的红色文化开展红色旅游,不仅可以实现其政治价值、教育价值,还可以推动延安经济的发展和百姓收入的增加,促进延安红色文化的进一步传播。

四、延安红色旅游文化开发、保护与传承的现实意义

(一)有助于加强爱国主义教育和促进国家认同

延安作为革命老区,在我国新民主主义革命的历史中拥有着举足轻重的地位。我们党老一辈革命家在这里克服重重困难,领导全国人民走向革命的伟大胜利。因此,延安的各类革命遗址遗迹反映了中国共产党和中国革命的光荣历史。在对这些遗址遗迹进行有效保护的基础上,依托优势资源,进行红色旅游开发建设,不仅能在一定程度上促进当地经济的发展,打造地区经济发展的新增长点,还能推动我们党革命奋斗历史的保护与传承,让革命先辈的事迹世世代代流传下去。同时,游客和当地居民在参观游览各类纪念地、博物馆的同时,也能够学习以延安精神为代表的中国革命精神,这有助于激发并培养广大群众的爱国主义精神和民族精神。游客通过追忆革命历史,

---

① 耿静.延安红色文化资源的时代价值研究[D].兰州:西北师范大学,2018.

牢记中国共产党的光辉岁月和奋斗征程,在参观游览的过程中深刻领悟,只有继续坚持党的领导、继续走中国特色社会主义道路和坚持改革开放,才能实现中华民族的伟大复兴,从而更加坚定地投入到中国特色社会主义事业中来。

(二)有利于新时期全面从严治党

延安精神是新时代全面从严治党的源头。毛泽东在延安时曾明确提出:"有许多党员,在组织上入了党,思想上并没有完全入党,甚至完全没有入党。"我们的党"为要领导革命运动更好地发展,更快地完成,就必须从思想上组织上认真地整顿一番。而为要从组织上整顿,首先需要在思想上整顿,需要展开一个无产阶级对非无产阶级的思想斗争"①。毛泽东在延安时期关于党的建设这些论述,是我们党创新的思想,建党思想达到成熟,也是党的建设理论成熟的重要标识。延安精神之所以能称其为延安精神,党的建设理论特别是思想建党起了决定意义的作用,而这正形成了新时期我们党全面从严治党理论基础的一个重要源头。

同时,延安整风是全面从严治党集中教育形式的范本。在延安时期,我们党加强自身建设有很多原创性举措。采取集中教育形式进行整风学习就是一个非常重要的创新。毛泽东提出在整风运动中一定要坚持"惩前毖后、治病救人"的方针,对以前的错误要不讲情面地揭发,同时作实事求是的分析。整风的内容是反对主观主义以整顿学风,反对宗派主义以整顿党风,反对党八股以整顿文风。整风的具体步骤就是认真阅读文件,联系个人思想和工作,自我反省,开展批评和自我批评,提高认识,总结经验,达到增强党性的目的。党内集中整风的最大成果就是提高了全党的马克思主义理论水平,使党的作风有了巨大转变。

延安整风对于把党建设成为马克思主义政党起了无可替代的历史作用。讲延安精神,就不能不讲整风,延安整风是延安精神不可或缺的内容,否则延安精神就失去了其内核的完整性和全面性。全面从严治党是党的十八大以来党中央作出的重大战略部署,自2013年开始,我们党进行了多次集中教育活动,其中最有影响的就是"党的群众路线教育实践活动"、2015年开始的"三严三实"专题教育以及"两学一做"学习教育等。实际上,全面从严治党的集中教育活动运用了延安整风教育的活动形式,既集中学习,深刻领会中央文件精神,提高马克思主义认识水平;又认真开展批评和自我批评,践行"咬耳朵、扯袖子、红红脸、出出汗"要求,一改过去集中教育活动走过场的形式主义,初步达到了自我净化、自我完善、自我革新、自我提高的目的。②

延安红色文化的核心是延安精神,而延安精神作为新时代全面从严治党的源头,对中国共产党的自我变革和长久发展有着重要的作用。新时期全面从严治党,应该继续从延安精神汲取经验,并且继续坚持全面从严治党的决心和信心,从而使中国共产党能够在新时代得到更好的发展。

---

① 毛泽东.毛泽东选集:第3卷[M].北京:人民出版社,1993.
② 石仲泉.延安精神与新时代全面从严治党[J].中国延安干部学院学报,2018(3).

(三)有助于坚持和建设社会主义核心价值观体系

目前,我国正处在全面深化改革和推进社会主义现代化建设的关键时期,正是需要全体党员和全国人民坚定理想信念,向着中华民族伟大复兴的中国梦稳步迈进的重要时期。延安作为马克思主义中国化的里程碑——毛泽东思想从形成、发展到成熟的圣地,以及作为中国共产党自力更生、艰苦奋斗、实事求是、理论联系实际,在全心全意为人民服务的基础上创造出来的延安精神的诞生地,其孕育的红色文化具有无可比拟的价值,是指引广大党员和全国人民坚定理想信念,前赴后继,接续奋斗,为实现中华民族伟大复兴的中国梦而不懈奋斗的强大精神动力。因此,传承延安红色文化,对于坚持马克思主义,牢固树立共产主义远大理想和中国特色社会主义共同理想,培育和践行社会主义核心价值观,不断增强意识形态领域主导权和话语权等方面具有重要的作用。

红色旅游助力乡村振兴　探索"红+绿"旅游联线
——山东省孔繁森同志纪念馆红色旅游发展典型案例[①]

孔繁森同志纪念馆坐落在国家4A级旅游景区——聊城东昌湖风景区内,是目前全国唯一全面宣传孔繁森同志生平的人物专题纪念馆。纪念馆现已成为弘扬孔繁森精神,传播英模文化的首选之地,被国家有关部委命名为全国爱国主义教育示范基地、全国廉政教育基地、全国民族团结进步教育基地、全国青少年教育基地、国家大学生文化素质教育基地、全国红色旅游经典景区。2018年9月,中国博物馆协会决定将孔繁森同志纪念馆评为国家二级博物馆;同年12月,纪念馆入选国家4A级旅游景区。

目前,纪念馆已接待全国各地观众、港澳台同胞、国际友人2300余万人次,年均接待人数在50万人次以上,旅游团队占到参观人数的75%。为打造孔繁森同志纪念馆这一江北水城文明形象窗口,聊城市充分宣传并发扬孔繁森爱国情怀、敬业精神、诚信品质和友善行为,对不同参观对象和来馆团队进行爱国主义、理想信念和社会主义核心价值观教育,把纪念馆建设成为社会各界学习弘扬孔繁森精神,传承传播红色文化的首选之地以及聊城红色文化旅游的名片,着力建设实体、移动、网上"三个纪念馆",打造"纪念馆、孔繁森故居、孔繁森纪念园"三点一线红色旅游联线,为全市脱贫攻坚工作注入新活力。

一、弘扬英模精神,打造红色旅游经典景区

习近平总书记曾数次称赞孔繁森。2004年,时任浙江省委书记的习近平在《执政意识和执政素质至关重要》一文中提出:"像领导干部的好榜样焦裕禄、孔繁森、郑培民

---

① 红色旅游助力乡村振兴 探索"红+绿"旅游联线——山东省孔繁森同志纪念馆红色旅游发展典型案例[J].中国经贸导刊,2021(14).

等英模人物那样,做一个亲民爱民的公仆,做一个忠诚正直的党员,做一个靠得住、有本事、过得硬、不变质的领导干部。"他还曾在《之江新语》栏目中写道:"要学习孔繁森同志的境界。他有一句名言:'爱的最高境界就是爱人民。'"1995年7月,孔繁森同志纪念馆经中共中央宣传部批准建馆,1995年9月开馆。当时纪念馆内设1个纪念厅和3个展览厅,建筑面积仅为1000平方米,陈列方式单一、落后,多媒体、体验型现代化展览手段因场地问题无法派上用场。

孔繁森同志纪念馆被列入全国红色旅游经典景区名录后,2013年4月,在原址上进行改扩建,次年2月投入使用,占地面积达1.9万平方米,主体建筑8700余平方米,广场道路7000平方米,绿化率达到43.3%,是全国首家按照三星级绿色节能建筑标准设计建设的纪念馆。纪念馆始终秉承"有温度、办好事"的建馆理念,按照国家4A级旅游景区标准,完善了必要的便民设施,把进入展厅的多级台阶全部改为缓和的坡道,建设无障碍步道和盲道,辟建第三卫生间,场馆常备轮椅、拐杖及童车,最大限度地为参观者,特别是为老人、孩子及残障人士提供方便,开水间全天面向社会开放。

近年来,为做好红色旅游这篇大文章,孔繁森同志纪念馆着力建设"三个纪念馆"(实体、移动、网上),打造"纪念馆、孔繁森故居、孔繁森纪念园"三点一线红色旅游联线。

一是建设实体纪念馆。基本陈列被山东省文物局评为"山东省十大精品陈列",被中国国际建筑装饰及设计艺术博览会授予"设计影响中国2015—2016年度十佳精品案例"。孔繁森同志纪念馆与共建单位联合推出各类展览交流活动,并在山东中医药大学、岭南师范学院、聊城市技师学院、聊城六中、茌平区、高唐县建立孔繁森精神宣教基地。

二是建设移动纪念馆。在重要纪念日、传统节日等时间节点,精心策划主题性临展,先后举办了"民族壮歌——聊城市纪念抗战胜利七十周年专题展览""光辉的旗帜——纪念红军长征胜利80周年专题展览""延安精神永放光芒""从虎门销烟到现代禁毒"主题展等,深化英模文化"六进"(进机关、进军营、进学校、进社区、进企业、进乡村)活动,把理想信念教育、社会主义核心价值观教育、爱国主义教育、国防教育、中国特色社会主义教育送上门去。配合大中小学党史国史教育,从东北烈士纪念馆引进的"不屈的抗争——中国东北十四年抗战史实展"在聊城大学、东昌学院、聊城市技师学院、聊城一中、聊城东方中学展出,让广大师生在心中普遍确立了中国共产党领导十四年抗战的概念。

三是建设网上纪念馆。采用新媒体技术,增强纪念馆教化育人功能。疫情期间,网上纪念馆通过音频方式,为新时代大学生讲述了孔繁森同志的防疫故事;组织开展"闭馆不闭网,服务不打烊,繁森馆邀您线上听故事"活动,每天为广大观众在微信公众号推出一则孔繁森文物故事,并将基本陈列搬到线上,实现"闭馆不停展,闭展不停讲"的线上服务。

二、传承红色基因,整合资源带动产业发展

结合聊城市推进"多村一社区"体制改革、美丽乡村田园综合体项目等,将孔繁森党性教育基地建设融入"繁森社区"党建联合体,推动周边村庄融合发展、联片振兴。按照"聚学、聚创、聚游、聚养、聚享"运作模式,以开展党性教育为引领,综合带动文创、乡村旅游、康养产业,促进党建资源和文化、生态资源共建共用共享,提高基地建设综合社会效益。

另外,孔繁森同志纪念馆充分利用聊城革命文化、抗战文化、英模文化资源,发挥领头雁作用,整合聊城革命烈士纪念堂、刘邓大军渡河指挥部旧址、中共中央冀鲁豫(平原)分局旧址、鲁西第一党支部纪念馆、苏村阻击战纪念馆、中共袁楼党支部旧址、坡里教堂(坡里暴动旧址)、张家楼烈士陵园、鲁西北革命烈士陵园、六十二烈士墓、马本斋烈士陵园、范筑先纪念馆、张自忠将军纪念馆、曾广福纪念馆等丰富的红色旅游资源,组织邀请国内外专家并积极参与这些场馆的规划设计、展陈提升、讲解培训等工作,为打造鲁西红色文化旅游联盟创造良好的条件。

三、探索"红+绿"模式,旅游联线助力脱贫攻坚

孔繁森的大爱精神源自家乡的培养,源自优良的家风和醇厚的乡风、村风,源自他对父老乡亲的深情。他和家乡的关系,血浓于水。孔繁森同志故居小院干净整洁,保留了从前的面貌。2016年,纪念馆在保留原有户型和旧门窗的基础上,对孔繁森故居进行翻修,屋内至今陈列着算盘、笔记本等孔繁森生前学习用的工具以及床、柜子、桌子等生活用品。2019年,孔繁森同志纪念馆在故居举办了"繁森小院听家风"系列活动,回顾孔繁森同志的家风故事、光辉事迹,听者无不动容。

2019年8月,直达孔繁森同志老家五里墩村的"繁森号"定制公交专线正式开通。这条全程22千米的公交线路是聊城市首条红色文旅公交专线,它把五里墩村和孔繁森同志纪念馆两地及沿途有关的红色资源有机地串联、整合起来,形成了一条孔繁森故里"红+绿"旅游联线。2019年9月,五里墩村入选山东省第二批美丽村居建设省级试点名单。

为全面促进乡村振兴,积极参与脱贫攻坚战,孔繁森同志纪念馆探索出乡村红色旅游的四种发展模式。第一种模式:"红色旅游+乡村自然景观"。融合红色旅游,打造独特的乡村旅游景观,形成一条红色旅游路线。给自然景观赋予红色含义,让自然景观与人文景观融合。第二种模式:"红色旅游+乡村体验"。把红色旅游的含义融入农村,把孔繁森精神融入劳作,深入打造农村的孔繁森精神,吸引参观者进行农村的孔繁森精神体验和学习。第三种模式:"红色旅游+乡村休闲度假"。充分开发地方宜居的自然环境条件,吸引游客。第四种模式:"红色旅游+农产品"。依托红色旅游的知名度,赋予农产品纪念意义,大力推广农产品。在红色旅游景点周边或交通要道上,筛选具有当地特色、品质优良的农产品进行种植。

> **本章思政总结**
>
> 红色旅游,主要是指以中国共产党领导人民在革命和战争时期建树丰功伟绩所形成的纪念地、标志物为载体,以其所承载的革命历史、革命事迹和革命精神为内涵,组织接待旅游者开展缅怀学习、参观游览的主题性旅游活动。开展红色旅游有助于保护与传承红色文化,有助于培育和践行社会主义核心价值观,有利于加强爱国主义教育和思想政治教育。

复习思考题

1. 请以你家乡的红色旅游文化为例,谈一谈其适合本章所述的哪一种开发模式。
2. 结合延安红色旅游的发展现状,谈一谈延安红色旅游文化开发中的不足之处。
3. 你还能想到哪些红色文化的旅游传承形式?

第八章 研学旅行文化

学习目标

(1)了解研学旅行的定义、概念、文化的特质。
(2)熟悉中国主要研学旅游的种类,并思考如何进行科学开发。

思政元素

教育型旅游、正确价值观、文化自信与自强。

章前引例

读万卷书,行万里路。从春秋时代孔子带着弟子周游列国、沿途讲学,到清末民初政府送大量学生赴欧美留学,再到如今火遍全国的夏令营、研学游等"教育+旅游"类产品……穿越时空,研学旅行已发展成为素质教育的新内容和新方式,并以"旅游+"的新模式承担起了新时代校外教育活动的使命。

2022年7月24日,由西安市文化和旅游局、西安市文物局联合主办的"品读长安 研学赋能"西安市研学旅行推广活动在大明宫国家遗址公园举办。西安市进一步整合文化、旅游和文物资源,在本次活动中推出了追寻历史、光辉历程、亲近自然、筑梦少年、盛世古韵、素质拓展6个主题30余个研学点位,推荐了励志拓展型、体验考察型、文化康乐型、自然观赏型、知识科普型5种类型60余个研学基地(场所),目的在于提升青少年的知识技能、开阔他们的眼界,培养独立能力与创造精神,促使他们形成正确的世界观、人生观、价值观。

阎良被誉为"中国航空城"。近年来,阎良以"航空梦想创造营"为主题,打造以航空特色为主线的爱国教育、科技博览、飞行体验、安全演练、体能拓展五大航空旅游主题板块,让同学们在多样体验中感受航空特色文化的魅力。走进航空博物馆,分布在展厅的数十架中外著名飞机的模型和发动机等航空器械实物展示,令同学们大开眼界。零距离观看了歼—20、轰—5、运7—100等飞机模型后，阎良一校的一些同学掩饰不住内心的激动，当场立下"刻苦学习，航空报国"的誓言。①

第一节 研学旅行概述

一、研学旅行的定义及相关概念

　　研学旅行作为青少年成长发展过程中重要的一步，在学生的社会实践活动中占据着重要地位，在国外也被称为"教育旅游"。研学旅行主要是通过实地参观、观察，聆听研学导师现场指导分析，与其他伙伴一起进行阅读学习体验、知识分享交流，进而激发学习兴趣与热情，是在教育部门和学校有计划有组织的安排下，通过集体旅行和集体食宿等方式，开展的研究性学习和旅行体验相结合的一种校外教育活动。

　　研学旅行又称为研学旅游，其正式的定义有广义和狭义之分。学术界关于研学旅行的概念有多种论述。狭义上，研学旅行是指由教育部门和学校有计划地组织安排，通过集体旅行、集中食宿方式开展的研究性学习和旅行体验相结合的校外教育活动。广义上，白长虹、王红玉（2017）认为，研学旅行是指以研究性、探究性学习为目的的专项旅行，是旅游者出于文化求知的需要展开的旅游活动②；李天元（2014）认为，研学旅行是指人们出于文化求知、实践体验和研究探索的目的，短期离开自己生活的惯常环境，前往异地展开的旅行和逗留访问活动。③2019年，中国旅行社协会与高校毕业生就业协会联合发布《研学旅行基地（营地）设施与服务规范》《研学旅行指导师（中小学）专业标准》，自2019年3月起实施。其中，《研学旅行基地（营地）设施与服务规范》指出，研学旅行（study travel）是以中小学生为主体对象，以集体旅行生活为载体，以提升学生素质为教学目的，依托旅行吸引物等社会资源，进行体验式教育和研究性学习的一种教育旅行活动。④本书讨论的研学旅行，指的是以青少年和学生群体为对象的、以旅游形式开展的，具有获取知识、拓宽视野、提高素养、增长阅历作用的活动。

　　研学旅行的相关概念有"教育旅行"和"游学"等。"教育旅行"兴起于罗马帝国时期，有着强烈的贵族气息。在英国，教育旅行作为一门学习课程，起着提高学生见识，增强在多元文化中理解能力的作用。人们普遍认为，年轻人旅行回来之后，会有很大的长进。至今，英国仍然有着这样的传统。⑤"游学"一般指我国古人通过异地旅行获

---

① 秦毅.游有所学、品读长安——让研学游成为青少年成长的"第二课堂"[N].中国文化报，2022-09-02.
② 白长虹，王红玉.以优势行动价值看待研学旅行[J].南开学报（哲学社会科学版），2017(1).
③ 李天元.旅游学概论[M].7版.天津：南开大学出版社，2014.
④ 研学旅行基地（营地）设施与服务规范[EB/OL].(2019-03-06).https://www.sohu.com/a/299483542_782118.
⑤ 付有强.英国人的教育旅行传统探析[J].贵州社会科学，2014(4).

得知识、文化体验、拜师求学以及文人之间拓展学术视野进行学术交流的活动[①]。古代中国,中国士人一直将游与学结合起来,孔子周游列国,以游传学、以游致学。西汉司马迁二十岁开始游历天下,踏遍河山,网罗天下,放失旧闻。明代地理学家、旅行家、文学家徐霞客,一生中旅行足迹遍布天下。通过旅行,他不仅寻奇访胜,开阔了自己的视野,而且在山脉、水道、地质和地貌等方面的调查和研究取得了超越前人的成就,所著作的《徐霞客游记》对后世的研究产生了深刻的影响。

二、我国研学旅行的发展历程

2000多年前,我国古代伟大的思想家、教育家孔子打破了"学在官府"的情况,开设私学,让平民百姓也可以接受教育,同时形成了以"道德践履、仁爱贵和、精思善疑、平等民主"为核心的游学思想,成为我国研学旅行的奠基人。从古至今,我国研学旅行的发展可以分为四个阶段:古代游学、近代海外修学、现代修学旅游和当代研学旅行。

(一)古代游学(前770—1840年)

"游学"一词较早见于《史记·春申君列传》,但学者对其尚未形成统一认识。简单说来,游学就是一种前往异地求知的文化活动。

1. 游学起源——春秋战国时期

春秋战国时期是我国历史上一个战乱纷争的时期,同时也是文化上群星璀璨的年代,形成百家争鸣的局面。国家的分裂,诸侯之间的相互攻伐以及文化上的繁荣为有抱负的人士提供了实现理想的机会。文人学士通过游历各个诸侯国,游说君王和大臣,向他们阐明自己的主张和治国理念,以期得到王公贵族的赏识,达到"布衣取卿相"的目的。其中的代表人物就是孔子。孔子带领一众弟子离开鲁国,先后到访卫、曹、宋、郑、陈、蔡、楚等国家,每到一处便开坛讲学,游说各国的王公大臣,不仅带领弟子们游学悟道,还向各国阐明了自己的治国理念和政治主张。前后历经十四年之久,史称"孔子周游列国"。

2. 游学发展——隋唐时期

隋唐时期是古代中华文化的全盛时期。这一时期,我国社会呈现出空前繁盛的景象,政治、经济、文化等各个方面迅猛发展。同时,科举制的创立为一般平民百姓跨越阶级、实现政治理想提供了机会。因此在这一时期,游学也在持续发展并呈现出三种类型。

一是求学之游。隋唐时期,物质充沛、文化繁荣,一些志同道合的文人学子经常相互聚集在一起,以文会友,共同探讨人生的真理和智慧。同时也有许多学者爬山涉水,一边领略大好河山的魅力,一边增长见识。

二是求仕之游。隋唐时期,科举制的创立为文人提供了一个进入统治阶级的机会,许多学子十年寒窗苦读,只为有朝一日能够走向仕途,因此每年科举考试期间,都会有大量的学子前往异地参与考试。

---

① 肖菊梅,李如密.中国古代游学的发展嬗变、教育价值及现实启示[J].河北师范大学学报(教育科学版),2017(6).

三是体验之游。这部分学者在游学中不单单局限于知识层面的追求,更多的是为了游山玩水,陶冶情操。

3.游学兴盛——元代

元代是古代中国第一次由少数民族建立的大一统朝代。元代统治者废除了科举制。但元代时国土面积极为辽阔,这促进了古代中国多民族的融合。由于少数民族地区有限的文化发展水平以及中原地区文化的繁荣兴盛,许多少数民族地区的学子向南游历学习汉学,使得游学在元代兴盛起来。

(二)近代海外修学(1840—1949年)

到了近代,自鸦片战争以后,中国逐渐丧失了独立自主的地位,沦为半殖民地半封建社会。对此,清代统治者由闭关锁国的国策转为被迫开放政策,出台了海外修学旅游的政策。此后,一批爱国知识分子和开明人士开始放眼看世界,希望通过学习西方先进的科技文化知识,寻求救国救民的出路。近代的海外修学主要经历了四个阶段:赴美留学、留学日本、庚款留学、留法勤工俭学。

赴美留学是洋务运动时期为了培养外交工业技术人才,派遣学生前往美国学习先进科学技术。留学日本则是甲午战争结束后,战争的失败进一步激发了中国人民的觉醒,人们意识到日本经过明治维新已经成长为具有比肩西方列强实力的强国。于是,一大批爱国学子前往日本学习,寻求民族振兴、国家富强的道路。庚款留学是在"庚子赔款"后,美、英、法等国出于长远考虑,为了扩大在华的影响,相继与中国签立协定,要求中国输送相应留学生。这一时期的留学形势形成了新的多元化局面,造就的一大批出色的科学家成为中国现代科技事业的奠基人和开拓者。留法勤工俭学是在五四运动前后,在巴黎华法教育会与广安勤工俭学会的大力倡导下,以及五四运动爆发后的各种新思潮涌入,促使赴法勤工俭学的新的留学潮流。这批留学生主要是以"勤以做工,俭以求学"为宗旨,在法国各地的学校和大工厂中边工作边学习,研究各种社会主义思潮。[①]

(三)现代修学旅游(1978—2004年)

我国修学旅游起步较晚,比较早的是20世纪80年代末推出的山东曲阜孔子家乡修学旅游,一般每期十余人到几十人不等,修学期限在3—15天,学习的主要内容为孔子生平及其哲学思想、中国历史书法、民俗、中医、烹饪等。[②] 改革开放后,我国与世界各国的文化交往日益增加,修学旅游日益兴盛。艺术绘画旅游、书法旅游、胡同旅游、儒学与佛学旅游、著名学府游、学者故里游等产品层出不穷,游学的学生不仅来自国内,还有来自世界各地。20世纪90年代以后,青少年出境修学旅游日渐增多,以发达国家为旅游目的地的居多,以观光、看世界的动机为主。2000年以来,全社会重视素质教育,修学游出现了前所未有的新景象,由传统的观光型向学习型、知识型、文化型转变。

---

① 陈林,卢德生.我国研学旅行历史演变及启示[J].江西广播电视大学学报,2019(1).
② 司莉娜,马爱萍.曲阜文化旅游及孔子文化的推广研究[J].旅游论坛,2008(5).

(四)当代研学旅行(2004年至今)

2004年发布的《中共中央 国务院关于进一步加强和改进未成年人思想道德建设的若干意见》中指出,要精心组织夏令营、红色旅游等活动教育未成年人。这标志着旅游的教育意义得以被重新认识。2006年,我国第一个研学旅行节庆活动"首届孔子修学旅行节"在曲阜成功举办,其他地区也相继打造"修学旅行"品牌。2012年,教育部、外交部等发布《关于进一步加强对中小学生出国参加夏(冬)令营等有关活动管理的通知》,保障中小学生出国参加夏(冬)令营等有关活动健康有序安全进行,维护学生研学旅行利益。2012年以来,教育部发布《关于开展中小学生研学旅行试点工作的函》,规定研学旅行活动范围、时间、形式等内容,并在河北省等10地进行试点,我国研学旅行进入局部试点阶段。同期,《国民旅游休闲纲要(2013—2020年)》及《国务院办公厅关于进一步促进旅游投资和消费的若干意见》中明确提出:逐步推行中小学生研学旅行,把研学旅行纳入学生综合素质教育范畴。在相关政策支持及市场需求激发下,中国课程化研学旅行联盟、内地游学联盟大会等产业联盟相继成立,进一步促进了我国研学旅行发展。

2016年,在国外经验借鉴、国内试点实验及广泛意见征求的基础上,教育部等11部委联合发布《关于推进中小学生研学旅行的意见》,提出要将研学旅行纳入中小学教育教学计划,这标志着我国研学旅行进入全面实施阶段。文化和旅游部(原国家旅游局)发布《研学旅行服务规范》,对研学旅行服务提供方、人员配置、产品、服务项目以及安全管理等内容进行详细规定,并公布首批"中国研学旅行目的地"和"全国研学旅行示范基地(营地)";教育部陆续公布两批全国中小学生研学实践教育基地(营地)名单,助推研学旅行在全国范围的全面推广。① 目前,中国学生游学主题和课程设计丰富多彩,国内游学主要涉及国学、礼仪、科学研究、科技博物类展馆参观、森林探险、地质科考、模拟考古、动植物园考察等方面,赴海外修学则涵盖名校参观、专家讲座、外国语言运用、历史文化、艺术美学、本地生活体验等方面。

三、研学旅行的属性

(一)自然性

如今,在升学的压力下,青少年学生课业压力日益加剧,课后作业和补习的时间以及使用电子产品娱乐的时间严重挤压了户外活动的时间。研学旅行则是将学习和旅游结合在一起,倡导在休闲中学习。户外研学旅行依托田园、山林、旷野等户外景观形成的特色空间,让学生走出教室、走向自然、走向新事物,以此来激起学生的好奇心与求知欲,让学生在游览观赏的过程中主动运用学习过的知识探究未知的世界。在研学旅行中,随着研学导师的专业指导,大自然活灵活现地向学生展现着动植物的发展规律。这些寓学于游的旅行还能激发学生对大自然的亲近感,激发学生对大地母亲的感

---

① 陈东军,谢红彬.我国研学旅游发展与研究进展[J].世界地理研究,2020(3).

恩之心。

(二)体验性

研学旅行将学与游结合在一起,学生在学校学习理论知识,然后在旅游中进行探索和体验,从而发现问题、解决问题,实现人文素养和理论知识的内化。同时,研学旅行活动还让学生以班级集体为单位参与群体体验,实现健康成长。通过参与集体活动,青少年可以迅速融入团队之中,有些还能从以自我为中心走向开放的社会化。通过研学旅行的精心安排,青少年将在地质科考、农作物种植、小工艺品制作、科技小创新等多种体验中去拓宽视野、了解自然和社会发展规律,培养其团队协作能力和社会实践能力。

(三)课程性

研学旅行是根据教育行政部门的规定,在中小学实施的一门校内教学需要和校外教学资源有机融合的综合实践活动课程,其根本宗旨在于提高青少年学生的身心素质,培养学生的核心素养。不同区域、不同资质的学校必须根据学生不同年龄特点的发展需求、不同地区的办学定位和不同学段素质教育的需求,制定本学校、各学段、分学期切实可行的研学旅行课程计划。研学旅行课程计划有不同学段、不同时期、不同地区的具体的课程目标,切实可行的课程安排以及研学旅行活动结束后的课程评价,避免将研学旅行变为盲目性的、随意性的"放羊式"旅游活动。

四、研学旅行的文化特质及意义

研学旅行作为一种新兴的旅游形式,同其他类型的旅游形式相比,在开阔视野、增长知识等方面具有无可比拟的作用和优势,已然构成现代旅游活动不可或缺的重要组成部分。

(一)价值认同和文化再现

在研学旅行过程中,青少年能欣赏祖国的山河风光,感受我国传统美德的魅力,体验社会经济发展的巨大成就,认识中华民族的优秀传统文化。在研学旅行时,青少年还能了解中国共产党的历史和光荣传统,理解、接受并践行社会主义核心价值观,形成国家意识和文化自信,逐步理解党的意志进而拥护党的决定和行动,从而培养自身的民族自豪感和文化认同感。

过去,许多地方的优秀传统文化由于缺乏保护和发展空间,造成文化传承的断层甚至文化的消亡。而旅游是人们对于非惯常环境的短暂体验,体验是旅游者的核心需求,地方传统文化是旅游体验的主要对象。游客在目的地最为深刻的体验是文化的差异体验,对地方文化文脉机理的探寻、文化神韵的感受、文化景观的认知和文化营养的汲取构成旅游的重要目的。研学旅行的发展,使得许多地方的传统文化有了新的发展途径,曾经没落的文化得以重新焕发生机与活力。近年来,随着研学旅行目的地建设的不断完善,许多研学旅行示范区和研学旅行实践基地的文化功能更加显现,优秀传统文化也得以重现光彩。

在研学的过程中,研学者收获丰富。他们通过对祖国大好河山的游览、对传统文化的鉴赏,培育民族和国家自豪感,增进对多样文化的认同感。研学活动的开展,对文化的持有者,即当地居民也有益处。他们能增强对传统文化的价值的认识,对自己拥有的独特精神世界和价值观充分自信。在旅游发展过程中,外地游客对访问地产生文化的尊崇和敬畏,能极大地恢复已被遗忘甚至被抛弃的传统习俗和文化活动,这有利于当地居民"文化自觉"意识的形成,有利于对传统文化的保护和传承。① 在旅游已经成为大众普及性消费活动的当代,文化传承和认同更具广泛性、现实性和深厚性。研学旅行将教育功能融入课程设计中,通过旅游经营者的场景营造、过程演绎和访问者的亲身参与,将知识生动化、历史化和时尚化,让历史、文化、价值观的内容都"活"了起来。

(二)理论内化与文化育人

研学旅行活动承载着道德素养的养成、创新精神的培育、实践能力的培养等多个方面的教育,是深化基础教育课程改革的重要途径,是推进实施素质教育的重要阵地,是学校教育与校外教育相结合的重要组成部分。② 好的研学旅行产品可以激发学生的好奇心,让其主动参与到研学旅行的活动中来,发现问题,探索未知世界,运用已经学过的理论知识解决问题,从而提高自身研究问题、解决问题的能力。在这个过程中,书本中的理论知识完成了内化的过程,融入进学生自身的文化素养当中。

一次有意义的研学旅行可以使青少年学生接受文化的洗礼,对其价值取向、思想道德产生积极正面的影响,发挥重要的文化教育功能。同时,研学旅行将教育和旅游融为一体,寓教于乐,是一种理想的教育途径。安排学生前往爱国主义教育基地、革命纪念馆等地点参与研学旅行活动,可以对青少年进行爱国主义教育和革命传统教育,让他们了解我国的国情、历史沿革,从而激发他们的爱国主义热情,增强国家认同感,塑造正确的价值观。

(三)文化传承与创新发展

研学旅行将各地不同的文化和青少年学生统一到旅游活动中,从而促进不同地域间文化的交流,让学生了解中华民族各类优秀传统文化,让学生在研学的过程中潜移默化地传承优秀传统文化,启发学生开拓创新文化。

研学旅行促进了各地文化的传承发展和产业化进程,培育了新的旅游经济增长点,也开拓了更为广阔的旅游消费市场。同时,研学旅行也是传统教育模式的一种创新。上课地点虽然在课堂之外,但却与课堂内容相衔接,通过在外的亲身体验和实践经历,既加深了学生对课堂知识的认识,又拓宽了其课堂之外的视野。

研学旅行的兴起推动了旅游与文化传承、青少年学生国民教育的交融。2018年3月发布的《国务院办公厅关于促进全域旅游发展的指导意见》强调"推动旅游与科技、

---

① 朱国兴.研学旅行的文化传承功能分析[J].河南牧业经济学院学报,2020(6).
② 滕丽霞,陶友华.研学旅行初探[J].价值工程,2015(35).

教育、文化、卫生、体育融合发展。充分利用科技工程、科普场馆、科研设施等发展科技旅游。以弘扬社会主义核心价值观为主线发展红色旅游，积极开发爱国主义和革命传统教育、国情教育等研学旅游产品。科学利用传统村落、文物遗迹及博物馆、纪念馆、美术馆、艺术馆、世界文化遗产、非物质文化遗产展示馆等文化场所开展文化、文物旅游，推动剧场、演艺、游乐、动漫等产业与旅游业融合开展文化体验旅游。"① 传统文化在特定的自然环境和社会条件背景下经历着长期的历史进化，不同地域间文化形成的要素和机制不同，造成文化表现的差异性、景观展现的地方性，这些鲜明的地域文化特征成为吸引游客的前提，也为地方旅游发展提供了极大的商机。

五、发展研学旅行的原则和方法

（一）把握爱国爱党、以学育人的思政方向

2017年2月，中共中央、国务院印发《关于加强和改进新形势下高校思想政治工作的意见》，指出："要弘扬中华优秀传统文化和革命文化、社会主义先进文化，实施中华文化传承工程，推动中华优秀传统文化融入教育教学，加强革命文化和社会主义先进文化教育。"② 研学旅行课程与思政教育具有密切的联系。2018年9月10日，习近平主席在全国教育大会上谈道："我国是中国共产党领导的社会主义国家，这就决定了我们的教育必须把培养社会主义建设者和接班人作为根本任务，培养一代又一代拥护中国共产党领导和我国社会主义制度、立志为中国特色社会主义奋斗终身的有用人才。""以凝聚人心、完善人格、开发人力、培育人才、造福人民为工作目标，培养德智体美劳全面发展的社会主义建设者和接班人，加快推进教育现代化、建设教育强国、办好人民满意的教育。"③ 开展研学旅行是弘扬中华优秀文化和培养社会主义接班人的重要路径。

以红色研学旅行为例，在旅行的过程中，结合红色旅游目的地，可对学生进行思政教育，培植其爱国情怀。以游览观光、参观体验、研学教育和学习探讨等多种形式，提高学生的道德素养和家国情怀。课程设计一般集学习党的发展历程、陶冶个人情操和观光旅游求知于一体，既要学生"读万卷书"，又引导学生"行万里路"。通过不同形式的主题教育，学生在与红色资源接触的过程中，深刻了解党和国家的光辉历程，体会共产党人顽强不屈、忠贞爱国的伟大情怀，培养以爱国主义为核心，团结统一、爱好和平、勤劳勇敢、自强不息的伟大民族精神。④ 各种伟人故里、革命历史事件和活动遗址、遗迹、烈士陵园、综合性的革命历史纪念馆，都可以作为研学旅行的重要资源来进行产品

---

① 国务院办公厅.国务院办公厅关于促进全域旅游发展的指导意见[EB/OL].(2018-03-09). http://www.gov.cn/zhengce/content/2018-03/22/content_5276447.htm.

② 中共中央 国务院印发《关于加强和改进新形势下高校思想政治工作的意见》[EB/OL].(2017-02-27). http://www.gov.cn/xinwen/2017-02/27/content_5182502.htm.

③ 全国教师大会——把立德树人融入思想道德教育、文化知识教育、社会实践教育各环节习近平在全国教育大会上发表重要讲话[EB/OL].(2018-09-11).https://www.sohu.com/a/253246490_99899773.

④ 王凯圆,刘旭东,曾强,等.课程思政背景下红色研学旅行课程发展模式探究[J].当代体育科技,2021(11).

设计。此外,还可以在科普探秘、历史文化、自然生态中融入爱国、爱党、爱护环境的主题教育。防止课程设计低级庸俗和娱乐化倾向,做到思政效果突出,确保学生研有所得、游有所思、游有所得。

发展研学旅行是贯彻《国家中长期教育改革规划和发展纲要(2010—2020年)》的行动,是青少年学生培育和践行社会主义核心价值观的重要载体。研学旅行,能增进学生对自然和社会的认识,培养其社会责任感和实践能力。在德育教学中的重要性,表现在引导学生深入理解和践行社会主义核心价值观,充分发挥综合实践课程在立德树人中的重要作用,围绕"立德树人"的根本教育任务,设计多元化的德育内容并渗透在研学旅行中,让学生实现"知行统一"和"德才兼备",不仅有利于开辟德育培养新模式,也是深化基础教育改革的重要途径。[①]研学旅行是将书本知识与真实场景相结合的"游中学,学中游"的良好体验。与课堂教学相比,学生的主体性能得到充分发挥和尊重,有利于锻炼其独立自主和团结协作能力。在学生亲近大自然、愉悦身心的同时,研学旅行能使学生意志坚强、充满责任意识,为未来在团体或实践活动中自觉产生更多遵守道德规范的认知。此外,学生还可以通过研学旅行近距离接触名山大川,深刻感受祖国的地大物博以及传统文化的光辉灿烂,树立爱国主义情怀。[②]因此,在研学旅行中融入爱国主义方面的德育内容,可显著提高学生的思想道德和价值观水平,这也是培育学生的社会主义核心价值观的一种创新方式。

2019年11月,中共中央、国务院印发《新时代爱国主义教育实施纲要》指出:新时代爱国主义教育要面向全体人民、聚焦青少年,充分发挥课堂教学主渠道作用,广泛组织开展实践活动,要把爱国主义内容融入党日团日、主题班会、班队会以及各类主题教育活动之中,组织大中小学生参观纪念馆、展览馆、博物馆、烈士纪念设施,丰富拓展爱国主义教育校外实践领域。[③]作为一项准公益性质的社会产品,研学旅行充分诠释了旅游的社会文化功能,研学旅行是将教育和旅游融为一体的具备社会功能的理想教育途径。通过研学旅行,开展青少年爱国主义和革命传统教育、国情教育,可以促进学生社会责任感和实践能力的培养。研学旅行将旅游与教育充分融合,是教育教学方式的创新、开展全面综合素质教育的手段,是提升人才培养质量的重要途径,是优秀传统文化传承的重要平台。借助旅游这一载体和渠道,学校可以以弘扬社会主义核心价值观为主线,开展历史文化的传统教育、自然探索的研究性教育及红色主题的革命教育。研学是文化旅游的一种形式,具有教育和休闲、文化体验与传承的综合社会功能。[④]

通过研学旅行活动,青少年学生前往各地参观学习,了解了国情,开阔了眼界,有利于提升他们的家国情怀;在研学旅行的过程中,主动将理论与实践进行结合,有利于提高他们的创新精神和实践能力;参观爱国主义教育基地和革命纪念馆,有利于培养青少年学生的社会责任感,促进他们培育和践行社会主义核心价值观,激发青少年学生对党、国家和人民的热爱,全面落实教育立德树人的根本任务。

---

① 张慧娟,李志文,李文,等.挖掘旅游地学文化 开辟研学旅行德育新路径[J].中国地质教育,2021(2).
② 张慧娟,李志文,李文,等.挖掘旅游地学文化 开辟研学旅行德育新路径[J].中国地质教育,2021(2).
③ 中共中央 国务院印发《新时代爱国主义教育实施纲要》[EB/OL].(2019-11-12).http://www.gov.cn/zhengce/2019-11/12/content_5451352.htm.
④ 朱国兴.研学旅行的文化传承功能分析[J].河南牧业经济学院学报,2020(6).

（二）促进文化与研学旅行的融合

发展研学旅行需要深挖产品的文化内涵。我国不少地区拥有丰富的文化资源，需要多元化开发。课程建设就是首先要梳理地域优秀文化内涵并使之模块化，成为传播正能量的文旅教育资源。区域性的地方文化资源近年来已取得了许多研究成果，应走出书斋，开发成民众喜闻乐见的产品，产生应有的社会效益与经济效益。

同时，研学旅行还应包括课外游览、活动的组织和方式。[①] 随着研学旅行教育功能的不断加深，要结合当地的文化旅游资源和特色资源，开发一些功能独特、艺术性高且具有教育功能的研学产品，要始终坚持跨界联动的原则。学校应加强同周边工厂、景区、博物馆、社区、旅行社等机构的联系，使用形式多样的手段设计研学旅行。

文旅部门融合不可逆转，而文旅融合还处于初级阶段，甚至是"冷盘拼凑"，需要深度融合。研学旅行在新时代的再度兴起，为文旅深度融合提供了一个切入点和重要抓手。研学旅行的兴起，将要求我们进一步深挖文化内涵，强化教育功能，提升旅游文化品位，丰富文化旅游环节，促进旅游对文化的消费，真正体现文化是旅游的核心和灵魂。同时，更好地满足民众日益增长的精神文化需求，传承优秀文化，提高国民素质，坚定文化自信，增强爱国爱乡情感，建设文旅强国。[②] 在当下的研学旅行和培训中，应挖掘多样的积极向上、反映主流思潮的价值观主题，并将其融合到主题设计和导师培训中，将文化精神、教育导向与课程内容进行有机融合。

（三）多样整合设计旅游产品资源

按照"多主题、多层次、多组合"的目标和可持续性、游学兼顾、市场差异化的原则，注重教育性、知识性、层次性、地域性、体系性、开放性、灵活性和针对性，量体裁衣，精心打磨，优化组合，开发出目标明确、主题突出、特色鲜明、特点显著、环节合理、效果明显的高质量的研学旅行产品和项目。线路设计要建立在知识启发性、深度体验性、团体配合性等活动内容基础上，如"研学游＋培训""研学游＋研讨""研学游＋探险""研学游＋体验""研学游＋乡村民俗"等。开发的形式应是"新颖、生动、体验、开放式"，产品的设计要从游客的出游动机出发，突出主题营造，做到"参与性、体验性、功能多样化"。[③] 2018年3月，《国务院办公厅关于促进全域旅游发展的指导意见》提出："保持传统村镇原有肌理，延续传统空间格局，注重文化挖掘和传承"，这为广大研学旅游开发和设计者提供了有力的思想指导，指明了传承、发掘是组合与设计研学产品的主流方向。

研学旅行产品开发要考虑旅游地本身的资源情况。例如，依托旅游目的地区域，通过解说和标识系统，静态展示相关知识。其根据解说方式和技术的不同，可分为标牌解说、多媒体解说、人员解说、可携式解说四类。以资源为导向的开发模式较为单一、教育效果一般，但是因其较低的成本和对生态环境的破坏较小而被普遍使用。资

---

① 徐仁立.旅融合视阈下的原苏区研学旅行发展新探[J].经济师，2020(1).
② 徐仁立.旅融合视阈下的原苏区研学旅行发展新探[J].经济师，2020(1).
③ 徐仁立.旅融合视阈下的原苏区研学旅行发展新探[J].经济师，2020(1).

源导向开发模式主要依托山地,进行户外实景的研学知识展示,其开发范围主要为各种类型旅游景区,采取景区与各类教育机构合作建设研学基地的模式进行。教育机构可以与景区合作,设立专门的解说与教育服务部门,其主要职责为经过科学分析和精心编排,梳理山地知识,选择具有深层次内涵和一定接受程度的知识进行展示;同时,在景区范围内向研学游客提供解说服务和教育项目。除此之外,还可以设计、生产和销售解说性展品。

目前,我已有的研学基地以知识科普型和体验考察型居多,教育产品可以选择博物馆、科技馆、主题展览、动植物园、科研场所;旅游产品可以选择历史文化遗产、旅游景区景点等各类旅游资源,包括非物质文化遗产;农业产品可以选择农庄、实践基地、夏令营营地或团队拓展基地等资源。要想提升研学的质量,必须是这几类乃至更多领域产品的融合。如新疆库木塔格沙漠生境中特殊的动植物、沙漠生态环境、水土保持等知识点可能在地理课堂上学习到,那么在研学过程中就要结合动植物性、生态环境保护及水土保持等内容逐项展开,让学生真正在沙漠中去体会、体验与感悟。避免"课程内容同质化",突出各地特色,要避免"旅游游览参观+讲解"式。旅游部门可以与教育部门相结合,制定旅游研学产品,针对青少年的身心特点,基于心理学、组织行为学、教育学去研发教育类课程。①

(四)构建研学旅行的社会支持系统

研学旅行打破学校围墙,提倡研究性学习与项目制学习,让青少年学生走入真实社会与自然,补齐学校教育的短板,具有实践性、综合性、体验性与真实性,这是普通课堂教学所不具备的。研学旅行的独特设计需要构建社会支持系统,需要相关机构、企事业单位、群体通力合作,建构社会支持系统,形成合力,才能取得预期效果。根据利益相关者的需求,对研学旅行的社会支持进行系统分析,可以将其划分为正式支持系统、非正式支持系统、辅助支持系统。从政府、社会、学校、教师、学生、家长的层面,可以关注到其政策、经费、协调、保障、规划、路线、答疑、解惑、协作、做事,以及参与、陪同等方面。还可以从公私合作的视角,以合作供给,淡化产品属性界限;以吸收专业社会资本,加强安全问题管控;以灵活的机制整合各种社会资源,推动研学旅行的健康发展。在场地要求上,研学旅行需要在社会支持下建设符合标准的营地,应满足研学旅行基地和营地的认证标准。不仅要体现教育性原则,还要体现实践出真知,即"读万卷书,行万里路",在旅行中学到校园里学不到的东西。②

研学旅行产品的开发还需要通过物联网、大数据、云计算、人工智能等新技术来完成一些地理、地质、文博、科学知识的展示或科技体验,实现科技教育的目的。信息技术的应用需要一些技术部门、社会企业和团体的联动支持,同时还可以通过门户网站、手机App、公众号等多种渠道,集中展示馆藏内容、讲述故事、挖掘文化、传播时代精神。③

---

① 王亚奇.浅析研学旅行发展[J].江苏商论,2021(8).
② 王亚奇.浅析研学旅行发展[J].江苏商论,2021(8).
③ 田瑾,明庆忠.山地研学旅行产品开发研究[J].旅游论坛,2020(5).

（五）对研学导师提出高要求

2016年12月，国家旅游局发布《研学旅行服务规范》，提出"研学导师"的概念，将其定义为"在研学旅行过程中，具体制定或实施研学旅行教育方案，指导学生开展各类体验活动的专业人员"，并提出"应至少为每个研学旅行团队配置一名研学导师"。[①]研学导师不同于一般意义上的学校教师，其更应该具备更加系统的教育教学和实践能力。

研学的具体实践需要学校与景区合作参与落实，构建"导游＋教师"模式。与传统的"纯导游"模式不同的是，教师在该模式下占主导。即教师不仅要努力提升自身专业素养和道德修养，还要善于充分挖掘研学中的思政基因，做课程思政的引导者和促进者，通过研学活动中的教育达到立德树人的目的。因此，只有建设一支乐而敢为的思政教师队伍，才能让思政课在研学中活起来。例如，上饶师范学院与方志敏纪念馆、革命烈士纪念馆等教育基地合作搭建红色研学导师培养平台，并设立方志敏文化研究中心，同时依托旅游管理、马克思主义等学科资源优势，培养了一批优质的研学旅行导游和教师，为研学活动的高效开展奠定了坚实的基础。[②]

研学导师是研学旅行设计和实施的主导者，是复合型专业人才，研学导师掌握的两种核心能力是研学旅行课程设计能力与研学旅行课程实施能力。设计研学旅行课程不仅需要研学导师熟悉教育教学相关理论及青少年学生心理发展特点，了解研学旅行目的地的历史渊源与相关背景资料、安全与风险管控相关知识与技能，同时还要观照学校理念、地方文化与国家要求，对研学导师的综合水平要求很高。研学导师队伍的素质会直接影响研学旅行实施效果和整体质量。[③]

第二节 城市、故居、红色基地研学旅行文化

一、名人故里的研学旅行文化

（一）名人故居研学的概念

故居型研学旅行景区，是以名人故居、纪念物及其所蕴含的文化精神为吸引物，组织接待学习者进行参观游览，实现学习文化精神，接受文化教育和振奋精神、放松身心、增加阅历的旅游目的地。名人故居是名人成长的记录和文化创造的见证者，其可

---

① 科技教育司.旅游行业标准LB/T 054-2016 研学旅行服务规范[EB/OL].(2016-12-19). http://zwgk.mct.gov.cn/zfxxgkml/hybz/202112/t20211231_930207.html.
② 唐楠,董承旭,廖子菲,等.课程思政视域下高校红色研学基地的建设——以上饶师范学院为例[J].西部素质教育,2021(11).
③ 王红,桑琳洁,张萌.研学旅行导师专业化发展机制：来自美国微认证的启示[J].全球教育展望,2021(4).

供研学的旅游对象包括名人故居等建筑实体、室内陈列品及设施布置、名人故居周边自然与人文景观。

习近平主席指出:"文物承载灿烂文明,传承历史文化,维系民族精神,是老祖宗留给我们的宝贵遗产,是加强社会主义精神文明建设的深厚滋养。"[①] 红色名人故居是我国红色文化传播和传承的重要载体,能够展现一个地区的文化底蕴和人文价值。在党史学习教育中,名人故居等红色资源具有不可替代的功能。红色名人故居是重要的红色文化资源,具有爱国主义理想信念的教育功能,也具有推动和促进红色旅游经济发展的功能。它有供人们精神追忆的历史空间,昭示了一个城市文化的厚度与精神的深度,是一个城市独特的文化血脉和文化基因的重要载体。名人故居对保护珍贵历史文物、提升当地旅游吸引力、促进人文教育以及当地的经济发展有十分重要的意义。名人故居是漫漫历史长河中的文化象征,是每个城市的古老灵魂,也是开发当代青少年研学的重要资源。作为城市灵魂的文化名片,名人故居这种珍贵的人文资源,是城市开辟文化旅游项目的潜在资源,也是进行爱国主义教育的重要实践基地。

(二)名人故居研学的文化内涵发掘

学术界认为,名人故居的开发有多项原则。例如原真性原则,指保护故居的原生态实物和环境。又如整体性原则,即努力保留故居周围环境风貌的整体形态。还有延续性原则,即通过原真和整体保护,使游人和后辈参观时引发怀念和思索的情感。特色性和观赏性原则,即挖掘此名人杰出成就的文化魅力,尽力使故居的园林、房屋建筑、展品有特点、有故事,能够引人入胜、睹物思人。[②]

名人故居的研学要注重内涵的挖掘,重视参与性和大型节活动的推动,以影像、图片、文字及雕塑等方式展示名人生平及其作品,设置主要生活及工作场景。应尽量保持时代的、真实的、原汁原味的视觉效果,突出名人故居原生态的生活风貌,带动整个地方的旅游发展。还要深挖旅游文化,注重内涵和气氛的营造,以游客喜闻乐见的方式表现出来,让游客在轻松愉悦的过程中,不仅对名人的思想有深刻的认识,还能通过名人透视名人所处的时代和文化。[③] 除了建筑物本身的文物价值,还应该认识到故居承载着民族的历史记忆,蕴藏着丰富独特的爱国主义教育资源,是城市可持续发展的动力。新时代,应充分挖掘名人故居的文化底蕴和时代内涵,结合青少年的需求和特征,结合开发原则,设计研学旅行产品,发挥它们在爱国主义教育中的特殊作用。

(三)经典案例

湖南省有毛泽东同志故居和纪念馆、刘少奇故居和纪念馆、彭德怀故居和纪念馆等多个名人故居。韶山是毛泽东故里;花明楼是著名的革命领袖刘少奇故里;乌石是

---

① 潘婧瑶.习近平谈文物保护工作的三句箴言[EB/OL].(2016-04-13).http://politics.people.com.cn/n1/2016/0413/c1001-28273470.html.

② 梁秦毓.我国红色名人故居资源保护和利用研究综述——基于近十年中国知网的文献分析[J].旅游纵览,2021(6).

③ 谢莎,郑淼.凤凰古城名人故居旅游开发研究[J].建设与文化,2011(5).

彭德怀故里。这三个地区同属红色主题旅游当中的"伟人故里游",有着共同的以展现领袖风采与敬仰他们的伟大人格、崇高精神和坚定信念为主的观览内容。①

毛泽东同志故居,位于湖南韶山市韶山乡韶山村,毛泽东于此诞生并度过了童年和少年时代。毛泽东同志故居是全国爱国主义教育基地。毛泽东同志故居为南方农宅形式,坐南朝北偏东,土木结构,泥砖墙、青瓦顶,一明二次二梢间,左右辅以厢房,进深两间,后有天井、杂屋,共20间。除餐厅、毛泽东父母的卧室、毛泽东少年时代的卧室兼书房外,故居四周还有毛泽东少年时代读书的私塾、游泳的池塘等多处遗址。毛泽东同志故居现有文物、文献、资料6.3万件,晚年生活遗物6400余件,是进行爱国主义教育的宝贵资源。

周恩来同志故居位于江苏省淮安市淮安区驸马巷,是全国重点文物保护单位。在筹备开放时,淮安县委成立"周恩来总理故居修复办公室",下设文物资料征集组、陈列布展组、房屋修复组,全力做好故居的恢复与对外展示工作。如内部的房屋、道路一律按原状修复。周恩来故居实施了故居修缮工程和故居周边环境整治工程。两项工程的建设不仅有效地保护了故居这个全国重点文物保护单位,而且根本性地改善了驸马巷历史街区风貌。为了筹备展览资料,工作人员走访了周恩来、邓颖超身边工作人员40多人,周恩来亲属30多人,征集文物图片186件(幅),累计资料卡片346张。②

山东省青岛市历史文化底蕴深厚,古延东夷文化,后承齐文化,1994年被列为第三批"国家历史文化名城"。青岛作为国家历史文化名城,在诸多方面典型地反映了近代以来中国历史的演变轨迹。其中,名人故居是历史文化名城的影,凝集并昭显青岛城市历史的基本文脉。青岛的名人故居主要位于青岛西部的老城区,沿八大关—小鱼山—信号山—观象山—观海山—中山路一线集中分布。名人故居是延续历史文脉、弘扬传统文化的重要载体,记录载着城市的历史变迁,传承着城市的根和魂,它们蕴含的不仅仅是建筑艺术,更是青岛不同历史时期的社会文化、历史文化、民俗文化以及地域文化的缩影。青岛地区的名人故居大多是民国时期文化名人、海洋科学家和社会名流居住的建筑。③在湖南省西部的凤凰县,还有沈从文、田兴恕和熊希龄故居。其建筑以四合院为主,主要有这些名人的遗稿、遗物和作品展陈,有些房间还保持着原来的布置,让游客产生沉浸式的体验和感悟。

二、红色基地的研学旅行文化

(一)红色文化的概念与研学意义

红色文化是中国共产党成长和中华民族实现解放与伟大复兴的写照,是党和国家最为宝贵的精神财富。红色文化的精髓集中体现在红色文化中的精神层面,也就是我们常说的"红色精神",主要表现为坚定的共产主义信仰、实事求是的品格、艰苦奋斗的作风、全心全意为人民服务的宗旨、爱国主义的情怀。这与中国共产党以人民为中心

---

① 邹家红,向卫俊,李浩文.湖南"红三角"红色旅游资源的开发[J].河池学院学报,2005(10).
② 张谨.周恩来纪念地30年回眸[J].档案与建设,2009(3).
③ 崔诚亮.青岛名人故居文化旅游开发的可行性分析[J].城市学刊,2020(4).

的立场、实事求是的思想路线、革命斗争精神、爱国主义情怀、艰苦奋斗传统,在内核上是高度一致的。红色精神积极、乐观、向上,充满正能量,是青少年学生身心健康成长的精神动力。①

红色旅游是以承载革命历程、革命事迹和革命精神的纪念地、标志物为吸引物为主线的旅游活动,而红色旅游资源是开展红色旅游的载体。红色主题是研学旅行中必不可少的实践领域,红色现场组成了研学旅行中不可或缺的实践情境。红色研学旅行是缅怀红军革命精神的一种重要形式,对不同群体、不同年龄阶段的学生进行红色文化的宣传与传播,可以培养学生形成正确的人生观与价值观,对青少年进行思想政治教育、增强民族自豪感、帮助中国红色价值观的弘扬与传承、体现研学价值方面都有着重要作用。②通过开展红色研学旅行活动,不仅可以在学生们心中扎根红色文化,还可以通过课外实践的方式为红色文化注入活的灵魂、传承中华民族的传统精神与文化,实现"学史明理、学史增信、学史崇德、学史力行"的目标。

(二)红色研学文化的开发策略

可以广泛收集史料实物来进行红色文化的开发。尽可能搜寻照片、图片和其他能够烘托和表现主旋律的媒介和载体,这些东西在发展红色旅游的过程中将起着不可估量的作用。例如,一支笔、一封信、一件衣服、一尊雕像、一幅画卷都能让参观者回忆起一个情节、一个故事,极大地增强其观赏性和感染力。仅仅停留在故居参观、简单的图片和物品展示上,还不能满足游客全方位体验要求,可以在条件允许的情况下加大投入,利用声、光、电等多种高科技手段建设的展厅,使得那些丰富的实物与声、电、光、音像等现代化手段融为一体,充分展示,使游客大有身临其境之感。③

在开发红色旅游资源的过程中,如能将红色旅游资源和邻近的山水生态、历史人文、现代休闲等资源整合开发,就能丰富其内涵,提高其竞争力,让游客在感受红色精神实质的同时体验到旅游的巨大愉悦和快乐,产生一加一大于二的效果。发展红色旅游,还要挖掘红色旅游的丰富内涵。可以从历史学或旅游学角度进行开发,重在挖掘和保护革命历史文化遗产,以强化爱国主义教育与革命传统教育;重在研究培育发展旅游业新的增长点,以促进旅游业发展,增强旅游业发展后劲,开拓更广阔的旅游消费市场。

三、博物馆、工作坊的研学旅行文化

(一)博物馆研学旅行

博物馆研学旅行,是教育部门和学校组织安排青少年学生在博物馆开展集体研究性学习和旅行体验相结合的教育活动,是一种"游"与"学"相结合的教育模式,并具有文化、教育和旅游属性。

---

① 吴振华.红色文化传承,研学旅行的应为与作为[J].基础教育课程,2021(14).
② 张钰桢.红色文化研学综述[J].合作经济与科技,2021(21).
③ 邹家红,向卫俊,李浩文.湖南"红三角"红色旅游资源的开发[J].河池学院学报,2005(5).

各级博物馆馆藏丰富了研学旅行课程资源,包括自然景观、文化遗产、科普场所、农业景观、工业景观、公共交通等资源,课程资源的教学内容应具备关联性、实践性、趣味性和启发性的特点。博物馆研学旅行,主要是挖掘现有博物馆周边环境、馆徽、藏品、遗迹等文化元素中的知识点、知识单元,设计课程、组织材料,形成一系列主题鲜明、层次分明、立意新颖、逻辑性较强、内容引人入胜的博物馆研学旅行课程体系。博物馆研学旅行,活化了文物资源,丰富了学生的文化认知,培养学生文明旅游意识,是践行社会主义核心价值观、全面实施素质教育的有力途径。

博物馆可以通过多种方式,致力于青少年学生在研学活动中获得文化的体验。

首先是凝视体验。游客之所以会不时地远离日常生活而到异地旅游,其目的就是凝视那些与自己日常生活不同的景观,并以此获得愉快、怀旧、刺激等体验。文化游客的行为活动,旨在通过人文旅行来达到积极的欢乐与趣味,并同时通过自己的知识来与场景空间相交流获得启迪,即他们所进行的是一种融入地方文化的"真实性体验"。在博物馆的体验活动中,每一位观众都有自己独特的学习方式,他们会借助先前的知识、经历和信仰来理解信息。所有的观众都会以个性化的方式来接受博物馆的信息,这有助于理解和丰富其自身体验。文化型游客相比于寻常人有不同的成长背景、个人兴致和教育环境,这既是他们能在旅游中摆脱世俗体验的因素,也是他们因何对文化事物有着卓尔不群的凝视与深思。[1] 凝视体验是指学生针对某一藏品非常专注,长时间观看,自身知识结构、认知、藏品蕴含的文化元素与周边情景等影响因素碰撞和交融,本着身份意识和定势思维进行慎重观察。[2] 青少年游客作为逐渐成长的需求者,需要博物馆营造的这种凝视体验,青少年在博物馆体验中对相关历史、文化、艺术等的感悟与虔敬,有助于青少年在更新知识的过程中升华精神世界。

其次是沉浸式体验。随着各种高科技的发展,沉浸式体验这种方式在博物馆研学旅行中日渐增多。新兴科技的日益普及,改变了传统单一的陈列展览形式,孕育出沉浸式展览。沉浸式体验是指个体将精力全部投注在某种活动中,对外界几乎无视,而达到忘我的状态。空间是沉浸式体验的载体,人是沉浸式体验的感受者。设计者应通过各类手段,通过激发感受者的"五感"(视觉、听觉、触觉、味觉、嗅觉),达到人能"忘我"而沉浸在其中的设计目的,这是沉浸式体验所追求的。[3] 学生在博物馆游览过程中,会自觉或不自觉地感受到厚重的历史记忆冲击,进入旅游沉浸式体验状态,注意力高度集中,行动与意识相融合,身心得以满足。

再次是思考体验。伴随着国民高等教育的普及,观众的认知水平也得以提高,体现出专业性、广博性和自主性的特征,学习方式也更加多样化。他们不再满足于博物馆既定的知识和传统语境下被动接受的客体地位,而是更多地注重从零散的知识中有意识地完善和建构自身的知识体系。[4] 博物馆研学旅行本身具有文化属性,也是一种不断思考、探索新知识的过程。研学旅行中,旅游既不是以停留于走马观花式观光游览为目标,也不是以追求新奇、舒适为目的,而是在"游中学、学中游",思考时刻伴随整

---

[1] 宋厚鹏.文化游客的自我凝视——"日常生活"在博物馆体验中的延续[J].石家庄学院学报,2019(6).
[2] 袁一帆.文旅融合背景下的博物馆研学旅行发展思考[J].地理教学,2021(1).
[3] 陈颖.沉浸式设计给博物馆参观体验赋能——以上海天文馆为例[J].中国科技投资,2021(15).
[4] 周丽英.试论博物馆传播与观众认知关系的实质及其发展[J].博物院,2017(3).

个旅游全程。博物馆所处情境为学生提供了书本、课堂等以外的实物藏品展示,学生能够获取大量事实性知识点、知识单元,同时可以根据特定的知识情境展开探索、思考,加深对知识点、知识单元的理解与掌握,树立文化自信,提升自我认知能力。① 青少年随着智力发展和知识量的递增,已经有较强的判断和归纳能力,然而吸收外部的很多信息,尤其是文化知识,其逻辑思维仍需要感性经验的支撑。因此,博物馆丰富的实物展品,辅以声光影视等特效,更容易让青少年获得由浅入深的感知和认知。

为了使观众在参观过程中达到"沉浸"状态,同时实现抽象的天文理论进行直观表达,上海天文馆(上海科技馆分馆)在建设初期,充分应用各类新媒体、新材料手段,对展厅的空间、灯光、展品、音效、观众服务等方面开展整体设计,尝试探索如何在新时代背景下为观众打造"五感"的沉浸式参观体验。当下谈到沉浸式体验,很多人就将它直接联想到新媒体,甚至将两者等同。事实上,在开展沉浸式体验的相关设计之前,应该对沉浸式的定义进行深入理解。②

近年来,青少年儿童茶园研学备受关注。2008年1月,杭州市委、市政府正式印发了《杭州市青少年学生第二课堂行动计划》,中国茶叶博物馆是杭州市71个列入首批杭州市青少年学生第二课堂行动计划的文化场馆之一。中国茶叶博物馆位于风景秀丽的杭州西子湖畔茶乡腹地——双峰。这是一座没有围墙的公园般的博物馆,也是一个茶文化浓郁的休闲景区,处处都彰显着茶文化的韵味,有着正宗的茶山和茶园,可作为研学所在地(见图8-1)。它从茶史、茶萃、茶事、茶具、茶俗、茶缘等角度形象地勾勒出中国数千年茶叶文明的历史轨迹,细致生动地反映了源远流长的中华茶文化。中国茶叶博物馆为青少年学生设计了有关茶的第二课堂。例如,参观茶文化展览,有奖抢答,猜茶谜,辨茶识茶,欣赏茶艺表演,动手泡茶、敬茶、品茶,参观茶园,采茶,观看炒茶表演,听茶文化讲座。这些环节在具体的运作过程中分散穿插进行,让青少年学生在视觉、听觉、触觉、嗅觉和味觉上建立感上的体验,使其对茶文化有一个从理性到感性的认识。

杭州中国茶叶博物馆曾有一期"茶都伢儿 快乐学茶"的研学活动,内容包括茶文化体验之旅、采茶炒茶体验、"识茶、认茶、爱茶"漫画展、茶百科知识巡回展、茶文化科普讲座、少儿茶艺亲子活动、茶艺队组建培训、小小茶艺师、小小讲解员等。青少年学生可以参观茶园、动手采茶、观看炒茶演示、动手泡茶等,博物馆还将以"茶的故事、茶的科学"及"茶与文化、茶与健康"为主题的流动展览送到学校。③ 杭州中国茶叶博物馆推出的多项生动、有趣的研学活动,将原本的"以物为本"、着重保存与研究茶文化的场馆,成功转型成了一个"以人为本"、着重诠释与沟通历史文化的综合性体验场馆,其馆内外和周边除了有关茶的器物和藏品的建筑,还有工作坊和茶园茶山,真正做到了融茶于实践、融茶于教育。

---

① 袁一帆.文旅融合背景下的博物馆研学旅行发展思考[J].地理教学,2021(1).
② 陈颖.沉浸式设计给博物馆参观体验赋能——以上海天文馆为例[J].中国科技投资,2021(15).
③ 黄洋,高洋.形式多样化 弘扬茶文化——中国茶叶博物馆教育活动掠影[J].农业考古,2011(5).

图 8-1　中国茶叶博物馆茶田研学地

（王子超　摄）

又如广东省博物馆，围绕"红色热土 不朽丰碑——中国共产党领导广东新民主主义革命历史展"内容，首次推出"沉浸式导赏"，选取五四运动在广东、中共广东支部正式成立、刑场上的婚礼、中央红色交通线以及广州解放5个场景，通过"展览＋演艺"的模式，结合展厅空间设计，在展厅可触可感地还原史实。[①]广东省博物馆在这样的生动场景下，使观众置身于觉醒的年代，在沉浸式观展中重温峥嵘岁月，深刻感受到了红色文化魅力。

（二）工作坊研学旅行

"工作坊"（workshop）这一词汇最早出现在心理学、教育学等研究领域。工作坊教学是一种在设计专业常用的教学方式，起源于德国包豪斯的"双轨制"教学。工作坊教学方式能够培养学生的心智技能，激发学生创造力，发挥个人潜能，认识设计的各种可能性等；能够使高校设计专业学生将理论学习与实践操作相结合，从而为社会培养大量新型的设计人才。"工作坊"从其字面意思来看，一方面它作为场域名词出现，是指活动学习的场所，是空间形态的定义。《牛津高阶英汉双解词典》中对工作坊的定义为一个提供工具、机器用来制作和修理物品的房间，多指车间、工厂、作坊等场所。另一方面，"工作坊"是指一种教学方式，这种教学方式的实施，一般由10—30人构成，且由某一领域比较有经验的教员为核心进行指导操作，成员们在教员的主持下，对问题进行探讨、交流和实验，以达到实践方面的认知。

工作坊的教学方式，例如瓷器工作坊、绘画工作坊等，作为一种载体，将设计专业的理论知识与实践技能相结合，以教师传授为基础，以学生共同协作、互动为导向，给学生提供了一个广阔的平台，实现了"课堂与实践""技能应用与自主创新"相结合的教

[①] 麦锦婷，黄苏哲.广东省博物馆推出沉浸式体验活动[EB/OL].（2021-09-19）.https://www.sohu.com/a/490901157_120091004.

学方式。①工作坊具有鲜明的在某个场所进行艺术设计、互动学习、操作实践的特点，营造了开放式的学习情景和便利的服务设施，以某一种生产项目为依托，让学生增强传统文化与艺术的领悟、实现自由探索和相互交流。

四、工业实践基地的研究旅游文化

近年来，随着国家相关政策的出台，研学旅行逐渐兴起。2023年3月，工业和信息化部出台的《国家工业遗产管理办法》，是工业研学旅行的新利好。工业旅游景区作为青少年的研学实践教育基地，能让学生了解科学技术在生产实际中的应用，有利于学生了解国情，树立学业报国的远大理想。工业研学旅行能使学生在亲临现场情况下，深入了解和体验我国的大国工业，增强文化自信和民族自豪感，培养爱国精神和创新精神。

以工业遗址、工业企业的展馆、实践基地为目的地的研学旅行活动，是发展工业研学的主要路径。它需要在政府的支持下，工业企业与旅游企业、学校通力合作，打造能够满足研学旅行需要的设施和场所。例如，在保障企业及学生安全的前提下，设置专门的实践场馆，让学生参与科技产品、手工艺品、文创产品的初级制作，了解实验和技术原理；也可以利用先进的科技手段来提升旅游产品的体验性。如借助虚拟现实、声光技术、人机交互等技术，增加研学旅行活动的趣味性，帮助学生理解深奥的科技知识与烦琐的工业生产流程等，使其获得新知识，大大提升其在工业研学旅行中的体验感。

中国制造业的文化渊源深厚，多种多样，这里仅以陶瓷工业为例。中国陶瓷艺术所具有的轻灵俊秀、优美柔和的艺术特征，是自古以来人们的审美习俗、哲学理念和精美绝伦制作工艺的再现。例如，新石器时代的彩陶展示了原始先民的美好意愿。中国所创造的辉煌的陶瓷文明，汇总于景德镇。作为已拥有上千年的制瓷历史的工艺重镇，景德镇的陶瓷器皿从宋代开始，逐渐形成了自身的款式和特色。到了明代，景德镇更是"集天下名窑之大成，汇各地良工之精华"，发展成为全国制瓷业中心。景德镇陶瓷本身是一部中华民族与民族心理的缩影，是中华民族文化观念、民族心理、文化现象的反映。景德镇陶瓷表现着民族文化的律动脉搏；叙述着民族发展的时代之音；展现着恢宏壮阔的社会生活画卷；记录着芸芸众生的悲欢离合；描述着民族品性的发展变化；伴随着民族的喜与悲风雨同行。一部中国陶瓷史，就是一部物化的中国历史和中华民族文化史。② 在陶瓷的装饰艺术中，人们追求想象、自然观念和情绪理想，包括人与自然和谐的理念、山水风景审美旨向、花鸟鱼龙的休闲思想与放牧耕牛的田园趣味。在陶瓷的制作工艺中，浙江龙泉青瓷则反映了"温润如玉"的君子思想和人文性格。

---

① 巩艳萩.高校设计工作坊中启发式教学研究——以陶瓷工作坊为例[D].济南：山东工艺美术学院，2015.
② 王莹，于清华.器物文化精神之于陶瓷产品设计研发[J].中国陶瓷，2019(11).

第三节　乡村与田野研学文化

一、自然资源的研学旅行文化

（一）科学素养与责任意识的培养

有关自然遗产类的研学旅行，能让学生感受地域特色，了解地质公园地质地貌的形成和生物多样性特征；培养学生良好的科学素养、人文素养和国际化视野，养成良好的公民素养和社会责任意识。

例如，位于广东省韶关市仁化县境内丹霞山世界地质公园，是世界"丹霞地貌"命名地，2004年2月经联合国教科文组织批准，成为全球首批世界地质公园，是全国乃至世界丹霞地貌的研究基地以及科普教育和教学实基地。其研学旅行产品的部分设计如下。①

- 设计理念：

通过研学旅行，学生在身体、心理、情操、品德等各方面得到发展。

- 开展过程：

以小组为单位，在指导教师的带领下，从长老峰票站进入，向右前往翔龙湖—卧龙岗（约5.5小时）。

考察点1："龙须涧一线天"。

龙须涧的开口处与翔龙湖相连，另一端则封闭，所以龙须涧内的微气候环境与外部截然不同，具有较特殊的生态。①估测"龙须涧一线天"的走向。②"龙须涧一线天"是如何形成的？崖壁上的凹陷是如何形成的？③"龙须涧一线天"两侧崖壁上附着不同颜色的低等植物（苔藓类），反映了不同的光热条件，请具体说明。

考察点2:减压节理。

长老峰票站至翔龙湖码头的道路经过人工开凿拓宽，沿途可见到许多新鲜的砾岩。①阅读路旁"减压节理"标牌文字，并观察图中所示景观。请从砾岩的形状、粗细、成分、沉积特点等方面说明其形成的主要外力、与源头的距离远近。②在附近找一处较新鲜的人工开凿面，观察不同的植物种群分布情况，说明植被的恢复历程。

考察点3:仙居岩道观。

仙居岩道观丹霞山不仅是佛教圣地，也是道教的重要场所。丹霞山主山南侧大崖壁上建有仙居岩道观。请分析仙居岩道观选址的有利条件。

考察点4:孝顺竹林。

卧龙岗山麓、沟谷卧龙岗山麓沟谷分布有大片孝顺竹林。请描述孝顺竹林种群的

---

① 李玉钧.丹霞山世界地质公园研学旅行设计与实践[J].地理教育,2020(10).

特点并说明原因。

考察点5:翔龙湖沿途环境。

翔龙湖沿途可见峭壁、缓坡、沟谷、沼泽等景观,组成了不同的微小环境,也使得植物群落非常丰富。请根据植物对光热水土等的需求不同,列举几种不同的植物,综合分析其生长环境和生长特点。

考察点6:丹霞山地质博物馆(约1.5小时)。

丹霞山地质博物馆位于丹霞山世界地质公园内,占地总面积5000多平方米,内设丹霞山全景模拟沙盘,以及综合厅、多媒体厅、地球科学厅、地质厅、生物厅等展厅,通过图文展板、多媒体播放、实物标本等形式,生动地展示了地质基础知识,丹霞地貌的形成、演化及研究发展,丹霞山区域生物多样性以及丹霞山的发展历史。

(二)科学考察与亲近大自然

在野外进行研学旅行,可以让学生走出校园,在与校园生活不同的环境中开阔眼界、丰富知识,加深与自然和文化的亲近感,增加对集体生活方式的体验。如地质科普类研学旅行,可以充分利用地质公园独特的地质地貌景观作为研学课程资源,让学生在大自然中增长知识,学会观察、体验、探究、合作,体现立德树人与培养核心素养的教育目标。

野外考察式研学以地质研学活动为主,包括在专业教师的带领下,探索大自然的奥妙。例如,实地赴野外了解基础地质类、典型地层剖面、古生物化石、构造等,了解地形地貌类,包括河流、湖泊等的基本面貌,以及地质灾害的成因等,并参观防地质灾害的工程建设、环境治理工程等。

地质科考研学活动,能促使学生更加认识到培养自身探究精神、综合思维能力及地质科考实践的重要性,并提升自身的地理科学素养。能增强学生对中华民族自强自立的科研精神、求真务实的科学精神、严谨的科学态度和理论结合实际的探索精神的理解。地学资源是研学旅行产品的重要组成部分,具有地球科学、历史文化等丰富的内涵。举办地质科考研学活动,有助于培养学生人地协调观、地理实践能力、区域认知能力,提高全民的地质科学素养。

我国有丰富的地学资源,在此基础上建设有各级地质公园、矿山公园、野外科学观测研究基地、科普基地。截止到2019年,我国有世界地质公园39个,国家地质公园200多个,各级地质博物馆400余处。其中,黄山风景区、中国地质大学逸夫博物馆、阿拉善沙漠世界地质公园等被批为全国中小学生研学实践教育基地。这些公园和基地的建成,为地学研学旅行提供了保障。[①]

例如,围绕天山天池、达坂城祁家沟、乌鲁木齐石人沟、昌吉硫磺沟等实习点开展的研学旅行活动,主要集中在古生物化石、岩石、地质构造、河流地貌、山体滑坡地貌、雅丹和丹霞地貌、黄土地貌及荒漠植被考察等方面。在研学过程中,学生可以深切感受到壮丽的地质、地貌景观,加深对新疆美丽风景和祖国大好河山的认同,加强对家乡

---

① 董婷婷,蔡杨,施珂,等.探讨新时代地勘单位如何在研学旅行中发挥重要作用[J].世界有色金属,2019(14).

地理的认同和增强爱国主义信念,教师可以将思想政治教育贯穿于地质地貌整个实践教学过程当中。①

未来,应正确地挖掘和使用地学资源的科普性,通过野外实践和室内教学,加深学生对相关地学知识的掌握,培育人文精神,引领学生形成正确的核心素养,实现地学资源在研学旅行中的实质意义。

二、农田、茶园的研学旅行文化

（一）树立正确观念、培育劳动精神

中国的农业生产蕴藏着古人伟大的创造和高明的智慧,有着丰富的教育元素。

农业研学是研学旅行的新形式和新内容,也是乡村旅游的重要支撑与载体。农业研学是以农业活动策划、农业机械识别和农业历史普及为核心,开发农业科技认知、农耕文化课堂、农事农具体验、农艺手工制作、田园文化诗比拼、特色民俗文化体验等研学活动。

目前,很多乡村开办有各种学习体验基地,便于青少年进行播种、采摘、加工等一系列农耕劳动教育。乡村研学旅行与劳动教育之间的关系十分紧密。研学旅行"以教育为目的,以旅行为手段",增强青少年学生的身体素质和热爱劳动的意识。自2016年12月研学旅行纳入中小学教育教学计划的建议被提出开始,乡村研学以广阔的"三农"大环境为依托,在帮助中小学生树立劳动观念、参加农业劳动实践、传承农耕文化和促进劳动教育方面,起到了非常重要的作用。乡村研学为劳动教育的实施提供了更广阔的学习空间。各种真实故事、各种历史文物等元素都出现在乡村实践教育基地当中,学生通过参加研学旅行的劳动教育活动,除了培养劳动意识、提高劳动素养之外,还同时通过对农耕文化、历史文物、真实故事的感受,从自然财富中寻找源头,从社会的进步中汲取力量,感恩生活,体验成长。②例如,宁波大力发展农业研学,开发了以实践教育、成长体验等为主的课程体系。让青少年学生走入田间地头,体验劳作之辛苦,分享农民丰收的喜悦,在田园中探索大自然的奥妙,开展种植、采摘等多种劳动实践,邀请本土专家开设农耕教育研学课程,让学生们感悟春生夏长、秋收冬藏。深入挖掘滨海农业资源,形成主题化研学营地、品牌化研学项目、特色化研学线路。突出彰显"海上牧场、河姆农耕、四明乡村、滨海田园"四大主题特色,融入地方文化、乡情乡貌、社会风俗、乡村历史、非遗文化,形成"农耕、渔牧、佳田、归乡"四大农业研学与乡村旅游融合发展的研学项目体系。③

---

① 毛东雷.野外实习及研学活动教学实践研究——以乌鲁木齐周边地质地貌为例[J].教育教学论坛,2021(43).

② 韩英.劳动教育在乡村研学旅行中的实践应用研究——以太行山地区现代特色农业山西药茶为例[J].福建茶叶,2021(5).

③ 孙吉晶,田佳琦,奚越.农业研学 营造乡村的一道别样风景[N].宁波日报,2021-12-09.

(二)亲近农耕文化,感恩自然与社会

随着绿色理念和感恩理念深入人心,许多研学旅行活动都选择自然生态主题,包括植物园、农业园区等户外研学场所。学生们近距离了解农作物丰产栽培、遗传育种等农业知识,可以更好地体验生活,走出教室,感悟世界,对自然产生亲近感。学生们可以在实践中成长,感悟劳动的乐趣,了解粮食的生产过程。在这样的学习之旅中,学生们可以通过近距离的观察和学习,获悉自然界植物及生长面貌、独特的生活环境等更真实的一面。结合田园或农场,开设各种研学课程,可以实现学生们深度的体验式学习,让学生们成为大自然中的探险者。在大自然中,学生们还能获得宝贵的生活经验,在行走的旅程中得到真正的成长。亲近农耕文化,还能促进学生的感恩认知,让他们在走向餐桌前,感谢大自然对人类的馈赠,感谢农业劳动者的辛勤付出。

(三)欣赏农业景观,实践创新能力

在青少年学生中开展农业研学旅行课程,有助于提升学生的生活技能,培养学生的集体观念、创新精神和实践能力。农村的田园景观是优美的,在研学的同时,学生也能欣赏到湛蓝的天空、新鲜甜润的空气、金色的麦浪、结满果实的大棚以及乡野的微风,陶冶情操、舒缓心情,感悟大自然的美好。

农业研学活动有助于学生创新实践能力的提升。我国不少地方的农业机构与学校联合开发了丰富的研学实训资源,设置有专业化、特色化的研究学科和多样的实训资源丰富,有些机构专门向青少年学生开放了科普教育和市民休闲旅游等活动。如武汉市农业科学院设置有29个涉农专业研究室和1个种业展示中心,拥有全国最大的水生蔬菜资源圃,包括1万平方米的科普展示温室,以及上百部自主开发系列科普图书和挂图、展板、明白纸、动漫、多媒体资源。①

农业科普研学活动还能实现培养科学精神、提高科学素养的效果。这需要农业科普教育基地通过各种形式创新科普活动,提高活动的趣味性,激活自身多元化科教资源,让公众沉浸其中,以达到良好的科普效果。例如,在园内建立针对青少年学生的自然研学科普场所,设计"边看、边听、边想、边做"的多重体验教育模式,举办"与亚热带作物亲密接触""植物王国探秘""认识微观世界"等科考教学型活动。例如,在种植体验区设置播种苗床、装盆区、炼苗区、嫁接操作区等,配备各类工具供种植活动用。体验式科普活动通过现场教学,能让学与玩、体力与脑力的结合更加完美,引导学生寻找科学的解决方法,培养学生观察和动手能力。如广西亚热带植物园,充分利用亚热带植物资源优势,策划一系列农业体验,包括植物探秘之旅、科普亲子游等特色科普活动,并结合中小学科学课程,为不同年龄段学生定制研学任务学习单。学生在尽情地享受欣赏千奇百怪的亚热带植物的同时,还能感受到休闲农业体验游和科普旅游的

---

① 郭红喜,汪志红,周琰.地方农业科研机构开展研学旅行活动初探——以武汉市农业科学院为例[J].经济研究导刊,2021(18).

快乐。①

三、考古基地的研学旅行文化

(一)丰富历史认知,讲好中国故事

2018年3月发布的《国务院办公厅关于促进全域旅游发展的指导意见》中明确要求,各地要积极挖掘文化和旅游资源,发展特色产业,促进全域旅游向纵深发展,持续增长我国旅游消费。随着人民生活水平的不断提高、旅游资源的不断丰富以及市场客群的精准细分,旅游已经逐步告别了"到此一游"的消费追求,取而代之的是更有意义、更具个性化的出游需求。②在此背景下,将考古资源与旅游、文化有机融合,以考古遗址公园、野外作业风景为主要场所的"考古+旅游"模式日益受到欢迎。

考古是通过田野调查或发掘来寻找、发现、取得古代物质文化遗存,并对其进行整理、保存、研究和利用的专业性活动。旅游是人们对惯常的生活和工作环境或熟悉的人地关系和人际关系的异化体验;旅游的动机主要与游憩或康乐有关,还包括商务、教育、健康或宗教等。从这个意义上讲,可以将考古旅游定义为,以考古活动、考古发现的古代物质文化遗存为旅游吸引物,具有游览观光、学习求知、参与体验、休闲娱乐等功能的专项旅游。③谈到考古旅游,就要了解与其相关的"公众考古"或"大众考古"。公众考古最先是在西方走入大众视野的,旨在开放考古现场,让公众近距离接触考古,将考古知识以通俗易懂、喜闻乐见的方式介绍给大众,让大众了解考古工作的内容和形制,从而提高保护文化遗产意识。公众考古的内涵比考古研学要广泛,它包括田野考古展示、模拟考古发掘、科普考古书籍和考古媒体宣传等多种方式④,而考古研学一般限于模拟考古等方式。

考古研学的迅猛发展,成为考古旅游与教育结合的促进力量。考古旅游和一般的观光旅游不太一样,需要有好的旅游产品。考古旅游有一定的门槛,旅游者需要有一些知识基础。让收藏在博物馆里的文物、陈列在广阔大地上的遗产活起来,还需要培养一批专门的考古导游,这些导游需要具备一定的考古知识储备,尤其是针对一些尚未开发的考古遗址。考古遗址的旅游,并不需要刻意强调配套设施,重要的是传递遗址的历史价值和出土内容的重要意义。模拟考古体验活动,包括文物修复、文物的模拟制作等相关体验课程,可以增加公众对考古的深入了解和认知。文博考古单位要有意识地为讲好中国考古故事创造条件。李佳霖(2021)认为,考古大省河南,具有通过考古旅游向大众讲好中国故事的极大潜力。⑤具体来说,从目前河南的条件来看,至少洛阳、开封、郑州、安阳4个地区具有打造成为考古展示旅游目的地的基本条件。这4

---

① 陆祖双,宾振钧,余炳宁,等.以互动体验为主题的农业科普场所建设及研学活动策划[J].农业研究与应用,2021(4).
② 姚旸.发挥考古旅游资源优势推进天津考古遗址公园建设[J].求知,2021(9).
③ 王京传.考古旅游:互动视野下的考古与旅游[J].旅游学刊,2009(8).
④ 盛越浦.试论公众考古学在中国的现状和存在的问题[J].文物鉴定与欣赏,2021(12).
⑤ 李佳霖.考古旅游,要把考古放在第一位[N].中国文化报,2021-09-21.

座古都城都沿黄河布局,作为黄河文化的核心区,可以结合黄河国家文化公园建设,活化文物利用,用丰富的考古成果介绍中国历史。河南省还可以与考古大省山西、陕西等,共同搭建考古旅游的平台。

(二)模拟考古,丰富历史文化体验

"模拟考古"指的是利用课余时间,组织学生就近考察历史遗迹,追索历史的原貌。模拟考古,能丰富考古旅游产品的游客体验。在建设考古遗址公园的过程中,应在文物保护的基础上充分考虑游客的体验感,不应只是局限于让游客参观,而应是开辟考古体验区,开发一些具有探险性和趣味性的以文化考古为主题的模拟考古项目,允许游客亲自动手发掘,体验考古的乐趣;或者经常开展一些以文物修复、陶艺制作为主题的活动,让游客沉浸其中。研学型模拟考古,需要请考古方面的专家与研学导师一起来指点考古的过程。例如,让学生们抵达某一处允许参观调研的古迹,对各种历史遗迹的蛛丝马迹进行仔细观察、分辨、记录和拍照,并随时向专家和导师提问;或者在设问和一定提示的情境下,让学生们通过查看现场、搜寻资料对问题进行推导,体验到"研究"的乐趣和成功的喜悦。返校后,指导学生将调研报告整理出来并鼓励发表。

未来,可以加强面对公众的考古文物资源开发研究。遗址公园建设不一定是单纯遗址展示的简单模式,往往与山水游览、生态体验、科技体验等多种功能相结合,成为复合型的公园开发形态。遗址考古文化展示采取多种模式,既有遗址原真性展示,亦有相关博物馆或展示空间对遗址历史文化信息的集中展示,并采取云计算、智慧物联、AR等科技手段对考古现场、考古过程等进行信息化复原展示,强化游客的互动体验感受。① 对于较成熟的考古遗址,可邀请公众适当参与其考古发掘,系统梳理其历史文化价值,通过多种媒介将其未解之谜公之于众,营造文化氛围,激发研究深度和广度,吸引研学游客。

考古活动参与体验模式依托的是各种类型的考古活动。目前,其形式主要有参观考古现场、模拟考古、实地考古调查或发掘、考古探险。国外,考古发掘现场大都对公众开放。最近几年,国内考古发掘也开始对公众开放,见诸报道的有北京老山汉墓、安徽尉迟寺遗址、山东汶上分水龙王庙遗址和陕西周公庙凤凰山遗址等考古发掘。国内模拟考古开始于北京市大葆台西汉墓博物馆,通常见于城市博物馆、遗址博物馆和遗址旅游区。目前,旅游者独立的实地考古调查和发掘活动一般会因受到法律的限制而被禁止。国内旅游者一般是通过参与公众考古活动而进行此类活动,如在陕西周公庙凤凰山遗址公众活动日中,旅游者就可以在专家指导下进行遗址和墓葬的实地发掘;国外一般由非官方机构和专门旅行社组织,如英国布拉温西岛维多利亚时代遗址发现后,旅行社就曾多次组织旅游者前往参与发掘。考古探险是国外早期考古旅游的主要形式,目前国内考古探险还处在萌芽阶段。②

---

① 姚旸.发挥考古旅游资源优势推进天津考古遗址公园建设[J].求知,2021(9).
② 王京传.考古旅游:互动视野下的考古与旅游[J].旅游学刊,2009(8).

(三)增强文物保护意识,促进考古旅游的可持续发展

考古研学旅行,是鼓励从业人员将这些考古资源的历史文化价值等业性较强的知识转化为大家喜闻乐见的内容,有助于培养和提高公众对考古资源的认识,同时培养其对考古资源的保护意识,促进考古旅游的可持续发展。

随着我国旅游业向纵深方向的发展,旅游者文化层次和品位的提高,原先随着时间的流逝,早已蒙上厚厚尘埃的许多古代遗留下来的且令人称奇的遗址、文物,在发掘出来后重新焕发了生机和活力,也使得我国考古旅游开发对于在新时期认识历史、保护文化、促进发展、加强爱国主义教育等方面具有极其重要的意义。考古遗址作为旅游资源在社会历史进程中发挥过重要作用,有丰富的文化内涵,同时又能够对旅游者产生吸引力,未来需要不断保护和维系。考古研学旅行是增强大众文物保护意识,实现文物古迹旅游可持续发展的重要途径。

在"森林课堂"中提升学生的地理学科核心素养[①]

素养教育是21世纪国际教育发展中提出的一个重大课题,核心素养已被置于深化课程改革、提升国民素养的地位,它将指引地理课程改革进入一个崭新的发展时代,成为引领教育改革的核心。

一、"森林课堂"的优势

"森林课堂"是安徽省合肥市包河区教育体育局自主研发的区本课程资源,从2015年开始,在全区中小学中全面实施。"森林课堂"以包河区内河流、湖泊、森林、农田、街区为载体,具有鲜明的乡土地理特色。它将课堂学习延伸到大自然中,学生在教师的指导下,走进自然,在大自然中通过自主、合作、探究活动,亲身体验知识的形成过程,感受自然之美,体悟人与自然的和谐共生,形成科学的环境观和发展观。同时,学生通过具体的研学活动,体验科学研究的过程,学习合作探究的方法,增强自主与创新意识,提高综合实践能力。

二、在"森林课堂"中提升学生的地理学科核心素养

(一)"森林课堂"研学活动提升了学生的区域认知能力

区域认知是地理核心素养之一,属于基本方法。区域认知基本要求是能根据特定条件进行区域定位,明确区域特征,总体把握区域发展特色,探讨区域问题以及解决措施。"森林课堂"研学活动主要提升了学生以下两个方面的区域认知能力。

1.运用地图或地理信息技术,准确定位和导航

在培养学生区域认知能力时,地图具有重要的作用。地图是学习地理的重要工具,是地理的第二语言。《义务教育地理课程标准(2011年版)》对地图技能的培养有明确规定:掌握和使用地图、地理图表的基本技能,根据需要选择常用的地图,查找所需要

[①] 洪成旗.在"森林课堂"中提升学生的地理学科核心素养[J].地理教学,2017(15).

的地理信息。如在"森林课堂——大圩生态农业"研学活动中,学生通过查阅大圩生态农业旅游景区交通示意图,认识了包河区大圩镇的具体地理位置,学会利用地图这一重要工具进行区域定位。再如在"森林课堂——滨湖湿地公园"研学活动中,学生通过手持GPS信号接收器对公园进行了准确的定位和导航,提升了运用地理信息技术进行区域定位的能力。

2.通过观察、实验或访谈,明确区域特征,探讨地理问题

区域认知的高级层次是认识区域的地理环境以及地理环境与人类活动之间的关系。"森林课堂"强调区域背景下的综合性和实践性,在研学过程中,引领学生亲自参与观察、实验或开展调查访谈活动,亲身感知家乡的地理环境特征,在实践中认识和理解课堂所学的地理知识,形成用区域视角看待问题的思维方式。如在"森林课堂——滨湖湿地公园"研学活动中,学生分为三个小组。第一小组以"水生态"为主题,在园内河流选取了上、中、下游三个观测点,除观察水体颜色、气味、生物外,还利用专业的仪器测量水中DOC(溶解氧含量)的含量、pH值,通过数据对比得出结论:不同区域水生态环境不一样,经过湿地调节后的水生态质量显提高。第二组以"空气质量"为主题,对比测量了市区公路、校园和公园内的空气负(氧)离子浓度,发现不同区域的空气负(氧)离子浓度差异显著,公园内空气质量最优,市区公路边空气质量最差。第三组以"湿地旅游"为主题,在公园内调查旅游设施,与游客访谈,发现湿地公园不仅环境效益好,而且发挥着良好的旅游休闲功能。最后通过三个小组的汇报展示,同学们全面认识了滨湖湿地公园的环境特征和功能,总体把握了这个区域的发展特色和人地关系。

(二)"森林课堂"研学活动提升了学生的综合思能力

地理学是一门综合性很强的学科。综合思维能力就是从地理视角综合认识地理环境特征,用地理原理综合分析、理解地理现象、地理过程和地理规律,用地理方法综合探讨和论证地理问题的能力。《地理教育国际宪章》指出:在教导学生时,应以原理来说明现实,并鼓励学生采用质疑或探究的方式进行学习。综合思维是地理思维品质的核心,是地理学科的魅力所在。"森林课堂"研学活动提升了学生比较、归纳、综合分析的能力以及创造性思维。在"森林课堂——大圩生态农业"研学活动中,其中一组以"探究生态农业的奥秘"为主题,他们将测量的葡萄大棚内外空气的温度、湿度及空气中二氧化碳浓度等数据进行归类处理,并对数据进行综合比较、分析,结合光合作用、呼吸作用等知识和原理,通过组内讨论得出结论:大圩葡萄产量高、品质好的原因是利用大棚的温室效应。教师进一步点拨,是否还有其他原因影响葡萄生产?学生们进一步研讨,有的说与雨热同期的气候有关,有的说与肥沃的土壤有关,有的说与丰富的水源有关,有的说与优质的葡萄种子有关……随着讨论的深入,地理环境的整体性凸现,地理学科的综合性特征凸现,地理综合思维能力不断提升。

(三)"森林课堂"研学活动提升了学生的地理实践力

地理学是一门以实践为基础的学科,具有很强的实践性。《义务教育地理课程标准(2011年版)》中要求"积极开展地理实践活动,增强学生的地理实践能力",以及"在乡土地理教学中,至少应安排一次野外(校外)考察或社会调查"都是对学生地理实践力培养提出的具体要求。作为地理核心素养之一的地理实践力是学生在学习、生活和生产实践中发现地理问题,搜集、整理、分析地理信息,解决地理问题的能力。"森林课堂"研学

活动将课堂向大自然延伸，向社会生活延伸，让学生在具体的情境中提升地理实践力。

1. 观察体验能力

地理观察体验是学生感知地理事物、获得地理感性知识的主要方式，要能够正确地感知地理事物，就必须提升观察体验能力。"森林课堂"研学活动带领学生走进大自然，走近社会生活，化抽象为具象，亲身观察甚至触摸自然万物，亲身感受甚至体验社会生活，这种源于实践的知识是"真知识"，这种源于实践的能力是"真能力"。在"森林课堂——大圩生态农业"研学活动中，学生可以亲自观察大圩镇的地形、土壤、河湖、植被等自然要素状况，亲自参加农田的耕种、施肥、采摘等活动，品尝葡萄等水果，与农民访谈，感受大圩镇农业生产方式的变化及这种变化带来的巨大影响。

2. 动手操作能力

知识源于实践，能力源于实践，地理学科核心素养更需要在实践中培养。"森林课堂"本质上属于综合实践课程，地理学科的每一次"森林课堂"研学活动都是一次地理课外实践课，它让学生在野外真实的情境中，通过动手实践，检验和理解地理知识和地理原理，探讨和研究地理问题，培养实践能力和创新意识。如在"森林课堂——大圩生态农业"研学活动中，很多任务需要学生动手操作，包括：观察土壤肥力时，需要刨土、采集土样；测量大棚内外二氧化碳浓度、空气的温度和湿度时，需要使用二氧化碳传感器、干湿温度计等。

3. 沟通交流能力

有效、良好的沟通，能让学生增强自信，形成学习的良好愿望和美好的情感体验。"森林课堂"研学活动中，有一些任务需要通过调查访谈等形式完成，如在"森林课堂——滨湖湿地公园"研学活动中，第三组以"湿地旅游"为主题，要求学生访谈公园的工作人员和游客，了解湿地公园的旅游设施和旅游功能。有些学生胆小，刚开始进行访谈时会出现胆怯、害羞等现象，经过老师和同学们的鼓励和多次尝试，他们克服了胆怯、害羞，自信心逐渐增强。有学生在实践报告中写道："这次研学活动让我鼓起了勇气，勇敢地迈出了人生的重要一步——不再胆小害怕，学会了与人交流沟通，我很快乐。"有的学生在访谈时，被一些游客拒绝，在挫折面前，一位学生说："我没有放弃，而是扬起笑容，继续采访。"

（四）"森林课堂"研学活动提升了学生的人地协调观念

人地观念属于基本价值观，是地理学科核心的价值观。地理学习的价值，不仅在于掌握必要的地理知识、地理技能和地理方法，更重要的是养成全球意识、可持续发展意识与行为，以及正确的环境观和人地协调观念。

建设生态文明，是关系人民福祉、关乎民族未来的长远大计，是实现中华民族伟大复兴的中国梦的重要内容。习近平总书记指出："环境就是民生，青山就是美丽，蓝天也是幸福。要像保护眼睛一样保护生态环境，像对待生命一样对待生态环境。"因此，每一位公民都必须尊重自然、顺应自然、保护生态，每一位公民都要在科学认识人口、资源、环境、社会相互协调发展的基础上，树立人地协调的可持续发展观念，形成绿色、文明的生活方式。然而，由于现代化的和快节奏的生活方式，学生尤其是城市学生与大自然是割裂的，与真实的环境影响是割裂的，这种割裂使许多学生的人地观念只停留在书本上、口号上，可能会严重影响学生的环境情感和未来的环境决策。

"森林课堂"研学活动,让学生走进大自然,真实感受大自然对人类的贡献,亲身体会优美的环境、清新的空气、碧绿的河水带给人心灵的喜悦。在"森林课堂——合肥的滨湖湿地公园"研学活动中,第二组测量的市区公路和公园内的负氧离子含量的显著差异,在学生心里引起了震撼:我们生活的城市空气质量最差,每一个公民都有保护环境的责任和义务,保护环境就是保护我们自己。第三组在"湿地旅游"的访谈中发现,公园里的游客较多,少数游客随手乱扔垃圾,塑料袋、饮料瓶较多,与绿色的森林草地形成鲜明的对比,河沟里浊水漫溢,蓝藻泛起,有的地方散发出难闻的气味……在结课汇报中,第三组学生道出了他们这种切身的感受和对环境深深的忧虑,引起了大家的共鸣。令人欣喜的是,在第三组学生的倡议下,学生们成立了滨湖湿地公园"环保小天使"社团,开始了每周一次的滨湖湿地公园"护绿行动",他们在公园里捡拾垃圾,向游客宣传环境保护的意义,成为滨湖湿地公园一道亮丽的风景线。

在研学旅行中,我们能在行走的课堂中,读懂更大的世界;我们能追寻历史足迹,感悟盛世古韵;我们能汲取精神力量,厚植爱国情怀,做到游有所乐、游有所思、游有所学。作为一种独特的旅游方式,研学旅行并非纯粹关注放松身心,而是讲究在行万里路中读好万卷书,把课堂搬进壮美山河、搬进科研基地、搬进艺术胜地、搬进文化瑰宝,让学生在旅行中见万物、见世界,学习掌握丰富的知识,有助于培育学生的爱国主义精神,培植其文化自信和文化自强。

复习思考题

1. 研学旅行如何实现中华优秀传统文化的传承和创新?
2. 研学者能在研学中获得哪些旅游体验?还可能有哪些收获?
3. 研学旅行如何结合课程核心理念进行设计?请结合一门课程设计一个研学旅行方案。

第九章 "一带一路"与中国旅游文化

学习目标

（1）了解"一带一路"倡议的概念、涵盖的地理范围、起源及其发展过程；掌握"一带一路"沿线国家与中国的旅游文化交流的原则、旅游文化交流的历程以及旅游文化交流的主要内容。

（2）了解中国旅游文化与"一带一路"沿线国家的国际旅游合作模式；体会中国文化的特质及对外交流路径；了解我国"一带一路"沿线各省份旅游文化是如何借助"一带一路"倡议发展的。

（3）通过学习本章的内容，了解"一带一路"倡议与中国旅游文化对外交流的重要性，从大局视角看待我国旅游文化的国际交流现状，激发学生对中国文化的自信，加深学生对世界旅游文化的认知。

思政元素

文化自信、文化自觉、中国传统文化新内涵、中国特色社会主义文化。

章前引例

同舟共济克时艰，命运与共创未来
——在博鳌亚洲论坛2021年年会开幕式上的视频主旨演讲（节选）

女士们、先生们、朋友们！

我多次说过，"一带一路"是大家携手前进的阳光大道，不是某一方的私家小路。所有感兴趣的国家都可以加入进来，共同参与、共同合作、共同受益。共建"一带一路"追求的是发展，崇尚的是共赢，传递的是希望。

面向未来，我们将同各方继续高质量共建"一带一路"，践行共商共建共享原则，弘扬开放、绿色、廉洁理念,努力实现高标准、惠民生、可持续目标。

——我们将建设更紧密的卫生合作伙伴关系。中国企业已经在印度尼西亚、巴西、阿联酋、马来西亚、巴基斯坦、土耳其等共建"一带一路"伙伴国开展疫苗联合生产。我们将在传染病防控、公共卫生、传统医药等领域同各方拓展合作,共同护佑各国人民生命安全和身体健康。

——我们将建设更紧密的互联互通伙伴关系。中方将同各方携手,加强基础设施"硬联通"以及规则标准"软联通",畅通贸易和投资合作渠道,积极发展丝路电商,共同开辟融合发展的光明前景。

——我们将建设更紧密的绿色发展伙伴关系。加强绿色基建、绿色能源、绿色金融等领域合作,完善"一带一路"绿色发展国际联盟、"一带一路"绿色投资原则等多边合作平台,让绿色切实成为共建"一带一路"的底色。

——我们将建设更紧密的开放包容伙伴关系。世界银行有关报告认为,到2030年,共建"一带一路"有望帮助全球760万人摆脱极端贫困、3200万人摆脱中度贫困。我们将本着开放包容精神,同愿意参与的各相关方共同努力,把"一带一路"建成"减贫之路"、"增长之路",为人类走向共同繁荣作出积极贡献。

女士们、先生们、朋友们!

2021年,是中国共产党成立100周年。100年来,中国共产党筚路蓝缕、求索奋进,为中国人民谋幸福,为中华民族谋复兴,为世界谋大同,不仅使中华民族迎来了从站起来、富起来到强起来的伟大飞跃,也为人类文明和进步事业作出了卓越贡献。中国将继续做世界和平的建设者、全球发展的贡献者、国际秩序的维护者。

中国将始终高举和平、发展、合作、共赢旗帜,在和平共处五项原则基础上拓展同各国友好合作,积极推动构建新型国际关系。中国将继续同世界卫生组织以及各国开展抗疫合作,坚守疫苗作为全球公共产品的承诺,为发展中国家战胜疫情提供更多帮助。中国无论发展到什么程度,永远不称霸、不扩张、不谋求势力范围,不搞军备竞赛。中国将积极参与贸易和投资领域多边合作,全面实施《外商投资法》和相关配套法规,继续缩减外资准入负面清单,推进海南自由贸易港建设,推动建设更高水平开放型经济新体制。欢迎各方分享中国市场的巨大机遇。①

第一节 "一带一路"倡议与旅游文化概述

一、"一带一路"倡议的起源、意义与动态

"一带一路"起源于中国古代丝绸之路,指今天的"丝绸之路经济带"和"21世纪海上丝绸之路"。

---

① 同舟共济克时艰,命运与共创未来——习近平主席在博鳌亚洲论坛2021年年会开幕式上的视频主旨演讲[J].对外经贸实务,2021(5).

"丝绸之路经济带"圈定了新疆、重庆、陕西、甘肃、宁夏、青海、内蒙古、黑龙江、吉林、辽宁、广西、云南、西藏13省(自治区、直辖市)。"21世纪海上丝绸之路"圈定了上海、福建、广东、浙江、海南5省(直辖市)。丝绸之路经济带打通了中国经中亚、西亚至波斯湾、地中海、东南亚、南亚、印度洋的交通、商贸与文化往来。同时,丝绸之路经济带的建设要依托国际大通道,以沿线中心城市为支撑,以重点经贸产业园区为合作平台,共同打造新亚欧大陆桥、中蒙俄、中国—中亚—西亚、中国—中南半岛等国际经济合作走廊。丝绸之路经济带辐射亚太、欧洲、非洲经济圈,覆盖40多个国家30多亿人口,涉及交通、能源、电信、金融、农业、科技、旅游等多项领域,是沿线各国与地区实现生产要素互通有无、互利共赢的区域合作平台。① "一带一路"倡议是我国为构建人类命运共同体、全球共同治理提出的新方案,自提出之日,就得到了普遍认同和参与,正在以前所未有的信心走向世界、拥抱世界。

（一）古丝绸之路的起源

古丝绸之路,又称"丝路",此词最早来自德国地理学家费迪南·冯·李希霍芬于1877年出版的《中国——我的旅行成果》。历史上的丝绸之路起源于我国西汉时期,张骞出使西域的故事为人们家喻户晓,无论是耄耋老人还是稚子黄童,提起丝路故事,都可娓娓道来、侃侃而谈。

公元前2世纪,为了打败称雄漠北、骚扰中原农耕居民的游牧王国——匈奴,汉武帝派张骞出使西域,联络被匈奴人从河西赶走而定居在阿姆河一带的大月氏人。张骞两次出使西域,第一次出使途中遇到匈奴骑兵,不幸被捕,被软禁在匈奴长达十年之久。据说匈奴单于为软化、拉拢张骞,打消其出使大月氏的念头,进行了种种威逼利诱,还给张骞娶了匈奴的女子为妻,但均未达到目的。他"不辱君命""持汉节不失",始终没有动摇为汉朝通使大月氏的意志和决心。张骞这种高尚爱国的精神品格时至今日依旧是人们歌颂和学习的榜样。张骞在匈奴统治的区域历经千辛万苦,终于趁匈奴人放松警惕的时候逃出来,前往大月氏。但此时的大月氏已经被逼到距离匈奴和汉朝都很远的阿姆河畔,加上当地优越的地理环境,已经无心报复匈奴,便拒绝了张骞的请求。张骞在大月氏逗留一年之久,无功而返。在返回途中,不幸再次被匈奴所捕,被软禁一年以后,张骞等人趁匈奴内乱逃了出来,历时十三年终于回到了长安(今西安)。虽然没有取得与大月氏的战略合作,但张骞在这个过程中详细了解了通往西域的道路,全面了解了西域的政治和地理情况,为其第二次出使西域打下了坚实的基础。

元狩四年(公元前119年),张骞第二次奉命出使西域,联合乌孙国共同抗击匈奴,这就是著名的"断匈奴右臂"战略;张骞也着重提出应该与西域各族加强友好往来。张骞率领300人组成的使团,每人备两匹马,带牛羊万头,金帛货物价值"数千巨万",到了乌孙,游说乌孙王无果。他又分遣副使持节到了大宛、康居、大月氏、大夏等国。元鼎二年(公元前115年),张骞返回,乌孙派使者几十人随同张骞一起到了长安。此后,汉朝派出的使者还到过安息(波斯)、身毒(印度)、奄蔡(在咸海与里海间)、条支(安息属国)、犁轩

---

① 程贵,丁志杰."丝绸之路经济带"背景下中国与中亚国家的经贸互利合作[J].苏州大学学报(哲学社会科学版),2015(1).

(附属大秦的埃及亚历山大城),中国使者还受到安息专门组织的2万人的盛大欢迎。安息等国的使者也不断来长安访问和贸易。

张骞的两次西行,从敦煌,出玉门关,进入新疆,再从新疆连接中亚、西亚,组成了一条横贯东西的通道。这条通道,也就是后世闻名的"丝绸之路"。丝绸之路把西汉同中亚许多国家联系起来,促进了它们之间的政治、经济、军事、文化的交流,打破了游牧民族对丝路贸易的垄断,使中国和中亚、南亚、西亚诸国之间建立了直接的贸易往来关系,张骞等人带回的信息,也使中国人首次对外部世界有了真知实见,司马迁和班固也分别将其写入《史记·大宛列传》和《汉书·西域传》。

随后,公元前60年,汉朝在西域设立了西域都护。西域都护是汉朝中央政府派遣管理西域的最高官吏,它的出现标志着丝绸之路的发展进入了繁荣和畅通的新阶段;东汉末年至魏晋南北朝时期,中原战争频发、天下动乱,大量人口迁徙至边境躲避战乱,其中包含不少氏族和有文化的士人,他们的到来为丝绸之路的文化繁荣带来了深厚的基础。文化水平的提高和大量士人的存在,为西域地区接受外来文化提供了知识的基础,也为西域地区向中原输送外来文化提供了方便,使河西走廊文化得到前所未有的提高。①隋唐时期,民族进一步融合,疆域更加广阔,政治制度与思想文化高度整合,唐朝的势力不仅直接牢固控制了塔里木盆地的西域诸王国,而且成为天山以北、葱岭以西广大区域各个王国的宗主国,先后在西域设安西都护府,立龟兹、疏勒、于阗、碎叶四镇,后又设北庭都护府,镇守天山南北。且河西、西域均有重兵把守,丝路沿线遍设驿站。安史之乱后,五代十国战争频发,宋朝后经济重心南移,中国与西方的贸易逐渐转为海上贸易,虽然陆上贸易仍在继续,但远不如之前繁荣,几乎与丝路沿线的国家断开联系;至蒙古人建立的元朝统一后,大肆西征,并直接统治了中亚、西亚的广大地区,才又加强了我国同古丝路国家的联系。许多欧洲与西亚等国的使臣、商人、教士与旅行家相继前来,其中最为著名的就有意大利商人马可·波罗,其编著的《马可·波罗游记》不仅记载了我国元朝时的风土人情、地理人文,更将繁荣的古代中国展示在西方世界,对西方产生了不小的影响;明清时期,海上丝绸之路逐渐成为人们进行贸易的重心,加上清朝的闭关锁国政策,陆上交通的丝绸之路逐渐没落。

中国古代丝绸之路是古代中国与西方世界相互了解的一条通道,这条路把中国的国门向世界敞开,把一个繁荣的中国展现在世人面前,对于21世纪的今天,也有着独特而深刻的历史意义。

(二)海上丝绸之路的起源

海上丝绸之路是陆上丝绸之路的延伸。据历史资料记载,海上丝绸之路形成于秦汉时期,发展于三国至隋朝时期,繁荣于唐宋时期,转变于明清时期,是已知的最为古老的海上航线。②海上丝绸之路以福建泉州为起点,分为东海航线和南海航线,隋唐时期以运送大宗货物丝绸为主,故称为"海上丝绸之路"。宋元时期以运送陶瓷为主,故也被称为"海上陶瓷之路",从中国输出的丝绸和陶瓷,换来了大量稀有的香料,故而这

---

① 孟群.古丝绸之路的兴衰[J].中国投资,2014(9).
② 孟群.古丝绸之路的兴衰[J].中国投资,2014(9).

条路又被称为"海上香料之路"。陆有张骞两次出使西域,海有郑和七下西洋。

明代初期,农业经济逐步恢复,手工业也有了很大的发展:矿冶、纺织、陶瓷、造纸、印刷各方面,都比以前有了不同程度的提高。此时,中国海外贸易发达,对外移民不断增加,同时造船技术和航海技术成熟,都为郑和下西洋提供了坚实的经济基础和技术支撑。明永乐三年(1405年),郑和首次下西洋。宣德八年(1433年),郑和最后一次下西洋,前后共计七次。郑和下西洋是中国古代规模最大、船只和海员最多、时间最久的海上航行,也是15世纪末欧洲的地理大发现的航行以前世界历史上规模最大的一系列海上探险。郑和下西洋,不仅促进了我国的海上商业贸易,更重要的是将中国文化传递给了沿海各国,中国也积极吸收了各国的宗教文化,为我国传统文化的发展汲取了更多的养分。但明中叶后期至清朝,因沿海地区受倭寇和侵略者的频频骚扰,朝廷多次颁发禁海令,限制海上贸易,海上丝绸之路也逐渐凋零。

中国古代的海上丝绸之路和陆上丝绸之路不仅是促进我国古代贸易交流、技术交流、文化交流的重要通道,更是我国古代人民智慧和勤劳的象征。在贸易交流方面,我国出口了大量的丝绸、铁器、金器、银器、镜子和其他豪华制品,又从西方运回葡萄、核桃、胡萝卜、胡椒、胡豆、菠菜、黄瓜等农作物;在技术交流方面,造纸术、指南针、印刷术、火药、铸铁、缫丝、灌溉等技术被带到了西方,促进了西方的发展;在文化交流方面,大量的外来宗教文化也涌入中国本土,佛教文化就是顺着丝绸之路走进中国的,在佛教进一步盛行的同时,祆教、摩尼教、景教以及伊斯兰教都在此时正式传入。在21世纪的今天,古丝绸之路对于我们的意义更加深远,以陆路、海路古丝绸之路为基础提出的"一带一路"更符合时代的发展,更切合当代人的需要。

(三)"一带一路"倡议的提出

2013年9月,中国国家主席习近平出访哈萨克斯坦时发表演讲:"为了使欧亚各国经济联系更加密切,相互合作更加深入,发展空间更加广阔,我们可以用创新的发展模式,共同建设'丝绸之路经济带'。"① 随后,习近平主席在出访印度尼西亚期间发出共同建设"21世纪海上丝绸之路"的倡议。由此,"一带一路"倡议正式被提出,得到国际社会高度关注和有关国家积极响应。

随着经济全球化和政治多极化的发展,各国之间的政治交流和贸易往来日益密切,任何一个国家都不能独立于世界舞台。改革开放后,我国一跃成为世界第二大经济体,无论是在经济实力还是国际影响力上,我国的地位都是举足轻重的。在贸易保护主义加强、地缘政治趋于复杂的背景下,我国提出的"一带一路"倡议,使亚洲各国团结起来,开展多方区域合作,共同对抗不可知的风险。同时,由于"一带一路"沿线不少国家经济发展落后、基础设施落后、管理机制体制缺失,无法联通成一个像欧盟一样强有力的整体,但通过"一带一路"倡议,可以促进沿线国家的发展,带来新的活力。

中国在"一带一路"倡议中,重点突出"和平共处五项原则"的外交准则,提倡各国都是平等的参与者,使"一带一路"倡议共建国增强了与中国之间的政治信任,21世纪

---

① 习近平.习近平谈治国理政[M].北京:外文出版社,2014.

的国际合作带来新的发展。①从国家层面来说，重新开发古丝绸之路，不仅有考虑到经济发展的因素，更多的是从处理好边境各国及沿线国家与中国的关系，建立友好共商、和平发展的外交关系。

受工业基础、政策条规以及区位因素的影响，我国中西部地区与东部沿海地区间的经济发展差距越来越大，通过"一带一路"倡议可以建设跨国产业链，化解落后的产能。一方面，挖掘"一带一路"沿线国家优势，通过建设边境经贸合作区和境外经贸合作区等形式，将我国的产业链外延到有条件的国家，为我国经济与产业升级提供空间；另一方面，"一带一路"中基础设施的建设为我国富余的产能寻找到巨大的需求市场，实现产能市场的有效对接。②同时，开发西部资源，将低端制造业转移到"一带一路"沿线国家，能为我国东部地区转型升级腾出空间。我国西部多与邻国接壤，边境线管理难度大，迫切需要借助西部地区的地理优势，打通向中亚、南亚、西亚的合作窗口，实现国家的稳定发展。

二、旅游与文明互鉴

文化在本质上是旅游的灵魂，而旅游是文化扩大发展的载体，旅游的各个要素其实是对文化的应用。旅游活动事实上是一种文化活动，在旅游消费、旅游经营中都有着强烈的文化性质。在旅游活动中，旅游文化就是旅游活动的内涵，旅游文化是通过旅游资源表现出来的，旅游活动是人们对精神和心理的追求。只有扩展旅游文化，才能够满足人们对旅游的需求，才能使人们在真正意义上完成旅游。③反过来，旅游能够推动文化的交流和发展，通过使用具有文化内涵的旅游资源，让文化成为旅游业的附属价值，随着旅游业的逐渐发展而扩大影响。旅游能够促进文化传播，也能够丰富文化内容，因此，要想推动旅游产业发展，需要重视文化内涵的建设；同时，推动文化输出，需要重视旅游业的积极作用。

全球化浪潮将丝路这颗明珠重新从历史的砂砾中冲刷出来，璀璨的丝路文明不仅指明了中国新的外交方向，也为世界的发展提供了新的思路。从文化交流层面而言，"一带一路"倡议的提出，不仅使沿线国家的文化加强了互通互进，增进了优势互补，更能够使东方文化传递到广泛的国际世界中，使沿线友国可以通过文化交流平台，达成团结一致共同发展的时代共识。"一带一路"倡议的最终成功，更需要文化交流的浸润与推动。④文化只有以旅游为载体，才能焕发永久的活力，因此，发展"一带一路"沿线国家的旅游业势在必行。

中国提出的"一带一路"倡议是对全球治理新模式的有益探索，要想促进"一带一路"沿线国家的友好发展，必须要开展国际旅游经济合作，用文明敲开彼此之间的心门，用文化将沿线各国人民联系在一起。通过旅游活动，促进文化传播；通过吸收不同国家的多彩文化，增进彼此的了解和沟通，创造一个更加美好的世界。

---

① 司琦."一带一路"倡议历史沿袭及背景综述[J].国际公关，2020(4).
② 司琦."一带一路"倡议历史沿袭及背景综述[J].国际公关，2020(4).
③ 马银丽.文化与旅游的关系[J].旅游纵览(下半月)，2018(20).
④ 郑士鹏.一带一路建设中文化交流机制的构建[J].学术交流，2015(12).

(一)"一带一路"旅游文化交流原则

文化作为"一带一路"沿线国家的能源和引擎,势必在"一带一路"的发展过程中起着不可替代的支撑作用。但倡议合作地区和国家由于历史文化渊源的差异,使用的语言也不同,由此形成的地域民俗和开放程度差异较大。一些地区对于外来文化的排斥或者经济不发达地区在本国资源开发中对于本民族文化的破坏,都会造成不同文化的民族之间在国际旅游合作领域存在一定的困难。① 如何在复杂的地缘政治、巨大的文化差异和经济差异中进行更好的文化交流,可以从以下几点入手。

1. 尊重差异,求同存异

由于历史和地理等原因,导致"一带一路"沿线包含的国家的经济水平、综合国力、文化实力等差距较大,这也造成了各国间不同的文化。在文化交流上,我们不应该根据国力和经济实力的强弱判定一个国家的文化影响力,要尊重他国的文化,中国作为大国,应对各国文化一视同仁,尊重不同国家的文化差异,在文化交流过程中虚心听取他国的想法与建议,学习不同国家的优秀传统文化,提高自身的文化软实力。在互相尊重的前提下发展交流,使双方受益,实现文化共同发展的良好局面。② 风俗习惯的差异广泛地存在于东亚和南亚各国,在旅游文化交流的过程中,需要格外注意。旅游不仅仅是传播文明、交流文化的桥梁,更是不同民族人民增进友谊、互通民心的有效方式。只有在尊重对方的文化差异的基础上,才能做到真正的文化交流,所谓"国之交在于民相亲,民相亲在于心相通",而交流的深度取决于真诚、尊重的交流过程。

2. 平等交流,互相借鉴

文化的交流就像源头活水,只有不断地补充新的活水,潭水才能生机勃勃。在开展国际旅游合作过程中,我国作为拥有五千年悠悠古文化的历史大国,千年的古丝绸之路文化更应该讲好,更应该在"古路"上讲出"新故事"。应积极汲取沿线各国的精华文化,通过文化的进一步改造,打造雅俗共赏的"丝路文化","一带一路"文化交流机制的构建能够将不同民族文化的"异质性"转化为民族特色,将"同质性"进一步升华和优化,用开放、包容的文化交流心态,让形态不同、风格各异的文明成果通过"一带一路"这一发展平台得到继承和弘扬,使沿线各国的文化底蕴得到丰富和补充,使其拥有吸收、融汇外来文化的机会,从而促进不同文明的交互发展。③ 文化因交流而多彩,文明因碰撞而多姿,应借助"一带一路"平台,将"异质性"和"同质性"有机结合,促进我国与沿线国家的文化交流互鉴。

在平等交流的基础上,多吸收他国独具特色的文化融入自己的文化中。如佛教从传入我国以后,得到了很好的发扬和传播,这不仅体现了我国强大的文化包容性,也成为我国对外来文化改造和借鉴的典例。

---

① 马银丽.文化与旅游的关系[J].旅游纵览(下半月),2018(20).
② 赵欣欣,付丽."一带一路"背景下中外影视合作交流研究[J].黑龙江教育(理论与实践),2019(10).
③ 郑士鹏.一带一路建设中文化交流机制的构建[J].学术交流,2015(12).

(二)"一带一路"旅游文化交流现状

自"一带一路"倡议提出以来,沿线各国积极响应,与我国开展了大量的旅游文化交流,出台了一系列旅游政策。如在政策连接方面,马来西亚、突尼斯、泰国、乌克兰、印度尼西亚等国都对中国游客实施了免签、落地签以及签证费减免等政策;在基础设施连接方面,中国—尼泊尔开通了首列中南亚班列,已开通的"义新欧"中欧班列拟加挂客车车厢以带动沿线旅游发展;在旅游服务方面,俄罗斯伊尔库茨克国际机场推出中文版网站并举办"中国日"欢迎中国游客,印度开通了免费24小时中文游客救助热线。除了丝路沿线国家,新西兰与中国签署"一带一路"倡议合作备忘录、澳大利亚首次对中国发放10年旅游签证以及中澳旅游年的圆满落幕都显示出了亚太地区旅游合作的增长潜力,也有利于海上丝绸之路文化在南太平洋区域的自然延伸,凸显"一带一路"的包容性。这些旅游合作互动不仅增进了各国互信,也为丝路文化软实力的对接提供了多方位渠道,从而带动了各国旅游经济和社会的可持续发展。①尽管"一带一路"沿线各国在文化交流的机制上还存在一些诸如文化输出机制不健全、政治互信体系不牢固、沿线国家基础产业薄弱等问题,但是一切都是在朝着好的方向前进。

1."一带一路"旅游文化发展历程

2013年,中国国家主席习近平提出共建"一带一路"倡议,引起了国际社会广泛和高度的关注,"一带一路"的背景、内容、动机和影响成为国际政治和经济领域研究的焦点。

2014年3月,国务院总理李克强在《政府工作报告》中介绍2014年重点工作时重点强调:"抓紧规划建设丝绸之路经济带、21世纪海上丝绸之路,推进中印缅、中巴经济走廊建设,推出一批重大支撑项目,加快基础设施互联互通,拓展国际经济技术合作新空间。"②2014年6月,在卡塔尔首都多哈举行的第38届世界遗产大会宣布,由吉尔吉斯斯坦、哈萨克斯坦、中国三国联合申报的"丝绸之路:长安—天山廊道路网"成功入选世界文化遗产,成为首例跨国合作、成功申遗的项目。

2015年,《推动共建丝绸之路经济带和21世纪海上丝绸之路的愿景与行动》的颁布和实施,进一步加深了国际社会对"一带一路"倡议的全面了解,积极评价和强烈响应与日俱增。

其实,丝路文化在20世纪80年代就已经被世界各国重视起来了。联合国教科文组织于1988年启动了"对话之路:丝绸之路整体性研究"项目;1998年,国际古迹遗址理事会成立了文化线路科学委员会(CIIC),标志着以"交流和对话"为特征的跨地区或跨国家的文化路线为国际文化遗产保护界所认同;1993年,世界旅游组织提出丝绸之路旅游的构想,旨在号召和团结相关利益者,推动丝绸之路旅游品牌的建立以及沿路自然和文化资源的有效开发和保护;2009年后,世界旅游组织每年出台丝绸之路行动计划,从营销和推广、目的地管理和能力建设、旅游便利化三个维度给予丝绸之路沿线国家以政策指导,促进丝绸之路旅游的健康可持续发展。2016年,丝路沿线已有33个

---

① 张凌云.中国旅游发展笔谈——"一带一路"与中国旅游业发展(二)[J].旅游学刊,2017(6).
② 李克强.在《政府工作报告》中介绍2014年重点工作时的讲话[N].中国青年报,2014-03-06(2).

成员国家参与了世界丝绸之路建设项目,积极响应"一带一路"倡议。截至2023年1月6日,世界上有151个国家和32个国际组织与中国签署了200余份共建"一带一路"合作文件。

2015年,国务院出台的沿边开发开放政策文件中,明确提出要在沿边7个省区的11个边境城市建设跨境旅游合作区。

2016年8月,习近平总书记出席推进"一带一路"建设工作座谈会并发表重要讲话。他强调:以钉钉子精神抓下去,一步一步把"一带一路"建设推向前进,让"一带一路"建设造福沿线各国人民。国家旅游局于2016年正式启动跨境旅游合作区建设,并指导地方制定相应的方案。从地方来看,与广西、吉林、辽宁、黑龙江、云南、内蒙古、新疆、西藏等沿边省区均先后提出了在边境城市建设跨境旅游合作区的诉求,这些省区的边境城市是"一带一路"陆路通道的重要节点。

2018年8月,习近平总书记出席推进"一带一路"建设工作5周年座谈会并发表重要讲话。他强调:注意实施雪中送炭、急对方之所急、能够让当地老百姓受益的民生工程。

2021年11月,习近平总书记出席第三次"一带一路"建设座谈会并发表重要讲话。对这一重大国际合作倡议,习近平总书记深谋远虑,提出以高标准、可持续、惠民生为目标。这次座谈会上,习近平总书记这样总结共建"一带一路"8年来的成绩:"通过共建'一带一路',提高了国内各区域开放水平,拓展了对外开放领域,推动了制度型开放,构建了广泛的朋友圈,探索了促进共同发展的新路子,实现了同共建国家互利共赢。"①习近平总书记一直以高标准、可持续、惠民生为目标,积极推动"一带一路"的发展建设。

在共商共建共享原则引领下,中国与越来越多的国家在"一带一路"国际合作框架下共同制定了共建协议。例如,中国与俄罗斯、蒙古国三国共同制定了《建设中蒙俄经济走廊规划纲要》,中国与泰国共同签署了《中泰铁路合作谅解备忘录》,中国与白俄罗斯签署了《关于在白俄罗斯共和国境内建立中国—白俄罗斯工业园区的合作协议》,中国与哈萨克斯坦签署了《中华人民共和国政府与哈萨克斯坦共和国政府关于加强产能与投资合作的框架协议》。中国还与法国、日本、加拿大、意大利、英国、澳大利亚、奥地利、比利时、荷兰、葡萄牙、韩国、新加坡、西班牙、瑞士等国家在共商基础上共同创建了第三方市场合作机制,共同为企业参与"一带一路"项目建设提供服务,等等。②要想沿线各国经济交往更加深入,文化的交流更应该被重视,只有在文化认同和尊重的基础上,各国人民才能彼此坦诚相待,真诚地发展对外关系。

2."一带一路"旅游文化交流内容

2019年,习近平主席在第二届"一带一路"国际合作高峰论坛上重点列举了互联互通的六个方面:一是基础设施互联互通;二是规则、制度与发展战略方面的互联互通;三是产业发展(国际产能合作、第四次工业产业,如数字经济、智能化等)的互联互通;四

---

① 刘红霞.推动共建"一带一路"高质量发展,习近平提出三个目标[N].新华每日电讯,2021-11-21(2).

② 胡必亮.推动共建"一带一路"高质量发展——习近平关于高质量共建"一带一路"的系统论述[J].学习与探索,2020(10).

是贸易的互联互通;五是资金的互联互通;六是人文交流方面的互联互通,最终"推动形成基建引领、产业集聚、经济发展、民生改善的综合效应。"①"一带一路"建设要坚持走务实合作之路,经贸文化双轨并行、良性互动,与沿线各国共商共建、共享共赢,形成利益共同体、责任共同体、命运共同体和文明复兴共同体。②作为互联互通的六个要点之一,"人文交流"是沿线各国中最为重要的一环。通过开展旅游活动,开展人文交流,促进沿线国家彼此了解,更有利于开展经济贸易交流。

"一带一路"倡议自提出,至2023年已有10年,由我国牵头开发,重点打造了一批具有中国文化特色与时代特征并迎合市场需求的新型文化产业园。如"中法文化年""中俄文化年"以及汉语桥等新型文化交流模式被广泛应用到"一带一路"沿线国家的发展交流中;孔子学院、景德镇陶瓷与敦煌文化研究中心等,也发挥了在"一带一路"建设过程中的重要交流作用。自2004年全球首个孔子学院成立以来,孔子学院不仅在世界各地开花结果,更依托网络而实现了进一步的创新。以网络孔子学院、孔子学院数字图书馆为代表的在线数字教育平台,以孔子学院大会为代表的国际经验交流活动等,通过多年的发展,已经形成了独有的品牌价值。③文化产业正在以新的形式探索更多的可能,文化产业园的建立也使中国的文化输出有了更规范、更适应时代的标准。

另外,国内各大旅行社、在线旅游企业不断根据旅游消费者的最新需求,进行线路设计与更新,开展有效推广,丝路旅游产品开发迅猛。以携程App为例,打开携程搜索"一带一路旅游",以"重走丝绸之路""大美新疆一带一路行""越野自驾游"等线路居多。根据出行方式、出行天数、出行标准的不同,每个地区或国家开发了不同形式的旅游产品,旅游者可选择的旅游产品类型丰富,极大地促进了沿线国家的旅游发展。

(三)"一带一路"中大国形象的树立

在旅游视域中,国家形象通常指一个国家的旅游者在旅游目的地的旅游行为而引发的民众看法、印象和评价,并被国际社会认知、接纳的程度和状况。④在发展跨国际旅游文化交流的过程中,我们应该积极转变话语体系,形成新的话语风格,本着共商共建共享原则与沿线国家对话;宣传我国悠久的历史和多彩的民族文化,谦虚、潜心地对待沿线国家的文化,在各国宝贵的文化中汲取有益于我国文化发展的文化因子,树立友好的国际伙伴形象,凸显多元化、包容性的文化传播理念和态度。

三、中国与"一带一路"沿线国家的国际旅游合作模式

丝绸之路沿线既有雄浑瑰丽的自然景观,又有底蕴深厚的人文景点,加之其地理位置和旅游资源的分布各异,在这条路上,既可以领略大千世界的风情,又可以体验不同民族独特的风土人情,使之成为当今世界最具有旅游价值的旅游路线,吸引来自世

---

① 习近平.高质量共建"一带一路"——在第二届"一带一路"国际合作高峰论坛圆桌峰会上的开幕词[N].人民日报,2019-04-28.
② 杨正位.经贸文化双轮驱动丝路建设[J].中国金融,2015(5).
③ 周汶霏,宁继鸣.孔子学院的创新扩散机制分析[J].中国软科学,2015(1).
④ 计晓燕.全球化背景下中国旅游与国家形象的构建研究[J].旅游纵览(下半月),2015(22).

界各地的旅游爱好者。这也成为各国发展旅游经济的根本动因,各方都可以充分运用"一带一路"倡议创造出的舞台,抓住机遇发展本国的文卫事业、经济贸易、基础设施等。

(一)基于合作主体的国际旅游合作模式

1. 政府主导模式

丝绸之路沿线国家经济发展水平的客观差异,以及对旅游业不同重视程度,导致了不同国家在对待跨国际的旅游合作上态度不一,需要以各国政府为主导参与到国际旅游合作中来。例如,在国际上,政府通过国与国之间的对话完成旅游合作的签订。在国内,则采取政府主导模式,包括加大旅游基础设施的建设、提高政府的协调创造能力、制定区域旅游发展规划、创造良好的区域环境,以保护合作区域各种特色旅游资源,以及通过完善区域利益均衡机制,平衡区域之间和合作主体之间的矛盾,大力扶持旅游业的发展。

2. 企业参与模式

根据"一带一路"沿线国家的旅游资源,开发、设计出符合人们需要的旅游线路,是企业参与到国际旅游合作中的路径方法。在开发旅游线路时,要时刻牢记"丝路文化精神""丝路历史",将"一带一路"作为一个整体,塑造一个鲜明而统一的旅游形象。再根据各地的风土民情,加入民族特色,设计具有鲜明特色的旅游路线,实施旅游企业集团化、国际化战略。联合设计、开发丝绸之路旅游线路产品,加强以网络为基础的旅游企业信息化合作,共建丝绸之路国际旅游产品品牌。如国内最大的OTA携程,推出的"大美新疆""重走丝绸之路"等旅游路线深受人们喜爱。在自由行、自驾行、跟团游、研学游等高质量路线的不断推出下,旅游目的地逐渐由东南亚、南亚国家壮大到西亚、中亚地区。

3. 非政府间跨区域旅游组织

为了保证充分交流和常态化合作,组建能够统领丝绸之路沿线国家和地区旅游发展的协调机构十分有必要,该组织可由丝绸之路沿线各个国家和地区的相关部门领导、专家学者和旅游商等多方组成,就区域旅游合作中的重大问题和政策进行协商,保证丝绸之路旅游合作的顺利开展。[①]如世界旅游组织在第22届全体大会上发布《"一带一路"旅游合作成都倡议》,建议各国在加强"一带一路"旅游合作;加强政策沟通,提升旅游便利化水平;创建旅游合作机制,提升旅游交流品质;开展旅游联合推广,充实旅游合作内容;加强旅游教育交流,提升旅游智力支撑;共同应对挑战,加强旅游风险处置能力和加强合作,发挥协同效应等方面加强合作。[②]非政府间组织要逐步摆脱对所在国政府的依赖,避免政府干扰,在发挥自身职能时要做到专业、独立与公平。

4. 民间自发自助模式

旅游合作促进民心相通,自由行成为民间交流新趋势。民间文化交流能够使各国

---

① 马耀峰.丝绸之路国内段旅游合作与开发[J].丝绸之路,2009(16).
② "一带一路"旅游合作成都倡议[EB/OL].(2017-09-13).http://www.scio.gov.cn/31773/35507/35519/Document/1563565/1563565.htm.

人民了解丝绸之路异域文化风貌,产生旅游动机与需求,并进一步产生旅游交往的行为。随着科技的发展,越来越多的翻译软件被应用到国际旅游中。随着语言隔阂的消失,加入国际旅游的人越来越多,据资料显示,根据对2018年度相关大数据的估算,大约有超过3 000万人到参与合作的国家和地区开展旅游活动,相比2013年度1 549万人次增长了近一倍。

5. 区域旅游合作贸易组织

区域性的旅游合作贸易组织中,上海合作组织、欧亚经济论坛、东盟旅游论坛、"一带一路"国际合作高峰论坛等组织为丝绸之路的国际旅游合作模式提供了新的思路和动力。

丝绸之路沿线国家要充分发挥上海合作组织的平台作用,依托欧亚经济论坛,借助丝绸之路国际旅游文化艺术节的影响力,推动建立双边、多边精品旅游合作项目,以旅游促进文化交流,发挥旅游产业的扩散和带动效应,促进区域经济发展。①同期发展起来的东盟各国在国际旅游合作中更是为"一带一路"旅游合作添上了浓墨重彩的一笔。2016年是中国-东盟建立对话关系25周年,中国采取了诸多有利于旅游合作的措施,如加强东盟开展旅游宣传推广,为东盟国家和东盟秘书处参加中国国际旅游交易会提供便利,免费提供展位;帮助东盟开展旅游教育培训,与东盟共同举办旅游活动,支持举办中国-东盟博览会旅游展;邀请东盟国家旅游部门代表、旅行商和媒体记者赴华参加旅游展会、考察旅游线路等。②旅游合作组织在促进各国之间的旅游合作、带来经济增长的同时,还充当了企业和政府之间的润滑剂,很好地调解了双方的矛盾,促进了各国文化、政治、经济多方面的发展。

(二)基于特色领域的国际旅游合作模式

1. 生态旅游合作模式

一是跨境生态旅游合作模式。构建跨境旅游模式势必需要慎重考虑生态自然环境与旅游的关联性,该模式虽非首创,却在我国西部地区跨境旅游发展中发挥了显著的作用,如霍尔果斯、果子沟旅游开发采取的便是跨境生态旅游合作模式。当地十分重视生态建设,无论是引入植物,还是外来生物,一律严格把关,通过生态开发、保护、补偿等多种方式,全面助推跨境旅游合作模式的发展,实现了生态保护与资源利用,经济发展与生态建设的和谐推进。③我国"一带一路"发展的原则之一就是"绿色环保",通过建立生态旅游,能够更好地突出这一主题,呼吁各国在进行旅游路线开发时注重生态环境的保护,走一条绿色可持续的发展道路。

2. 加强旅游服务保障,建设智慧服务平台

鉴于部分地区前期开发不足,服务保障建设不完善,在旅游开发时可探索一种跨境服务保障合作模式,与毗邻国签订旅游服务保障合作条约,通过联动创新,以基础服

---

① 惠宁,杨世迪.丝绸之路经济带的内涵界定、合作内容及实现路径[J].延安大学学报(社会科学版),2014(4).
② 彭顺生,何奕霏."一带一路"背景下深化中国-东盟国家旅游合作的路径与模式[J].扬州大学学报(人文社会科学版),2017(5).
③ 谢宁光.论跨境旅游类型及发展模式探析[J].现代营销(下旬刊),2020(1).

务保障为提升要素,全面加强基础服务保障、安全服务保障,继而助推智慧服务保障发展。以跨境旅游宏观发展为基础,构建完善的一站式服务保障机构,如旅游管理协会等,还应建立跨境联络及突发事件应急处理机制,以便为跨境旅游发展创设良好的环境。①加强旅游服务保障在国际旅游中尤为重要,尤其是在地缘政治复杂的地区,更应该加强旅游服务保障体系的建设,为旅游者营造一个安全、安心的旅游环境。

智慧旅游平台建设将是丝绸之路经济带各国旅游信息化合作的重点。以物联网、云计算、大数据等为核心的智慧旅游将突破区域国界限制,利用高性能信息处理技术、智能数据挖掘技术,在旅游产业发展、游客体验、行业管理等方面整合区域旅游物理资源与信息资源。②智慧旅游平台更能助力旅游产业的发展,"一带一路"沿线国家众多,旅游线路较长,通过云计算、云分析,能够更好地把握旅游消费者的旅游意愿,更精准地定位旅游产品以及发挥沿线国家的旅游优势。

第二节 中国旅游文化与"一带一路"

一、中国文化的特质与对外交流路径

中国文化起源于古老的农业文明,在历史的不断前进中,中国文化以其强大的包容性、生命力、延续力,取世界文化之精华,弃自身文化糟粕,随时代的发展不断完善自己,重新定义自己,永远以崭新而古老的面貌面向世界,以其博大的胸襟拥抱世界。

(一)中国文化的解读

要想理解"中国文化",首先应该知道"文化"的定义。从广义来说,文化是人类在处理人和世界关系中所采取的精神活动与实践活动的方式及其所创造出来的物质和精神成果的总和。③文化是人类为了适应和改造自己的生存环境而进行的精神生产的产物,由特定的符号传达的、在人类实践中创造的各种思想观念以及社会生活和行为规范的总和。④狭义的文化概念是由张岱之学者提出的:文化是价值观念、思维方式,是生活样式、信仰习俗,是社会的精神的形态。⑤综上可知,文化是物质财富,诸如书本、雕塑、法令法规、艺术品等有形物体和精神财富,诸如口口相传的孝悌观念、仁义礼智信等的综合,对人们的生产生活具有引导性作用。

对于"中国文化",学术界始终没有一个明确的概念,但是张岱年、楼宇烈、梁漱溟、郭齐勇等学者分别从中国文化的基本思想,包括刚健有为、和与中、崇德利用、天人协

---

① 谢宁光.论跨境旅游类型及发展模式探析[J].现代营销(下旬刊),2020(1).
② 张凌云,黎巎,刘敏.智慧旅游的基本概念与理论体系[J].旅游学刊,2012(5).
③ 张岱年,程宜山.中国文化精神[M].北京:北京大学出版社,2015..
④ 陈先达.文化自信中的传统与当代[J].红色文化学刊,2018(3).
⑤ 张岂之.中华文化的底气[M].北京:中华书局,2017.

调、精神与传统(例如以人为本),以及特征(例如以史为鉴、以天为则、以和为贵、源远流长)等方面对中国文化进行描述。中国文化包罗万象、博大精深,其主体是以孔子为中心的儒家文化,融合了道家、佛家文化,逐渐形成以儒家文化为主,释、儒、道互补的文化格局。"罢黜百家,独尊儒术"结束了先秦百家争鸣的局面,规定了中国文化发展的方向,规定了以儒家思想、儒家文化为主导的格局。大约从东晋开始至隋唐时期,中国文化逐渐确立了以儒家为主体,儒、释、道三家合理互补、鼎足而立、相辅相成的基本格局。随着时代的发展和西方文化的传入,尤其是马克思主义的引入,以马克思主义为主导的社会主义文化是当今中国文化自信的理论基础,牵涉到当代中国主流文化和意识形态的建设,关系到中华文化的伟大复兴。

(二)中国文化的特质

1. 文化自信,根源所在

文化自信即树立本国文化观的正确心态,是一种基于理性认识上的精神成熟的体现。

首先,作为四大文明古国之一,古印度、古埃及、古巴比伦三国在历史演变的长河中,要么发展被中断,要么被其他文化冲击到几乎湮灭,唯有中国古代的文明因其强大的生命力、延续力和包容度保留了下来。

其次,中国古代四大发明对世界进程产生了巨大的影响:火药的发明使欧洲进入热兵器时代,造纸术的发明间接地推动了文艺复兴运动,指南针的出现为地理大发现提供了航海技术等,更不用提气势磅礴的万里长城、精美的殿台楼阁、脍炙人口的佳文美作等,它们都向世界诉说着中国精深悠久的文化。

再次,文化自信源于党和人民在伟大革命斗争中孕育出的革命文化及其所迸发的持续文化动力。中国共产党成立100多年来,在马克思主义先进理论武装下,顺应历史潮流、勇担历史重任,从新民主主义革命到社会主义革命与建设中孕育出了一种不畏艰险、敢于担当的革命文化。革命文化时至今日仍然激励着中国人民行进。在中国特色社会主义伟大征程中,它是前行的持续文化动力。

最后,文化自信还源于在社会主义建设与改革开放中形成和发展的社会主义先进文化的引领。社会主义先进文化是一种文化综合体,它是在马克思主义的思想引领下,植根于中华文化的丰沃土壤,内生于当代中国的改革建设实践,契合于当今世界文化发展趋势的文化。① 无论是古代的文明历史,还是近代的文化历程,中国文化一直是国人文化自信的来源。这是一种理性的自信,既不盲目自大、故步自封,也不自轻自贱、过分谦虚。

2. 兼收并蓄,取百家之长

中国文化特质中很重要的一点就是兼收并蓄、融会贯通。在我国古代体现为春秋战国时期"百家争鸣"与"独尊儒术"。东汉董仲舒提出"罢黜百家,独尊儒术",杂糅了道家、法家等的一些思想,不仅体现了儒家思想的"兼容"与"发展"的特性,也是一种与时俱进的新思想,是两千多年来中国传统文化的正统和主流思想。到了近代,林则徐

---

① 陆丽琼. 文化自信的内涵和表现[J]. 商业文化,2021(27).

提出的"师夷长技以制夷"、李鸿章等人提出的"中学为体,西学为用"、孙中山先生所倡导的"三民主义"等虽然没有改变中国当时的社会现状,但是在一定程度上推进了中国的现代化进程。中华人民共和国成立后,以马克思主义为指导思想建立的社会主义文化、改革开放时期引进的市场经济体制等都是中国文化兼收并蓄,取百家之长的证明。中国文化的包容性化还体现在艺术品的发展过程,如珐琅器,源自波斯的铜胎掐丝珐琅,该种珐琅器是在蒙元时期传至中国,明朝开始大量烧制,景泰年间达到高峰,故后世又称其为"景泰蓝",这很好地体现了中国文化兼收并蓄的特质。

3.历史悠久,上下逾千年

中国的历史文化,可追溯到远古的农业文明时期。据历史资料显示,世界上最早的人类冶炼黄铜的记录——来自距今6700年的陕西西安姜寨遗址中的黄铜制品,世界上最早的造船技术——来自距今8000年的浙江萧山跨湖桥遗址中的独木舟,世界上最早的哲学著作是距今2500年的老子所著的《道德经》,世界上最早的乐器是距今9000年的河南舞阳贾湖遗址骨笛。[①]在人类历史进程中,古文明文化体系中只有中国汉字伴随着历史进程传承保留了下来,而其他古文明的文字都因种种因素中断或失传了。虽说中华民族在历史发展过程中也经历了很多的磨难,甚至也遇到过濒临消失的厄运,但是最终还是战胜了一切,一直屹立于世界的东方,向世人展示着中华民族的智慧结晶。[②]我国文化跨越千年,古代人们或通过诗和歌的形式,将一幅幅古代生活场景,生动地展现在我们面前,隔着历史向当今国人传递着当时的智慧。

4.中庸和平、追求万物和谐

在中国历朝历代的传统中,讲究"以和为贵",这个"和"不仅仅指人与人之间的"和睦相处",也指人与自然之间的"和谐统一"。这条主线贯穿了从古至今,强调了人与自然之间的共生关系——没有自然万物,则没有人类赖以生存的家园。时至今日,习近平总书记在党的十九大报告中提出,人与自然是生命共同体,人类必须尊重自然、顺应自然、保护自然。人类只有遵循自然规律才能有效防止在开发利用自然上走弯路,人类对大自然的伤害最终会伤及人类自身,这是无法抗拒的规律。[③]习近平总书记还提出了"金山银山不如绿水青山"的经济建设口号。至于人与人之间的和谐共处,更是深植于国民心中。我国讲究"以和为贵",这充分体现在对外交流上,周恩来总理提出的"和平共处五项原则",以和平为基础,打开了世界的大门。

(三)中国文化的功能

中国文化的功能大抵可以分为两个方面,一是对内促进国民发展,二是对外树立大国形象,使他国人民在了解中国文化的基础上,促进中外文化交流。

对我国国民而言,中国文化是我们的根,是我们赖以生存的精神养分,是增强民族

---

① 郭莉,柳静.中国传统文化传承与发展研究[J].文化产业,2021(35).
② 朱耀先.试论中国传统文化的传承与发展[J].中共郑州市委党校学报,2017(6).
③ 坚持人与自然和谐共生——九论深入学习贯彻党的十九大精神[EB/OL].(2017-11-05).http:https://www.dswxyjy.org.cn/n1/2019/0228/c423750-30947597.html.

凝聚力、促进文化认同和价值整合、推动民族振兴的内在力量。①中国文化对人的影响主要体现在教化功能上,如孔子关于孝道是这么说的:"弟子入则孝,出则悌,谨而信,泛爱众,而亲仁。行有余力,则以学文。"孟子关于礼仪是这么说的:"不以规矩,不成方圆""人有不为也,而后可以有为。"关于民族大义,林则徐说:"苟利国家生死以,岂因祸福避趋之。"关于当今社会行为准则,有二十四字社会主义核心价值观——富强、民主、文明、和谐、自由、平等、公正、法治、爱国、敬业、诚信、友善。中华民族之所以久经磨难仍然屹立于世界民族民族之林,其最根本的精神动力来源于中华优秀传统文化。中国最突出的文化优势,主要体现在五千多年中华优秀传统文化的源头和分流,它们在悠久历史的发展过程中不断植根、成长、传承、创新、发展、推动、引领。经历千百年的不断发展,中华优秀传统文化融汇、积淀了无数优秀的、先进的思想精髓,已经深深融入中华民族的血脉之中。②这些优秀的中国文化渗透到人们日常生活的方方面面,在新时代,只有不断吸收发展,才使之成为中国不断发展的内生动力和力量源泉。

对国际社会来说,中国文化走出去的目的是让其他国家的人们了解和熟悉中国文化,使他们对中国文化由不知到知、由知之甚少到知之较多。在当今世界,由于各种原因,某些外国人对中国所知甚少,对中国文化的看法也相当片面和负面,有的人甚至仍停留在中国男性还留着长辫子、女性还裹着小脚的印象当中。近年来,我国在世界各地开办了孔子学院,讲授中国语言文化,把中国的各种文化产品翻译为他国文字,派遣各类文化团体和文化人士出国访问和交流,以各种方式向外国人介绍中医和中国人的饮食、武术、民间工艺等。③例如,有人在总结孔子学院过去15年的发展成就时指出:除了传统的汉语教学,孔子学院还开设了中医、武术、书法、中国民族舞蹈、商务等特色课程,有针对性地传播汉语知识,提高了汉语的使用率和实用性④;美国各地孔子学院开设的课程以语言类为主,综合型孔子学院也开设一些文化类课程,如中国茶文化、中国太极、汉字书写与汉字文化,以及中国的烹饪、音乐、舞蹈、戏曲、剪纸、绘画、旅游等。⑤另外,中国文化走出去是中国崛起的内在要求,中国文化的一个重要功能是走向世界,让世界更多地了解中国,旅游文化的对外传播是一个合适的思路。

(四)中国文化对外交流路径

习近平主席指出,文明因交流而多彩,文明因互鉴而丰富。文明交流互鉴,是推动人类文明进步和世界和平发展的重要动力。⑥现有的对外交流路径从不同层面来看,分为国家层面、市场层面、民间层面,从形式上来说主要有艺术品、歌舞影视交流、人才交流等。

从国家层面来说,主要是通过政府之间互动交往,这类由政府主导的文化"走出

---

① 李宗桂,张倩.文化精神照耀下的中国智慧——读《中国文化精神的特质》《中国人的智慧》[J].孔子研究,2019(5).
② 程尤秀.文化自信视域下中华优秀传统文化的当代价值及传承策略[J].汉字文化,2021(24).
③ 汪信砚.中国文化走出去:意涵、目的和路径[J].江淮论坛,2020(3).
④ 李国青,万丁丁.孔子学院发展的成就与经验探析[J].边疆经济与文化,2019(11).
⑤ 崔建新.美国孔子学院纵横谈——为孔子学院十五周年而作[J]国际汉语教学研究,2019(3).
⑥ 熊澄宇."一带一路"背景下的文化交流与文明互鉴[J].丝绸之路,2017(23).

去"的主体行为具有极其强大的文化影响力和文化轰动效应。以中法文化年的举办为例：早在1999年和2000年，江泽民主席和希拉克总统就共同倡议中法互办文化年。2001年4月，李岚清副总理访问法国期间，与法国外交部部长韦德里纳签署了关于中法互设文化中心和互办文化年的《会谈纪要》。双方商定2003年10月至2004年7月，中国在法国举办文化年。2003—2005年，中法两国如期分别在对方国家成功举办文化年活动。这是典型的国家政府之间官方文化交流路径。

从市场层面来说，主要为以各种文化企业、旅游企业、新闻媒体企业为主导的文化传播方式。文化企业通过举办大量的文化座谈交流会、出版文化读物远销国外、外派员工进行交流等形式传播中国文化；旅游企业则通过设计各种旅游线路，不仅促进国人的国际旅游，也吸引了大量外国人来到中国，在参观游览中加深对中国文化的了解；新闻媒体企业等利用越来越发达的科学技术，借助互联网平台，将中国文化通过短视频、电子书籍、杂志图片、音乐舞蹈等形式传播到世界各国，扩大了中国文化的传播广度。

从民间层面来说，以民间文化交流为主，纯粹以民间文化交流的形式"走出去"的路径是近几年才逐渐形成的一种新的行为模式。主要在与周边邻国接壤及沿海侨乡地区，如云南、西藏、内蒙古、新疆、上海、广东、广西、福建等地。此外，一些归国华侨、民主党派人士也主动通过"以侨搭桥，以文搭桥"等多种民间形式，将西南地区的民族文化艺术推介到海外。①民间文化交流的形式多种多样，有音乐、美术、戏剧，还有自发的旅游团体等，民间自主文化交流极大地推动了中国文化走向世界。

此外，我国还通过在各国设立孔子学院、文化驿站、留学生交换学习、国际博览会、文化论坛、学术交流会议、国际艺术节、国际旅游节等形式传播中国文化。文化交流既是历史，又是现实，既是愿景，更是行动。通过人文交流实现文明互鉴，最终达到民心相通，中国文化一直以最具温度的语言，讲述着中国故事、中国智慧。

二、中国沿线省市的旅游文化与"一带一路"

丝绸之路经济带涵括了我国新疆、重庆、陕西、甘肃、宁夏、青海、内蒙古、黑龙江、吉林、辽宁、广西、云南、西藏13省（自治区、直辖市）。随着丝绸之路经济带的发展，沿线各地加大了对本土民族文化的挖掘和文化资源的整合，希望搭乘着丝绸之路经济带的"旅游发展快车"，积极促进本地的旅游业及民族文化的发展。沿线13省（自治区、直辖市），犹如13个奇珍异宝，各具特色。

（一）大美新疆

新疆地处亚欧大陆腹地，陆地边境线5700多千米，周边与俄罗斯、哈萨克斯坦、吉尔吉斯斯坦、塔吉克斯坦、巴基斯坦、蒙古国、印度、阿富汗八国接壤，在历史上是古丝绸之路的重要通道，现在是第二座"亚欧大陆桥"的必经之地，战略位置十分重要。新疆作为古丝绸之路的交通要道，历史上就是中华文明向西开放的门户和中介，是多元一体中华文化和东西方文明交融的走廊。作为多民族聚居的地区，文化资源种类多

---

① 吴卫民，石裕祖.中国文化"走出去"路径探析[J].学术探索，2008(6).

样,不仅有极具民族特色的民族歌舞、民族艺术品、民族文学等民族文化,还有楼兰文化、东归文化、石油文化、口岸文化、军垦文化、马文化等重要的文化资源。

新疆现有14个地(州、市),108个县(市、区),其中34个为边境县(市)。新疆是一个多民族聚居的地区,不同民族的聚集生活,必然碰撞和衍生出更多的民族文化,这些民族文化通过风土人情的形式展现出来,如维吾尔族,其传统节日有肉孜节、古尔邦节、诺鲁孜节等,以过古尔邦节最为隆重。在服装上,少数民族喜欢色彩鲜艳、华丽的服装,但每个民族具体的穿着又各异。例如,维吾尔族少男少女喜欢戴绣工精致的小帽,哈尼族姑娘喜欢戴猫头鹰羽花帽,柯尔克孜族少女则喜欢戴红色丝绒圆顶花帽等。

除了数不胜数的民族文化资源,新疆更有美不胜收的自然资源:冰川雪岭与戈壁瀚海共生,高原山水景观蕴含在天山、阿尔泰山、昆仑山等世界名山之中,有着众多的雪域冰川、叠嶂雄峰、飞泉瀑布、珍奇异兽。这里有海拔8600米的世界第二高峰,又有低于海平面154米的中国最低洼地,既有一泻千里的河流、万顷碧波的草原,又有光怪陆离的戈壁幻境、神秘莫测的沙漠奇观。珍稀动物保护区,有卡拉麦里山自然保护区和阿尔金山国家级自然保护区;野生动物保护区,有巴音布鲁克天鹅国家自然保护区;自然景观,有阿勒泰极光景观、喀纳斯云海和其他高山旅游区的云霞景观;冰雪景观,则分布在伊宁和阿勒泰雪岭等地。

旅游产业的发展,相应带动了全疆交通、餐饮、特色农副产品加工、商贸流通等产业的发展,带动了城市化发展步伐,乌鲁木齐、库尔勒、吐鲁番、克拉玛依、喀什、哈密六座城市已相继被评为中国优秀旅游城市,新疆已形成了以"丝绸之路"为主线,以喀纳斯湖生态旅游区,天池、赛里木湖和博斯腾湖风景旅游区,吐鲁番、库车古文化遗址旅游区,喀什民俗风情旅游区,伊犁塞外江南风光旅游区为重点的"五区三线"发展格局。新疆旅游产业走上了千帆竞发、百舸争流、特色鲜明的健康发展之路。①借助丝绸之路经济带带来的大量客源、基础设施的便利以及旅游意愿的上升,新疆的旅游文化将得到长足发展。

(二)神秘西藏

西藏被誉为"世界屋脊",不仅拥有大量野生动物、植物、森林草原、能源以及水资源,西藏地区也拥有悠久历史的民族文化,资源丰富并且厚重,拥有大量难以复制的文化形态,特色化的艺术、宗教、民族、文化以及历史这些人文景观,都是中华文化中的璀璨明珠。在西藏地区,藏族属于主体民族,包含大量的语言文字、天文历算、文学作品、藏药学、雕塑、藏戏以及音乐舞蹈这些民族文化,独具特色。②

民俗文化是一个地方、一个民族历史文化发展的结晶,蕴含着丰富的旅游潜力,西藏的民俗文化大概包括以下几个方面。在民族服装上,以厚重、宽大为主,以牛、羊毛编织的毡子或直接用羊皮裘为主要衣料,几乎不用纽扣,全靠腰间捆扎带子来束缚袍子,这很好地适应了西藏地区早晚温差大的天气特征。饮食文化方面,受地理位置影响,以牛、羊肉、奶制品和糌粑为主,辅以小麦、玉米、荞麦、土豆、豌豆、蚕豆和各种野生

---

① 金璐.论新疆文化旅游产业发展模式[J].新疆师范大学学报(哲学社会科学版),2012(3).
② 郑圆圆.西藏文化产业发展探析[J].文化产业,2021(17).

菌,必不可少的酥油茶和青稞酒是主要饮品。在节日方面,藏历新年是最隆重的节日,人们从藏历十二月初就开始做准备,十二月二十九日时家里必须摆上象征五谷丰登的吉祥盒,晚上必须举行名为"古突"的晚宴,午夜一过"抢头水"。初一开展各种祭祀活动,初二开始演藏戏、跳锅庄、赛马等文体活动,同时开始走亲访友。正月十五这一天,要举办酥油花会。其他独特的节日,有康定"四月八"转山会、丹巴墨尔多将军会、九龙游海节、巴塘央勒节、理塘祝毕日戈节、炉霍望果节、甘孜迎秋节、色达金马节等。藏族人民的崇祀活动包括自然神崇拜、人体神崇拜、灵魂信仰、保护神崇拜、图腾崇拜、祖先崇拜六个方面。①西藏地区拥有的古老而神秘的文化,不仅促进了当地旅游业的发展,作为我国对外开放的西南大门,其丰富的文化也成为我国对外交流的重点。

旅游是文化的重要载体。西藏文化资源丰富,旅游企业要将丰富的文化资源融入旅游项目之中,通过文化带动旅游业的发展,通过旅游业"反哺"文化产业。在"引进来"方面,西藏通过招商引资等渠道,引进内地知名文化旅游企业入驻西藏文化旅游创意园区。在"走出去"方面,2017年,西藏打造了"西藏特色文化产业贸易服务窗口",通过在上海、深圳、南京、长沙等地建设窗口,将西藏特有的文化产业,包括西藏唐卡艺术、西藏服饰走秀、影视动漫等产业推销出去。②

西藏地处西南边陲,总面积120.28万平方千米,下辖7个地市,与尼泊尔、不丹、印度和缅甸等国家相邻。2015年,"一带一路"倡议中,提出推进我国西藏地区与尼泊尔等国家边境贸易和旅游文化合作。随后,国家提出将西藏建设成为我国面向南亚开放的重要通道。"南亚大通道"不仅仅是一条贸易之路,也是一条文化之路,沿线地区宗教文化占据着重要地位。文化的交流意义匪浅,"国之交在于民相亲",而"民心相通"是"一带一路"的"五通"建设中重要一环,所以文化交流理应是"南亚大通道"建设中的重要内容,藏文化在历史上与尼泊尔、印度等国家有着友好的交流历史。③西藏作为历史上南方丝绸之路、唐蕃古道、茶马古道段的重要参与者和建设者,与印度、尼泊尔、不丹、缅甸等国家接壤,是联系这四国的重要枢纽,更是中国与南亚国家交往的重要门户。④西藏无论是在古老的中国,还是在新时代的中国,一直是我国面向南亚国家的门户,依托丝绸之路经济带,积极发挥自己的区位优势、文化优势、地理优势,向南亚国家传递着中国和平、包容的大国形象。

(三)高原明珠青海

青海自古以来就是中华民族文化的交融地之一,早在元明时期就已逐渐形成了汉族、藏族、回族、土族、蒙古族、撒拉族六大世居民族"大杂居、小聚居"的分布格局⑤。青海的汉族、藏族、土族和蒙古族群众都有供佛龛的习俗,汉族主要供菩萨、弥勒佛等;藏族每逢娘乃节、东巴节等宗教节日时有斋戒习俗,土族则在每年六月有集中到寺庙封

---

① 彭宗兰.甘孜州藏族民俗文化旅游资源探析[J].鄂州大学学报,2015(2).
② 李世伟,杨凡,修凯.西藏文化产业发展现状及对策分析[J].山西农经,2020(15).
③ 袁静乐.西藏融入"一带一路"建设的现状分析与未来展望[J].经济研究导刊,2021(9).
④ 刘怡春,赵家红."一带一路"背景下"西藏南亚语种"建设:现状与愿景[J].西藏民族大学学报(哲学社会科学版),2020(5).
⑤ 胡芳.文化认同视域下青海三大民俗文化圈的交融与共享[J].青海社会科学,2021(2).

斋的习俗;藏族、土族、蒙古族和部分汉族群众有每逢初一、十五及重大节日煨桑、点灯的习俗等。各民族有自己的节日,如民和三川土族的纳顿节、贵德藏族的拉伊会、海西州蒙古族的那达慕大会、玉树曲麻莱的赛牦牛、互助土族梆梆会、同仁藏族和土族的六月会、塔尔寺的酥油花灯节、乐都七里店的九曲黄河灯会等都是各民族或某区域特有的传统节日。

同时,青海省还拥有大量的红色文化资源,是我国开展爱国教育的基地。1936年,红二、红四方面军在甘孜会师后,根据红军总部电令,以松潘、包座为目标,分左、中、右三个纵队北上。朱德、张国焘率领的左纵队总计约3万余人分两个集团、四个部分由四川色达县日清沟等地进入青海省果洛班玛地区,红军在青海境内停留期间,模范执行党的民族宗教政策、严格遵守群众纪律、积极宣传抗日主张,撒下了革命的火种,这些活动极大地影响和鼓舞了当地群众,他们热情支援红军,保证了红军长征在班玛的顺利挺进。

红军长征精神,是以爱国主义为核心的中华民族百折不挠、自强不息的民族精神的最高表现;"两弹一星"精神,可以概括为"为祖国、为人民无私奉献"的精神、独立自主协同合作精神以及坚持不懈艰苦奋斗的精神;柴达木精神,是一种科学务实、艰苦创业的精神;玉树藏族自治州的抗震救灾精神体现全国各民族同胞团结一致、齐心协力、众志成城等。①以历史遗迹遗址、纪念碑纪念馆形式为主表现出来的红色文化,不仅是研究青海红色文化的重要物质载体,更是历史的见证者,是革命壮丽史诗的记载者,具有重大的时代意义。

青海处于"一带一路"陆上丝绸之路的核心战略位置,"一带一路"对于青海来说,不仅是发展青海经济的有利时机,也是促进青海少数民族优秀文化走出中国,走向世界的一个良好平台,在国家"一带一路"的倡议背景下,推广和对外传播丝绸之路青海道上的特色文化,借"一带一路"的东风,使青海与周边沿线地区和国家实现优秀文化方面的互通有无,促进青海少数民族优秀文化的繁荣发展,推动青海少数民族优秀文化的国际化进程。②近年来,青海省立足于自身的民族文化特色,积极采取措施,通过对外演出、展览、学术交流、文化合作项目等方面的努力,使得文化交流工作取得了显著的成效。在2015年厦门文博会上,青海展馆展出了热贡唐卡、黄河石艺画等特色民族文化产品,吸引了大量海内外游客和参展商的高度关注;2018年6—7月,青海省新闻办联合省广电局、格尔木市组成代表团,赴巴西、秘鲁、阿根廷等国,举办了以"感知中国,大美青海"为主题的中国青海民族文化艺术展,有力地推动了青海对外文化交流,也给世界提供了一个了解中国力量、感知中国精神、体会中国效率的窗口。③青海是一颗在我国高原上熠熠生辉的明珠,无时无刻不在散发着光芒。

(四)壮阔内蒙古

内蒙古自治区外与蒙古国、俄罗斯接壤,特殊的地理环境、蒙古民族为主体、汉族

---

① 高昊池,苏雪芹.青海红色文化传承与发展研究[J].边疆经济与文化,2021(11).
② 刘松."一带一路"背景下青海少数民族文化对外传播策略探究[J].兰州工业学院学报,2020(3).
③ 杨芳芳.试论"一带一路"战略下青海民族文化发展的机遇、挑战和对策[J].内蒙古科技与经济,2019(9).

居多数的众多民族和悠久灿烂的历史文化赋予了内蒙古得天独厚的旅游文化资源。内蒙古作为北方边疆地区,自然旅游资源非常富集,不但拥有大草原、大森林、大湖泊、大沙漠、大冰雪等优质壮美的自然景观,而且气候宜人、四季分明、地貌多样,春可踏青、夏可观景、秋可赏色、冬可玩雪,可以说,四季皆是景,景景各不同。同时,内蒙古作为历史悠久的民族地区,集聚了民族文化、宗教文化、生态文化、红色文化、世界非物质文化、异域风情、乡土民风等底蕴深厚的文化资源。①其中,最引人关注的是壮阔的草原风光,神圣的召庙文化和多彩的蒙古族风俗,吸引了俄罗斯、日本、蒙古国等海外客源市场;国内的客源市场主要包括华北、华东地区。

  草原旅游是内蒙古主要的旅游资源之一,也是内蒙古旅游资源开发的重中之重。草原文化的进一步发掘,促进了草原旅游的繁荣,内蒙古草原旅游区主要分布在赤峰和锡林郭勒盟,各有11处草原旅游区;开发规模和接待量较大的草原旅游区主要位于呼和浩特市的周边地区,其中以开发历史相对较长的草原旅游区为主,如希拉穆仁草原旅游景区、格根塔拉草原旅游景区、辉腾锡勒草原旅游景区。②内蒙古草原旅游以蒙古族风情旅游为主题,通过蒙古包、蒙古族服饰、蒙古族饮食、蒙古族礼仪来接待游客,使游客身临其境地感受蒙古族的生活环境及生活方式。有的景区还将蒙古族"男儿三艺"——摔跤、赛马、射箭,以及敖包祭祀等活动展示给游客。③依托着独特的草原文化开展起来的草原旅游市场广阔、形式丰富,改变了内蒙古的单一的产业结构,促进了内蒙古的经济增长。

  此外,内蒙古形成了以佛教景区、佛教寺庙、佛事活动为主要载体的召庙旅游,将与佛教有关的自然风光、人文景观和特色文化结合在一起。内蒙古召庙旅游代表性景区有呼和浩特无量寺(大召寺)、呼和浩特席力图召、锡林郭勒贝子庙、包头市的五当召、阿拉善盟延福寺、包头市的美岱召、鄂尔多斯市的准格尔召等。④内蒙古的召庙文化,作为内蒙古独具特色的一种文化,为旅游产品的开发提供了创新源泉。

  内蒙古是一个多民族聚居地,多样性的民族文化交相辉映,为其深厚的文化积淀奠定了坚实的基础。⑤蒙古族独具特色的服饰、饮食、居住习惯、礼仪习俗、节日习俗及游艺习俗等吸引着众多游客前往草原旅游。蒙古族服饰有着自身独特的地方性特点和浓厚的文化底蕴。蒙古袍由领、右衽和腰带组成。男子腰带上配有小刀、鼻烟壶等;女子右衽上可挂香囊。蒙古袍不仅设计独特,还具有独特的功能。它在骑马放牧中可以护膝防寒,夜晚还可以当作被子保暖。蒙古族居住的蒙古包易拆易装、便于搬迁,符合蒙古族游牧生活的需求;蒙古族婚礼虽随地区不同各有差异,但是都非常隆重、热闹。蒙古族的节日有祭敖包、那达慕大会、春节等;蒙古族居住地被称为"歌的海洋,舞的故乡"。蒙古族的民歌有长调和短调之分。蒙古族长调节奏舒缓自由、节拍字少腔长,曲调高亢悠远,独具民族特色。马刀舞、安代舞、筷子舞、盅碗舞等都是蒙古族的经

---

  ① 张志栋,王润莲,苏志刚.推动内蒙古旅游与文化产业融合发展思考[J].北方经济,2018(12).
  ② 樊宏霞,李雯,杨娇.内蒙古旅游文化资源整合的现状、问题及对策[J].内蒙古财经大学学报,2015(3).
  ③ 贾铁飞.关于内蒙古旅游发展研究的初步思考[J].内蒙古师范大学学报(哲学社会科学版),2002(2).
  ④ 樊宏霞,李雯,杨娇.内蒙古旅游文化资源整合的现状、问题及对策[J].内蒙古财经大学学报,2015(3).
  ⑤ 刘洁琪.全域旅游格局下内蒙古旅游文化演艺事业探究[J].贵州民族研究,2018(12).

典舞蹈。蒙古族最喜爱的民族乐器是马头琴,演奏者多为独奏或自拉自唱。①丰富的民俗文化资源是内蒙古丰富文化底蕴的支撑,是多民族文明碰撞的结果,是人类文化宝库中的一颗明珠。

富集、独特、优质的自然和人文资源为旅游与文化融合叠加发展奠定了不可复制的优势和资源基础。文化是旅游的灵魂,是旅游资源的魅力所在,是旅游主体的出发点和归宿点,是旅游业创新发展的源泉;而旅游则是文化的载体,是挖掘文化、传承和保护文化的重要途径。内蒙古自治区作为我国五大自治区之一,在国家和地区政府相关政策的号召下,内蒙古与其各盟市渐渐将发展的着眼点投入旅游业,将旅游业作为当地的经济支柱,并借助旅游业优化地区产业结构,开展草原观光旅游、休闲度假旅游、民俗风情旅游、疗养蒙医保健旅游、节庆旅游、体育旅游、会议科考旅游、探险旅游、生态旅游、怀旧旅游、学艺旅游、野营旅游、特色购物旅游等多种旅游产品。②无论是自然旅游资源、还是人文旅游资源,内蒙古在资源互补、空间互补上的优势都显而易见。内蒙古凭借丰富的旅游资源,与周边地区加强合作,客源市场上注重与其他地区横向联合,优势互补,串联成线,利益共享,构建多层次、多功能的地域旅游网络,以争取更多的商务、会展旅游市场以及中、远程国内游客客源市场,发挥规模集聚效应,拓宽和共享旅游市场,实现"共赢"。③丝绸之路经济带带来的客源市场以及基础设施的建设,能够有效解决内蒙古交通通达度较低、旅游基础设施建设的问题,相信随着丝绸之路经济带的进一步发展,内蒙古的文化旅游事业将会跨上一个新高度。

(五)北国三宝——黑吉辽

东北地区包含了吉林、辽宁、黑龙江三个省份,居住着满族、蒙古族、朝鲜族、鄂伦春族等46个少数民族,与朝鲜、蒙古国、俄罗斯为邻。东北地区的旅游资源非常丰富。一是冰雪旅游资源特色鲜明,可谓是"北国风光,千里冰封,万里雪飘";二是森林资源丰富,大兴安岭和长白山是我国面积较大的原始森林;三是奇观类旅游资源丰富,有黑龙江的五大连池和吉林的长白山天池以及辽宁的鞍山玉佛山、大连蛇岛等;四是滨海度假旅游资源引人注目,有中国著名的滨海风景区,如大连旅顺口海滨风景区、葫芦岛兴城海滨风景区;五是历史人文旅游资源,辽宁是清王朝的发祥地,沈阳故宫、盛京三陵(沈阳昭陵、沈阳福陵、抚顺永陵)是全国保存最完整的清代宫殿陵寝建筑群;六是红色旅游资源,东北又是"中华民族半部近代史",大连旅顺口日俄战争遗址、沈阳"九·一八"历史博物馆等;七是少数民族风情资源,黑龙江的鄂伦春族、长白山和鸭绿江的朝鲜族以及遍布东北的满族,呈现了异彩纷呈的民俗、饮食、服饰和娱乐活动;八是旅游节庆活动丰富,如大连的国际服装节、大连的国际啤酒节、黑龙江的国际滑雪节等已经形成了国际知名的节庆活动。④下面将分别介绍三省的旅游文化概况。

1.黑龙江

黑龙江在历史长河中,形成了独具特色的优秀历史文化传统,更具有众多记载城

---

① 樊宏霞,李雯,杨娇.内蒙古旅游文化资源整合的现状、问题及对策[J].内蒙古财经大学学报,2015(3).
② 李宇虹.内蒙古旅游文化资源开发与利用的途径思考[J].内蒙古农业大学学报(社会科学版),2008(4).
③ 姜月忠,周承英.发展旅游文化交流合作塑造内蒙古对外品牌形象[J].北方经济,2009(23).
④ 汪婷婷.东北三省区域旅游合作的现状与对策[D].昆明:云南师范大学,2007.

市回忆、体现先进价值观与全省风情的人文景观。就非物质文化遗产来说,黑龙江拥有大量的文化资源,如民俗类的鄂伦春族古伦木沓节、五大连池药泉会、朝鲜族花甲礼等;传统音乐类有蒙古族四胡音乐、杨小班吹鼓乐棚、兴安岭森林号子、鄂伦春族赞达仁、罕伯岱达斡尔族民歌等;传统舞蹈有达斡尔族鲁日格勒舞。①另外,根据不同民族风俗习惯,哈尔滨市的猴石山庙会、松峰山庙会,以及齐齐哈尔市富拉尔基滚冰节等,都是黑龙江汉族的传统节日。由于独特的地理位置,黑龙江是我国最靠北的地方,冬季气候寒冷,当地人民开创出各种传统的冰雪活动,主要活动有跑冰鞋、滑冰表演、冰上杂技与舞蹈、冰上足球等。随着时代的进步,新的冰雪文化和冬季旅游景观正在兴起,如哈尔滨冰灯游园会、哈尔滨冰雪大世界、哈尔滨雪博会等,日益火热的滑雪活动都成为冰雪文化习俗的品牌。黑龙江的美食文化丰富,具有多种吸引游客的特色美食小吃。不仅有锅包肉、熏五香大马哈鱼等十大名菜,还有烤冷面、哈尔滨红肠、鸡西冷面、大庆坑烤、黑龙江炸三角、锅烙、黄米切糕、黑龙江肉火烧、大庆扒鸡等著名小吃,以及深受各地游客喜爱的特产,例如,哈尔滨啤酒、兴凯湖大白鱼、海林猴头菇、伊春蓝莓、北大仓酒、虎林椴树蜜等。②黑龙江借助丰富的文化资源,积极发展旅游业,让民俗文化走出去的同时,助力经济的发展。

2.吉林

吉林是一个有着悠久民俗历史文化的多民族边境省份,主要以汉族、朝鲜族、满族、蒙古族以及回族为主要居住民族,还有少部分的锡伯族、藏族、维吾尔族和布依族。在冰雪文化资源上,吉林处于我国东北地区纬度位置较高的省份,冬季寒冷且漫长,雪资源的可利用时间长达4个月,长白山地区的雪期更是长达半年以上。冰雪民俗体育也正是从人们的这种日常生活中不断形成的,主要从冰雪民俗旅游以及丰富全民健身两方面展开。在少数民族文化资源上,以能歌善舞的朝鲜族为主,朝鲜族酷爱和擅长组织节庆,平日的节庆就非常多,例如岁首节(春节)、上元节(元宵节)、上巳节(农历三月三)、端午节(农历五月初五)、梳头节(农历六月十五)等。每逢节日,朝鲜族必载歌载舞,甚至通宵达旦,以庆贺节庆的到来。朝鲜族的酱汤、拌饭以及泡菜、烤肉等都被人们所广泛接受,并伴随着旅游者走进了千家万户,至于朝鲜族烤肉、石锅拌饭等更是已经传播到各地。朝鲜族酷爱白色,有"白衣民族"之称,其女式民族服饰为短衣长裙,为朝鲜族女所酷爱的服装,除民族节庆盛事外,平日里也甚爱。③吉林也是满族文化的发祥地,为吉林创造了极为丰富的民俗旅游资源。例如,现乌拉街的满族镇,保存着许多具备满族建筑特点的历史遗迹,以及带有其独特民族色彩的生活习俗。此外,吉林独具特色的满族民俗文化旅游资源还包括满族民俗文化的宝贵遗产——萨满文化,集自然、人文旅游资源于一体的典范——长白山文化,以及年代久远的海西女真文化。④满族有什锦火锅、菊花火锅、三套碗席、饽饽宴等美食,满族的服饰文化体现在长袍、马褂、坎肩、帽子上。

---

① 柳成栋.浅谈黑龙江民俗文化[J].黑龙江史志,2012(12).
② 郝冰,孙福庆.黑龙江省面向俄罗斯的旅游市场发展研究[J].绿色科技,2022(3).
③ 李林,郑雪.吉林省旅游经济对朝鲜族民俗文化推动作用研究[J].科技资讯,2014(36).
④ 李俊,李昊月.吉林省满族民俗文化旅游资源的开发策略[J].吉林省经济管理干部学院报,2016(1).

3. 辽宁

辽宁位于我国东北地区,是满族的发祥地和清王朝的兴起地。其具有传承性很强的满族民俗文化,地域特点鲜明,且具有广泛的影响力。辽宁地区的生活方式通常以游牧或者狩猎为主,在民族文化和民风上都充分体现出了豪迈及粗犷的特征。像蒙古族的"手抓肉"、锡伯族的"全羊席"以及满族的"吃肉大典"等都体现了东北人"大碗喝酒、大块吃肉"的豪爽性格;从社会习俗角度来说,辽宁地区各个民族的活动都喜欢在户外进行,并且当地各民族群众都擅长一系列的活动,例如射箭、摔跤以及骑马等,其中最受欢迎的是冰上运动;歌曲戏曲类的风格非常激情和豪放,像二人转、扭秧歌等就是其中的典型,和南方乐曲的委婉抒情有天壤之别;民居亦呈现出浓厚的地方色彩,辽宁地区的烟囱竖在地面上,并且窗户纸糊在外面,还有独特的万字炕、口袋房、火墙、火炕等。其中,火炕不仅是满族人睡觉的"床",还是其日常生活起居以及冬季取暖的工具。①辽宁各少数民族都有严格的婚丧嫁娶习俗,礼仪复杂,禁忌较多,比较典型的有锡伯族的"喜利妈妈"。宗教信仰上,蒙古族、满族和锡伯族等信仰萨满教和本民族的原始信仰;在饮食方面,满族比较具有代表性的有荷叶饼、血肠、萨其马和八大件,还有锡伯族的发面饼、米顺,以及蒙古族的烤全羊、奶茶、奶酒等;服装也是各具特色,如满族的旗袍、坎肩、马褂,蒙古族的蒙古袍和摔跤服、朝鲜族的朝鲜服等。②利用当地的风土民情旅游资源,吸引游客旅游观光,进而实现地区经济效益,吉林正在走一条文化带动旅游发展,进而带动经济发展的道路。

中国东北地区区位条件优越,沿边沿海优势明显,是全国经济社会发展的重要增长极。推动东北地区经济企稳向好,对全面深化改革开放、构建协调发展新格局、维护经济社会稳定发展具有重要意义。③在"一带一路"的背景下,2015年3月,国家发展改革委、外交部和商务部联合发布了《推动共建丝绸之路经济带和21世纪海上丝绸之路的愿景与行动》,将东北地区定位为中国向北开放的重要窗口。2017年,中韩两国提出了"新北方政策",其愿景是系统地搞活韩国与俄罗斯、中国东北三省和中亚国家之间的经济合作,建立东北亚多边合作机制。相信在时代的发展中,东北地区会依靠老牌的工业霸主地位以及多元丰富的文化资源,在"一带一路"的发展进程中找准自己的定位,发展得越来越好。

(六)黄沙金花——陕甘宁

1. 陕西

陕西简称"陕"或"秦",从南到北按地理环境和人文民俗划分有陕北、关中和陕南三大地区。作为中华民族和中华文化的重要发祥地之一,陕西是中国的人文圣地、农耕圣地和革命圣地,在全国全世界具有重要影响,历史文化资源、农耕文化资源、红色文化资源开发潜力巨大。在历史文化方面,有半坡遗址、石峁遗址、杨官寨遗址等著名史前遗址;西周在此建国,陕西宝鸡被称为"青铜器之乡";秦始皇兵马俑被称为"世界

---

① 温馨.辽宁省民俗旅游发展研究[J].中国民族博览,2015(11).
② 白蕊.辽宁省民俗旅游资源开发研究[J].中国民族博览,2015(9).
③ 李清均.新时代东北振兴战略:本质、机理与路径[J].哈尔滨工业大学学报(社会科学版),2020(3).

八大奇迹之一";西汉张骞从这里出发,打通了东西连接的"丝绸之路";陕西西安是唐朝都城长安,是唐朝经济、政治、文化交流的中心。

除了古老丰富的历史文化资源,陕西的另外一个标识符号是"红色文化资源",陕西红色文化资源泛指近代革命历史中,中国共产党人在陕西进行革命斗争活动过程中所形成的革命文献、文物、遗址、纪念地和文学作品等,包括其中的革命精神、革命传统和革命历程,以及中国共产党组织在革命战争年代中逐步探索并形成的政治、经济和文化建设等方面的成果。① 陕西红色文化资源是中国共产党的宝贵革命历史文化遗产。其精神内涵包括:坚定不移的理想信念;无私奉献的爱国情怀;自力更生、艰苦奋斗的创业精神;实事求是的高贵品质;全心全意为人民服务的宗旨意识。著名的红色文化遗址有延安革命纪念馆、南泥湾革命旧址、瓦窑堡革命旧址、吴起镇革命旧址、西安烈士陵园等红色教育基地。

在古老的丝绸之路上,文明交流、文化交融的友好篇章伴随着声声驼铃传续千年。自2013年"一带一路"倡议的提出,陕西与"一带一路"沿线国家的文化旅游交流也变得丰富多彩,陕西站在了向西开放的前沿。2014年,作为我国首个以"一带一路"为主题的国家级综合性国际艺术盛会,丝绸之路国际艺术节落户陕西。2021西安丝绸之路国际旅游博览会在西安拉开帷幕;陕西以"文化陕西"和"了解中国从陕西开始"为形象统领,精心打造陕西"国风秦韵"品牌,组织演出团队赴数十个国家开展文化旅游交流活动;充分发掘千年古都、丝路起点、华夏之源的历史文化价值,加强文化遗产保护与利用,深化与丝路沿线国家和地区的人文交流。② 截至2022年9月,陕西已与40多个国家和地区、400多家机构建立了全方位、多层次、宽领域的合作关系,建立了24个国家级、124个省级国际科技交流合作基地,并实现了中亚地区友城全覆盖。③ 悠悠驼铃,响遍古老的陕西;迢迢丝路,连接着陕西与世界。

2.甘肃

甘肃省地处欧亚大陆桥的核心通道,是古丝绸之路的咽喉要道,是连接国家中部、东部沿海地区和西部地区及中西亚国家的重要通道,对促进中外文化交流和经济发展具有极为重要的作用。从历史上看,甘肃处在古代丝绸之路的关键地带,是中原地区与域外文明交流融合之地,也是历史上率先对外开放的地区。河西走廊堪称我国走向世界的第一通道,经由中西亚通往荷兰鹿特丹的欧亚跨国铁路赋予了甘肃非常重要而独特的战略地位。④ 最早发源于甘肃天水一带体现出的天人和谐、人际和谐以及人的身心和谐特征;中华始祖,炎黄两氏最早发源于"昆仑之墟";敦煌莫高窟的飞天壁画,以及围绕敦煌元素打造的各种旅游产品以及旅游线路……已经成为中国的一张名片,如经典舞剧《丝路花雨》《大梦敦煌》等先后赴20个国家演出。

甘肃的红色文化资源也很丰富,中国工农红军长征期间,无论从活动时间、到达部队人数还是活动范围来说,甘肃都居首位,红军长征的足迹也几乎遍布全省各地。

---

① 胡文清,孟燕.陕西红色文化资源的精神内涵与价值意蕴[J].西安工业大学学报,2021(4).
② 秦秦.行走于"一带一路"的陕西[N].陕西日报,2021-09-07.
③ 和晓强,逯维娜."一带一路"背景下的陕西对外交往[J].公共外交季刊,2021(1).
④ 柳永祥,张小华.甘肃融入"一带一路"倡议优势产业发展的路径选择[J].商展经济,2020(12).

1937年，甘肃成立兰州八路军办事处，接待各类相关过往领导或进步人士，成为中苏联系中不可或缺的纽带，并做了转运抗战物资、积极并成功营救革命将士、宣传抗日政策、成立民族统一战线、指导进步青年团体等工作。① 甘肃省作为"一带一路"倡议中面向西亚国家重点建设的六个省份之一，依托丰富的文化资源，积极发展旅游业，打造精品丝路线、黄河风情线、华夏寻根线、民族风情线、中医药养生线、红色旅游线6条主题品牌线路，与多个国家建立友好往来关系。

3. 宁夏

宁夏，是中华文明的发祥地之一，从距今3万年前的旧石器时代开始，人类就在此繁衍生息，创造了灿烂的水洞沟文化。宁夏的文化旅游资源丰富，主要有古人类文化、艺术文化、红色文化、黄河文化、民俗文化等。在古人类文化上，宁夏有着以水洞沟旧石器时代"河套人"遗址。宁夏海原菜园村遗址为代表的众多遗址遗迹灿烂的水洞沟文化，也是中国岩画极为丰富、集中的地区之一，是研究北方少数民族政治、经济、历史、文化、生活习俗等的重要材料。② 在艺术文化上，有海宝塔、西夏王陵等文化遗址，还有古萧关、须弥山石窟以及隋唐墓地遗址地点等承载了古丝绸之路历史的文化遗迹。在红色文化上，有红军长征文化、将台堡（三大主力胜利会师地点）、六盘山（红军长征纪念馆）等红色历史遗迹。红军长征时，毛泽东在翻越六盘山时，曾写下一首气壮山河的《清平乐·六盘山》，从此，六盘山蜚声中外，红色文化也影响着宁夏一代又一代共产党人。③ 在民俗文化方面，宁夏作为我国最大的回族聚居区，以回族文化为主。在饮食文化方面，回族人民以游牧和农耕为生，因此，回族的饮食兼有种类多样、味道鲜美的特点。在建筑文化方面，回族的清真寺是最具有代表性的建筑，大都以白色为主色，并冠有金色的圆顶。在最能体现民族特色的节日文化方面，开斋节、古尔邦节和圣纪节是其重要的三大节日。

根据《推动共建丝绸之路经济带和21世纪海上丝绸之路的愿景与行动计划》，要充分发挥宁夏的独特区位优势以及向西开放窗口的重要作用，这为加强与拓宽同中、南、西亚等地区和国家进行经济文化往来奠定了强有力的基础，也为形成"一带一路"发展中的西部交通要塞、商贸文化中心提供了有利条件，进而打造出丝绸之路经济带上的核心区。④ 宁夏银川成为国家级、国际性综合博览会——中阿博览会的永久性举办会址，担当着中外各国的桥梁和枢纽，作用重大，对于宣传宁夏形象与中国形象意义非凡，对促进中国与"一带一路"沿线国家和地区的经贸交流合作发挥着积极作用。

（七）山城重庆

重庆，简称渝，其北部、东部及南部分别有大巴山、巫山、武陵山、大娄山环绕，故有"山城"之称。它的自然历史和区位优势很有特点，连接长江上游与中下游、中国中东部与西部，沟通长江三角洲经济带、珠江三角洲经济带，以及渝、川、陕经济带，联络吴

---

① 刘蓉.甘肃红色文化资源及其开发利用研究[J].商业文化,2020(32).
② 陈玉香.分析宁夏文化旅游资源及其特征分析[J].智库时代,2018(44).
③ 李华.丝路文明与黄河文明的交往交流交融——以宁夏文化旅游业为视点[J].宁夏师范学院学报,2021(8).
④ 周晶."一带一路"战略下宁夏特色旅游资源的开发与创新[J].赤峰学院学报(自然科学版),2018(2).

越文化、荆楚文化、巴蜀文化等,有着厚重的历史文化和成长道路。巴文化、三峡文化、革命文化、抗战文化、移民文化、重商厚工的近代城市文化共同组成了灿烂的巴渝文化。① 重庆是一个多民族聚集的城市,其中土家族是其少数民族中人口最多的民族。由于重庆多山,土家族以吊脚楼居民建筑为特色,服饰讲究俗尚简朴;土家族多食包谷、稻米、爱好喝酒,喜食辣椒、花椒、山胡椒,习惯做腊肉、甜酒和糍粑等;农历六月六日为祭土王,每个村寨都要设摆手堂,将猪头、水果等祭品放摆于堂前。近年来,重庆大力实施文化"走出去"战略,成功打造"欢乐春节""海外文化中心""重庆文化周""友好城市交流"等文化交流品牌,参与的团组达200余个,涉及5000余人,遍布的国家和地区达30多个。通过举办演出、文物图片展览和文化讲座的形式,让更多的人对重庆的文化有了直接的了解和亲密的接触。② 近几年,在网络上爆火的重庆鹅岭二厂、解放碑步行街、武隆喀斯特旅游区等旅游景点,是近代城市文化兴起的标志,吸引了国内外大量游客到此旅游打卡。

(八)七彩云南

云南地处我国西南边境民族地区,连接了东南亚、南亚,与中东国家的联系也相对紧密,其省会昆明素有"春城"之称。云南汇聚了多个少数民族,有"民族文化大观园"的称号,有白族、傣族、纳西族、哈尼族等26个民族,形成了大杂居、小聚居的多元化民族交融生态。傣族的泼水节又是傣族的新年,以"泼水"的形式互相祝福。另外,傣族的"孔雀舞"也已经是中国舞蹈艺术的一张名片,随着文化交流,闻名世界。彝族火把节、白族三月街、哈尼族长街宴、景颇族目瑙纵歌、傈僳族刀杆节等都是云南独有的少数民族节日。由于独特的地理气候环境,食材原材料取自大自然,云南人擅长烹制山珍,味道鲜嫩回甜,酸辣微麻。云南积极利用地缘优势,与毗邻的东南亚、南亚国家开展各种形式的文化交流活动,采取"请进来"和"走出去"的方式,通过双方、多方举办的节庆活动、文艺展演、文化展会、学术交往、考察互访等文化活动平台进行文化交流。多种形式的交流,是云南与东南亚、南亚国家文化交流的显著特点。③ 云南深度融入"一带一路",构建对外开放新局面,有利于建设好面向南亚、东南亚开放辐射中心,有利于构建"大循环、双循环"新发展格局。

(九)秀水广西

广西首先以秀丽的桂林山水闻名于世,有"桂林山水甲天下"的美称,景点以喀斯特地貌为主。例如,在喀斯特地貌基础上形成别具一格的桂林山水、气势磅礴的岩溶瀑布德天瀑布、罕见的喀斯特漏斗群百色乐业天坑群等。广西作为少数民族自治区之一,其区域内少数民族众多,拥有壮族、瑶族、苗族、侗族、仫佬族、毛南族、回族、京族、彝族、水族、仡佬族等少数民族。少数民族文化资源丰富,其中具有代表性的节日有体现壮族歌舞的"三月三"歌圩、广西民族祭祀先祖的中元节、瑶族纪念盘王的盘王节、仫

---

① 王川平.重庆的历史文化及其特征[C]//志苑集林(5).(出版者不详),2021.
② 喻莉.重庆文化"走出去"战略思考[J].合作经济与科技,2019(24).
③ 王吉甫,王清华.云南与东南亚南亚国家文化交流十年志[J].南亚东南亚研究,2021(4).

佬族敬奉神灵祈祷来年丰足的宗教节日依饭节。此外,还有京族的哈节、侗族的花炮节、毛南族的庙节等民族节日。广西民族文化的另一个特色是多彩的民族建筑,如侗族在建筑上根据历史承袭与地理气候的原因,在建筑上形成了风格严谨、造型独特的特色;彝族的建筑注重装饰效果美,每栋建筑都是一个艺术品,具有独特的民族魅力。广西红色文化历史悠久,内涵丰富,拥有以百色为中心的右江红色文化、以龙州县为中心的左江红色文化、以兴安县为中心的湘江红色文化等众多资源。①近年来,广西一年一度举办的民歌节与东盟南博会充分发挥了对内、对外文化交流的功能。

(十)沿海五省

"21世纪海上丝绸之路"圈定了上海、福建、广东、浙江、海南5省(直辖市),这5个沿海省(直辖市)处于我国东部,经济实力雄厚,基础设施发达,对外贸易发达,文化旅游资源丰富。

1.上海

上海作为国际性城市,其海派文化是在中国江南传统文化(吴文化)的基础上,与开埠后传入的对上海影响深远的欧美文化等融合而逐步形成,既古老又现代,既传统又时尚,区别于中国其他文化,具有开放而又自成一体的独特风格。上海的红色文化,有中共一大会址纪念馆、上海淞沪抗战纪念馆等。

2.浙江

浙江拥有"鱼米之乡"的盛名,历史悠久、经济发达、文化昌盛,有跨湖桥文化、河姆渡文化、马家浜文化、良渚文化和丝绸文化,拥有杭州、绍兴、宁波等10座国家级历史文化名城(截至2022年),有杭州西湖文化景观、大运河等世界文化遗产,有河姆渡遗址、良渚古城遗址,以及杭嘉湖丝绸、龙泉青瓷、"西施传说"等文化印记。

3.广东

广东是中国两千多年海上丝绸之路的起始及核心地,广州则是古代东南沿海诸多对外港口中持续时间最长、最具实力与活力,同时也是最具影响力的城市,在古代中国对外海上贸易和文化交流中具有非常重要且不可替代的地位。②有"南海一号""南澳一号""广州十三行"、南海神庙、光塔寺、光孝寺、石室教堂、沙面、粤海关和黄埔古港遗址、徐闻大汉三墩古港遗址、樟林古港和红头船等广东海上丝绸之路重要文化资源。

4.福建

福建是我国东南沿海经济大省,与世界各国经济、文化往来密切,在悠久的历史交往中,建立了与海上丝绸之路沿线国家和地区友好往来的基础。在新形势下,进一步发挥这些独特优势,加强福建国际传播能力建设,提升福建及中国在海上丝绸之路沿线国家和地区的辐射力、影响力,有助于推动福建"21世纪海上丝绸之路"核心区建设的整体进程。③

---

① 李春明,韦小线,袁楷,等.广西民族文化、旅游文化、红色文化"三位一体"发展格局探究[J].新西部,2019(29).

② 马建春,徐虹.文化互动与广东"21世纪海上丝绸之路"建设[J].暨南学报(哲学社会科学版),2019(5).

③ 王大可,李本乾,冯妮.全球媒体视域下的福建形象——以21世纪海上丝绸之路建设为背景[J].对外传播,2018(5).

5.海南

海南省是我国南海的一颗明珠,作为国家"一带一路"倡议的桥头堡,肩负着建设国家对外文化贸易基地的历史重任。得益于炎热湿润的气候环境,海南有着大片的热带雨林,呈现出别样的热带海岛风景。在人文资源方面,建筑类有崖州古城、昌化古城、骑楼、文昌宝芳韩家宅、海口五公祠、东坡书院等;节日类民俗类有黎苗春节、军坡节、妈祖祭典、城隍公节等。这些独具特色的海南民俗文化,不仅是海南历史的"见证者"和"活化石",也是海南人民创造的宝贵精神和文化财富,具有鲜明的地域性和悠久的传承性。

"21世纪海上丝绸之路"把古代世界文明地区网络在一起,形成了一条连接亚、非、欧的海上交通大动脉。经这一海上通道,东西方古老文明相互激荡,彼此交流,从而对世界文明的演进产生了巨大的影响。人类社会所创造的种种物质文明及精神文明中的制度、宗教、艺术、文学、哲学、历史、医学、天文等内容,均经此通道而获得了充分的交流。

携手共创丝绸之路新辉煌①

丝绸之路是历史留给我们的伟大财富。"一带一路"倡议是中国根据古丝绸之路留下的宝贵启示,着眼于各国人民追求和平与发展的共同梦想,为世界提供的一项充满东方智慧的共同繁荣发展的方案。

综合起来看,"一带一路"沿线国家市场规模和资源禀赋优势明显,互补性强,潜力巨大,前景广阔。"知者善谋,不如当时。"中方愿同包括乌兹别克斯坦在内的各方一道把握历史机遇,应对各种风险挑战,推动"一带一路"建设向更高水平、更广空间迈进。

第一,构建"一带一路"互利合作网络。中国愿同"一带一路"沿线国家一道,顺应时代潮流,弘扬丝绸之路精神,增进互信,巩固友好,深化合作,加大相互支持,在自愿、平等、互利原则基础上,携手构建务实进取、包容互鉴、开放创新、共谋发展的"一带一路"互利合作网络,共同致力于重振全球经济。

第二,共创"一带一路"新型合作模式。中国愿秉持共商、共建、共享原则,以"一带一路"沿线各国发展规划对接为基础,以贸易和投资自由化便利化为纽带,以互联互通、产能合作、人文交流为支柱,以金融互利合作为重要保障,积极开展双边和区域合作,努力开创"一带一路"新型合作模式。中国将不断加大投入,为"一带一路"建设提供全方位支持,使合作成果惠及各方。

第三,打造"一带一路"多元合作平台。中国愿同伙伴国家携手努力,推动各国政府、企业、社会机构、民间团体开展形式多样的互利合作,增强企业自主参与意愿,吸收社会资本参与合作项目,共同打造"一带一路"沿线国家多主体、全方位、跨领域的互利合作新平台。

---

① 陶信伟."一带一路"背景下海南民俗文化跨文化传播路径研究[J].海南广播电视大学学报,2021(3).

第四，推进"一带一路"重点领域项目。中国愿同伙伴国家一道，大力推进六大国际经济合作走廊建设，开办更多产业集聚区和经贸合作区，抓好重点领域合作。中国将同伙伴国家一道，继续完善基础设施网络，共同确定一批能够提升区域整体合作水平的互联互通项目，研究开展大通关合作；全面推进国际产能合作，继续向各国提供优质和环境友好的产能和先进技术装备，帮助有关伙伴国家优化产业布局、提高工业化水平；加强金融创新和合作，扩大同伙伴国家本币结算规模和范围，促进沿线国家离岸人民币业务发展，创新金融产品；加强人文领域合作，深入开展教育、科技、文化、体育、旅游、卫生、考古等领域合作，建立大数据交流平台，共同打造"一带一路"智库合作网络。

这其中，我们要着力深化环保合作，践行绿色发展理念，加大生态环境保护力度，携手打造"绿色丝绸之路"；着力深化医疗卫生合作，加强在传染病疫情通报、疾病防控、医疗救援、传统医药领域互利合作，携手打造"健康丝绸之路"；着力深化人才培养合作，中方倡议成立"一带一路"职业技术合作联盟，培养培训各类专业人才，携手打造"智力丝绸之路"；着力深化安保合作，践行共同、综合、合作、可持续的亚洲安全观，推动构建具有亚洲特色的安全治理模式，携手打造"和平丝绸之路"。①

"一带一路"倡议自首次提出后，无论是在经济发展还是文化交流方面都起到重要作用，作为对外宣传的途径之一，"一带一路"倡议进一步阐述了对外宣传的具体内容，包括宣传阐释中国特色、中国形象、中国梦、中国价值观念、中国现行的方针政策等，在讲好中国故事方面发挥了重要作用。作为新时代的大学生，一方面，我们不仅要时刻保持文化自信和文化自信，更要借助"一带一路"倡议的平台在对外交流的时候体现新时代中国文化的新风貌；另一方面，我们也要加强自身的技能和思想学习，在这个时代，作为代表中国的一份子走在时代的前沿，做出自己的贡献。

复习思考题

1. "一带一路"旅游文化在"一带一路"倡议发展中扮演了什么角色？
2. 与"一带一路"沿线国家进行文化交流时应该注意什么？
3. 为什么"一带一路"的发展必须以文化为依托？
4. 列举"一带一路"沿线国家的国际旅游合作模式，并想一想是否还有其他的合作模式。
5. 我国沿线省市该如何利用"一带一路"这个平台推广发扬自身的文化？

---

① 习近平.携手共创丝绸之路新辉煌[N].人民日报,2016-06-23(002).

参考文献
References

[1]　习近平.习近平谈治国理政[M].北京:外文出版社,2020.
[2]　周维权.中国名山风景区[M].北京:清华大学出版社 1996.
[3]　闫希君.天人合一的价值本原[M].北京:人民出版社,2017.
[4]　靳怀堾,尉天骄.中华水文化通论[M].北京:中国水利水电出版社,2015.
[5]　吴兴明.中国传统造物的空间精神——以建筑及水墨画的天人之感为中心[J].文艺研究,2020(2).
[6]　徐公芳.中西建筑文化[M].北京:科学出版社,2014.
[7]　彭证炼.民族传统艺术保护与旅游业发展互动研究——以德夯苗寨民俗风景区为例[J].广西民族研究,2008(02).
[8]　黄本海.民俗文化背景下的乡村旅游文化探讨[J].芒种,2021(7):27-30.
[9]　邓燕萍,高建设.社会主义核心价值观视域中的红色旅游创新发展研究[J].求实,2014(8).
[10]　熊澄宇."一带一路"背景下的文化交流与文明互鉴[J].丝绸之路,2017(23).
[11]　王子超.明清至近代中国旅游文化思想的转型研究[M].武汉:中国地质大学出版社,2014.

教学支持说明

为了改善教学效果,提高教材的使用效率,满足高校授课教师的教学需求,本套教材备有与纸质教材配套的教学课件(PPT电子教案)和拓展资源(案例库、习题库、视频等)。

为保证本教学课件及相关教学资料仅为教材使用者所得,我们将向使用本套教材的高校授课教师免费赠送教学课件或者相关教学资料,烦请授课教师通过电话、邮件或加入旅游专家俱乐部QQ群等方式与我们联系,获取"教学课件资源申请表"文档并认真准确填写后反馈给我们,我们的联系方式如下:

地址:湖北省武汉市东湖新技术开发区华工科技园华工园六路

邮编:430223

电话:027-81321911

传真:027-81321917

E-mail:lyzjjlb@163.com

旅游专家俱乐部QQ群号:758712998

旅游专家俱乐部QQ群二维码:

群名称:旅游专家俱乐部5群
群　号:758712998

教学课件资源申请表

填表时间：_____年___月___日

1. 以下内容请教师按实际情况写，★为必填项。
2. 根据个人情况如实填写，相关内容可以酌情调整提交。

★姓名		★性别	□男 □女	出生年月		★职务	
						★职称	□教授 □副教授 □讲师 □助教

★学校		★院/系	
★教研室		★专业	
★办公电话		家庭电话		★移动电话	
★E-mail（请填写清晰）		★QQ号/微信号	
★联系地址		★邮编	

★现在主授课程情况	学生人数	教材所属出版社	教材满意度
课程一			□满意 □一般 □不满意
课程二			□满意 □一般 □不满意
课程三			□满意 □一般 □不满意
其 他			□满意 □一般 □不满意

教 材 出 版 信 息						
方向一		□准备写	□写作中	□已成稿	□已出版待修订	□有讲义
方向二		□准备写	□写作中	□已成稿	□已出版待修订	□有讲义
方向三		□准备写	□写作中	□已成稿	□已出版待修订	□有讲义

请教师认真填写表格下列内容，提供索取课件配套教材的相关信息，我社根据每位教师填表信息的完整性、授课情况与索取课件的相关性，以及教材使用的情况赠送教材的配套课件及相关教学资源。

ISBN（书号）	书名	作者	索取课件简要说明	学生人数（如选作教材）
			□教学 □参考	
			□教学 □参考	

★您对与课件配套的纸质教材的意见和建议，希望提供哪些配套教学资源：